本书系国家社会科学基金一般项目（17BFX094）的最终成果
本书受厦门大学法学院资助出版

信息披露公私法合作机制之反思与完善

从P2P网贷到互联网贷款

阳建勋 著

厦门大学出版社
XIAMEN UNIVERSITY PRESS
国家一级出版社
全国百佳图书出版单位

图书在版编目（CIP）数据

信息披露公私法合作机制之反思与完善：从 P2P 网贷到互联网贷款 / 阳建勋著. -- 厦门：厦门大学出版社，2024.5

ISBN 978-7-5615-9176-5

Ⅰ．①信… Ⅱ．①阳… Ⅲ．①互联网络-应用-借贷-法律-研究-中国 Ⅳ．①D923.64

中国国家版本馆CIP数据核字(2023)第221488号

责任编辑　甘世恒
美术编辑　蒋卓群
技术编辑　许克华

出版发行　厦门大学出版社
社　　址　厦门市软件园二期望海路39号
邮政编码　361008
总　　机　0592-2181111　0592-2181406(传真)
营销中心　0592-2184458　0592-2181365
网　　址　http://www.xmupress.com
邮　　箱　xmup@xmupress.com
印　　刷　厦门市明亮彩印有限公司

开本　720 mm×1 020 mm　1/16
印张　16.25
字数　283 千字
版次　2024 年 5 月第 1 版
印次　2024 年 5 月第 1 次印刷
定价　65.00 元

本书如有印装质量问题请直接寄承印厂调换

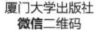

目 录

绪 论 ··· 1
  一、研究背景与研究意义 ··· 1
  二、国内外研究文献综述 ··· 7
  三、研究思路与主要内容 ··· 12

第一章　信息披露制度的经济学与社会学理论基础 ············· 22
  第一节　信息披露制度的经济学理论基础 ····················· 22
    一、委托代理理论、信息不对称理论与信息披露 ············· 22
    二、有效市场假说与证券监管中的信息披露 ····················· 27
    三、行为金融理论与信息披露 ·· 29
    四、信息披露的边界：市场调节与政府干预之平衡 ············ 33
  第二节　信息披露制度的信息社会学基础 ····················· 36
    一、技术变革、社会形态演变与信息社会 ························ 36
    二、信息分化、社会分层与信息披露 ······························ 39
    三、空间分割叠加、场景正义与信息披露 ························ 43

第二章　信息披露规制的公私法合作机制原理 ···················· 47
  第一节　公私法分立与公私法融合并存的公私法合作机制 ········ 48
    一、公法与私法的含义及其划分的重要意义 ····················· 48
    二、法律制度的整体性决定了公私法划分的相对性 ············ 49

三、法律社会化以来公私法的交叉与融合 ………………… 52
第二节 信息的私人性及公共性与信息披露规制的公私法分立 …… 54
一、信息的私人性与信息披露的私法规制 ………………… 54
二、信息的公共性与信息披露的公法规制 ………………… 67
第三节 合作治理时代信息披露规制的公私法融合 ……………… 77
一、合作治理的兴起及含义 ………………………………… 77
二、信息披露规制中的公私法融合：以合作治理为视角 …… 79

第三章 公私法合作机制视角下我国 P2P 网贷信息披露规制之反思 …… 86

第一节 私法视角下我国 P2P 网贷信息披露规制之反思 ………… 86
一、P2P 网贷：备受争议的金融科技创新 ………………… 86
二、平台功能定位冲突使 P2P 网贷信息披露私法规制功能紊乱 …… 89
三、信息披露私法规制不足与 P2P 网贷平台在我国的异化 …… 93
第二节 公法视角下我国 P2P 网贷信息披露规制之反思 ………… 95
一、P2P 网贷初始阶段信息披露公法规制的缺失 ………… 95
二、我国 P2P 网贷信息披露公法规制的制度探索 ………… 98
三、我国 P2P 网贷信息披露公法规制的主要不足 ………… 102
第三节 合作治理视角下我国 P2P 网贷信息披露规制之反思 …… 112
一、个体网络借贷信息披露标准的演变及主要内容 ……… 112
二、合作治理视角下个体网络借贷信息披露标准之反思 … 115

第四章 美国 P2P 网贷市场转型与信息披露规制之争的分析与启示 …… 125

第一节 美国 P2P 网贷市场的产生与发展及转型 ………………… 125
一、美国 P2P 网贷市场的产生与发展 ……………………… 125
二、美国 P2P 网贷市场的转型 ……………………………… 126
第二节 信息披露制度变迁视角下美国 P2P 网贷市场转型的制度成因 … 130
一、SEC 监管 P2P 网贷对 P2P 网贷模式的重大影响 …… 131
二、美国证券法上的豁免注册制度难以适用于 P2P 网贷 … 135
三、JOBS 法案豁免规则使 P2P 网贷平台更多地迎合合格投资者 … 138

目 录

第三节 公私法合作规制视角下美国P2P网贷信息披露规制之争的分析与启示 ·············141
- 一、美国P2P网贷信息披露规制的主要争议············141
- 二、公私法合作规制视角下P2P网贷信息披露规制争议之反思············149
- 三、美国P2P网贷信息披露规制对我国的若干启示············158

第五章 我国P2P网贷机构转型与互联网贷款市场信息披露规制完善 ·············167

第一节 我国P2P网贷机构转型与后P2P时代的互联网贷款市场 ·············167
- 一、我国P2P网贷风险爆发背景下的P2P网贷风险专项整治············167
- 二、以P2P网贷业务风险出清为目标的我国P2P网贷机构转型············170
- 三、后P2P时代我国互联网贷款市场的结构变化············171

第二节 后P2P时代互联网贷款市场信息披露规制的制度探索及不足 ·············173
- 一、后P2P时代我国互联网贷款市场信息披露规制的制度探索············174
- 二、我国互联网贷款市场的信息披露私法规制之不足············177
- 三、我国互联网贷款市场信息披露公法规制之不足············191
- 四、合作治理视角下我国互联网贷款市场信息披露规制之不足············199

第三节 后P2P时代互联网贷款市场信息披露的公私法合作机制完善 ·············204
- 一、我国互联网贷款市场信息披露的私法规制完善············204
- 二、我国互联网贷款市场信息披露的公法规制完善············218
- 三、合作治理视角下我国互联网贷款市场信息披露规制的完善············227

结 语 ·············237

参考文献 ·············238

绪　论

一、研究背景与研究意义

我国第一家P2P网贷平台——拍拍贷于2007年在上海设立并投入运营,这标志着我国P2P网贷行业的诞生。2013年是我国的互联网金融元年,互联网金融创新风起云涌,在互联网金融浪潮的推动下,我国P2P网贷行业进入快速发展时期,直到2015年达到行业发展的高峰。在高峰期运营的P2P网贷平台超过5000家。然而,令人遗憾的是,我国P2P网贷行业在快速发展的同时,也积累了大量风险,陷入一种非理性繁荣。2015年12月8日,当时P2P网贷行业排名第四的网贷平台——"e租宝"被曝涉嫌违法经营活动并接受调查。2014年6月上线的"e租宝",在短短的一年半时间内向115万余人非法吸收资金共计762亿余元,其中重复投资金额164亿余元,造成集资款损失380亿余元。[①] "e租宝"事件的曝光凸显了我国互联网金融业的风险,P2P网贷行业成为互联网金融风险爆发的重灾区。"e租宝"事件之后,我国互联网金融行业从2016年开始进入风险专项整治阶段。在此之前,为了防范和化解互联网金融风险,中国人民银行与其他部门联合发布了《关于促进互联网金融健康发展的指导意见》(银发〔2015〕221号)(以下简称《互联网金融发展指导意见》)。《互联网金融发展指导意见》将完善信息披露制度作为规范互联网金融市场秩序的重要措施,规定互联网金融从业机构负有信息披露义务。[②]

在互联网金融风险专项整治阶段,中国银行业监督管理委员会(以下简称"中国银监会")在2016年4月13日发布了《P2P网络借贷风险专项整治工作实施方案》。该方案对P2P网贷机构整治的原则之一是"分类处置,标本兼治"。分类处置的标准:一是要满足信息中介的定性;二是业务符合直

[①] 安徽钰诚控股集团、钰诚国际控股集团有限公司和丁宁、丁甸等集资诈骗、非法吸收公众存款、走私贵重金属、非法持有枪支、偷越国境案——"e租宝"非法集资案。详情参见北京市高级人民法院(2017)京刑终216号刑事裁定书。

[②] 《互联网金融发展指导意见》第15条规定:"应当对客户进行充分的信息披露,及时向投资者公布其经营活动和财务状况的相关信息,以便投资者充分了解从业机构运作状况,促使从业机构稳健经营和控制风险。从业机构应当向各参与方详细说明交易模式、参与方的权利和义务,并进行充分的风险提示。"

接借贷的标准；三是不得触及业务红线，如设立资金池、自融、向出借人提供担保或承诺保本付息、误导性宣传等；四是落实对借贷资金的第三方存管要求；五是信息披露完整、客观、及时；六是其网络安全设施合规。该方案依据上述标准将网贷机构分为合规类、整改类和取缔类等，并实施分类处置。

信息披露是否完整、客观、及时是判断网贷机构是否合规的重要考量因素。2016年8月24日，中国银监会公布了《网络借贷信息中介机构业务活动管理暂行办法》（以下简称《网贷机构管理暂行办法》）。《网贷机构管理暂行办法》在第五章对网贷机构的信息披露问题作了专章规定。这标志着我国金融监管部门开始着力构建P2P网贷信息披露制度。2017年8月24日，中国银监会发布了《网络借贷信息中介机构业务活动信息披露指引》（以下简称《网贷机构信息披露指引》）。《网贷机构信息披露指引》规定网络借贷信息中介机构及其分支机构应当遵循"真实、准确、完整、及时"的原则，通过其官方网站及其他互联网渠道向社会公众公布其基本信息、运营信息、项目信息、重大风险信息、消费者咨询投诉渠道信息等相关信息。

依据《互联网金融发展指导意见》《网贷机构管理暂行办法》《网贷机构信息披露指引》，中国互联网金融协会在2017年10月11日发布了《互联网金融信息披露个体网络借贷》（T/NIFA 1—2017）团体标准。该标准规定，P2P网贷的信息披露义务人是从业机构和借款人。① 该标准比中国互联网金融协会2016年制定的《互联网金融信息披露个体网络借贷》（T/NIFA 1—2016）团体标准更为严格，其强制性披露事项由65项增加至109项，鼓励性披露事项由31项减少至17项。中国互联网金融协会还建立了全国互联网金融登记披露服务平台。该平台旨在提供一个统一透明的信息披露环境，对接入该平台的网贷机构所披露的信息，平台不作实质性审查，也不保证所披露信息的真实性、准确性与合法性。但是，信息披露义务人应当遵循"真实、准确、完整、及时"的原则在该平台披露信息。

由上可见，互联网金融信息披露问题已经成为我国金融监管部门非常重视的重要现实问题。特别是在以P2P网贷平台"跑路"和"爆雷"事件为代表的互联网金融风险爆发之后，我国互联网金融行业从起初的放任式发展期进入互联网金融风险专项整治阶段，我国金融监管部门及互联网金融自律性

---

① T/NIFA 1—2017关于信息披露义务人的界定如下："从业机构一方面承担提供、披露从业机构信息和平台运营信息的义务，另一方作为居间人，应当按照《中华人民共和国合同法》对居间人的相关规定承担如实披露借款人信息和项目信息的义务，对提供的直接借贷信息进行采集整理、甄别筛选。""借款人承担提供、披露其信息和项目信息的义务。"

组织不断加强和完善互联网金融信息披露制度，特别是P2P网贷信息披露制度。信息披露制度成为整治互联网金融乱象、规范互联网金融市场秩序、防范和化解互联网金融风险的重要着力点，中国互联网金融协会依托全国互联网金融登记披露服务平台大力推行和落实P2P网贷信息披露制度。然而，"冰冻三尺，非一日之寒"。我国P2P网贷市场秩序非但未得到根本性好转，其市场乱象反而有愈演愈烈之势。上海市检察机关发布的《2018年上海金融检察情况通报》显示，利用互联网实施的金融犯罪呈上升趋势，网贷平台实施非法集资案件集中"爆雷"，涉案平台严重偏离信息中介定位，采用自融或变相自融等方式向社会公众募集大量资金，多数资金被归集到平台控制人自用或投入关联企业。①

不断增加的P2P网贷平台"跑路"和"爆雷"事件给我国互联网金融风险防控乃至整个金融风险防控带来了极大的现实压力。为了守住不发生系统性、区域性金融风险的底线，我国金融监管部门对P2P网贷风险专项整治政策作出了重大调整。2019年1月21日，互联网金融风险专项整治工作领导小组办公室（以下简称"互联网金融风险整治办"）、P2P网贷风险专项整治工作领导小组办公室（以下简称"P2P网贷风险整治办"）发布了《关于做好网贷机构分类处置和风险防范工作的意见》（整治办函〔2018〕175号，以下称"175号文"）。175号文是在互联网金融领域推动落实防范化解重大风险攻坚战的重要举措。与2016年《P2P网络借贷风险专项整治工作实施方案》将P2P网贷机构划分为合规类、整改类和取缔类等相比，175号文虽然坚持了原来的"分类处置"原则，但是对P2P网贷机构的分类发生了较大变化，而且不再提及"标本兼治"。这表明P2P网贷风险专项整治的主要工作方向发生了根本性变化，从过去的"标本兼治"转变为以机构退出为主要工作方向，对于合规经营的P2P网贷机构，引导其转型为网络小额贷款公司、助贷机构或为持牌资产管理机构。

为了引导和规范P2P网贷机构转型为网络小额贷款公司，互联网金融风险整治办与P2P网贷风险整治办在2019年12月发布了《关于网络借贷信息中介机构转型为小额贷款公司试点的指导意见》（整治办函〔2019〕83号，以下简称《转型指导意见》）。②将网贷机构转型为小额贷款公司是主动化解和

---

① 陈晨，王世涛，等.2018年上海金融检察情况通报［EB/OL］.（2019-09-09）［2023-06-11］. https://www.weiyangx.com/339024.html.

② 互联网金融风险整治办为了阻隔"现金贷"风险，曾在2017年11月21日下发《关于立即暂停批设网络小额贷款公司的通知》（整治办函〔2017〕138号）。通知要求，各级小贷公司监管部门即日起不再新批设立网络小额贷款公司，也不得新增批小贷公司跨省开展小额贷款业务。

处置 P2P 网贷机构存量业务风险、实现 P2P 网贷行业风险出清的重要举措。2020 年 12 月 8 日，中国银行保险监督管理委员会（以下简称"中国银保监会"）主席郭树清在新加坡金融科技节上的演讲中确认，我国 P2P 网贷机构已经全部归零，并将"全面整治 P2P 网贷机构"作为我国应对金融科技挑战的一个经验教训。他指出："P2P 网贷机构本来定位为金融信息中介，但在实践中，绝大多数机构事实上开展了信贷和理财业务。据统计，过去 14 年里先后有 1 万多家 P2P 上线，高峰时同时有 5000 多家运营，年交易规模约 3 万亿元，坏账损失率很高。"①

我国 P2P 网贷机构清零的消息一经公布，如一石激起千层浪，引发了广泛的社会关注。为什么在我国曾经风光无限的 P2P 网贷机构最终却难逃被全面清零的结局呢？即使如拍拍贷、你我贷等正常经营的 P2P 网贷机构，最终也只能向助贷机构、网络小贷公司等转型。是不是真如有的学者在反思 P2P 网贷时所指出的那样，具有信息中介本质的 P2P 商业模式具有天然的缺陷，难以持续呢？②造成这一结果的原因是多方面的，P2P 网贷信息披露制度的缺陷无疑是重要原因之一。此外，需要特别指出的是，要准确把握 P2P 网贷机构清零的含义，它要求名为信息中介机构实际上从事金融业务的 P2P 网贷机构要么彻底退出市场，要么转型为助贷机构、小额贷款公司或持牌资产管理机构。但是，它并不意味着信息社会时代金融科技化、网络化的趋势发生了改变。传统借贷市场与金融科技相互融合产生的互联网贷款市场仍将会获得持续发展，只不过其市场结构将会发生重大变化。互联网贷款市场的贷款人不再是众多的非专业投资者，而是商业银行或经过批准从事网络小额贷款业务的小额贷款公司；互联网平台企业主要为互联网贷款业务的开展提供信息中介、技术支持等助贷服务；在功能定位方面互联网贷款被定位为具有普惠金融性质的小额贷款。中国银保监会制定的《商业银行互联网贷款管理暂行办法》已经于 2020 年 7 月 17 日实施。中国银保监会与中国人民银行在 2020 年 12 月 2 日公布了《网络小额贷款业务管理暂行办法（征求意见稿）》，为 P2P 网贷机构转为网络小额贷款公司作准备。在 P2P 网贷机构转型

---

① 郭树清. 金融科技发展、挑战与监管：郭树清在 2020 年新加坡金融科技节上的演讲［EB/OL］.（2020-12-08）［2023-06-11］.http://www.cbirc.gov.cn/cn/view/pages/ItemDetail.html?docId=947694&itemId=915&generaltype=0.

② 其天然缺陷主要是："信息中介模式本身可持续性较差，依靠交易佣金的盈利模式驱动平台扩大业务规模，但是佣金收入难以覆盖合规带来的管理、开发费用成本。其次，模式天然存在道德风险，平台有违规改善盈利的内在动力。"任泽平，方思元，梁珣. 反思 P2P：从遍地开花到完全归零［EB/OL］.（2020-11-30）［2023-06-11］. https://www.sohu.com/a/435196446_467568?sec=wd.

为网络小额贷款公司、助贷机构或持牌资产管理机构之后，商业银行与网络小额贷款公司等通过互联网向资金需求者提供贷款，①提供互联网平台的金融科技公司与商业银行、网络小额贷款公司等合作，利用其信息技术优势提供助贷服务。

  从域外视角看，美国P2P网贷行业也曾经发生过借款人违约风险爆发及平台欺诈之类的事情，美国P2P网贷行业因此受到了美国证券交易委员会（the U.S. Securities and Exchange Commission，SEC）的严格监管，信息披露是SEC监管P2P网贷行业的重要措施。在2008年全球金融危机期间，美国的网贷平台Prosper的借款人违约风险集中爆发，违约率一度高达1/3，SEC不得不关闭其网站，并要求其注册及加大信息公开力度之后才允许其重新运营。不过，也有人认为，SEC的监管阻碍了P2P网贷产业发展且对消费者利益保护不力，而网络借贷产业对消费者通过网络平台快速借贷具有重要益处，对该产业的规制应当以便利消费者借贷和保护消费者权益为宗旨。②2014年12月，美国最大的P2P平台企业Lending Club在美国纽约证券交易所上市。然而，这家被投资者看作未来"超级明星"的P2P平台企业，在2016年5月时其股价出现断崖式下跌。股价下跌的主要原因，是该平台的联合创始人兼首席执行官拉普朗什因"涉嫌进行违规的自我交易和贷款销售存在欺诈行为"被逐出公司。该事件引发了美国P2P行业的动荡，使得美国财政部呼吁提高P2P网贷行业的透明度，敦促监管机构加强监管，明确要求采用一致的行业标准和信息披露规则。③

  迄今为止，P2P网贷仍是美国金融科技领域中发展最快和最重要的部分之一，美国P2P网贷扩展到了包括小企业贷款、汽车贷款和学生贷款等消费借贷市场。"截至2018年年底，在规模为1380亿美元的美国消费借贷市场中，38%的贷款来自P2P网贷机构。而且没有理由相信这种增长会放缓。普华永道的一项分析估计，到2025年，单是P2P借贷市场就可能达到1500

---

① 《商业银行互联网贷款管理暂行办法》第3条规定："本办法所称互联网贷款，是指商业银行运用互联网和移动通信等信息通信技术，基于风险数据和风险模型进行交叉验证和风险管理，线上自动受理贷款申请及开展风险评估，并完成授信审批、合同签订、贷款支付、贷后管理等核心业务环节操作，为符合条件的借款人提供的用于消费、日常生产经营周转等的个人贷款和流动资金贷款。"

② Guzik S S.SEC Crowdfunding Rulemaking Under the Jobs Act — An Opportunity Lost? [EB/OL]（2020-05-15）[2023-06-11]. https://papers.ssrn.com/sol3/papers.cfm?abstract_id=2393897,2020-05-15.

③ 参见姜樊.P2P鼻祖Lending Club曝违规丑闻 股价现断崖式下跌[N].北京晨报，2016-05-13（5）.

亿美元，甚至更多。"①

不过，美国 P2P 网贷市场结构发生了很大变化。美国 P2P 网贷平台已经从最初只为散户投资者服务转向为主要向银行、对冲基金、养老基金等机构投资者服务。2016 年美国财政部发布了《在线市场借贷领域的机遇与挑战》白皮书。该白皮书指出："在线市场贷款是指金融服务业利用投资资本和数据驱动的在线平台直接或间接向消费者和小企业提供的贷款。这一市场最初是以 P2P 市场的形式出现，该市场使得个人投资者有能力向个人借款人提供融资。随着产品和商业模式的发展，在线市场贷款机构的投资者基础已经扩展到机构投资者、对冲基金和金融机构。由于认识到投资者基础的这种转变，整个市场不再被准确地描述为点对点市场。因此，我们将这些公司称为在线市场贷款人。"②美国财政部正是由于关注到了合格投资者涌入 P2P 网贷市场所引起的商业模式变化，才将 P2P 网贷改称为"在线市场借贷"。

对比我国与美国 P2P 网贷行业的发展及其监管历程可以发现，信息披露始终是两国加强 P2P 网贷风险规制的重要措施，P2P 网贷风险规制促使两国 P2P 网贷市场出现了转型——美国 P2P 网贷向在线市场借贷转变，符合条件的我国 P2P 网贷机构转型为助贷机构、小额贷款公司或持牌资产管理机构。不同的是，美国 P2P 网贷向在线市场借贷的转变主要是市场调节机制作用的结果，并实际上推动了美国互联网金融业的发展；我国 P2P 网贷机构转型是政府干预作用的结果，是金融监管部门为了处置 P2P 网贷行业存量金融风险和防范新的互联网金融风险的重要决策，但转型的配套制度尚未完全建立起来，如 P2P 网贷机构转型之后的互联网贷款市场信息披露制度就付之阙如。在后 P2P 时代的互联网贷款市场，仍将面临在金融科技化趋势下如何加强和完善信息披露的现实挑战。为应对这一挑战，本书基于 P2P 网贷风险规制与市场转型的现实背景，既反思旨在规制 P2P 网贷风险的我国 P2P 网贷信息披露制度探索与实践的经验教训，也分析 P2P 网贷机构转型之后我国互联网贷款市场信息披露制度探索及不足，同时借鉴美国 P2P 网贷信息披露规制的经验，最后据此提出完善我国互联贷款市场信息披露规制的对策建议，以期为新时代防范化解互联网金融风险、保障和维护金融稳定等提供理论支撑和制

---

① Luther, Jeffrey,Twenty-First Century Financial Regulation: P2P Lending, Fintech, and the Argument for a Special Purpose Fintech Charter Approach［J］.University of pennsylvania law review, 2020, 168（4）: 1013-1060.

② U.S. Department of the treasury. Opportunities and Challenges in Online Marketplace Lending ［EB/OL］.（2016-05-10）［2023-06-11］. http://walescapital.com/opportunities-and-challenges-in-online-marketplace-lending-u-s-treasury-report/.

度建议。这正是本书的现实意义与理论价值之所在。

二、国内外研究文献综述

笔者于 2021 年 12 月 7 日在中国期刊网以"P2P 网贷"作为关键词搜索全部期刊,按主题显示的搜索结果为:与"P2P"主题相关的文献是 507 篇,与"P2P 网贷"主题相关的文献是 387 篇,与"网贷平台"主题相关的文献是 246 篇;按照发表年度显示的文献:2008 年 1 篇,2010 年 2 篇,2012 年 5 篇,2013 年 7 篇,2014 年 46 篇,2015 年 118 篇,2016 年 216 篇,2017 年 152 篇,2018 年 170 篇,2019 年 151 篇,2020 年 93 篇,2021 年 46 篇。搜索结果显示在 2013 年之前关于 P2P 网贷的文献每年只有寥寥几篇,甚至 2009 年一篇也没有;从 2014 年开始,有关 P2P 网贷的研究文献呈现井喷之势,在 2016 年达到顶峰,2017—2020 年 P2P 网贷研究仍是余热未减,但是从 2021 年开始呈回落之势。这说明 P2P 网贷于 2007 年在我国产生以后起初并未受到理论界的关注,在 2014 年之后才逐渐成为理论界关注的焦点。自 2014 年起 P2P 网贷研究文献大幅度增长的现实原因,是我国 2013 年进入互联网金融元年,P2P 网贷业借互联网金融发展的契机进入行业高速发展期,P2P 网贷这一互联网金融创新对传统金融体系的冲击及其显露的各种风险引发了理论界的高度关注。2021 年 P2P 网贷研究文献回落的现实背景,是我国金融监管部门在 2020 年年底宣布 P2P 网贷机构清零。不过,符合条件的 P2P 网贷机构正在转型为助贷机构、经营网络小额贷款的小额贷款公司或持牌金融资产管理机构,商业银行也加快了利用金融科技开展互联网贷款业务的步伐,网络小额贷款与互联网贷款成为后 P2P 时代的互联网金融理论热点。[①]

十余年来,对于 P2P 网贷这一互联网时代的创新型金融业态,国内理论界已经对其市场运行模式、法律地位、风险特征及监管制度构建等进行了深入研究。就其市场运营模式而言,理论界普遍认为,产生于英美国家的 P2P 网贷经营模式在我国发生了重大变化,P2P 网贷平台从信息中介机构异化为变相从事金融业务的类金融机构。[②] 就其法律地位而言,我国法学界存在"意思自治说""非法集资说"与"折中说"等三种主要观点。"意思自治说"认为,

---

① 商业银行的互联网贷款在功能定位上也是小额贷款,鉴于商业银行的互联网贷款与小额贷款公司的网络小额贷款都是通过互联网平台发行,因此本书将二者合称为"互联网贷款"。

② 参见冯果,蒋莎莎.论我国 P2P 网络贷款平台的异化及其监管[J].法商研究,2013(5):29-37.

P2P 网贷属于私法自治范畴,无须金融监管部门加以规制。①"意思自治说"忽视我国 P2P 网贷行业客观存在的金融风险与法律风险,特别是非法集资风险,是一种"'只见树木、不见森林'的片面认识"。②"非法集资说"认为,虽然 P2P 网贷具有一定的合理性,能够满足社会投融资需求,但是在现行法律制度下涉嫌非法集资活动,不具有合法地位。③"折中说"主张,不能"断然否定网络借贷这种新生事物的合法性,但听之任之地采用私法自治观放任其无序发展也是不可",④其言下之意,是要在尊重 P2P 网贷市场主体意思自治之前提下,加强对 P2P 网贷风险的监管。从语义分析的视角看,"意思自治说"与"非法集资说"对 P2P 网贷法律地位的评价冲突,缘于其混淆了"P2P 网贷"与"P2P 网贷平台"这两个概念,不能因为 P2P 网贷平台的非法集资行为,就否定 P2P 网贷的合法性。不过,P2P 网贷的法律地位始终是研究 P2P 平台非法集资与 P2P 网贷风险监管等难以回避的问题。就 P2P 网贷的风险特征及其监管制度构建而言,理论界针对我国 P2P 网贷平台的"跑路"与"爆雷"事件所凸显的 P2P 网贷风险,运用信息不对称理论分析了 P2P 网贷风险产生的信息根源,并将加强信息披露作为 P2P 网贷风险监管的重要措施。⑤有学者独辟蹊径,研究了中、美、英等三国信息披露监管与 P2P 网贷运营模式之间的关系,发现信息披露监管模式的差异是导致 P2P 网贷平台是否采用担保模式的原因,"如果平台信息披露行为得到严格监管,那么平台不会为借款人提供担保;如果信息披露缺乏监管,那么平台必须为借款人担保以吸引投资"。⑥该研究的现实意义是,要纠正我国 P2P 行业实践中普遍存在的网贷平台担保或变相担保现象、实现平台的去担保化,必须要加强对平台的强制性信息披露监管。

信息不对称是金融产品中普遍存在的现象,作为互联网时代的金融创

---

① 参见封延会,贾晓燕."人人贷"的法律监管分析:兼谈中国的影子银行问题[J].华东经济管理,2012(6):95-99.
② 姚海放.网络平台借贷的金融法规制路径[J].法学家,2013(5):94-98.
③ 参见彭冰.P2P 网贷与非法集资[J].金融监管研究,2014(6):13-25;梁清华.我国众筹的法律困境及解决思路[J].学术研究,2014(5):51-57.
④ 姚海放.网络平台借贷的金融法规制路径[J].法学家,2013(5):94-98.
⑤ 将信息披露规制作为 P2P 网贷风险监管之重要措施的文献甚多,仅列举几例如下:杨东.互联网金融的法律规制:基于信息工具的视角[J].中国社会科学,2015(4):107-126.伍坚.我国 P2P 网贷平台监管的制度构建[J].法学,2015(4):92-97.何颖.作为金融信息中介的网贷平台信息披露规则[J].交大法学,2020(2):114-128.冯辉.网络借贷平台法律监管研究[J].中国法学,2017(6):221-239.姚海放.治标和治本:互联网金融监管法律制度新动向的审思[J].政治与法律,2018(12):12-22.
⑥ 张海洋.信息披露监管与 P2P 借贷运营模式[J].经济学(季刊),2016(1):371-392.

新，P2P 网贷是改善还是加剧了传统金融市场的信息不对称？鉴于 P2P 网贷是一种创新型的互联网金融业态，对于这个问题的回答实际上反映了对互联网金融市场信息不对称问题所持的基本立场。对此，理论界存在不同的看法。有学者认为，"互联网金融对传统金融最大的革新之一在于信息的生产与处理方式上，借助于大数据、云计算等现代信息技术，互联网金融可以加快信息数据处理，解决信息不对称问题，降低运营成本及金融风险"①。有学者认为，互联网表面上便利了信息传递，好像拉近了投资者与融资者的距离，但是实际上可能加剧众筹市场的信息不对称，我国平台上的融资者受制于社会信用评价机制而无法标识其风险登记，更会加剧信息不对称问题，而解决信息不对称问题的传统手段如证券法的强制信息披露制度与私法上的各种合约安排不适用于众筹。②有学者结合我国管制型金融立法的国情对互联网金融市场的信息不对称问题从理想与现实两个层面进行了分析，认为"理想状态中的互联网技术因缔造了货币流动和信息公开的金融环境，自发解决了信息不对称和信用风险问题……但是，现实情况下，以债权和股权非法集资罪为代表的管制型立法，一方面将互联网金融交易主体挤压在非常狭小的生存空间，另一方面在这些交易主体的监管套利中趋于无效，且纵容了融资者和平台利用信息优势欺诈投资者，威胁金融安全和投资者利益"③。

信息披露是否真的有助于解决 P2P 网贷市场的信息不对称问题呢？有学者依据既有的信息披露准则，对我国 P2P 网贷平台的信息披露水平进行了实证研究。其实证研究结果表明，"平台信息披露程度越高，越容易吸引当期的投资人参与交易，提升平台的成交量；同时，平台信息披露水平有助于投资人降低有关平台的投资风险"④。有学者以羊群行为作为切入点，将在众筹平台上所披露的信息分为直接信息与间接信息，直接信息是指平台在其网站上为筹资所发布的项目信息，间接信息是指投资者、融资者及平台其他用户在项目筹资后在线发表的评论信息。其研究结果表明，直接信息的披露有助于投资者甄别项目质量，提高投资者决策的理性化程度；间接信息的披露反而容易导致市场噪声，加剧投资者非理性化的羊群行为。⑤

---

① 丁杰.互联网金融与普惠金融的理论及现实悖论[J].财经科学，2015(6)：1-10.
② 参见彭冰.投资型众筹的法律逻辑[M].北京：北京大学出版社，2017：59-62.
③ 杨东.互联网金融的法律规制：基于信息工具的视角[J].中国社会科学，2015(4)：107-126.
④ 汪静，陈晓红，杨立.P2P 网贷平台信息披露水平、投资人信任与投资风险[J].中国经济问题，2018(3)：106-121.
⑤ 李晓鑫，曹红辉.信息披露、投资经验与羊群行为：基于众筹投资的研究[J].财贸经济，2016(10)：72-86.

对 P2P 网贷信息披露现状的实证研究与模型推演体现了经济学研究的方法特色。与经济学界相比，法学界着重研究 P2P 网贷信息披露义务产生的原因、现行法律依据及完善建议。例如，有学者针对我国早期 P2P 网贷平台以保护商业秘密为借口拒绝披露网贷具体信息的现状，提出要加强对网贷平台的信息披露监管，建议监管立法要求平台发布年报、公布坏账率，以便监管机构和投资者识别平台风险。[①] 有学者认为，互联网金融行业的发展高度依赖于信息技术，故信息性监管是网贷平台监管的核心，强化信用评级与信息披露是加强网贷平台信息性监管的主要内容。[②] 有学者认为，"特许制"和"强制信息披露制度"这两种传统的金融监管制度适用于互联网金融均存在障碍，前者会让互联网金融惹上"非法"之嫌，后者可能会使得 P2P 网贷的主要融资者——个人和小微企业付出相当大的成本。[③] 有学者基于我国监管部门对 P2P 网贷平台的信息中介定位，依据《合同法》第 425 条关于居间合同的规定，认为网贷平台作为居间商，不仅要承担向借贷双方如实报告借贷合同事项的义务，而且要承担更高的信息披露义务，因为 P2P 网贷具有涉众性、非面对面性和技术性。[④]

信息披露也是英国、美国等 P2P 网贷监管立法关注的重点问题。英国行为金融监管局（Financial Conduct Authority，以下简称"FCA"）发布的《关于网络众筹和通过其他方式推介不易变现证券的监管规则》（以下简称《众筹监管规则》）将众筹分为 P2P 网络借贷型众筹和股权投资型众筹，规定了网贷平台的信息披露及报告义务。在美国，P2P 网贷这种借贷型众筹与股权众筹都属于美国 1933 年《证券法》中的投资合同。美国 2012 年《促进创业企业融资法案》（简称 JOBS 法案）的众筹豁免规则引发诸多争议，争议最大的就是发行人的信息披露义务问题。美国证券法专家托马斯·李·哈森对豁免规则中的较少信息披露要求提出了批评，指出豁免规则是以"小的东西往往是好的"这一信条为基础，但是小的东西也可能伴随着欺诈。[⑤] 其言下之意是，为保护 P2P 网贷的投资者免受欺诈，应当加大发行人的信息披露义务。布拉德福德教授认为，对众筹发行人的信息披露要求使得豁免规则过于复

---

① 冯果，蒋莎莎.论我国 P2P 网络贷款平台的异化及其监管[J].法商研究，2013（5）：29-37.
② 冯辉.网络借贷平台法律监管研究[J].中国法学，2017（6）：221-239.
③ 赵渊，罗培新.论互联网金融监管[J].法学评论，2014（6）：118-126.
④ 何颖.作为金融信息中介的网贷平台信息披露规则[J].交大法学，2020（2）：114-128.
⑤ Hazen T L.Crowdfunding or Fraud funding - Social Networks and the Securities Laws - Why the Specially Tailored Exemption Must Be Conditioned on Meaningful Disclosure[J]. North Carolina Law Review, 2012,90（5）:1736-1769.

杂且成本高，会使得豁免规则难以实现。① 布拉德福德教授建议放弃强制信息披露制度，依靠群体智慧解决信息不对称问题。美国的《众筹条例》运用了群体智慧来解决信息不对称问题。为了给予投资者足够的时间形成群体智慧，美国《众筹条例》赋予投资者在发行说明书所确定的截止时间48小时之前一直享有无条件后悔权，以督促投资者持续关注交流渠道上的内容。② 古齐克认为，SEC实施JOBS法案豁免规则的规定增加了不合理成本，会使JOBS法案减少众筹发行人信息披露义务的目的落空。③ 美国的一些州立法如《堪萨斯州投资法》规定，众筹发行人无须履行信息披露义务。安德鲁认为，P2P网贷的风险主要是借款人的违约风险与借款人隐私受到侵犯的风险，网贷平台的贷款人可能受到陌生的不诚信的借款人欺诈，而要求借款人在网贷平台上充分披露其个人信息尽管可以提高借款成功概率，但是其隐私受到侵犯的危险随之增大。④

总之，国内外理论界已经对P2P网贷的风险特征及监管制度构建等进行了较为深入的研究，并主要从金融监管法视角研究了P2P网贷信息披露问题。无疑，这些研究对于维护互联网金融的安全与稳定等具有重要的现实意义与理论价值。P2P网贷是互联网时代的一项金融创新，金融创新总是与金融风险相伴而生，如何规制金融创新风险，在金融安全、金融效率与金融公平之间实现平衡是金融创新对法律的重大挑战。公法在规制金融创新风险方面具有天然优势，这使得以往研究主要从金融监管法视角研究P2P网贷信息披露问题。然而，法律制度具有整体性，公法与私法之间的关系早已经由对峙走向合作，法律要实现对金融创新风险的有效规制，有赖于公法与私法之间的有效合作。从信息披露的公私法合作规制视角研究我国P2P网贷风险整治与转型的制度原因，就是要突破以往主要从金融监管法视角研究P2P网贷信息披露的局限性。从经济法学视角看，公私法合作规制P2P网贷信息披露，就是要实现对P2P网贷行业的国家干预与市场调节之间的平衡。从法理学视角看，公私法合作规制P2P网贷信息披露，旨在实现P2P网贷行业中的金融安全、金融效率与金融公平之间的平衡。

---

① Steven B C. The New Federal Crowdfunding Exemption: Promise Unfulfilled[J]. Securities Regulation Law Journal, 2012,40(3):199-206.

② 仇晓光，杨硕. 公募股权众筹的逻辑困境与治理机制[J]. 广东社会科学，2016(6):226-235.

③ Guzik S S. SEC Crowdfunding Rulemaking Under the Jobs Act -- An Opportunity Lost?[EB/OL],2020-05-15https://papers.ssrn.com/sol3/papers.cfm?abstract_id=2393897.

④ Andrew verstein.The Misregulation of Person-to-Person Lending[J].University of California, Davis, 2011,45(2):447-529.

三、研究思路与主要内容

本书首先阐述信息披露的经济学与社会学理论基础,以为信息披露规制的公私法合作机制原理提供理论支撑,然后从公私法的分立与融合、信息的私人性与公共性及合作治理等视角论证信息披露规制的公私法合作机制原理,为后文的P2P网贷信息披露的公私法合作机制研究奠定理论框架。其次,运用信息披露规制的公私法合作机制原理,基于P2P网贷风险规制与市场转型的现实背景,反思旨在规制P2P网贷风险的我国P2P网贷信息披露制度实践的经验教训,分析美国P2P网贷信息披露规制的制度演变及其对我国的借鉴意义。最后,分析P2P网贷机构转型之后我国互联网贷款市场信息披露制度探索及不足,针对这些不足提出完善我国互联贷款市场信息披露规制的对策建议,以期为新时代防范化解互联网金融风险、保障和维护金融稳定等提供理论支撑和制度建议。遵循上述研究思路,除绪论以外,本书分为以下五章,各章主要内容如下:

第一章为"信息披露制度的经济学与社会学理论基础"。信息披露制度是公司治理与金融监管,尤其是证券监管制度的重要内容。信息披露制度的产生、发展与经济学的许多重要理论密切相关。委托代理理论、信息不对称理论、有效市场假说及行为金融理论均为加强信息披露规制提供了理论支持,并对在现实经济生活中实施的信息披露规制如证券市场的强制信息披露产生了重大的影响。如有效市场假说就对美国证券监管产生了重大影响。不过,也有学者依据有效市场假说及行为金融理论对信息披露规制提出了质疑。对支持信息披露规制质疑,甚至反对之,这本质上是一个信息披露边界问题。质言之,问题不在于是否要实施信息披露,而在于如何确定信息披露的边界。这一边界实质上是市场与政府之间的边界。依据科斯所提倡的成本收益分析方法,既不能因为信息规制领域的政府失灵问题否定信息披露,也不应因为信息披露所宣称的保护投资者利益等目标而过度实施,而是应当对实施的信息披露规制措施进行成本收益的衡量,以实现信息规制领域的市场调节与政府干预之间的平衡。此外,信息技术变革导致社会形态演变,人类社会已经进入信息社会与互联网时代,作为一种互联网金融创新,P2P网贷或互联网贷款所处的场景空间是信息社会时代兴起的虚拟空间。在信息社会与互联网时代,虚拟空间与现实空间并存、叠加,各种类型的社会空间既分割又叠加,社会分层趋势明显,不同社会阶层之间的信息分化加剧。P2P网贷或互联网贷款市场的信息披露制度必须要应对这些新的场景挑战,才能实现场景正义。

第二章为"信息披露规制的公私法合作机制原理"。首先阐述公私法分立与公私法融合并存的公私法合作机制原理，然后从信息的私人性视角阐述信息披露的私法规制路径、从信息的公共性视角阐述信息披露的公法规制路径、从合作治理的视角阐述信息披露规制中的公私法融合。划分公法与私法固然重要，但是划分标准很难确定，而且法律制度具有整体性，公私法之区分是相对的。为了解决19世纪中后期以来出现的各种社会问题，法律出现了社会化趋势，公法与私法之间的界限被打破，公私法交叉与融合趋势明显。该趋势不仅表现在借维护和保障公共利益之名，公权力主体对私人行为进行必要的规制，而且表现在随着合作治理的兴起，私人主体参与公共事务治理，私人主体事实上分享了公共事务治理的公权力。因此，从整体主义的视角看，当今社会的法律制度是一个公私法分立与公私法融合并存的公私法合作机制。信息兼具私人性与公共性的特征。从法学视角看，信息的私人性是指信息在多大程度上为私人所有以及如何在私人之间进行交易，涉及私人主体在信息资源的初始配置与交易过程中的权利义务问题，以及如何保护私人信息权益不受侵犯。这是契约法或合同法与侵权法需要解决的问题。信息的公共性之于公法的意义在于，为公权力部门实施信息规制——强制信息披露提供了正当性基础。私人接收、储存和处理信息的能力是有限的，信息的公共产品属性使得私人缺乏生产或提供信息的激励。信息不充分或信息赤字是造成市场失灵的重要原因，为了促进信息资源的优化配置，降低信息提供的成本，克服市场失灵，强制信息披露遂成为重要的信息规制选择。在公司法、证券法及银行法等经济立法中都不乏强制信息披露规则。

第三章为"公私法合作机制视角下我国P2P网贷信息披露规制之反思"。以信息披露规制的公私法合作机制原理作为理论基础，反思我国P2P网贷信息披露规制的实践及其不足，从信息披露规制视角揭示我国P2P网贷风险的制度成因，以为我国P2P网贷平台转型提供镜鉴。信息披露私法规制不足是导致我国P2P网贷平台异化的重要制度原因之一。我国金融监管部门将P2P网贷平台定位为信息中介机构，禁止P2P网贷平台直接或变相向出借人提供担保，以防平台异化为信用中介机构。最高人民法院的司法解释却承认了平台担保合同的有效性。平台功能定位相互冲突的制度环境未能为P2P网贷市场主体行为提供统一的、确定的评价与指引规则，P2P网贷市场主体对其信息披露义务的性质、范围与方式缺乏合理的、确定的预期，私法规制P2P网贷信息披露的功能紊乱。这反而加剧了P2P网贷市场的信息不对称，进而导致P2P平台非法集资。从信息披露的公法规制视角看，我国P2P网贷信息披露制度并不是我国P2P网贷实践经验演化的结果，而主要是由金融监管部门自上而下推行的一种强制性制度变迁。它存在以下不足：法律位阶是较低的部门规章，效力层次远低于法律行政法规，制度变迁的动力与强制性不足；缺乏P2P网贷实践经验演化的内生性基础且没有反映P2P网贷所处的虚拟空间这一特定场景的场景需求；P2P网贷监管权在中央与地方之间的分权配置存在交叉冲突，对P2P网贷机构的重大风险事件与一般风险事件的信息披露监管权的分权配置不当；P2P网贷机构的重大事件与一般事件面向监管者而非投资者披露。这些不足是我国P2P网贷监管未能从根本上纠正P2P网贷市场乱象、增进P2P网贷市场秩序的制度原因。从合作治理的视角看，行业协会的行业自律、行业自治与合作治理存在天然上的联系。在我国P2P网贷信息披露制度的设计与探索中，中国互联网金融协会被寄予厚望。不过，中国互联网金融协会制定的个体网络借贷信息披露标准缺乏合作治理理念，加之行业自律监管权的公权化，使得该标准所规定的信息披露事项以强制性信息披露事项为主、鼓励性信息披露事项为辅。与其说该标准是为了发挥中国互联网金融协会的自律功能，不如说是《网贷机构信息披露指引》这一金融监管规定的具体化。由于缺乏合作治理理念，中国互联网金融协会及其成员（P2P网贷从业机构）无法真正参与个体网络借贷信息披露标准的制定与实施，P2P网贷从业机构被赋予过重的信息披露义务，该标准未能实现P2P网贷市场之多元主体之间的利益平衡。

第四章为"美国P2P网贷市场转型与信息披露规制之争的分析与启示"。所谓美国P2P网贷市场转型，是指美国P2P网贷平台从最初只为散户投资者服务转向为主要向银行、对冲基金、养老基金等机构投资者服务这一市场结构变化。随着机构投资者涌入美国P2P网贷市场，P2P网贷平台呈现出金融中介化趋势，演变成新的中介机构，并开始执行基本上所有与贷款评估相关的任务。美国学者将这一过程称为"再中介"。从制度变迁的视角看，美国P2P网贷转型是在美国P2P网贷法律制度尤其是信息披露法律制度背景下P2P网贷市场主体博弈的结果。SEC监管P2P网贷对美国P2P网贷市场结构及其商业模式产生了重大影响，因为P2P网贷平台必须在SEC注册的要求导致了P2P网贷行业的大规模洗牌，Prosper和Lending Club成功地在SEC注册，但其他P2P网贷平台，如Loanio、Virgin Money和Pertuity很快就在遵守SEC命令的压力下倒闭了。由于美国证券法上原有的证券发行豁免规则难以在众筹行业中有效适用，为了促进众筹行业的发展，美国JOBS法案拓展或创设证券发行注册豁免制度。其中,对美国众筹行业发展促进作用最大的豁免规则是506(c)豁免规则,而且506(b)豁免规则与506(c)豁免规则具有一个共同的制度激励效果,即促使P2P网贷平台更多地迎合格投资者。这是美国P2P网贷市场结构从以散户投资者为主转向以机构投资者为主的重要制度原因之一。

事实上,美国理论界围绕JOBS法案众筹豁免规则的争议一直存在,争议主要包括信息披露规制中的主体之争、限度之争及利益保护之争。规制主体之争主要表现为美国SEC与消费者金融保护局(Consumer Financial Protection Bureau,以下简称"CFPB")对P2P网贷的监管权之争。有人认为,SEC对P2P网贷的监管现状无须改变;有人认为P2P网贷不受证券法的约束,而消费者金融保护局是监管P2P网贷的唯一权威机构;有人认为,除了接受SEC的监管之外,P2P网贷机构还可能受到联邦银行监管机构的监管。P2P网贷信息披露规制的限度之争主要围绕JOBS法案的众筹豁免规则展开。支持者认为,众筹豁免规则中的信息披露要求太高,会增加不合理成本,甚至可能使得众筹豁免规则名存实亡。反对者如美国证券法学者托马斯·李·哈森认为,为了保护投资者利益,任何适用于众筹的豁免都应该以强制性披露为条件,JOBS法案豁免规则未能提供足够的有意义的信息披露,过于宽松的众筹豁免使得投资者保护被牺牲。信息披露规制主体之争与限度之争,本质上是利益保护之争。SEC对P2P网贷的监管侧重于保护投资者利益,主要关注的是投资者特别是散户投资者的利益是否受到保护;CFPB侧重于保护作为消费者的借款人的利益。从公私法合作规制视角看,由于缺乏公私法合作规制理念,美国迟迟未能建立起《多德-弗兰克法案》所要求建立的联邦最佳监管体系,SEC与CFPB对P2P网贷的监管被对立起来,美国P2P网贷信息披露规制未能实现金融安全、金融效率与金融公平之间的平衡。虽然美国证券法上的私人执法机制是一个有助于发挥公私法合作规制优势的良好制度设计,但是在P2P网贷领域面临着现实障碍。"他山之石,可以攻玉。"美国P2P网贷信息披露规制的制度变迁对我国互联网金融监管具有如下启示:立足本国实际适应市场需求完善互联网金融监管防止监管套利,秉承公私法合作规制理念加强和完善P2P网贷机构转型之后的互联网贷款市场信息披露规制,加强互联网贷款市场信息披露规制中的金融消费者保护。

第五章为"我国P2P网贷机构转型与互联网贷款市场信息披露规制完善"。为了守住不发生系统性、区域性金融风险的底线,我国P2P网贷风险专项整治政策作了相应的重大调整,从过去的"标本兼治"转变为以机构退出为主，对于合规的正常 P2P 网贷机构，引导其转型。我国互联网贷款市场进入"持牌经营、守法合规"的后 P2P 时代。为了加强对后 P2P 时代互联网贷款市场的风险规制，我国金融监管部门吸取了之前 P2P 网贷信息披露规制的经验教训，并就互联网贷款市场的信息披露规制进行了初步的制度探索。从信息披露的公私法合作机制原理分析，这些制度探索存在以下不足，应针对这些不足加强和完善互联网贷款市场信息披露规制。

1. 互联网贷款市场信息披露私法规制之不足及完善。（1）互联网借贷合同订立中的信息披露义务之不足。市场主体之间的信息不对称是相对的。就借款人自身的业务活动、财务状况及借款用途而言，借款人相对于贷款人无疑具有信息优势地位，这一信息不对称是导致借款人之信用违约风险的重要原因。但是，就借款合同的利率、期限、还款方式、违约责任等事项而言，贷款人相对于借款人具有优势地位，这一信息不对称是贷款人欺诈、胁迫借款人的重要原因。我国现有借贷合同制度针对第一种信息不对称情形作出了回应性规定。对于第二种信息不对称情形，我国现有制度设计是依据关于欺诈、胁迫的一般性合同法规则处理，即将贷款人欺诈、胁迫借款人订立的合同作为可撤销合同，通过赋予借款人合同撤销权予以救济。我国现有借贷合同制度主要关注的是借款人的信用违约风险，是为了缓和、应对借款人与贷款人之间的第一种信息不对称。然而，与传统借贷相比，P2P 网贷或互联网贷款市场中的第二种信息不对称情形更为严重，网络受众的广泛性与网络传播的快速性更是加剧了该风险的破坏性与危害性，贷款人欺诈、胁迫借款人的风险进一步凸显。在虚拟金融空间这一特定的场景中，贷款人欺诈、胁迫借款人的风险已经上升为影响互联网贷款市场正常运行的主要矛盾之一。以传统借贷作为规制对象的我国现有借贷合同制度未能应对好虚拟金融空间这一特定场景的风险挑战。

（2）互联网贷款借款人的个人信息保护制度之不足。互联网贷款市场中的借款人个人信息保护问题是互联网时代个人信息保护问题在互联网金融领域的集中体现。从互联网时代个人信息保护问题的普遍性维度观之，在《民法典》实施之前，我国《消费者权益保护法》第 29 条与《网络安全法》第 41 条规定了知情同意原则。在实践中信息处理者对知情同意原则的异化使得该原则流于形式。以互联网贷款的贷款人对借款人的个人信息处理为例，借款人为了获得贷款往往只能"同意"。《民法典》实施之前，我国个人信息保护制度重视对个人信息的商业利用与公共利用，轻视个人信息保护，未能实现大数据时代个人信息保护与利用之平衡。此点在我国之前的 P2P 网贷市场体现得尤为明显。从互联网贷款借款人个人信息保护的特殊性维度看，在互联网贷款市场，贷款人依法收集、存储、加工、使用借款人的个人信息是互联网贷款业务正常开展的必要条件。贷款人对借款人之个人信息的商业利用必须遵循合法、正当、必要原则，不得过度处理，并且要履行特定的信息披露义务，即应当向借款人公开处理信息的规则、明示处理信息的目的、方式和范围，并且要征得其同意。令人遗憾的是，在《民法典》实施之前的我国互联网贷款市场，以传统借贷作为规制对象的我国借贷合同制度未能规定贷款人负有上述信息披露义务。在互联网贷款市场，诸如人脸识别、银行账户之类的借款人的敏感个人信息被侵犯的可能性更大，更有必要区分敏感信息与非敏感信息进行保护。依据我国《个人信息保护法》，贷款人在处理借款人的个人敏感信息时，虽然应当履行该法第二章第二节规定的特别告知义务，但是该法第 69 条第 1 款未能区分敏感信息与非敏感信息规定不同的归责原则，贷款人处理借款人个人敏感信息的行为适用过错推定原则而非无过错原则。如此规定，难以切实有效地保护互联网贷款市场之借款人的个人敏感信息。

（3）互联网贷款之贷款人的消费者保护义务不足。与美国 P2P 网贷转型为在线市场贷款之后所面临的挑战一样，我国互联网贷款市场的贷款人与借款人在经济实力、专业知识、信息地位、风险识别与控制能力等方面的差距进一步凸显了在互联网贷款领域加强金融消费者保护的重大现实意义。2013 年修订的《消费者权益保护法》虽然为加强金融消费者保护提供了一定的法律依据，但是仍然存在不足。一是互联网贷款之借款人的"金融消费者"法律地位存疑，二是尚未构建起体现金融行业专业性与特殊性的贷款人信息告知义务。在适用对象上，既有规范一并适用于一般的经营者与采用网络、电视、电话、邮购等方式提供商品或者服务的经营者，没有体现出金融服务业的专业性、特殊性；在告知的内容上，没有关注金融产品的风险，只是在《消费者权益保护法》第 28 条要求提供风险警示方面的信息，这实际上是将具有无形性、虚拟性的金融产品与有形的普通商品等同对待，忽视了金融产品所蕴含的金融风险；没有明确何时以何种方式告知，更没有明确规定应以金融消费者能充分了解的方式告知；没有明确金融机构是否应对其已经履行告知义务负举证责任；没有明确规定金融机构未尽告知义务应当承担何种责任，尤其是金融机构未尽告知义务而欺诈客户的，是否要承担惩罚性赔偿责任存在争议。

针对以上不足，应当从以下几个方面完善互联网贷款市场信息披露的私法规制。(1)借鉴《欧洲示范民法典草案》第三章"营销行为和先合同义务"的第一节关于信息披露义务的规定,区分不同类型的相对人构建信息披露制度。具体而言,对相对人是经营者的情形,相对人对信息披露范围的合理预期程度较低,互联网贷款的贷款人以"不违背良好的商业惯例"为限履行信息披露义务;对相对人不是经营者的情形,相对人对信息披露范围的合理预期程度较高,互联网贷款的贷款人以"关于质量和性能的正常标准"履行信息披露义务;特别需要注意的是,当相对人是消费者时,互联网贷款的贷款人要按照消费者的合理预期之标准履行更高程度的信息披露义务。

(2)在互联网贷款市场规制中加强金融消费者保护理念,厘定"金融消费者"概念,将处于弱势地位的互联网贷款市场的借款人纳入金融消费者保护范围,以互联网贷款产品的风险披露为中心完善贷款人的信息披露义务:在告知内容上,贷款人应当向消费者充分披露互联网贷款产品与服务所蕴含的金融风险,践行"认识客户"的要求,依据客户的风险承受能力等个人状况,推荐适合的贷款产品;明确规定贷款人应当以金融消费者能充分了解的方式予以告知;规定贷款人应对其已经履行告知义务负举证责任。

(3)依据《民法典》与《个人信息保护法》的相关规定,结合我国互联网贷款市场的实际情况,加强和完善对我国互联网贷款市场之借款人的个人信息保护。互联网贷款市场的贷款人应当遵循合法、正当、必要与诚信原则,公开透明原则等处理借款人的个人信息;为订立、履行互联网借贷合同所必需的作为该合同当事人的借款人的个人信息,互联网贷款的贷款人无须取得借款人同意即可处理;贷款人在处理借款人的生物识别、金融账户等敏感个人信息时,应当遵守《个人信息保护法》第29条与第30条等处理规则,取得借款人的单独同意,并向借款人告知处理这些敏感个人信息的必要性以及对个人权益的影响。

2. 互联网贷款市场信息披露公法规制之不足及完善。(1)互联网贷款市场信息披露监管权配置之不足。互联网贷款市场信息披露监管是一种二元规制模式——开展互联网贷款业务的商业银行由国务院银行业监管机构监管,并且制定专门的《商业银行互联网贷款管理暂行办法》加以规范;开展网络小额贷款业务的小额贷款公司由省级地方金融监管部门监管,跨省级行政区域的除外,并且正在制定专门的《网络小额贷款管理办法》进行调整。①这一二元规制模式虽然明确了从事网络小额贷款业务均需要监管部门审核

---

① 中国银保监会、中国人民银行在2020年11月2日公布了《网络小额贷款业务管理暂行办法》(征求意见稿)(以下简称《网络小额贷款管理办法》)。

批准，并由批准的监管部门实施行业监管与风险处置，消除了以往P2P网贷机构变相从事金融业务活动的监管套利机会，但是监管制度的差异性也会诱发新的监管套利与不公平竞争，而且由地方金融监管部门负责监管和处置互联网贷款市场的重大风险事件超出其监管能力。

（2）互联网贷款市场的信息披露义务主体之不足。依据《网贷机构管理暂行办法》与《网贷机构信息披露指引》，P2P网贷信息披露义务主体包括P2P网贷机构、P2P网贷机构的董事监事及高级管理人员，以及在P2P网贷平台的借款人。与P2P网贷信息披露义务主体相比，《商业银行互联网贷款管理暂行办法》与《网络小额贷款管理办法》所规定的网络小额贷款市场的信息披露义务主体过于狭窄，没有规定商业银行互联网贷款合作机构的信息披露义务，没有规定互联网平台的信息披露义务，没有规定互联网平台企业的董事、监事、高级管理人员等管理层的信息披露保证义务。

（3）互联网贷款市场的信息披露事项之不足。允许小额贷款公司适度对外融资是解决其融资困境的现实需求。不过，在放宽其融资渠道的同时，应当着力防范小额贷款公司从事混业经营所面临的金融风险。以资产证券化为例，它本身就是一柄双刃剑，既有助于盘活基础资产，增强资产的流动性，同时也蕴含着多层次的金融风险。《网络小额贷款管理办法》对小额贷款公司拟从事的发行债券、资产证券化等混业经营风险的信息披露监管存在不足，未能将小额贷款公司要开展的资产证券化业务相关信息纳入信息披露范围。

（4）互联网贷款市场重大风险报告制度之不足。《网络小额贷款管理办法》只是规定了重大风险报告制度，没有分别规定重大风险事件与一般风险事件，也没有对需要报告的重大风险作列举性规定。《商业银行互联网贷款管理暂行办法》甚至都没有规定重大风险报告制度。可见，互联网贷款市场重大风险标准的模糊性及其信息披露范围的不确定性比《网贷机构管理办法》有过之而无不及。

针对以上不足，应当从以下几个方面完善互联网贷款市场信息披露的公法规制。（1）以央地金融监管分权协同为核心完善互联网贷款信息披露监管。互联网贷款市场的二元监管格局本质上是金融监管权在中央与地方之间的分配，应当在二元监管格局下加强和完善中央金融监管部门对互联网贷款市场信息披露监管的顶层制度设计，以奠定中央与地方之间互联网贷款市场信息披露监管权分配的基础，加强和完善中央与地方之间互联网贷款市场信息披露监管的协同。

（2）借鉴证券法规则完善互联网贷款市场信息披露制度。其一，扩大互联网贷款市场强制性信息披露义务主体范围，将贷款人的控股股东及实际控制人、合作机构、互联网平台企业等纳入强制性信息披露义务主体范围，并规定互联网平台企业的董事、监事和高级管理人员等管理层的信息披露保证义务，保证平台企业及时、公平地披露信息。其二，完善互联网贷款市场重大风险事件的信息披露制度。借鉴证券法上的重大事件信息披露制度，将互联网贷款市场重大风险报告制度改为重大风险事件信息披露制度。就重大风险事件的判断标准而言，"投资者决策"标准与"价格敏感"标准均具有参考意义。

（3）适用混业经营趋势完善网络小额贷款资产证券化信息披露制度，确立中国证监会作为网络小额贷款资产证券化的信息披露监管主体，加强和完善对网络小额贷款这一基础资产的质量风险披露。

3. 合作治理视角下互联网贷款市场信息披露规制之不足及完善。我国互联网贷款市场信息披露规制不仅没有针对以往P2P网贷信息披露规制中合作治理的阙如及其具体不足作出相应的制度回应，而且连中国互联网金融协会制定的个体网络借贷信息披露标准都被遗弃。在互联网贷款市场信息披露规制中，中国互联网金融协会这一行业自律性组织没有制定出任何信息披露标准，即使在形式上合作治理理念也失去了制度支撑。从合作治理视角看，可以从以下几个方面完善我国互联网贷款市场信息披露规制。

（1）以行业协会自治促进互联网贷款市场信息披露规制。我国互联网贷款市场是一个二元结构市场，互联网贷款企业可能归属于不同的行业协会。商业银行开展的互联网贷款业务，可能接受中国银行业协会与中国互联网金融协会的行业自律性监管。小额贷款公司开展的网络小额贷款业务，可能接受中国小额贷款公司协会和中国互联网金融协会的行业自律性监管。互联网贷款企业所面临的多头自律管理状态显然不利于加强对行业的自律管理。鉴于商业银行开展的互联网贷款业务与小额贷款公司开展的网络小额贷款业务，都属于互联网金融业务，应当由中国互联网金融协会负责对整个互联网贷款行业实施自律性管理。以行业自治促进互联网贷款市场的信息披露，应当吸取中国互联网金融协会在P2P网贷信息披露规制方面的上述教训，加强和践行合作治理理念，着力发挥互联网贷款市场主体在行业信息披露标准制定这一公共事务治理中的作用，防止行业自律监管的公权化，提高私人参与度。

（2）以声誉机制促进互联网贷款市场的自愿信息披露。从信息披露规制的视角看，声誉信息的流动有助于降低信息不对称程度。自愿性信息披露彰显了声誉机制与合作治理之间的契合性。声誉机制本身就蕴含着合作治理理念，既是私人法律体系的基础，也有助于弥补公法治理的不足。大量的P2P网贷平台"跑路"和"爆雷"就是P2P网贷市场声誉机制缺失背景下平台机会主义行为的集中表现。事实证明，一个缺乏声誉机制的市场不可能获得持续、稳定的发展。互联网贷款市场治理应当吸取P2P网贷市场声誉机制缺失的教训，借鉴传统证券法上的自愿信息披露制度，以自愿性信息披露制度为核心构建互联网贷款市场的声誉机制。

（3）发挥互联网贷款市场的群体智慧促进信息披露。从合作治理的视角看，私人在公共治理中的作用具有两面性，即私人行为既可能促进公共治理，也可能阻碍公共治理。群体智慧彰显的是私人行为对公共治理的促进作用，群体疯狂体现了私人行为对公共治理的阻碍作用。对群体本质的把握不是要在智慧与疯狂之间作非此即彼的选择，而是要把握群体行为的动态性，群体行为本质上是一个在智慧与疯狂之间连续变化的动态过程。对群体本质的上述普遍性判断，互联网贷款市场自不例外。在我国后P2P时代的互联网贷款市场，对群体智慧的质疑不会消除，但质疑不足以否定互联网贷款市场的群体智慧。基于上述判断，制度设计者应当正视该市场之群体智慧与群体疯狂动态并存的现实，并设计相应的制度促进群体智慧和抑制群体疯狂。为此，我国应当借鉴群体智慧理论在美国众筹立法中的应用，吸取我国P2P网贷市场非理性羊群效应的教训，发挥互联网贷款市场的群体智慧，以促进该市场的信息披露。例如，借鉴美国《众筹条例》中的交流渠道制度，要求贷款人在开展互联网贷款的互联网平台上为借款人提供便利的交流渠道，以为借款人提供一个集中、透明的渠道供借款人讨论并分享互联网贷款产品信息。又如，为了抑制互联网贷款市场的群体疯狂，可以借鉴美国《众筹条例》中的投资者限额制度，依据借款人的收入水平、总体负债、资产状况等因素，限制互联网贷款之借款人的贷款金额，并约定贷款的用途。

第一章　信息披露制度的经济学与社会学理论基础

　　信息披露是公司治理与金融监管，尤其是证券监管制度的重要内容。信息披露制度的产生与发展与经济学的许多重要理论密切相关。其中，委托代理理论、信息不对称理论、有效市场假说及行为金融理论等对于信息披露制度的设计具有重要影响。毋庸置疑，这些理论对于P2P网贷信息披露制度设计及P2P网贷机构转型之后的互联网贷款市场信息披露制度设计具有重要意义，有必要进行系统梳理。此外，信息技术变革导致社会形态演变，人类社会已经进入信息社会与互联网时代，作为一种互联网金融创新，P2P网贷或互联网贷款所处的场景空间是信息社会时代兴起的虚拟空间。在信息社会与互联网时代，虚拟空间与现实空间并存、叠加，各种类型的社会空间既分割又叠加，社会分层趋势明显，不同社会阶层之间的信息分化加剧。P2P网贷或互联网贷款市场的信息披露制度必须要应对这些新的场景挑战，才能实现场景正义。

第一节　信息披露制度的经济学理论基础

一、委托代理理论、信息不对称理论与信息披露

　　委托代理制度是社会经济生活中的一项重要制度。代理人在执行委托事务时，对委托人负有忠实义务和勤勉义务，即应当像对待自己的事务一样为委托人利益服务。然而，从理性经济人的假设出发，代理人有其自身的利益追求，代理人与委托人之间的利益冲突在所难免。而且，对于执行委托事务的相关信息，代理人较之于委托人具有信息优势。"如果双方都是最大化效用，我们就有充分理由相信，代理人不会总为委托人的最佳利益行动。委托人可以通过为代理人设计恰当的激励和通过发生监督成本，限制代理人的越轨行为，限制对自己利益的偏离。"[①] 因此，"委托代理理论的核心是解决在利益相冲突和信息不对称情况下，委托人对代理人的激励问题，即代理问

---

① 迈克尔·詹森、威廉姆·麦克林.企业理论：经理行为、代理成本和所有权结构[M]//兰德尔·S.克罗茨纳，路易斯·惠特曼.企业的经济性质.孙经纬，译.上海：格致出版社，上海人民出版社，2020：268-269.

题"①。

早在 1932 年，伯利、米恩斯在《现代股份公司与私有财产》中就指出在美国公司中存在"所有权与控制权分离"的特征，股东为了资本的流动性放弃了对公司的控制权。正如有学者所言，"流动性分散了公司资本，降低了股东干预公司内部事务的能力和意愿；对一个拥有微不足道份额的股东而言，想要加强自己在管理上的话语权所需付出的努力比其预期收益要高得多"②。"所有与控制的分离造成了一种情况：所有者和最高经理的利益可能不同，并且经常不同；并且，此前限制权力的许多制衡机制消失。"③ 所有权与控制权分离下的管理层中心主义使得委托代理问题成为公司治理的核心。法玛和詹森在合著的《所有权与控制权的分离》一文中指出："代理问题的产生是因为合同的书写和执行并不是毫无代价的。代理成本包括在利益冲突的代理人之间建立、监督和绑定一系列合同的成本。代理成本还包括由于完全执行合同的成本超过了收益而损失的产出价值。"④ 另有学者指出，商事公司存在以下三个代理问题：其一，公司所有者与其雇佣人员之间的利益冲突产生的代理问题——如何确保经营者关心所有者利益，而不是仅仅追求其个人利益；其二，拥有控制权的所有者与非控制性所有者之间的利益冲突，后者是委托人，拥有控制权的所有者是代理人，由此产生的代理问题是如何确保拥有控制权的所有者不侵害非控制性所有者的利益；其三，公司与其缔约的代理人、客户等之间的利益冲突。⑤

法玛和詹森认为，"决策和风险承担职能的分离在这些组织中得以存在，部分原因是管理和风险承担的专业化带来的好处，但也因为有一种有效的共同方法来控制由决策和风险承担职能分离所导致的代理问题"⑥。例如，通过公司法采用可能的手段限制管理权力，"董事会作为一个机构，其职责在于降低所有权与控制权的分离，以及代表股东对管理团队的行为进行批准和监

---

① 刘有贵,蒋年云.委托代理理论述评[J].学术界,2006(1):69-78.
② 韦罗妮克·马尼耶.金融危机背景下的上市公司治理——旨在更好地保护公司利益[M].姜影,译.法律出版社,2014:5.
③ 阿道夫·A.伯利,加德纳·C.米恩斯.《现代公司与私人财产》中的相关论述[M]//约翰·李斯特,哈拉尔德·乌利希.芝加哥学派百年回顾:JPEI125 周年纪念特辑.胡书东,译.上海:格致出版社,上海人民出版社,2020:56.
④ Fama, Eugene F., Michael C. Jensen.Separation of Ownership and Control[J]. Journal of Law & Economics, 1983,26(2):304.
⑤ 莱纳·克拉克曼,亨利·汉斯曼.公司法剖析:比较与功能的视角[M].罗培新,译.北京:法律出版社，2012:37.
⑥ Fama, Eugene F., Michael C. Jensen.Separation of Ownership and Control[J]. Journal of Law & Economics, 1983,26(2):301-302.

管。董事会负责根据来自股市体现的评价来任命或罢免管理人并确定他们的报酬"①。又如,"强化代理人信息披露的规则与程序,或者有利于委托人对不诚信或者疏忽大意的代理人提起民事诉讼的规则与程序"②,是法律降低代理成本的典型例子。降低代理成本是证券法规定强制性信息披露的重要原因,证券法上的信息披露制度有助于保障信息透明度。美国 1933 年《证券法》上的强制性信息披露,"并非新政的创新,而是从适用于代理人与其委托人进行不利交易的普通法规则演变而来"③。这些规则被用于处理证券市场的"发起人问题"。"发起人问题是指发起人利用新公司的创建和公开上市所筹集的资金,以不反映独立谈判的条款,从公司发起人那里购买物业或服务。发起人问题直接导致了英国第一个强制性披露法规的出台,也是美国证券法背景的重要组成部分,美国证券法大量借鉴了英国法规"④。"最早的信息披露规定就是为了保护投资者免遭商家利用信息不对等各种手段获取暴利行为的伤害。缺乏可靠和定期的信息披露无疑打击了投资积极性,从而阻碍了广大资本市场的发展。强制披露制度同时减轻了代理问题,为大型、高效的资本市场的形成创造了条件。"⑤

　　在公司法上,"委托代理问题多数是信息问题。一方面是对未来的无知,另一方面则是几乎不可能完全了解管理现状。如果将规范个人主义作为出发点,那么是否参与到一个关联合同中,只要存在这种可能,就必须由有关当事人自行决定。该机制有效运行的核心条件是有关当事人能够获得关于决定作用的相关信息"⑥。可见,信息不对称是委托代理成本产生的一个重要原因。不过,信息不对称理论的研究领域大大超越了委托代理制度,涵盖了对所有市场交易行为和市场运行效率的分析。阿克洛夫 1970 年在《柠檬市场:质量不确定性和市场机制》一文中指出二手车市场的买卖双方之间存在

---

① 韦罗妮克·马尼耶.金融危机背景下的上市公司治理:旨在更好地保护公司利益[M].姜影,译.法律出版社,2014:7.

② 莱纳·克拉克曼,亨利·汉斯曼.公司法剖析:比较与功能的视角[M].罗培新,译.北京:法律出版社,2012:38.

③ Mahoney, Paul G. Mandatory Disclosure As a Solution to Agency Problems[J].University of Chicago Law Review, 1995,62(3):1049.

④ Mahoney, Paul G. Mandatory Disclosure As a Solution to Agency Problems[J].University of Chicago Law Review, 1995,62(3):1049.

⑤ 弗兰克·B.克罗斯,罗伯特·A.普伦蒂斯.法律与公司金融[M].伍巧芳,高汉,译.北京:北京大学出版社,2011:155.

⑥ 斯蒂芬·格伦德曼.欧盟公司法上册:基础、公司治理和会计法[M].周万里,译.北京:法律出版社,2018:41.

信息不对称，二手车的卖方相对于买方处于信息优势地位。① 信息不对称是许多商业实践的特点。"通常，销售者对于一个产品的质量比消费者知道得多。工人对他们自己的技术和能力比他们的雇主知道得多。而商业经理们对于厂商的成本、竞争地位以及投资机会比厂商的所有者知道得多。不对称信息解释了我们社会中的许多制度安排。它说明了为什么汽车公司为新车的零部件和服务提供保证，为什么厂商与雇员签订包括刺激和奖励的合同，以及为什么公司的股东需要监督经理。"②

信息不对称是传统金融市场风险产生的重要原因。"信息不对称（asymmetric information）即交易的一方对另一方缺乏充分的了解，并影响其作出正确的决策。"③ 信息不对称产生逆向选择与道德风险。以借贷市场为例，"金融市场上的逆向选择是指，那些最可能造成不利（逆向）后果即制造信贷风险的潜在借款人，往往是那些最积极寻求贷款，并且最可能获取贷款的人……金融市场中的道德风险是借款人从事不利于贷款人的（不道德）活动的风险（危险），因为这些活动增大了贷款无法清偿的概率"④。

在信息社会，信息对于市场交易活动的影响越来越重要。然而，"信息也是社会必须花费资源才能生产的一种物品。那些寻找可供选择供应商的购买者，在搜寻过程中必须花费时间、努力与金钱。卖方为了使自己的身份与产品质量广为人知，也要花钱做研究、贴标签、做广告"⑤。"信息就是财富"，这句话的真正含义是处于信息优势的市场主体更容易获得财富。从微观上看，"在没有有效制度的规制下，信息优势主体常常可以利用其优势地位采取机会主义行为获得不法利益，使信息劣势主体受到损害"⑥。从宏观视角看，金融市场的信息处理与传递机制与金融危机之间具有密切的关联。我国学者从信息机制角度对美国次贷危机的研究表明，"提高金融市场的信息披露质量，减轻腐败因素对信息处理和传递机制的干扰，有助于降低金融危

---

① George Akerlof.The Market for Lemons: Quality Uncertainty and the Market Mechanism[J]. The Quarterly Journal of Economics, 1970, 84(3):488-500.
② 平狄克,鲁宾费尔德.微观经济学[M].张军,等译.北京：中国人民大学出版社,2007: 533-534.
③ 弗雷德里克·S.米什金.货币金融学[M].郑艳文,译.北京：中国人民大学出版社, 2006：175.
④ 弗雷德里克·S.米什金.货币金融学[M].郑艳文,译.北京：中国人民大学出版社, 2006：34-35.
⑤ 史蒂芬·布雷耶.规制及其改革[M].李洪雷,宋华琳,等译.北京：北京大学出版社, 2008：40.
⑥ 应飞虎.信息、权利与交易安全：消费者保护研究[M].北京：北京大学出版社,2008: 12-13.

机的发生概率;同时,简单、易于理解的金融工具更有利于信息传递和金融稳定,而过于复杂的金融创新则可能在投资者之间形成新的信息不完全,导致投资者的风险识别状态发生系统性改变,最终诱发金融危机"①。为了应对信息不对称问题,抑制金融市场中的逆向选择与道德风险,防止信息优势主体利用信息优势地位侵犯信息劣势主体的合法权益,保障金融市场的稳定与安全,各国金融监管部门无不将信息披露作为监管的重要内容。

在证券市场,信息不对称问题更加突出。"在证券市场中,能够被验证的信息毕竟非常有限。投资者无法以一种能够使其准确地推断风险和收益的方法来'审查'商业企业,投资者甚至也不愿去审查;他们只想成为公司收益的消极接受者,而不想亲自调查或者过问公司。"②信息不对称是市场失灵的重要原因之一。"哪里有市场失灵,哪里就有政府的潜在作用。"③信息披露是克服市场失灵、促进资本市场效率的重要手段。以一级市场的信息披露为例,"发行人能直接接触到信息,而且相对于投资者能以更低成本(每个单位)披露信息,因为发行人是面向所有可交易股份准备信息,而投资者只针对他想要交易的股份准备信息。另外,由于减少的收益可能性和增加的风险,没有相关信息的市场比竞争强度更加同质化的市场具有更少的吸引力,风险厌恶者通常会从这种非透明的市场撤回资本……相反,更为明确的相关信息,增强了投资的意愿,进而也为发行人带来利润,减少了其成本。所有这些都表明,信息从发行人至投资者的转移增进了整体福利"④。伊斯特布鲁克在分析公司披露自己信息的原因时指出:"信息披露能够减少投资者在搜寻信息方面的资源浪费,并且减少投资者对公司的猜疑;另一个原因就是,公司公开披露信息可以使其现有的投资者,以更高的价格把股票出售给外部人员。如果公司不披露信息,外部人会往最坏处想,并由于内心的不确定或疑惑,而降低该股票在投资者心目中的价位。最后,准确定价的股票也能告诉公司,他们的经理人是否称职,这样的话,经理人市场和公司控制权市场,就可以凭这些股票价格透露的信息而更有效地运转,并发挥其功能了。"⑤

---

① 陈雨露,马勇,李濛.金融危机中的信息机制:一个新的视角[J].金融研究,2010(3):1-15.
② 弗兰克·伊斯特·布鲁克,丹尼尔·费希尔.强制性信息披露和投资者保护[M]//罗伯塔·罗曼诺.公司法基础2版.罗培新,译.北京:北京大学出版社,2013:639.
③ 斯蒂格利茨.经济学:上册[M].梁小民,黄险峰,译.北京:中国人民大学出版社,2000:145.
④ 斯蒂芬·格伦德曼.欧盟公司法:下册[M].周万里,译.北京:法律出版社,2018:41-42.
⑤ 弗兰克·伊斯特布鲁克,丹尼尔·费希尔.公司法的经济结构[M].罗培新,张建伟,译.北京:北京大学出版社,2014:262-263.

二、有效市场假说与证券监管中的信息披露

在20世纪50年代末60年代初,单个证券价格和平均价格连续波动的无模式特征受到了广泛的关注,数学家和经济学家认为证券价格变动没有可以识别的模式,其本质上是"随机"的。研究者试图对这一发现进行理论解释,理论解释的第一步是证明当信息得到有效的处理时,随机价格变动与充分反映信息的价格一致,并在此基础上发展出股票市场的"随机漫步"理论,随机漫步理论及后续发展的理论统称为"有效资本市场"理论。[①] 对随机性假设的证明最早始于法国数学家路易·巴舍利耶(Louis Bachelier)的博士论文。他"最先从随机过程角度研究了布朗运动以及股价变化的随机性,并且他认识到市场在信息方面的有效性:过去、现在的事件,甚至将来事件的贴现值反映在市场价格中,但价格的变化并无明显关联"。[②] 在20世纪60年代早期出现了大量的相关研究。保罗·萨缪尔森(Paul Samuelson)在1965年首次解释了有效资本市场假设。有效资本市场假设本质上是一种完美市场假设:"有大量的参与者,任何单个参与者的行为都不会对市场产生实质性影响;市场参与者知情充分、准入平等、行为理性;商品同质化;而且没有交易成本""在这些假设下,完美市场模型将准确地预测随机漫步模型所暗示的公开资本市场上的商品(证券)价格,价格会即时、准确地根据有关它们的新信息进行调整"。[③] 美国芝加哥大学教授尤金·法玛认为:"资本市场的主要作用是对经济中资本存量的所有权进行分配。广义上来说,理想状态中的市场价格能够为资源分配提供准确的信号:也就是说,在这样的一个市场中,企业可以进行生产—投资决定,投资者可以在证券价格随时都能'充分反映'所有可获得信息的假设下,买卖对企业活动拥有所有权的证券。一个价格总是'充分反映'可获得信息的市场被称为'有效市场'。"[④] 法玛依据信息收集与市场有效性的强度构建了三种不同模型的有效市场:(1)弱式有效市场,该模型认为当前证券价格完全反映了过去证券价格所包含的信息;(2)半强式有效市场,该模型认为当前证券价格完全反映了所有目前公

---

① Christopher Paul Saari.The Efficient Capital Market Hypothesis, Economic Theory and the Regulation of the Securities Industry[J]. Stanford Law Review, 1977, 29(5): 1034-1035.

② 陈雨露,汪昌云.金融学文献通论·微观金融卷[M].北京:中国人民大学出版社,2006:124.

③ Lawrence A. Cunningham.From Random Walks to Chaotic Crashes: The Linear Genealogy of the Efficient Capital Market Hypothesis[J]. George Washington Law Review,1994,62(4): 559.

④ Fama,Eugene F..Efficient Capital Markets: A Review of Theory and Empirical Work[J]. Journal of Finance,1970,25(2):383.

开的信息,利用公开信息无法获得超额收益;(3)强式有效市场,该模型认为当前证券价格完全反映了当前所有信息,无论这些信息是否公开。① 在弱式有效市场上,可用信息只有历史价格信息,基于技术分析的投资策略是无效的;在半强式有效市场上,可用信息包括历史价格信息和其他公共信息,对该市场的基本面分析是无效的;在强式有效市场上,可用信息包括历史价格信息、其他公共信息和私人信息,在该市场上内幕交易是无效的。法玛在1991年对其有效市场假说理论进行了一些修改,"把弱有效市场的内涵从用过去的收益率预测将来收益率扩展到收益率的可预测性(如用股利或利率等因素来预测股价);并且把半强有效形式和强有效形式的名称改为事件研究(event studies)和对私人信息的检验(test for private information)而内容不变"。②

有效市场假说对美国证券业监管产生了重要影响。美国SEC认为,证券法的主要目的是保护投资者,而不是改善资源配置,而确保投资者在平等的信息基础上进行交易能够为投资者提供最好的保护。因此,SEC通过强制信息披露和禁止内幕交易引导有用信息的自由流动,以便所有的投资者都能平等地获取和理解这些信息,并通过简化和标准化的形式披露信息,以确保缺乏经验的投资者不会因为披露的信息过于复杂而较之于专业投资者处于不利地位。③ "在有效市场理论有效的情况下,披露方法可以简化,因为信息转化为价格后,投资者仅仅通过了解价格信息就可以获得相当多的信息……SEC最近对注册程序进行了彻底的改革,一些法院早些时候也接受了'市场欺诈'理论,这代表着有效市场理论在证券监管中得到了部分的采纳。"④ 市场欺诈理论(fraud-on-the-market theory,FOMT)的理论基础是,在有效市场中,市场价格能快速、完全、无偏见地反映所有公开可用的信息。因此,任何没有被市场参与者认定为虚假的虚假陈述都会被计入价格。即使是不知道或不直接依赖虚假陈述的原告,也可能因虚假陈述对市场价格的影响而遭受

---

① Fama,Eugene F..Efficient Capital Markets: A Review of Theory and Empirical Work[J]. Journal of Finance,1970,25(2):383-417.

② 陈雨露,汪昌云.金融学文献通论·微观金融卷[M].北京:中国人民大学出版社,2006:124.

③ Christopher Paul Saari.The Efficient Capital Market Hypothesis, Economic Theory and the Regulation of the Securities Industry[J]. Stanford Law Review, 1977, 29(5):1032-1034.

④ See Pickholz, Marvin G., and Edward B. III Horahan.The SEC's Version of the Efficient Market Theory and Its Impact on Securities Law Liabilities[J]. Washington and Lee Law Review,1982, 39(3):944.

损失。"① "在Basic公司诉莱文森一案中，最高法院采用了市场欺诈理论。根据这一理论，只要证券市场是'有效的'，证券欺诈集体诉讼中的原告就可以获得一个可反驳的推定，即他们依赖于虚假陈述。"② 1978年，SEC将其简短的注册声明S-16扩展到了那些信息在公众投资者中广泛传播的发行人，这是SEC首次采纳有效市场理论。"市场欺诈"理论是不同于传统欺诈诉讼、适用于证券市场欺诈行为的一种责任理论。"在传统的欺诈诉讼案件中，原告要证明其依赖于被告的虚假陈述或不作为。然而，在证券欺诈诉讼案件中，如果原告能够证明市场上已经发生了欺诈，原告可以依靠市场价格的完整性，而不是虚假陈述本身。不过，也有学者认为，有效市场假说与强制信息披露的保护投资者功能存在一定抵牾。依据有效市场假说，"通常证券的市场价格已经反映了公司所有可得的信息。而规制所要求披露的信息，对'消息灵通'的投资者来说早已知道，且恰恰正是后者，经过对这些信息的筛选，会影响整个市场价格的行为。在此程度上这一理论假设是成立的，强制披露因而不能通过这一方式达到使投资者受益的目的"③。

三、行为金融理论与信息披露

有学者指出，"有效市场假说只是金融市场的一个特例。它只解释了部分观察到的现象，在最需要准确性的困难情况下，它是最没有帮助的。也许它的主要贡献是一个理想市场世界的正式定义，政策制定可以针对这个世界，也可以根据这个世界来衡量"④。诚然，有效市场假说虽然已经是经典金融学的基础理论，但是实践中存在的与有效市场假说不相符的"异象"——

---

① Victor L. Benard, Christine Botosan & Gregory D. Phillips.Challenges to the Efficient Market Hypothesis: Limits to the Applicability of Fraud-on-the-Market Theory[J].Nebraska Law Review,1994,73(4):782.

② Securities Law - Fraud-on-the-Market - First Circuit Defines an Efficient Market for Fraud-on-the-Market Purposes - In re PolyMedica Corp. Securities Litigation[J]. Harvard Law Review,2006, 119(7):2284.

③ 安东尼·奥格斯.规制：法律形式与经济学理论[M].骆梅英，译.北京：中国人民大学出版社,2008:142.

④ Cunningham, Lawrence A..Behavioral Finance and Investor Governance[J] Washington and Lee Law Review,2002, 59(3):836.

资本价格（收益率）可预测性、①股权溢价之谜、②投资者的行为偏差③等，使得一些金融学者对有效市场假说产生了质疑。他们放弃理性投资者假设，转而运用心理学、社会学等理论解释这些"异象"。这就是行为金融理论。

有学者总结有效市场假说奠基于三个假定之上："首先，投资者被认为是理性的，所以他们能对证券作出合理的价值评估；其次，在某种程度上某些投资者并非理性，但由于他们之间的证券交易是随机进行的，所以他们的非理性会相互抵消，所以证券价格并不会受到影响；最后，在某些情况下，非理性的投资者会犯同样的错误，但是他们在市场中会遇到理性的套利者，后者会消除前者对价格的影响。"④换言之，即使投资者并非完全理性，市场仍然是有效的。行为金融理论对以上三个假定提出了挑战：首先，将投资者假定为一直完全理性难以令人信服，费舍尔·布莱克就指出，许多投资者依据的是"噪声"（noise）而非信息；其次，非理性投资行为不会被完全相互抵消，"在现实世界的证券市场中，套利行为的作用不可能充分实现。许多证券没有完全相同甚至差不多的替代品，使得套利本身充满了风险，即使有一些近似的替代品，由于价格不可能迅速回归至基本价值上，所以仍无法避免风险，作用也有限"⑤。行为金融理论与传统金融理论在三个层次上形成了对应关系："有限理性特征与理性人假设对比，随机交易与群体对比，完全市场假设与非完全市场对比。"⑥实证研究表明，投资者的决策行为并非全是相互独立的随机过程，投资者之间的相互影响、相互学习模仿是客观存在的，在证券市场上存在"羊群效应"。投资者决策行为的有限理性源于其有限的信息处理能力。"人脑在其活动范围与容量方面是令人叹服的，然而其信息处理能力是有限的。这种有限的信息处理能力是导致人们行为有限理性的根源。"⑦

此外，有效市场假说无法解释证券市场存在的反应不足和反应过度

---

① 实证研究发现未来价格可以预测，弱式有效市场的经典模型很难解释这一现象。因为在弱式有效市场，投资者获得的历史信息对股票未来价格没有预测能力。

② 依据传统经典理论，理性人厌恶风险，高风险高收益，但是美国股票市场的高收益率所需的风险厌恶程度超出了合理范围，而且与很低的无风险收益率相矛盾。

③ 投资者的行为偏差是指投资者行为不符合理性假设的诸多表现，如交易过度、不愿意实现损失、持有的投资产品组合不够分散或者以幼稚的形式分散投资。

④ 安德瑞·史莱佛.并非有效的市场：行为金融学导论[M].赵英军，译.北京：中国人民大学出版社，2003:3.

⑤ 安德瑞·史莱佛.并非有效的市场：行为金融学导论[M].赵英军，译.北京：中国人民大学出版社，2003:24.

⑥ 李心丹.行为金融理论：研究体系及展望[J].金融研究，2005（1）:175-190.

⑦ 阿兰·斯密德.制度与行为经济学[M].刘璨，吴水荣，译.北京：中国人民大学出版社，2004:33.

现象。"反应不足现象是指证券价格对于公司盈利公告之类的信息反应迟钝。如果是利好消息,在最初做出同向反应(positive reaction)后还会逐渐向上移动至其应有的水平;如果是利空消息,在最初做出逆向反应(negative reaction)后还会逐渐向下移动至其应有的水平。"① "反应过度现象是指在大概3—5年的较长时期中,证券价格会对一直指向同一方向的信息变化有强烈的过度反应。也就是说,已有长时期利好消息的证券往往会引起过度反应,随后的平均收益水平会比较低。业绩一直表现良好的证券,不管按什么标准,人们都会对之给予特别高的评价,但高估的价格最终总会回到平均价格水平上。"② 行为金融理论通过引入心理学上的守旧性和表征性启发式思维方法,构建了投资者心态模型。该模型有助于解释反应不足与反应过度现象。守旧性是指人们面对新现象时慢慢改变其观念的一种心理特征,它有助于解释投资者的反应不足现象:投资者忽视公司盈利公告包含的全部信息,不能依据新的公司公告估计公司盈利,仍然坚持原来对公司盈利的判断;表征性启发式的思维方法有助于解释投资者反应过度的现象:公司过去持续盈利的历史会使得投资者产生公司盈利潜在增长的表征,过高估计公司的盈利前景,忽视公司盈利增长的历史难以在未来重演的现实。③

行为金融理论作为一个年轻的领域存在诸多不足,如其模型大多只能包含一种风险资产,虽然存在研究投资者偏差理念、非理性偏好或有限套利的单一模型,但是"缺乏一个用统一的框架来描述投资者的非理性心理并能解释一系列'异象'的行为金融学模型"④。不过,与传统金融理论相比,行为金融理论弥补了有效市场理论在解释金融市场"异象"方面存在的不足,正确指出了投资者决策过程中的一些非理性因素,对于以保护投资者为主要目的的金融监管不乏现实意义。以信息披露为例,传统理论为了保障或鼓励知情的决策,"要么对有关的私人参与者(如雇主)进行强制,要么政府自己提供,从而让公民得到更多的信息"⑤。问题在于,"提供更多的信息"这一对策

---

① 安德瑞·史莱佛.并非有效的市场:行为金融学导论[M].赵英军,译.北京:中国人民大学出版社,2003:109.
② 安德瑞·史莱佛.并非有效的市场:行为金融学导论[M].赵英军,译.北京:中国人民大学出版社,2003:109.
③ 安德瑞·史莱佛.并非有效的市场:行为金融学导论[M].赵英军,译.北京:中国人民大学出版社,2003:123-124.
④ 陈雨露,汪昌云.金融学文献通论·微观金融卷[Z].北京:中国人民大学出版社,2006:1036.
⑤ 克里斯丁·杰罗斯,凯斯·R.桑斯坦,理查德·H.塞勒.行为法律经济学的进路[C]//凯斯·R.桑斯坦主编.行为法律经济学.涂永前,成凡,等译.北京:北京大学出版社,2006:53.

过于空洞，而且没有表明以什么方式提供信息，事实上后者更为重要，因为"信息表达不仅影响人们对风险的认知，而且会影响人们的偏好，确保'知情决策'意味着什么"①。以行为金融理论中的投资者心态模型为例，它对信息披露制度设计至少具有如下意义：以真实、准确、完整、及时为基本原则的信息披露制度的实际效果客观上受到投资者情绪的影响，信息披露监管部门在评估公司的信息披露行为是否达到上述法律规定的要求时，需要尽量排除投资者情绪的影响。此外，投资者心态模型对于公司加强盈余管理具有现实意义。我国学者的实证研究表明："当投资者情绪高涨（低落）时，公司倾向于正向（负向）盈余管理；投资者情绪水平与盈余管理大小正相关。上市公司盈余管理决策并非受管理者自身情绪的影响，而是针对投资者情绪的一种理性迎合手段。"②

投资者认知偏差也被作为加强证券监管的一个重要依据。"在缺乏政府监管的情况下，贪婪的推动者会乘虚而入，抓住投资者的认知缺陷。以市场监管取代证券交易委员会监管的提议尤其遭到了嘲笑。这种观点认为，市场参与者不会为了赢得投资者的信任而预先承诺采取监管保护措施，而是会系统性地操纵投资者的偏见，从而从中获利。由于偏见的系统性，不能依靠竞争来促进投资者的福利。小投资者不能指望聪明的投资者为所有投资者要求公平待遇——聪明的投资者也有同样的偏见。只有政府干预才能保护投资者不受自身认知缺陷的影响。"③ 在美国，投资者认知缺陷就是一些人为维护和扩大 SEC 的作用辩护的理论依据。以投资者适当性义务为例，"规定和解释都倾向于仅用金融术语而不是心理术语来定义公平交易和适宜性。然而，行为金融学表明，虽然投资的金融方面非常重要，但心理方面却占有重要地位，这可能提供了不同的解决方法。因此，改革者应考虑扩大公平交易和适当性要求的基础概念，以包括心理成分"④。不过，也有学者提出了质疑："即使是出于好意且完全理性的监管机构，也可能发现很难解决投资者认知错觉的问题。如果认知偏差阻止投资者理性地将披露的信息纳入其投资决策中，作为证券市场之主流监管策略的信息披露就可能无法保护投资者。更根本的是，

---

① 克里斯丁·杰罗斯，凯斯·R.桑斯坦，理查德·H.塞勒.行为法律经济学的进路[C]//凯斯·R·桑斯坦主编.行为法律经济学.涂永前，成凡，等译，北京：北京大学出版社,2006:55.

② 龚光明，龙立.投资者情绪与上市公司盈余管理：理性迎合抑或情绪偏差[J].当代财经，2017（8）:112-122.

③ Choi, Stephen J., &A. C. Pritchard.Behavioral Economics and the SEC[J]. Stanford Law Review,2003, 56（1）:4-5.

④ Cunningham, Lawrence A.Behavioral Finance and Investor Governance[J].Washington and Lee Law Review,Summer 2002,59（3）: 797-798.

如果每个人都有认知缺陷，那不也包括SEC的委员和工作人员吗？"①

四、信息披露的边界：市场调节与政府干预之平衡

信息不充分、信息不对称以及信息不准确是信息失灵的主要表现，信息不充分指决策所依赖的信息在量上存在不足；信息不对称是指信息在市场交易主体之间的分配不均匀，事实上存在信息优势主体与信息劣势主体；信息不准确是指信息在质上不符合客观事实。②信息失灵是市场失灵的一个重要原因，它为政府实施信息规制提供了正当性理由，信息披露就是政府实施信息规制的主要形式。

首先，信息披露已经成为一种经典的规制形式。"既然自由运行的市场要求充分的信息，而这正是披露所能帮助提供的，因此，披露与反托拉斯法一样，可以被看作是扩大了竞争性市场的前提条件，而不是用规制来代替竞争。"③要实现信息披露为市场有效运行提供充分信息的规制目的，必须要将信息能够有效传递给公众，且公众能理解所接收的信息并依据信息进行决策。然而，人类对信息的感知是一种选择性感知。"我们不可能看清一切，而且我们经常筛掉一些可利用的信息，如果这些信息不符合我们的预想或与我们的身份和利益不相容。"④"我们的知识，还有我们的无知，在任何时候和任何问题上，往往是机会主义的，因而导致偏离真理。"⑤信息披露规制的另一弱点是披露的信息有时对于市场主体的选择缺乏实际影响。"经常发生的情况是，信息规制的支持者认为某种特定信息对于购买者应当很重要，但事实上却并非如此……包含在证券招股说明书中的大量信息一直被认为对于小投资者并无作用。他在作出投资决定的时候，不可能费力地阅读或使用这些信息。"⑥

其次，作为一种政府规制措施，信息披露面临政府失灵的问题。市场失

---

① Choi, Stephen J., &A. C. Pritchard.Behavioral Economics and the SEC[J]. Stanford Law Review,2003, 56(1):5.
② 李昌麒.经济法学[M].2版.北京：法律出版社，2008：35.
③ 史蒂芬·布雷耶.规制及其改革[M].李洪雷，宋华琳，等译.北京：北京大学出版社，2008：237-238.
④ 阿兰·斯密德.制度与行为经济学[M].刘璨，吴水荣，译.北京：中国人民大学出版社，2004：35-36.
⑤ Myrdal,G.The Equality Issue in World Development[J].Swedish Journal of Economics, 77(4):413-432.转引自阿兰·斯密德.制度与行为经济学[M].刘璨，吴水荣，译.北京：中国人民大学出版社，2004：36.
⑥ 史蒂芬·布雷耶.规制及其改革[M].李洪雷，宋华琳，等译.北京：北京大学出版社，2008：241.

灵与政府失灵是市场经济活动中存在的客观现象。世界上既没有万能的市场，也没有万能的政府。"市场失灵的存在，使人们更加关注市场经济的局限性，以及政府的能动作用，并试图在政府与市场之间作出取舍。"① 政府活动的父爱主义认为政府应该干预，市场失灵提供了政府干预经济活动的基础。"尽管有一些情形值得政府发挥父爱主义的作用，但是，这些经济学家认为，实际上不可能将这些情形与其他情形区分开来。而且，他们担心，一旦政府扮演的是父爱主义的角色，特殊利益集团会竭力假借政府，推广自己关于人们应如何行动或应消费什么的观点。"② 西蒙斯说，"亚当·斯密最大的成就在于证明了市场这只看不见的手将个人自利转化为集体利益的好处。光是这只看不见的手的运作方式就让经济学家们全神贯注地研究了 200 多年。现代公共选择理论的最大成就就是证明政治这只看得见的手的有害作用"③。西蒙斯总结了导致政治程序低效的主要原因：不当诱因、私人需求的集体供给、信号机制的不足、选举规则和参数选择失真、制度性短视、缺乏活力及政策象征主义等。市场是一种使双方都获益的交换系统，但是，"政治和政府（不像市场）不能为其参与者提供全面的获取利益的活动……政府官员不允许出售他们的官方服务或产品。因为他们必须向所有人义务地或是以低于其成本价格提供他们的产品和服务，我们永远也没法知道公民认为其产品和活动的准确价值是多少"④。斯蒂格利茨指出："政府在实现其所宣布的目标时，出现系统性失灵有四个主要原因：政府的有限信息、政府对私人市场反应的有限控制、政府对官僚的有限控制以及政治过程带来的局限性。"⑤ 正如斯蒂格利茨所言，"不完全信息既是私人部门的问题，也是公共部门的问题。例如，政府想要弄清楚公共福利自主是否提供给了那些真正需要它的人。但是，要将那些值得获得福利资助的人与那些不值得获得福利资助的人区分开，是一件耗费相当大的事"⑥。西蒙斯关于"政府为什么会失败"的论述与斯蒂格利茨对政府失灵原因的总结深刻地揭示了信息规制的负面性。这也提醒政府规制部门在运用信息披露这一规制工具时必须要对信息规制领域的政府失灵问题保持清醒的认识。

---

① 《经济法学》编写组.经济法学：第2版[M].北京：高等教育出版社,2018:11.
② 约瑟夫·E.斯蒂格利茨.公共部门经济学：上[M].郭庆旺,杨志勇,等译.北京：中国人民大学出版社,2013:75.
③ 兰迪·T.西蒙斯.政府为什么会失败[M].张媛,译.北京：新华出版社,2017:76-97.
④ 兰迪·T.西蒙斯.政府为什么会失败[M].张媛,译.北京：新华出版社,2017:98.
⑤ 约瑟夫·E.斯蒂格利茨.公共部门经济学：上[M].郭庆旺,杨志勇,等译.北京：中国人民大学出版社,2013:8.
⑥ 斯蒂格利茨.经济学：上册[M].梁小民,黄险峰,译.北京：中国人民大学出版社,2000:146.

最后，信息披露还面临着现实的成本约束。"当信息事实上确实需要，而且干预能够降低信息提供的成本时，对于政府帮助消费者获得必要的信息，几乎不存在争议。干预的批评者只是倾向于在特定情形下就规制能否降低提供信息的成本进行争论。"① 这种争论与科斯在《社会成本问题》中关于政府干预与市场调节之关系的论述如出一辙。"所有解决的办法都需要一定成本，而且没有理由认为由于市场和企业不能很好地解决问题，因此政府管制就是有必要的……经济学家和决策者一般都有过高估计政府管制的优点的倾向。但这种观点即使成立，也只不过是建议应减少政府管制，它并没有告诉我们分界线应定在哪里。"② 公司法学者认为，"对公司信息进行完全披露也是没有多少意义的。毕竟信息披露是要花费成本的，在某种程度上这种花费甚至超过了收益；而且，信息披露还可能破坏该信息的价值。况且，信息披露也并不一定就代表的是投资者的利益"③。

委托代理理论、信息不对称理论、有效市场假说及行为金融理论均为加强信息披露规制提供了理论支持，并对在现实经济生活中实施的信息披露规制如证券市场的强制信息披露产生了重大的影响。不同的是，也有学者依据有效市场假说及行为金融理论对信息披露规制提出了质疑。对支持信息披露规制还是质疑，甚至反对之，这本质上是一个信息披露边界问题。质言之，问题不在于是否要实施信息披露，而在于如何确定信息披露的边界。这一边界实质上是市场与政府之间的边界。"认识到政府的局限性，意味着政府只应该将精力花在市场失灵最显著又有证据表明政府干预可以显著改观的领域。"④ 如何确定政府与市场之间的边界呢？科斯指出，"对各种社会格局进行选择时，我们必须记住，将导致某些决策的改善的现行制度的变化也会导致其他决策的恶化。而且，我们必须考虑各种社会格局的运行成本（不论它是市场机制还是政府管理机制），以及转换成一种新制度的成本。在设计和选择社会格局时，我们应考虑总的效果。这就是我所提倡的方法的改变"⑤。科斯所提倡的方法就是成本收益分析方法。某项决策的改善就是收

---

① 史蒂芬·布雷耶.规制及其改革[M].李洪雷,宋华琳,等译.北京：北京大学出版社，2008：43.
② R.科斯,A.阿尔钦,D.诺斯,等.财产权利与制度变迁：产权学派与新制度学派译文集[C].刘守英,等译.上海：上海人民出版社，1994：23.
③ 弗兰克·伊斯特布鲁克,丹尼尔·费希尔.公司法的经济结构.[M]罗培新,张建伟,译.北京：北京大学出版社，2014：263.
④ 斯蒂格利茨.经济学：上册[M].梁小民,黄险峰,译.北京：中国人民大学出版社，2000：9.
⑤ R.科斯,A.阿尔钦,D.诺斯,等.财产权利与制度变迁：产权学派与新制度学派译文集[C].刘守英,等译.上海：上海人民出版社，1994：52.

益,因为制度变化所导致的其他决策的恶化是成本,"考虑总的效果"就是要权衡实施某种制度所致的成本与收益。

依据科斯所提倡的成本收益分析方法,既不能因为信息规制领域的政府失灵问题否定信息披露,也不应因为信息披露所宣称的保护投资者利益等目标而过度实施,而是应当对实施的信息披露措施进行成本收益的衡量,以实现信息规制领域的市场调节与政府干预之间的平衡。

第二节 信息披露制度的信息社会学基础

一、技术变革、社会形态演变与信息社会

我国改革开放的总设计师邓小平同志指出,科学技术是第一生产力。习近平总书记在致世界公众科学素质促进大会的贺信中指出:"科学技术是第一生产力,创新是引领发展的第一动力。当前,全球新一轮科技革命孕育兴起,正在深刻影响世界发展格局,深刻改变人类生产生活方式。"[①] 科技革命对于人类生产生活的重大影响已经在历次工业革命中得到了充分而有力的印证。例如,以蒸汽机及电力等为代表的第二次科技革命,使得人类社会从农业文明进化到工业文明;以计算机及信息技术为核心的第三次科技革命,催生了后工业文明与信息社会时代。美国著名社会学家丹尼尔·贝尔最早在1959年提出"后工业社会"概念,他后来将研究重点转向"智能技术"在社会变革中的决定性作用。[②] 著名的未来学者阿尔文·托夫勒在《第三次浪潮》中将人类文明的发展历程划分为三次浪潮。他指出,"正如1万年前农业文明掀起了第一次浪潮,工业革命带来了惊天动地的第二次浪潮一样。我们是下一次浪潮——'第三次浪潮'的参与者"[③]。第三次浪潮不断冲击着旧的工业文明,孕育和催生了新文明。阿尔文·托夫勒并未对新文明予以命名,[④] 只是借用"浪潮"的意象,从家庭、经济、政治、价值观等各个方面描述

[①] 习近平.科技是第一生产力,创新是引领发展第一动力[N].人民日报(海外版),2018-09-18(1).

[②] 他在1959年的一次学术讨论会上提出"后工业社会"概念,1973年出版了《后工业社会的来临——对社会预测的一项探索》一书,系统阐述了他的"后工业社会"理论体系。参见丹尼尔·贝尔.后工业社会的来临——对社会预测的一项探索[M].高铦,等译.南昌:江西人民出版社,2018.

[③] 阿尔文·托夫勒.第三次浪潮[M].黄明坚,译.北京:中信出版社,2018:3.

[④] 托夫勒认为,"太空时代""信息时代""电子纪元或地球村""电子技术时代""后工业社会""超级工业社会""科学技术革命"等名词都不十分恰当。

了新文明对旧文明的重大挑战。

工业革命所创造的工业文明,相比于农业文明是巨大的历史进步,但是也带来了许多新的社会问题。正如德国著名社会学家贝克所言,工业化生产带来了成倍增长的物质财富,同时也伴随着急剧增加的风险,使得人类坐在文明的火山口上,因此他将后工业社会形容为风险社会。[1] 在风险社会,"科学和法律制度建立起来的风险计算方法崩溃了。以惯常的方法来处理这些现代的生产和破坏的力量,是一种错误的但同时又使这些力量有效合法化的方法……马克斯·韦伯的'理性化'概念已经无法把握这由成功的理性化产生的晚期现代化的现实。伴随技术选择能力增长的,是它们的后果的不可计算性"[2]。由于风险计算方法的崩溃,风险社会出现了"集体地不负责任"。贝克对于解决风险社会中普遍存在的"集体地不负责任"问题持较为悲观的态度。

然而,信息社会的来临似乎为解决这些问题带来了新的曙光。"信息社会"概念的提出就内含了依赖高度发达的信息科技解决社会问题的企图,[3] 荷兰学者迪克认为,信息社会是信息在各种活动中高度密集使用的社会,具有以下特征:(1)社会组织的基础具有科学性、理性和自反性;(2)包括农业与工业的所有经济领域都因为信息产品而获得增长;(3)要求大规模的劳动者甚至全体劳动者具有更高知识和教育水平,由此产生了知识社会;(4)文化由媒介及其包括符号、象征和意义在内的信息产品所主导。[4] 以自由、开放、共享为核心价值理念的信息社会有助于在更大程度上实现人的自由和社会经济文化的更大发展。[5] 信息社会是随着信息技术的广泛运用而出现的技术社会形态,描述了以信息技术为核心的第三次科技革命背景下人类的社会结构与发展变化趋势。正如我国学者所言,与狩猎社会、农业社会、工业社会等以往的技术社会形态相比,信息社会的技术基础是高度发达的信息技术;虚拟实践是重要的实践基础,"数字化生存"将彻底改变人们的生活方式;其经济基础发生重大变化,信息取代资本成为最重要的经济资源,生产方式智能化、信息化;网络型分权式组织结构逐渐取代金字塔形的组织结

---

[1] 乌尔里希·贝克.风险社会[M].何博闻,译.南京:译林出版社,2003:13-17.
[2] 乌尔里希·贝克.风险社会[M].何博闻,译.南京:译林出版社,2003:19-20.
[3] 社会学理论界一般认为,日本学者林雄二郎在20世纪60年代最早提出"信息社会"的概念,但是信息社会研究可以追溯到20世纪50年代美国经济学家弗里兹·马克卢普关于知识经济的研究。
[4] 参见简·梵·迪克.网络社会:新媒体的社会层面[M].蔡静,译.北京:清华大学出版社,2014:19.
[5] 参见孙伟平,赵宝军.信息社会的核心价值理念与信息社会的建构[J].哲学研究,2016(9):120-126.

构，代议制民主、间接民主转向参与式民主或直接民主。①

当今世界，科学技术的发展日新月异。可以肯定的是，信息社会不会是人类技术社会形态的终点。日新月异的科技革命，必将催生出人类新的技术社会形态。例如，为了更好地把握新时代的发展机遇，更好地以信息化推动经济社会又好又快发展，党的十九大报告提出建设智慧社会。我国学者认为，智慧社会是信息社会在技术层面和知识层面的双重进化，在战略目标、涵盖地域、建设模式和建设内容等方面均超越了智慧城市，是一个技术智能化、经济数字化、主体知识化、治理智能化和文化多元化的社会。②也有学者认为，智能社会是对信息社会发展前景的一种前瞻性概括，"应该是信息网络泛在化、规划管理信息化、基础设施智能化、公共服务普惠化、社会治理精细化、产业发展数字化、政府决策科学化的社会"③。

无论是"后工业社会""第三次浪潮""风险社会"，还是"信息社会""智慧社会""智能社会"等提法，都是对工业革命所产生的工业文明的反思和对工业革命之后的人类社会技术发展形态的反思与预测，具有明显的后现代性思维的特征，④只是反思及预测的方式或角度不同而已。"后工业社会"与工业社会的区分侧重于时间的维度；"风险社会"理论直面工业文明的风险，特别是集标准化、专业化、同步化、集中化、极大化和集权化等于一身的工业文明的自反性风险；"第三次浪潮"的理论主张将人类技术社会形态的演化历程形象概括为三次浪潮，第一次浪潮产生了农业文明；第二次浪潮创造了工业文明——"一个充斥着大组织、大城市、集权官僚制度和无孔不入的市场的社会"；⑤第三次浪潮使得整个工业文明的制度、技术和文化等日趋分裂，工业文明陷入不可挽救的危机之中。"信息社会"与"智能社会"的提法，突出了信息技术变革对社会结构的变化与发展趋势的影响，也暗含了运用信息化、智能化的技术手段解决各种社会危机的意蕴。

---

① 参见孙伟平.信息社会及其基本特征[J].哲学动态，2010(9)：12-18.
② 主体知识化是指具有很强学习知识能力和创新能力的知识型员工成为劳动力主体。参见丁波涛.从信息社会到智慧社会：智慧社会内涵的理论解读[J].电子政务，2017(9)：120-128.
③ 单志广.智慧社会的美好愿景[N].人民日报，2018-12-02(7).
④ 后现代性与现代性相对应。哈贝马斯以为，现代性源于18世纪启蒙哲学家所阐发的现代性的谋划。启蒙主义以理性主义为核心，反抗传统的权力和状况。戴维以为，后现代性是对现代性核心的心灵模式的否定，是对构成现代性的核心观念的否定，否定现代性的中心化主体观，否定理性的本质和地位。参见戴维·约翰·法默尔.公共行政的语言：官僚制、现代性和后现代性[M].吴琼，译.北京：中国人民大学出版社，2005：54-56.
⑤ 阿尔文·托夫勒.第三次浪潮[M].黄明坚，译.北京：中信出版社，2018：117.

二、信息分化、社会分层与信息披露

与信息在信息社会中的高度密集使用相伴而生的是,信息社会出现了信息分化现象。我国社会学学者指出,信息分化是网络风险社会的第一规律。他认为,信息分化是指在社会信息化发展过程中信息主体之间的信息差距及其不断扩大的社会分化现象;信息分化不仅表现为信息差距的扩大化,而且表现为信息主体之间的收入差距的扩大化,收入差距的扩大反过来又加剧了信息差距的扩大。[①] 有学者以为,信息分化有两个层面的含义:一是存在状态即静态层面的不同信息主体之间的信息差距;二是动态层面的含义,即信息差距的扩大化趋势。[②] 该学者没有将收入差距纳入信息分化的考量范围。有学者没有使用"信息分化"而是使用"信息鸿沟"的概念,[③] 其所言的信息鸿沟,是指"不同区域、不同的社会主体对社会信息资源占有、使用、分配、收益过程中的地位、机会、权利、收益上的巨大差别,以及由此造成的对整个社会的裂解"[④]。显然,其所言的信息鸿沟不再局限于不同主体之间的信息地位差距与收益差别,将其扩展到资源享有机会与权利的层面。在20世纪90年代,研究人员提出了数字鸿沟这一新概念,以前的信息不平等、信息沟、知识沟等概念迅速地被数字鸿沟所替代。数字鸿沟最初是用来描述使用与不使用计算机、互联网的主体之间的区别。[⑤] 不过,关于数字鸿沟这一概念并无统一的定义,经济合作与发展组织(Organization for Economic Co-operation and Development,OECD)对数字鸿沟的界定具有较大的影响。OECD认为,数字鸿沟是"不同社会经济层面的个人、家庭、企业和地理区域,在获取信息和通信技术以及在各种活动中利用互联网的机会及其使用方面的差距"[⑥]。数字鸿沟延续了蒂奇纳等学者的"知识沟"命题,"聚焦于电脑与互联网技术的采纳及使用与结构性的社会不平等之间的关系"[⑦]。美国学者保罗·阿托维尔将数字鸿沟分为第一道数字鸿沟与第二道数字鸿沟:第一道数字鸿沟

---

① 谢俊贵.网络社会风险规律及其因应策略[J].社会科学研究,2016(6):102-110.
② 参见张立彬,杨军花.信息分化问题的社会学思考[J].情报科学,2006(11):1611-1614.
③ 在社会学理论中,与信息分化近似的概念有数字鸿沟、数字分化、数字区隔、信息区隔、信息鸿沟等。
④ 张卫宁.试论信息鸿沟及其消除对策[J].河南社会科学,2009(2):175-177.
⑤ Liangzhi Yu.Understanding information inequality: Making sense of the literature of the information and digital divides[J].Journal of Librarianship & Information Science,2006,38(4):229-252.
⑥ OECD. Understanding the Digital Divide[R/OL].(2001-01-01)[2023-06-12]. https://www.oecd-ilibrary.org/docserver/236405667766.pdf?expires=1686654538&id=id&accname=guest&checksum=88EAA79653140FBF7185A9E1137364D0.
⑦ 冯强,杨喆.数字沟在信息社会关系中的使用空间[J].学术研究,2015(6):31-34.

是指"硬件"层面的差距,即不同主体是否安装电脑和互联网等方面的差距;第二道数字鸿沟是指"软件"层面的差距,即不同主体使用电脑或互联网的技能方面的差距。① 第一道数字鸿沟是"接入沟",第二道数字鸿沟是"使用沟"。随着经济社会的发展,即使能够普及电脑与互联网,消灭"接入沟",也无法消灭"使用沟"。

信息分化本质上是信息社会时代的一种社会分层。社会分层(social stratification)是借用地质学中的地质分层(srtatify)现象比喻人类社会中存在的各社会群体之间的层化现象。"社会分层是指社会成员、社会群体因社会资源占有不同而产生的层化或差异现象,尤其是指建立在法律、法规基础上的制度化的社会差异体系。"② 政治资源、经济资源、文化资源等是影响社会分层的主要社会资源。有学者依据不同的社会资源概括了社会分层的十大标准:(1)按照生产资料的占有或剥削与被剥削划分社会阶层,这是一种冲突色彩最为浓厚的分层方法。(2)按照收入高低将社会分为中高收入阶层与低收入阶层,相对于中高收入阶层,低收入阶层构成社会弱势群体。(3)根据市场地位进行社会分层,在韦伯看来,市场地位是指人们在市场交易中控制商品或服务的能力,这种能力实质上是经济资源分享能力。(4)根据职业划分社会阶层,涂尔干从社会分工角度论证了社会分层的必要性。(5)根据政治权力进行社会分层,该分层方法突出权力资源的作用,能够比较准确地反映社会利益群体的重大差异和对立,具有较强的冲突色彩。(6)按照文化资源划分社会阶层,凡勃伦的《有闲阶级论》、布迪厄的《区隔》是文化分层理论的重要渊源。一般情况下,文化分层与经济分层、阶级区分等具有密切联系,前者对后者具有固化作用,但是在社会剧变时期,文化分层与经济分层也会发生错位。(7)按照社会关系资源划分社会阶层,布迪厄所言的社会资本就是实际或潜在社会资源的集合。(8)依据社会声望资源进行社会分层,声望是一个人在社会中获得的主观性评价,因此,该分层方法具有较强的主观性。(9)依据民权资源的分配划分社会阶层,即将享有不同公民权利、政治权利或社会经济权利的社会群体划分为不同的社会阶层。(10)按照人力资源或人力资本的分配划分社会阶层,该分层方法关注的是通过"后天努力"所获得的"自获地位"。③

---

① Paul Attewell.The First and Second Digital Divides[J].Sociology of Education,2001, 74(3):252-259.

② 李强.社会分层十讲[M].2版.北京:社会科学文献出版社,2011:1.

③ 李强.社会分层十讲[M].2版.北京:社会科学文献出版社,2011:12-22.

作为信息社会时代的一种社会分层,信息分化既复制了过去的不平等,又带来了新的不平等。信息技术的广泛使用,尤其是网络的应用,改变了以往信息传递的形式和结构。"一个网络社会可以看作是一个在个体、群体和社会等各个层面上都以网络为社会和媒体的深层结构的社会,进而言之,不论是个体的、群体的还是组织的,其要素都通过网络联系在一起。"① 网络社会中的信息、知识与权力等呈现出更加集中化的趋势。网络的接入与否、网络使用的技术能力与便利程度等对个人获得社会资本具有重要的现实影响。"那些拥有社会经济资源以采纳技术的个体,反过来也重新塑造了信息技术,这群人快速地组成一个网络,那些没有经济和社会权力的人则被隔离在新技术和这个网络之外。"② 在狄杰克看来,信息社会中的信息是基础商品、位置性商品与技能来源的复合体。他认为:"社会信息化程度的提高会拉升不同职业对于数字化技术掌握程度的要求,在这种情况下,信息素养较差、数字化技术接入度较低的群体会在劳动力市场上受到更多的歧视,传统社会中的精英群体便可以利用数字化技能巩固自身的优势地位,从而将数字鸿沟的影响在社会不平等层面进一步放大,固化社会分层。"③

信息分化不仅涉及社会平等、信息公平等社会政治问题,也与资源优化配置、经济效率等经济学问题密切相关。在信息社会时代,信息本就是重要的资源,具有财富性、稀缺性、增值性和再生性。④ 从市场与政府之间的关系角度看,信息分化反映了市场在分配信息资源方面存在不足,说明市场在分配信息资源时同样存在"马太效应"。例如,"没有信息技术接触的人,无论怎样,都在劳动力市场拥有较少的机会和较少的受教育机会"⑤。"'马太效应',可以在网络中观察到,意味着富者正在更富。一个三层结构正在出现:信息精英、或多或少参与的大多数和被排除在外的。"⑥ 在信息社会中,市场主体之间的信息分化更为明显,此点在金融市场尤为突出。在投资者层面,投资者获取信息的数量、获取信息的程度、获取信息的能力等方面的差距呈

---

① 简·梵·迪克.网络社会:新媒体的社会层面[M].蔡静,译.北京:清华大学出版社,2014:20.

② 冯强,杨喆.数字沟在信息社会关系中的使用空间[J].学术研究,2015(6):31-34.

③ Van Dijk, JAGM. The deepening divide: Inequality in the information society [M]. Thousand Oaks, CA: Sage Publications, 2005:140. 转引自刘济群.数字鸿沟与社会不平等的再生产:读《渐深的鸿沟:信息社会中的不平等》[J].图书馆论坛,2016(1):127-133.

④ 袁峰.信息公平与政府责任[J].政治学研究,2005(4):75-82.

⑤ 马克·波斯特.信息方式:后结构主义与社会语境[M].范静哗,译.商务印书馆,2014:199.

⑥ 马克·波斯特.信息方式:后结构主义与社会语境[M].范静哗,译.商务印书馆,2014:203.

扩大趋势，投资者群体日益分化为专业投资者与非专业投资者。大型金融机构较之于中小金融机构的信息技术优势非常明显，这一信息优势反过来又加剧了大型金融机构与中小金融机构之间的市场地位差距。以往在非金融市场出现的市场主体分化与社会分层——经营者与消费者的社会分层已经拓展到金融领域，非专业投资者嬗变为金融消费者。"金融产品的日益抽象化、复杂化和金融交易模式的日益综合化、专业化，导致金融市场投资者群体的身份转化与角色嬗变。非专业投资者或者大众投资者逐渐与消费者融合，成为一类新的市场主体即金融消费者。"[1] 此外，随互联网广泛运用而兴起的互联网金融，既扩大了投资者获得信息来源的渠道，也增加了投资者识别、判断和运用信息的难度。在互联网金融市场，不仅投资者与融资者之间的信息分化没有消除，而且出现了互联网平台与投资者之间的信息分化。尤其是当互联网平台利用其科技优势变相从事金融业务时，其与投资者之间的信息分化更为严重，严重的信息分化埋下了互联网平台利用信息优势损害投资者利益的安全隐患。"网络投资者运营的世界正在发生变化，这对传统证券监管能否有效保护投资者提出了真正的问题。立法者和监管机构正在建立资源，非政府实体也积极参与教育和培训投资者，以便教育投资者作出他们需要作出的财务决定。那些能够利用所有信息资源的投资者可能会认为他们是拥有自主权的投资者。然而，那些相信自己拥有自主权的投资者，实际上很容易被那些培训他们的人误导和欺骗。"[2]

"信息对于金融市场的运作至关重要，因为这些市场的存在是为了为风险定价。金融监管通过三种方式要求和控制潜在投资者的信息披露，反映了这一事实。首先，通过控制谁可以声称拥有财务信息方面的专业知识；其次，要求公布证券的市场价格；最后，禁止受托人依据内幕信息进行交易。"[3] 可见，信息分化不仅会造成金融市场主体之间的信息不平等，而且会影响金融市场的正常运行。市场这只无形之手在分配信息资源时导致的信息分化，为政府干预信息资源分配提供了可能。证券法、公司法、银行法等法律授权政府监管特定的市场主体是否履行了信息披露义务，就是政府干预信息资源分配的具体表现。显然，这些干预措施的目的之一是弥合市场主体之间的信息鸿沟，促进信息资源分配公平。

---

[1] 陈洁. 投资者到金融消费者的角色嬗变[J]. 法学研究，2011（5）：84-95.

[2] Bradley, Caroline.Information Society Challenges to Financial Regulation [J].University of Toledo Law Review,2006,37（2）:329.

[3] Bradley, Caroline.Information Society Challenges to Financial Regulation [J].University of Toledo Law Review,2006,37（2）:329.

三、空间分割叠加、场景正义与信息披露

（一）信息社会的空间分割叠加与信息披露

空间是人类从事各种生产与社会活动的场所。人类社会发展史也是人类活动空间不断拓展、裂变和分割的历史。有人认为，空间分裂是工业资本主义时代空间生产的对抗性特征。具体而言，工业社会的空间分裂包括工业城市内部的空间分裂、城乡分裂和全球分裂；随着工业资本主义生产方式在全球扩张，在全球化的资本主义生产方式中各个国家依据其生产力发展水平参与国际分工，成为拥有不同生产力的地理空间，各个国家因此被分裂为发达国家和欠发达国家。① 有人认为，在信息网络化时代，社会空间分化与冲突表现为在场空间与缺场空间之间的分化与冲突，在场空间生活的空间维度受"在场"和地域性支配，空间和地点是一致的；缺场空间生活超越了地域的限制，空间活动主体的身份与环境在一定程度上被隐匿，空间活动主体享有的自由度更大，行为结果的不确定性更大，面临的风险更大。② 其所言的在场空间就是日常所言的现实空间，缺场空间是日常所言的虚拟空间。有学者指出，在人类社会发展历史中曾经发生了四次空间分割：第一次发生在人类社会诞生之初，表现为社会空间的产生，即人类通过劳动生产走出自然状态，初步呈现出自然空间与社会空间的二元结构状态；第二次发生在农业社会，表现为社会空间与自然空间之间的分裂加速、分化与对抗加剧；第三次发生在工业社会，不仅社会空间与自然空间之间的分裂与分化程度继续扩大，而且社会空间自身加速分割为城市社会空间与乡村社会空间；第四次发生在信息社会，最突出的表现是，社会的信息网络化导致社会空间被分割为现实空间和虚拟空间；当代社会的空间分割累积了历史上所有的空间分割类型，叠加了多重空间分割效应，聚集了多重空间分割的能量，当代社会的空间呈现出既分割又叠加的局面。③ 该学者所总结的四次空间分割理论，以人类社会生产力的几次重大飞跃性技术变革为现实基础，揭示了不同类型的技术社会形态的空间发展特点，对于认识当代社会活动的空间运行规律具有现实意义。

---

① 孙江.空间分裂：工业资本主义时代空间生产的对抗性特征[J].苏州大学学报（哲学社会科学版），2010（4）：15-17.
② 刘少杰.网络社会时代的社会空间分化与冲突[J].社会学评论，2013（1）：66-74.
③ 该学者以为，空间分割描述随着生产力水平的提高而出现的社会变迁或社会进化的概念，是生产力发展导致的一种空间区隔。参见谢俊贵.网络社会风险规律及其因应策略[J].社会科学研究，2016（6）：102-110.

"空间是任何权力运作的基础。"① 分割叠加的多重空间必然给社会经济活动带来重大影响。② 以金融业为例,金融空间的分割叠加给金融市场运行与金融治理带来了新的挑战。在虚拟金融空间,互联网金融市场主体与传统金融市场主体在市场准入、业务运营等方面存在较大的差异,金融空间区差加剧了金融资源分配不公。金融空间叠加增加了金融风险的传播空间,金融风险既在现实的线下金融空间传递,也在虚拟的线上金融空间传递,而且金融风险在虚拟金融空间传递的速度更快。金融领域的空间知差妨碍金融市场投资者作出理性抉择;金融空间信差冲击社会信用体系,妨碍金融市场主体对金融市场信息正常的识别、判断与利用。从信息资源分配与传播的角度看,空间的分割叠加意味着信息要面向多重空间分配或传播,这增加了信息失范行为发生的可能性。

在金融空间分割叠加对金融市场运行的上述影响中,最为显著的是其对以往金融法上的信息披露制度的现实挑战。金融法上的传统信息披露制度面向的是现实金融空间,虚拟金融空间的出现意味着金融市场活动的场景发生了变化。面向现实金融空间的传统信息披露制度能否或者在多大程度上适用于虚拟金融空间的金融活动?这不仅是一个值得深思的理论问题,也是一个在互联网金融实践中急需解决的现实问题。在我国P2P网贷风险整治与转型的历程中,P2P网贷信息披露制度曾经被监管层与理论界寄予厚望。为什么我国P2P网贷平台最终被关停或转型?是不是因为传统的信息披露制度无法适用于P2P网贷这一新型的虚拟金融业务呢?我国P2P网贷平台转型之后的信息披露问题该如何解决呢?笔者以为,海伦·尼森鲍姆提出的隐私保护的场景理论对于分析金融空间分割叠加状态下的金融市场信息披露问题具有重要的现实意义。

(二)场景理论、场景正义与信息披露

场景理论有"前场景理论"与"后场景理论"之分。"前场景理论"是从文化研究视角描述具有多个维度和抽象层次感的理论,"'前场景'的核心特

---

① 米歇尔·福柯,保罗·雷比诺.空间、知识、权力:福柯访谈录[C]//包亚明主编.后现代性与地理学的政治.上海:上海教育出版社,2001:13-14.

② 我国学者将这些影响概括为空间区差、空间劳差、空间位差、空间势差、空间知差、空间信差等;空间区差是空间分割导致的不同社会区域如社会空间与自然空间、城市空间与乡村空间、现实空间与虚拟空间之间的社会差距;空间劳差是指不同空间的人在劳动方面的差距;空间位差是指不同空间中的社会群体在社会经济地位方面的差距;空间势差是指不同空间的人在权力或权势方面的差距;空间知差是指不同空间的人知晓管理国家与社会事务信息方面的差距;空间信差是指不同空间的人在社会信任方面的差距。参见谢俊贵.空间分割叠加与社会治理创新[J].广东社会科学,2014(4):178-185.

点是自下而上的选择，即生产者（音乐人）和消费者（'粉丝'）都被一种特殊的文化现象吸引到同一个地方"①。"后场景理论"是一种城市社会学理论。"该理论把对城市空间的研究从自然与社会属性层面拓展到区位文化的消费实践层面……都市娱乐休闲设施和各种市民组织的不同组合，会形成不同的都市'场景'，不同的都市场景蕴含着特定的文化价值取向，这种文化价值取向又吸引着不同的群体前来进行文化实践，从而推动着区域经济社会的发展。"② 后场景理论关注特定的城市空间所汇集的各种消费符号，并认为这些消费符号具有特定的文化价值，汇集了各种消费符号的特定城市空间不再仅仅是物理意义上的存在，更是包含了特定文化价值取向的社会生活"场景"。

海伦·尼森鲍姆将场景理论与多元正义理论相结合，针对信息社会时代的隐私保护问题，提出了隐私保护场景理论。隐私保护场景理论的核心是依据不同的场景构造不同的信息规范。信息规范的构造，"应当根据不同场景（行为类型、目的）、主体（信息的接收者和发送者等主体、主体之间的关系）、信息的类型和属性、传输原则（主体之间以何种条件共享信息、进一步传播的条件），设计不同的规制方案"③。从哲学的视角看，"场景理论区分不同场景来评估信息的敏感性，实际上体现了矛盾论中同一性与差异性、普遍性与特殊性的辩证法"④。

海伦·尼森鲍姆以场景正义（contextual integrity）概括广泛应用的信息技术给隐私保护带来的本质挑战。"场景正义将对隐私的充分保护与特定环境的规范联系起来，要求信息的收集和传播与该环境相适应，并遵守在该环境中传播的规范。"⑤ 场景正义是对基于不同场景保护隐私所要实现的正义目标。场景正义是一种多元正义论，即不同的场景，具有独特的正义准则。多元正义理论认为："当社会商品按照不同的分配标准分配时，就会实现复合的平等，即正义的标志。各领域是相对自治的，依据多元正义理论，存在

---

① 温雯, 戴俊骋. 场景理论的范式转型及其中国实践[J]. 山东大学学报（哲学社会科学版）, 2021(1): 44-53.
② 吴军, 特里·N. 克拉克. 场景理论与城市公共政策：芝加哥学派城市研究最新动态[J]. 社会科学战线, 2014(1): 205-212.
③ 李文姝, 刘道前. 人工智能视域下的信息规制：基于隐私场景理论的激励与规范[J]. 人民论坛·学术前沿, 2019(6): 70-77.
④ 邢会强. 人脸识别的法律规制[J]. 比较法研究, 2020(5): 51-63.
⑤ Nissenbaum, Helen. Privacy as Contextual Integrity[J]. Washington Law Review, 2004, 79(1): 119.

'不同领域不同人的不同结果'。"①

信息社会的空间分割叠加所形成的多重空间,实质上就是不同的场景,不同场景的信息流动与传播具有不同的特征,面临着不同的场景风险。例如,虚拟空间与现实空间就是两个不同的场景。互联网、移动通信等信息技术的广泛使用,给人们带来极大的工作与学习便利、扩大人们的信息来源,真正地实现了"秀才不出门,能知天下事"。不过,信息技术也具有技术反噬效应,即技术在促进人类物质财富增长的同时,也使得人类社会面临着新的风险。这种风险就是风险社会理论创立者贝克所称的自反性风险。信息社会存在的信息污染、信息泛滥与信息灾难等就是信息技术的应用所导致的自反性风险体现。由于互联网的普及,人们不仅可以将有益有用的信息在互联网上发布,也可能在网络上发布虚假信息、黄色信息等有害信息。"网络社会的信息污染,不仅造成网络空间或虚拟社会的'信息公害',而且会导致现实社会的'信息公害'。"②网络社会的信息公害,对于虚拟社会环境和现实社会环境都会造成损害。

综上所述,场景理论可以拓展适用于信息社会的信息规制,包括信息披露。依据场景理论,在信息社会时代信息披露制度设计必须要针对信息流动、传播的不同空间即不同的场景构造不同的信息披露规范,规制不同的场景风险,以实现场景正义。以互联网金融市场为例,其作为虚拟金融空间的特定场景具有区别于现实金融空间的场景风险。虚拟金融市场的主体既有传统的金融机构,又有新兴的金融科技公司;既有具有专业金融知识、投资经验的专业投资者,又有随互联网金融大潮涌入的毫无投资经验与专业知识的普通投资者。虚拟金融市场的信息流动与传播的空间也不同于现实金融空间。有学者就将场景理论与风险预防理论相结合,提出了虚拟金融空间信息规制的同一性与差异性相结合的原理。③

---

① 李文姝,刘道前.人工智能视域下的信息规制:基于隐私场景理论的激励与规范[J].人民论坛·学术前沿,2019(6):70-77.多元正义理论是沃尔泽·迈克尔(Michael Walzer)在普适主义的基础上提出的一种"复合平等"论。See Michael Walzer.Spheres of Justice: A Defense of Pluralism and Equality[M].New York:Basic Books, 1983.
② 谢俊贵.网络社会风险规律及其因应策略[J].社会科学研究,2016(6):102-110.
③ 该原理指出:"一方面,应该看到规制对象的同一性和共同点,并对其进行同一性规制,以避免规则洼地和监管套利的出现;另一方面,也应该看到规制对象的具体特点和特殊性,并根据这些特殊性进行更精细的规制,以适合规制对象的特点,从而避免'一刀切'。"参见邢会强.人脸识别的法律规制[J].比较法研究,2020(5):51-63.

第二章　信息披露规制的公私法合作机制原理

　　法律作为一种社会规范，对人的行为具有指引、评价、预测等规范作用。无论是在遥远的远古社会，还是在如今日新月异的信息社会，个人的行为决策均在不同程度上受制于其所处的自然、社会与经济环境。个人所处的环境提供了其作决策时所依赖的信息。由于每个人的能力差异、经济与社会地位差异，其所获得的信息也不尽相同。个人在什么时候以及在多大程度上应当将其所获得的信息披露或告知他人，就成为法律在调整各种社会关系和规范个人行为时必须要解决的重要现实问题。公法或私法在解决信息披露问题时有着不同的路径与制度设计。尽管公法与私法之区分具有重要意义，但是法律制度具有整体性，公私法之区分是相对的。为了解决19世纪中后期以来出现的各种社会问题，法律出现了社会化趋势，公法与私法之间的界限被打破，公私法交叉与融合趋势明显。该趋势不仅表现在借维护和保障公共利益之名，公权力主体对私人行为进行必要的规制，而且表现在随着合作治理的兴起，私人主体参与公共事务治理，私人主体事实上分享了公共事务治理的公权力。因此，从整体主义的视角看，[①] 当今社会的法律制度是一个公私法分立与公私法融合并存的公私法合作机制。这是信息披露之公私法合作机制的法理基础。本章首先阐述公私法分立与公私法融合并存的公私法合作机制的基本原理，然后从信息的私人性视角阐述信息披露的私法规制路径、从信息的公共性视角阐述信息披露的公法规制路径、从合作治理的视角阐述信息披露规制中的公私法融合。

[①]　整体主义是与个人主义相对应的一种方法论。个人主义方法论将个人作为分析和规范的基础，社会是各个追求自身利益的组合，私法自治原则是个人主义方法论的体现；整体主义方法论认为社会是一个有机体，公共利益不等于个人利益的总和，限制私权的私法公法化现象以及经济法、社会法、环境保护法等法律部门的出现，是整体主义方法论所引起的法律制度设计变革的结果。参见刘水林.法学方法论研究[J].法学研究，2001（3）：42-54.

第一节　公私法分立与公私法融合并存的公私法合作机制

一、公法与私法的含义及其划分的重要意义

何谓私法？《元照英美法词典》将"private law"解释为"利益法，特别法"与"私法"两种含义。前者是指"仅与特定案件、特定人或物、特定地点、特定事情等相关并发生作用的法律，与针对普通大众的法律相对"；后者"一般指规范和调整个人之间以及作为平等主体的政府或政府部门与个人之间权利义务关系的法律"①。私法自治是私法的灵魂。"在市民社会中，个人通过参与到与他人的承诺中的方式处理其事务。这些私人协议形成社会的私的秩序。国家的角色纯粹是支持这种私的秩序，至少当其达到与一般的惯常道德标准兼容的程度是如此。这种功能主要是通过赋予大多数此类私人协议以法律执行力和保护财产权利来实现的。"②对私法的这种传统解释秉承的就是私法自治理念，"无论私法在其自身的内在话语中如何看待自己，它也可以从一个外在的视角加以考察，被看作国家试图规制市场的一个机制。私法在调控市场行为方面，无疑和商业活动的其他社会和经济规制有着相似的效果"③。

何谓公法？《元照英美法词典》将"public law"解释为："公法，各种法律体系都把法律划分为公法和私法。一般认为公法是规范国家、政治团体、政府、政府部门和政府机构的组织、活动、权利、豁免、责任和义务，以及调整国家和个人关系的法律。通常包括宪法、行政法、刑法、诉讼、诉讼法、社会保险法、税法、教会法、军事法和国际公法。"④不过，英国学者指出，在奥赖利诉麦克曼案之前，公私与私法之分并无实质性意义，但是在该案之后，"存在实质的公私之分的假设缓慢地渗透进我们的法律体系。现在的立场是：如果一个机构是公共机构或行使公共或政府职能，则一般而言，他/她/它将承担特别的合法性、公正性和理性义务……而这些义务被认为不适用于私人机构或纯粹行使私人职能的机构"⑤。在美国，有学者认为法律上的公私结构至关重要，"忽视两者的区别，就是忽视法律制度中最基本的分类标准。

---

① 薛波主编.元照英美法词典[Z].北京：北京大学出版社,2014:1094.
② 休·柯林斯.规制合同[M].郭小莉,译.北京：中国人民大学出版社,2014:63.
③ 休·柯林斯.规制合同[M].郭小莉,译.北京：中国人民大学出版社,2014:62.
④ 薛波主编.元照英美法词典[Z].北京：北京大学出版社,2014:1117.
⑤ 道恩·奥利弗.共同价值与公私划分[M].时磊,译.北京：中国人民大学出版社,2017:85.

事实上,在任何法律制度中,公私分离都是一项不可避免的任务。组建政府首先要就集体将作出的决定和将留给选民的决定达成一致。正确认识立法和行政的公私控制的区别是回答上述问题的关键"①。

哈贝马斯指出:"在19世纪,'私法'通过构建一个非政治化的、免于国家侵扰的经济社会,保障了法律主体的消极自由以及法律自由原则。与之相反,劳动分工将公法分配给专制国家领域,以保持对行政的控制并保留干涉的权利。"②这就从人的自由保障与国家权力的控制层面揭示了划分公法与私法的重要意义。拉伦茨说:"我们必须对公法和私法作出尽可能精确的界定。因为,某条或某些法律规范的适用以及各个不同的法院部门之间的不同分工,都是以这种界定为基础的。"③他从法律适用的角度阐释了公私法划分的意义,体现了民法学者固有的规范性思维特征。日本经济法学者金泽良雄在论述经济法在法律体系中的地位时指出:"区别公法与私法在现代法上的意义,是以国家与市民社会二元论为前提,并以现代的法治国家思想为基础而产生的。即一方面承认作为国家固有之法的公法(国家与个人之间的关系),同时在使国家权力服从于法律规制这一意义上(根据法律行使行政权),产生了公法体系;另一方面,又确立了意味着通过国家的自由的市民社会中个人之间法律的私法体系(个人之间的关系)。"④

二、法律制度的整体性决定了公私法划分的相对性

尽管公法与私法之区分如此重要,但是区分标准很难确定。关于公法与私法的划分标准存在"利益说""隶属说"与"主体说"。古罗马法学家乌尔比安说:"公法是有关罗马国家稳定的法,私法是涉及个人利益的法。事实上,它们造福于私人。公法见之于宗教事务、宗教机构之中。"⑤这是界定公法与私法之"利益说"的理论渊源。"根据利益说,判断一项法律关系或一条法律规范是属于公法还是属于私法,应以涉及的是公共利益还是私人利益为准。"⑥不过,"利益说"已经不符合实际情况。例如,依据民法中的公序良俗

---

① Turner, Christian.Law's Public/Private Structure[J].Florida State University Law Review,2012, 39(4):1005.
② 转引自道恩·奥利弗.共同价值与公私划分[M].时磊,译.北京:中国人民大学出版社,2017:18.
③ 卡尔·拉伦茨.德国民法通论[M].王晓晔,邵建东,等译.北京:法律出版社,2003:4.
④ 金泽良雄.经济法概论[M].满达人,译.北京:中国法制出版社,2005:30.
⑤ 桑德罗·斯奇巴尼选编.民法大全选译·正义和法[M].黄风,译.北京:中国政法大学出版社,1990:75.
⑥ 迪特尔·梅迪库斯.德国民法总论[M].邵建东,译,北京:法律出版社,2013:11.

原则,违反公共秩序与善良风俗的民事行为无效。这显然是为了保护社会公共利益。公法不仅关系到公共利益,而且在保护个人利益方面发挥着重要作用。例如,行政法通过对行政主体之行政权的控制,保护行政相对人的合法权益。"正是为维护个人的这一利益,法律才规定了每个人都有权在行政法院提起诉讼。最后,无论是公法还是私法,其宗旨都不仅仅在于促进或保护某些公共的或个人的利益,而在于适当地平衡各方面的利益,创造出正义和公平的局面。"①

"隶属说认为,公法的根本特征在于调整隶属关系,而私法的根本特征则在于调整平等关系。"②"如果一项义务产生于一个命令,而这一命令又以另一命令为基础,那么正常情况下,这项义务就属于公法,而私法义务正常情况下乃产生于义务人的自我服从……处于上级与下级关系中的人,其法律关系概括来讲就是公法的对象,即主人与臣仆之间的法律关系;而私法只涉及法律上有平等地位的人之间的法律关系。"③我国《民法通则》第2条、《民法总则》及《民法典》第2条均规定民法调整平等主体之间的人身关系与财产关系,是"隶属说"的立法体现。但是,用隶属关系或平等关系的标准界定公法与私法,仍然存在不足之处。例如,"私法中也存在着某种隶属关系,如亲属法中就存在隶属关系,在私法上的公司及社团同它们成员的关系上也存在着这种关系。在另一方面,虽然乡镇与国家之间是一种隶属关系,而在两个乡镇之间或在德意志联邦共和国的两个州之间,则存在着平等的关系"④。拉德布鲁赫指出:"不是所有个人与国家之间的法律关系都是公法关系,因为国家不能仅以统治者的姿态面对我们,而且还要作为'国库'(fiskus)来和我们平等地交往。如果国家在事先没有征询我们意见的情况下让士兵在我们的住所宿营,那么它就是以公法为基础;如果国家将其机关设在我们的房中,而这房产又是我们自己租赁给国家的,那么这实际便是以私法为依据。"⑤

"主体说"认为,"至少有一方当事人正是以公权主体的性质参加这项法律关系,那么这项法律关系就属于公法范围;不符合这一条件的所有法律关系都属于私法范围"⑥。"主体说"有助于解决"隶属说"的上述困难,但是也

---

① 卡尔·拉伦茨.德国民法通论[M].王晓晔,邵建东,等译.北京:法律出版社,2003:5.
② 迪特尔·梅迪库斯.德国民法总论[M].邵建东,译.北京:法律出版社,2013:11.
③ 拉德布鲁赫.法学导论[M].米健,朱林译.北京:中国百科全书出版社,1997:57.
④ 卡尔·拉伦茨.德国民法通论[M].王晓晔,邵建东,等译.北京:法律出版社,2003:1.
⑤ 拉德布鲁赫.法学导论[M].米健,朱林译.北京:中国百科全书出版社,1997:57.
⑥ 卡尔·拉伦茨.德国民法通论[M].王晓晔,邵建东,等译.北京:法律出版社,2003:5-6.

难以说明国家从事行为的各种形态：国家既可以作为公权主体从事活动，如国家征税活动；也可以不实施权力而像私人一样参与交易，如正常时期的国家采购活动；还可以从事具有照顾性质的行为，这种行为既不是实施权力的措施，也不是像私人从事行为。^①拉伦茨认为，国家在提供救济时，国家与受领人之间的关系是一种公法关系，虽然国家不需要行使权力，但是为了履行社会福利所应当承担的义务。^②

马克斯·韦伯认为："根据社会学的标准，可以将公法限定为调整国家活动的规范总和……相应地，私法可限定为由国家颁布、调整非国家活动的规范总和。"^③不过，他自己也认识到对公法与私法的上述定义是非技术性的，难以适用于实践。因此，他又将私法与公法区分为合作型法律与隶属性法律：私法关系是一种合作性关系，私法领域由当事人自己决定；公法关系具有隶属性，国家权力的掌握者可以对隶属他的人发布命令，但是并不是所有权威行使者与下属之间的关系都属于公法，如雇主对其雇员行使权威、家长对其家庭成员行使权威就不属于公法的调整范围。^④

为什么难以精确地界定公法与私法呢？有人认为，"将各个具体的法律制度或者法律关系归属于这个法律领域或那个法律领域，主要是受到了历史原因的影响。这一事实导致产生的结果，在今天看来必然是显得不合理的……任何一种旨在用一种空洞的公式来描述公法与私法之间界限的尝试，都是徒劳无益的。毋宁说，还是应当让历史因素来作出决定"^⑤。笔者以为，除了历史原因之外，难以精确界定与区分公法与私法的原因还有，法律制度的整体性决定了公私法划分的相对性。基尔克认为，区分公法与私法虽然从法律视角表述了人类存在的双重目的——作为独立个人的个人生活和作为族群之一部分的集体生活，但是"区分并非最终目的。因为还存在分别承载着个人生活和部分整体生活的人。此二者实际上已经交织成不可分割的同一体，只是我们在想象中对此加以区分"。^⑥以人类之个人生活与集体生活的同一性、整体性为基础，基尔克进一步指出："如果法律制度在私法和公法中分裂的话，那么其可以暂时忽略个人对于整体和整体对于个人的意义。但

---

① 迪特尔·梅迪库斯.德国民法总论[M].邵建东,译.北京：法律出版社,2013：6.
② 卡尔·拉伦茨.德国民法通论[M].王晓晔,邵建东,等译.北京：法律出版社,2003：6.
③ 马克斯·韦伯.论经济与社会中的法律[M].张乃根,译.北京：中国大百科全书出版社,1998：39.
④ 马克斯·韦伯.论经济与社会中的法律[M].张乃根,译.北京：中国大百科全书出版社,1998：40.
⑤ 迪特尔·梅迪库斯.德国民法总论[M].邵建东,译.北京：法律出版社,2013：13.
⑥ 奥托·基尔克.私法的社会任务[M].刘志阳,张小丹,译.北京：中国法制出版社,2017：26.

是，最终不可忘记目标的一致性，在以关注个人利益为首任的私法中同样必须追求公共福祉，在首先关注全局的公法中也必须使个人能够获得正义。"① 基尔克的逻辑是，人类之个人生活与集体生活的同一性、整体性决定了公法与私法区分的暂时性以及公私法目标的一致性。英国学者奥利弗就非常关注公法与私法的共同价值。他认为二者均关注权力控制和保护个人免遭权力滥用的侵扰；均存在尊严、自治、尊重、身份与安全等核心价值；法律制度的整体性又决定了公私法划分的相对性；均形成了审慎决策的一般性义务，以保护个人与公共利益免受权力滥用的损害。②

三、法律社会化以来公私法的交叉与融合

庞德在阐述法律发展过程中的法的目的时提出了"法律的社会化"的概念。在庞德看来，法律经历了原始法、严格法、成熟法及法律社会化等阶段。法律的社会化是法律发展到成熟阶段之后的一种新的发展阶段。成熟法"在抽象意义上强调财产和契约，忽视具体个体的道德价值以及个体对完善的道德和社会生活的需要，也需要一场法律变革，从而将形成于社会生活中的法律理念吸纳进法律体系之中"。③与抽象个体主义的成熟法相比，这一变革从强调个人利益转变到关注社会公共利益，庞德将这一具体转变概括为以下十二点：(1)限制所有人使用财产和滥用财产的权利；(2)限制契约自由；(3)限制对财产的处置权；(4)限制债权人或受害人要求赔偿的权利，要求债权人与债务人共同承担一定的风险；(5)在雇佣关系与被管理物致害等问题上适用无过失责任；(6)野生动物、水流、猎物等无主物、共有物转化为公有物以保护社会利益；(7)对家庭未独立成员的保护侧重于其所体现的社会利益；(8)将公共基金用于公共设施对个人造成的损害；(9)以利益调和取代诉讼的纯争议理论；(10)契约义务应当具有合理性，以实现利益平衡；(11)让更多的群体或团体获得法律主体地位；(12)对不法入侵者的惩罚趋向缓和。④

德国民法学者施坦因说："任何社会秩序都有自己关于所有权、契约、家庭、宪法和行政的概念。"⑤我国民法学者指出，为了解决诸如劳资对立、贫富

---

① 奥托·基尔克.私法的社会任务[M].刘志阳，张小丹，译.北京：中国法制出版社，2017：26.
② 参见道恩·奥利弗.共同价值与公私划分[M].时磊，译.北京：中国人民大学出版社，2017：260.
③ 罗斯科·庞德.法理学：第1卷[M].余履雪，译.北京：法律出版社，2007：355.
④ 参见罗斯科·庞德.法理学：第1卷[M].余履雪，译.北京：法律出版社，2007，353-376.
⑤ 转引自魏德士.法理学[M].丁晓春，吴越，译.北京：法律出版社，2005：230.

悬殊等社会问题,"民法之思想为之一变,由极端尊重个人自由变为重视社会公共福利,并对三大原则有所修正。于是,形成社会本位的立法思想……法律之任务,亦未必尽在保护各个人之权利。为使社会共同生活之增进,法律即强使人负担特定之义务,限制或剥夺其某种权利。是之谓社会本位之法制"①。

经济法与社会法学者认为,"在个人与国家各自的领域之间,已经形成了以社会为过渡体的一个独立存在于其他法域的独特法域。这恰恰是属于经济法的领域""这种见解已经承认了作为个人立法的私法和作为国家立法的公法与作为社会之法的社会法(劳动法与经济法)三者的独特法域"②。拉德布鲁赫在论述经济法与劳动法的产生时精辟地指出:"如果用法律语言来表述我们所见证的社会关系和思潮的巨大变革,那么可以说,由于对'社会法'的追求,私法与公法、民法与行政法、契约与法律之间的僵死划分已越来越趋于动摇,这两类法律逐渐不可分地渗透融合,从而产生了一个全新的法律领域,它既不是私法,也不是公法,而是暂行的第三类:经济法与劳动法。"③考夫曼认为:"法律关系有公法的、私法的及社会法的三种……公法由于有国家或其他公法人的优越地位在,故存在着凌驾于私人之上的特色(隶属法,如国家法、刑法、诉讼法),相反的,私法则是平等地位的私人间之法律关系(并列法,如民法、商法)。至于社会法,则是具有介于上述二者之间的特别地位。"④另有经济法学者指出,"私法自治因素与高权因素经常处于一种复杂的混合状态:这也是经济法的独特之处,即它使得任何在公法与私法之间进行系统划分的尝试都成为徒劳"⑤。"经济法通过使私法自治的与国家主权的调整共同作用,克服了这一将法律体系分为私法与公法的传统划分,尽管各个国家对此采取的方式各有不同。西方各国的经济法原则上将经济的组织和流程交给了私法自治的构建,但这一构建在不同程度上或强或弱地受到国家高权要素(如强行法、法院或行政机关的共同作用、许可保留、监督权力等)的调整,以至避免少出现重大整体经济的错误发展甚或灾难。"⑥

---

① "三大原则"是指契约自由原则、所有权绝对原则和过失责任原则。参见梁慧星.民法总论:[M].2版.北京:法律出版社,2005:39.
② 金泽良雄.经济法概论[M].满达人,译.北京:中国法制出版社,2005:30.
③ 拉德布鲁赫.法学导论[M].米健,朱林,译.北京:中国大百科全书出版社,1997:77.
④ 考夫曼.法律哲学[M].刘幸义,等译.北京:法律出版社,2004:159.
⑤ 弗里茨·里特纳,迈因哈德·德雷埃尔.欧洲与德国经济法[M].张学哲,译.北京:法律出版社,2016:169.
⑥ 弗里茨·里特纳,迈因哈德·德雷埃尔.欧洲与德国经济法[M].张学哲,译.北京:法律出版社,2016:27.

无论是民法学者所言的民法思想从个人本位到社会本位的转变，还是庞德所言的法律社会化阶段的十二点具体转变，抑或是经济法与劳动法等第三类法域的产生，都是法律对 19 世纪末 20 世纪初出现的各种严重社会问题的回应。魏德士认为，法是一种社会产品，"社会力量在形成法律信仰方面起着主导作用。是社会形成法，而不是反过来"①。面对社会问题对既有法律制度的现实挑战，庞德在 1906 年 8 月 29 日美国律师协会第二十九届年会上发表了抨击美国法缺陷的著名演讲，该演讲在当时受到了尖锐甚至是恶意的指责，但是开启了 20 世纪前半期美国法改革的起点。"普通法的个人主义精神，在 20 世纪末 21 世纪初的契约法、侵权行为法、财产法和其他私法领域中仍然占统治地位，但在 50 年后，个人主义精神被一种不同的精神所代替。这种精神强调社会福利，甚至以牺牲个人的财产权、契约自由权等为代价。"②"这种精神"实质上就是法律社会化所秉承的社会本位主义。为了解决各种严重的社会问题，福利国家兴起，相应地，私法日益从个人本位转向社会本位。福利国家之于法律的影响不局限于私法，对于行政法等公法也产生了深远的影响。"从法治国家（在其另一意义上）向福利国家迈出的任何一步，都意味着在发展行政法方面迈出一大步。行政法是社会的法律，在将来社会主义的福利国家中，如我们所料，民法可能会完全融合在行政法之中。"③

第二节　信息的私人性及公共性与信息披露规制的公私法分立

一、信息的私人性与信息披露的私法规制

（一）信息的私人性及其私法意义

从经济学视角看，信息的私人性涉及的是信息是私人物品还是公共物品的问题。私人物品既具有排他性又具有竞争性，公共物品既无排他性又没有竞争性。对一种公共物品而言，不能排除人们使用它，而且，一个人使

---

① 魏德士. 法理学[M]. 丁晓春, 吴越, 译. 北京：法律出版社, 2005：230.
② 伯纳德·施瓦茨. 美国法律史[M]. 王军, 等译. 北京：中国政法大学出版社, 1990：209.
③ 拉德布鲁赫. 法学导论[M]. 米健, 朱林, 译. 北京：中国大百科全书出版社, 1997：136-137.

用公共物品并不减少另一个人使用它的能力。① "信息具有价值，人们愿意为获得它而付费。从这种意义上讲，我们可以把信息视为与其他商品相类似的商品。就像存在劳动市场和资本市场一样，也存在信息市场，信息也具有价格。"② 实际上，信息已经成为一种重要的生产要素和消费对象。"在市场经济条件下，信息日益成为社会经济的重要因素，信息商品化的范围日益扩大，从而使信息市场逐步形成和发展起来，有商情信息市场、科技和管理信息市场、综合信息市场等。""在私有财产的神圣庇护下，一定会有人不遗余力地确保信息不会让每个人都能获得。在工业资本主义时代，物质商品的生产所必须的社会及自然资源受到自私自利的私人控制。在信息方式时代，这一过程又在起作用了。现在我们不能不相信'信息'首先是一种商品；其次，它受各种市场力量的严格控制。由于资本主义经济学假定资源是匮乏的，因而资源的分配最好是由市场机制来决定。然而，信息却并非匮乏而是丰裕而廉价。在信息方式中，市场自己颠倒了自己：市场通过限制信息的流动，从而形成了信息匮乏。"③ 以上论述表明，信息是信息社会中的一种重要资源，信息已经成为重要的市场交易标的，人们可以像交易有形商品一样进行信息交易，信息可以成为私人物品。此即信息的私人性。

不过，信息与有形商品在生产、交易及消费等方面的区别也不容忽视，正是这些区别使得信息具有一定程度的公共性。④ 从法学视角看，信息的私人性是指信息在多大程度上为私人所有以及如何在私人之间进行交易，涉及私人主体在信息资源的初始配置与交易过程中的权利义务问题。科斯说："如果市场交易是无成本的，则所有问题（衡平法问题除外）就是当事人的权利的充分界定和对法律行为的后果的预测。但是，正如我们已经看到的，当市场交易成本是如此之高以致难以改变法律已确定的权利安排时，情况就完全不同了。此时，法院直接影响着经济行为。"⑤ 科斯用"交易成本"概括所有阻碍谈判成功的成本，包括搜寻成本、讨价还价成本和执行成本。搜寻成

---

① 曼昆将物品分为四种不同类型：私人物品、公共物品、公有资源、自然垄断。公有资源具有竞争性但没有排他性，如海洋中的鱼；自然垄断的物品具有排他性但是没有竞争性。参见曼昆.经济学原理：上册[M].梁小民，译.北京：机械工业出版社，2006：188-189.
② 斯蒂格利茨.经济学：上册[M].梁小民，黄险峰，译.北京：中国人民大学出版社，2000：398.
③ 马克·波斯特.信息方式：后结构主义与社会语境[M].范静哗，译.北京：商务印书馆，2014：104.
④ 关于信息的公共性，将在下文阐述。
⑤ R.科斯.社会成本问题[C]//R.科斯，A.阿尔钦，D.诺斯.财产权利与制度变迁：产权学派与新制度学派译文集.刘守英，等译.上海：上海人民出版社，1994：24.

本和讨价还价成本就包括着大量的信息成本。讨价还价实质上是一个基于双方所掌握的信息而实施的博弈行为,当每方都知道对方的风险值与合作解时,"信息在协商的过程中就是'公共性'的。相反,当一方知道其中的一些评价,而其他人不知道时,信息就是'私人性'的……当有关风险值和合作解的信息是私人性的,则协商会趋于复杂。私人信息会阻碍谈判的进行……各方在一定程度上可能希望将一些信息透露出去。但是他们并不愿意将所有的信息都暴露出来。每方所获取的合作剩余份额部分取决于其所保留的私人信息。但是,为了完成交易,又需要公开某些信息。平衡好这些矛盾是困难的,而且潜在的成本巨大"①。信息成本是交易成本的重要组成部分,对于资源配置效率具有重要的现实影响。"一个人需要信息,来实现与别人的有效交易。产权与谁承担获取信息的成本,成本将是多少,以及失误造成的损失将是多少有很大的关系。相互依赖性的形成,不单是因为信息是有成本的,而且因为它对人有不同的影响。在完全竞争市场情况下,信息是完全的,因此,产权的任何安排都不会影响谁承担信息成本和不确定性成本。"②

完全竞争市场只是一种假设,现实中的市场是不完全竞争市场,信息是不完全的。信息不对称就是不完全竞争市场中信息不完全的集中体现。可见,在市场交易中,信息成本是客观存在的现实成本。这意味着法律关于信息的初始权利规定对于信息资源配置效率具有重要影响。

信息之私人性的法律意义之一在于,信息在多大程度上归属于私人领域。这是影响信息资源配置效率的重要因素。"财产权是对有价值资源进行排他性使用的权利",③建立和保护信息产权就是要确定应该对哪些有价值的信息资源设定排他性使用的权利,其实质就是要解决信息在多大程度上归属于私人领域的问题。不过,值得注意的是,"私有财产这个原则在信息领域内受到了威胁"。④因为信息产权的授予具有社会负面作用——"应用信息的产品生产将会减少,因为信息产权的拥有者可以要求一个超出产品生产

---

① 罗伯特·D.考特,托马斯·S.尤伦.法和经济学[M].施少华,姜建强,等译.上海:上海财经大学出版社,2002:75-78.

② A.爱伦·斯密德.财产、权力和公共选择:对法和经济学的进一步思考[M].黄祖辉,等译.上海:上海人民出版社,2006:150.

③ 理查德·A.波斯纳.法律的经济分析[M].蒋兆康,译.北京:中国大百科全书出版社,1997:39.

④ 马克·波斯特.信息方式:后结构主义与社会语境[M].范静哗,译.北京:商务印书馆,2014:105.

成本的高价"。① 此外,产权是一个经济学概念,其在法律上关联的是财产权。但是,有的私人信息如个人信息兼具财产权与人身权的因素。信息的私人性在个人信息领域表现得更为明显。在信息社会时代,个人信息的保护与利用问题不仅仅涉及个人信息保护的个人利益,而且与信息业者对个人信息利用的利益、国家收集和利益个人信息管理社会的公共利用密切相关。②

信息的私人性之于法律的另一方面的重要意义,是如何设定参与这些私人信息交易之主体在交易过程中的权利与义务,以及如何保护私人信息权益不受侵犯。这是契约法或合同法与侵权法需要解决的问题。

(二)欺诈视角下信息披露的合同法规制

"从经济学的观点来看,合同法的作用是为了方便、鼓励资源的自愿交换。法律的强制力可以防止因徒困境情况的出现。在囚徒困境模型中,每一方都努力不付出而得到报酬,同时担心对方也干同样的事情,结果双方都不能获益。法律的强制力很方便地保证另一方出现期望的表现,这对于长期与复杂的计划的执行是十分必要的。合同法使自愿交易便利化的其他方式,如强制披露责任(防止由于信息问题导致交易低效),以及通过违约规则降低交易成本。"③ 契约法"涉及促使财产权向最珍视它们的那些人那里自愿转移的问题"。④ 在缔结契约、履行契约的过程中,每个当事人都有属于自己的私人信息。例如,对于交易标的信息,卖方一般比买方掌握得更为全面,旧货交易中买卖双方之间的信息不对称更为严重。诚然,对拥有私人信息的当事人而言,私人信息是其有利的优势地位,但是私人信息也是阻碍交易实现的因素。"私人信息的存在引发了一个问题,即是否迫使当事人在缔结合同的时候披露他们所知的信息。事实上,法律有的时候要求披露,而有的时候却不要求。"⑤ 没有要求披露的信息的转移,要通过市场交易来实现。"双方当

---

① 斯蒂文·沙维尔法律经济分析的基础理论[M].赵海怡,史册,宁静波,译.北京:中国人民大学出版社,2012:122.
② 关于个人信息保护的特殊问题,参见张新宝.从隐私到个人信息:利益再衡量的理论与制度安排[J].中国法学,2015(3):38-59.高富平.个人信息保护:从个人控制到社会控制[J].法学研究,2018(3):84-101.张平.大数据时代个人信息保护的立法选择[J].北京大学学报(哲学社会科学版),2017(3):143-151.谢琳.大数据时代个人信息使用的合法利益豁免[J].政法论坛,2019(1):74-84.
③ 艾雅尔·扎米尔,巴拉克·梅迪纳.法律、经济学与伦理[M].徐大丰,译.上海:复旦大学出版社,2014:208.
④ 理查德·A.波斯纳.法律的经济分析[M].蒋兆康,译.北京:中国大百科全书出版社,1997:39.
⑤ 斯蒂文·沙维尔法律经济分析的基础理论[M].赵海怡,史册,宁静波,译.北京:中国人民大学出版社,2012:300-301.

事人通常通过私人议价来解决私人信息问题……私人议价通常在解决信息不对称方面比其他方式做得更好，如以法律形式规定一种解决方式，所以，法律通常会强制执行基于信息非对称的合同。"① 但是，将信息与资源的控制权隔离开了的合同，不符合效率原则，应当被禁止。隐瞒和欺诈是导致信息与资源之控制权分离的主要原因。当事人不应隐瞒对交易目的实现具有重要影响的信息或者故意披露虚假信息的。波斯纳说，契约法的基本功能，"是阻止人们对契约的另一方当事人采取机会主义行为，以促进经济活动的最佳时机选择"。② 信息不对称是当事人采取机会主义行为的重要原因之一。为了防止当事人隐瞒对实现交易目的具有重要影响的信息或故意披露虚假信息，法律赋予在一定期限内因受到机会主义行为欺诈的当事人以撤销权。

例如，《欧洲私法的原则、定义和示范规则：欧洲示范民法典草案》（以下简称《欧洲示范民法典草案》）第 2 卷第 205 条规定："对方当事人以语言或行为进行欺诈性虚伪陈述，或欺诈性地不披露根据诚实信用与公平交易原则以及先合同义务的要求应予披露的信息，从而诱使一方当事人订立合同的，该方当事人可以撤销合同。"③《欧洲示范民法典草案》在第三章"营销行为和先合同义务"中规定，经营者在向他人提供货物、其他资产及服务的合同缔约前，该经营者有义务向相对人披露被提供货物、其他资产及服务的相关信息以此符合相对人的合理预期；在消费者处于重要信息缺失地位的交易中，由于技术方法在缔结合同中的运用，经营者与消费者之间的空间距离，或是交易的本质属性，经营者有义务在适当的条件下，提供较为明确的关于被供应的一切货物、其他财产或服务的主要特性的信息。④ 我国《民法典》第 148 条也规定受欺诈方享有撤销权。⑤ 对于第三方实施的欺诈行为，受欺诈方是否享有撤销权，要看另一方当事人是否知道或应当知道第三方实施了该欺诈行为。例如，"某电子商务网上平台对入驻商家审核不严，由商家所提供的销售许可证、知识产权权属证明等造假，该平台应当发现而未发

---

① 罗伯特·D.考特，托马斯·S.尤伦.法和经济学[M].施少华，姜建强，等译.上海：上海财经大学出版社，2002：231.

② 理查德·A.波斯纳.法律的经济分析[M].蒋兆康，译.北京：中国大百科全书出版社,1997:117. 契约法的另一个重要功能是通过加入遗漏条款使协议更为完满。

③ 克里斯蒂安·冯·巴尔，埃里克·克莱夫.欧洲私法的原则、定义与示范规则：欧洲示范民法典草案：第 1/2/3 卷[M].付俊伟，等译.北京：法律出版社，2014：431.

④ 参见《欧洲示范民法典草案》第 101 条、第 102 条及第 103 条. 克里斯蒂安·冯·巴尔，埃里克·克莱夫.欧洲私法的原则、定义与示范规则：欧洲示范民法典草案：第 1/2/3 卷[M].付俊伟，等译.北京：法律出版社，2014：197-212.

⑤ 该条规定："一方以欺诈手段，使对方在违背真实意思的情况下实施的民事法律行为，受欺诈方有权请求人民法院或者仲裁机构予以撤销。"

现或明知有假仍然允许其销售,造成消费者或权利人损失的,行为人有权行使撤销权。"① 又如,我国《民法典》第 496 条第 2 款规定了格式条款提供方的提示与说明义务,② 第 500 条规定了缔约过失责任,③ 第 501 条规定了当事人的信息保密义务。④

  由上可知,在订立合同之前、订立合同的过程中乃至合同履行完毕之后,法律为合同一方当事人赋予知悉对方当事人信息的权利,为另一方当事人设定了有关信息披露的积极义务或消极义务,以及违反这些义务所应当承担的法律责任。这些规定,有助于发挥信息资源在促进市场交易中的作用,促使信息向最珍视它们的那些人那里转移,体现了合同法对效率的追求。以欺诈为例,"如果合同双方当事人知道欺诈会使合同无效,则他们就会根据信息的真实性来对合同进行谈判,这样可以节省双方当事人为证实重要声明所需花费的成本"⑤。反之,"在欺诈和误解的问题上,允许当事人不披露信息(也就是说,允许欺诈和允许不纠正误解)只会给社会带来不利的影响,也就是只会导致当事人在欺诈和防范欺诈与误解上耗费精力"⑥。不过,反欺诈与信息披露义务并不是要求当事人披露其所有信息,当事人披露其信息有必要的限度。有法律经济学的学者总结了四类影响反欺诈规则与披露义务的因素:"首先,如果人们可以通过对方的行为推断对方所拥有的信息,那么这些禁令与义务就不是必须的。第二,这些规则可能对人们在第一阶段获取信息的积极性产生负面的影响。第三,披露义务与反欺诈规则可能妨碍,而不是鼓励市场中的信息传播。最后,当完全的坦诚可能阻碍合同的签订时,不诚

---

  ① 中国审判理论研究会民事审判理论专业委员会编著.民法典总则编条文理解与司法适用[M].北京:法律出版社,2020:263.
  ② 该款规定:"采用格式条款订立合同的,提供格式条款的一方应当遵循公平原则确定当事人之间的权利和义务,并采取合理的方式提示对方注意免除或减轻其责任等与对方有重大利害关系的条款,按照对方的要求,对该条款予以说明。提供格式条款的一方未履行提示或者说明义务,致使对方没有注意或者理解与其有重大利害关系的条款,对方可以主张该条款不成为合同的内容。"
  ③ 该条规定:"当事人在订立合同过程中有下列情形之一,造成对方损失的,应当承担赔偿责任:(一)假借订立合同,恶意进行磋商;(二)故意隐瞒与订立合同有关的重要事实或者提供虚假情况;(三)有其他违背诚实信用原则的行为。"
  ④ 该条规定:"当事人在订立合同过程中知悉的商业秘密或者其他应当保密的信息,无论合同是否成立,不得泄露或者不正当地使用;泄露、不正当地使用该商业秘密或者信息,造成对方损失的,应当承担赔偿责任。"
  ⑤ 罗伯特·D.考特,托马斯·S.尤伦.法和经济学[M].施少华,姜建强,等译.上海:上海财经大学出版社,2002:235.
  ⑥ 斯蒂文·沙维尔.法律经济分析的基础理论[M].赵海怡,史册,宁静波,译.北京:中国人民大学出版社,2012:300-304.

实可以促进有效交易。"①从经济学的角度看,过度的信息披露义务并不能为当事人的行为提供最优激励,反而会抑制当事人事前获取信息的积极性。

（三）知情同意原则视角下信息披露的侵权法规制

"侵权法通过要求施害人对受害人予以赔偿来内部化成本,当潜在的施害人内部化由其自身导致的损害成本时,便会刺激他们在一个有效的水平上为安全进行投资。侵权法的经济学本质便是,以侵权责任来将由高昂的交易谈判成本所导致的外部效应内部化。"②依据汉德公式,当预防成本小于预期事故成本（B＜PL）时,施害人才构成过失,因为施害人承担事故的预防成本符合经济效率原则。然而,"昂贵的信息成本阻止了一方当事人采取措施预防所发生的特定事故;换言之,一旦风险信息被看作风险避免的一种成本,那么汉德公式中的预防成本（B）将会过高而对预防具有抑制作用"③。这是从信息角度对侵权责任法中的不可预见性的法律经济学解释。将风险信息视为风险避免的一种成本,意味着依据具体的信息成本确定是否由施害人以风险信息披露方式承担避免风险的预防成本。如果昂贵的信息成本使得风险信息披露成本过高,以至于预防成本超过预期事故成本时,施害人就没有信息披露义务。此时,即使发生事故,施害人也不具有过失,因而无须承担侵权责任。

从受害人角度观之,施害人履行风险信息披露义务是为了保障受害人对风险事故信息的知情权。从施害人角度而言,知情同意"只是解决个人信息处理行为合法与否的问题,而非意味着发生侵害个人信息权益的违法行为时,处理者可以据此免于承担法律责任……因为不合理的处理行为如处理者的故意或过失等造成自然人的人身财产权益受到侵害的,依然要承担民事责任"。④"在原告对侵犯的性质存在认识错误且被告知道该错误的情况下,即使原告针对侵犯作出了同意,该同意也属于无效且不得阻碍原告提起诉讼。"⑤例如,"在外科医生为原告手术之时,如果原告不知道或者未被告知手术风险,那么原告有权提起侵权诉讼,因为原告此前所作的同意是无效的"⑥。因为原告对手术风险信息不知情,其所谓的同意不是"知情同意";换

---

① 艾雅尔·扎米尔,巴拉克·梅迪纳.法律、经济学与伦理[M].徐大丰,译.上海:复旦大学出版社,2014:217.
② 罗伯特·D.考特,托马斯·S.尤伦.法和经济学[M].施少华,姜建强,等译.上海:上海财经大学出版社,2002:248.
③ 理查德·A.波斯纳.法律的经济分析[M].蒋兆康,译.北京:中国大百科全书出版社,1997:239.
④ 程啸.个人信息保护法理解与适用[M].北京:中国法制出版社,2021:123.
⑤ 丹·B.多布斯.侵权法[M].马静,等译.北京:中国政法大学出版社,2014:215.
⑥ 丹·B.多布斯.侵权法[M].马静,等译.北京:中国政法大学出版社,2014:215-216.

言之，不是其真实的意思表示，因为知情同意原则要求医生向病人披露手术相关的风险信息。美国的法院承认知情同意原则默示了以下原则："除非病人无能力，否则他们有权获得关于任何建议实施的医疗程序的实质性信息。例如，病人有权获得关于程序的风险、其必要性，以及他们可能更愿意使用的可替代的程序的信息。"① 在美国司法实践中，存在判断医师信息披露是否充分的医师标准和患者标准。1960年的 Natanson 案确立了医师信息披露的合理医师标准，即医师所披露的信息限于一个合理的医师在相同或相似情况下应当披露的信息；1972年的 Canterbury 案认可了医师信息披露的患者标准，强调医师披露的信息应当以患者的需要来衡量，而不是由医师自己设定标准。②

我国《民法典》第1219条规定了医务人员的信息披露义务，医务人员未尽到该义务造成患者损失的，由医疗机构承担赔偿责任。③ 该条规定的医务人员信息义务可分为一般义务和特别义务。前者是针对一般性的诊疗活动，要求医务人员向患者说明病情和医疗措施，以弥补医患双方之间的信息不对等。后者是针对具有严重损害后果和危险性的特殊医疗行为，要求医务人员向患者具体说明医疗风险、替代医疗方案等情况。不过，《民法典》并未明确医务人员信息披露标准，而医务人员是否履行了信息披露义务，关乎医务人员是否存在过错之判断。有人认为："关于医务人员履行说明义务的范围、程度等具体标准问题，应当以确保知情同意充分实现为目的进行判断，影响患者决策的风险均需要披露。"④ 也有学者基于我国当前看病难、看病贵的现实，建议我国立法弥补医务人员信息披露标准阙如的不足，并借鉴美国医疗知情同意原则的司法实践经验采取"患者标准"。⑤

显然，在医疗损害赔偿责任中强调知情同意原则，并将医务人员信息披露标准从合理医师标准发展为患者标准，是为了保护患者有关生命、健康等医疗事项的自我决定权。不过，知情同意原则不能绝对化，应当允许有例外情况。如在紧急情况下需要立即采取医疗措施才能保证患者的生命健康时，

---

① 丹·B.多布斯.侵权法[M].马静，等译.北京：中国政法大学出版社，2014：566.
② 参见赵西臣.从知情同意原则的历史渊源和发展轨迹看其所保护之权利及其性质[J].南京医科大学学报（社会科学版），2005（4）：304-308.
③ 该条第1款规定："医务人员在诊疗活动中应当向患者说明病情和医疗措施。需要实施手术、特殊检查、特殊治疗的，医务人员应当及时向患者具体说明医疗风险、替代医疗方案等情况，并取得其明确同意；不能或者不宜向患者说明的，应当向患者的近亲属说明，并取得其明确同意。"
④ 中国审判理论研究会民事审判理论专业委员会编著.民法典侵权责编条文理解与司法适用[M].北京：法律出版社，2020：210.
⑤ 参见冯玲，竺伟东.美国医疗知情同意原则对我国的启示[J].湖北警官学院学报，2013（6）：93-95.

可以豁免医务人员的信息披露义务。我国《民法典》第1220条就规定了知情同意原则的紧急情形例外，但是要经过医疗机构负责人或者授权的负责人批准。① 知情同意原则的紧急情况例外符合汉德公式所蕴含的经济效率原则。因为紧急情况下的信息成本昂贵，医患双方之间信息交流的成本过高，甚至不可能达成有效的信息协议。

在信息社会时代，互联网的普及和大数据技术的广泛运用，既凸显了知情同意原则在个人信息保护制度中的基础性地位，也使该原则面临着极大的现实挑战。洛克说："一切自然人都是自由的，除了他自己的同意以外，无论什么事情都不能使他受制于任何世俗权力。"② 德国学者施泰姆勒认为，"人们有权自由决定周遭的世界在何种程度上获知自己的所思所想以及行动的权利"，③ 并将这种权利称之为"信息自决权"。洛克所言的"自己的同意"与施泰姆勒所指的"自由决定"同样适用于个人信息保护领域。为了防止个人信息权益受到不法侵害，法律往往规定个人信息的处理者要确保个人在知情的前提下同意。④ 例如，欧盟《一般数据保护条例》（General Data Protection Regulation，简称GDPR）第13条与第14条规定，信息处理者有义务向信息当事人提供相关资讯。我国《民法典》第1035条第1款规定了信息处理的知情同意原则，要求信息处理者遵循合法、正当、必要的原则处理信息，并向信息主体公开信息处理的规则，明示信息处理的目的、方式和范围。我国与欧盟的上述立法都确认了知情同意原则是个人信息处理的正当性基础。在《民法典》之前，我国《消费者权益保护法》第29条⑤ 与《网络安全法》第41条⑥ 都规定了知情同意原则。在实践中，知情同意原则面临的挑战主要体现

---

① 该条规定："因抢救生命垂危的患者等紧急情况，不能取得患者或者其近亲属意见的，经医疗机构负责人或者授权的负责人批准，可以立即实施相应的医疗措施。"

② 洛克.政府论：上册[M].叶启芳，瞿菊农，译.北京：商务印书馆，2013：74.

③ 转引自王进.论个人信息保护中知情同意原则之完善：以欧盟《一般数据保护条例》为例[J].广西政法管理干部学院学报，2018（1）：59-67.

④ 本书的"个人信息处理"之含义与我国《民法典》第1035条第2款的规定一致，即"个人信息的处理包括个人信息的收集、存储、使用、加工、传输、提供、公开等"。

⑤ 2013年修订的《消费者权益保护法》第29条第1款规定："经营者收集、使用消费者个人信息，应当遵循合法、正当、必要的原则，明示收集、使用信息的目的、方式和范围，并经消费者同意。经营者收集、使用消费者个人信息，应当公开其收集、使用规则，不得违反法律、法规的规定和双方的约定收集、使用信息。"

⑥ 2017年6月1日实施的《网络安全法》第41条规定："网络运营者收集、使用个人信息，应当遵循合法、正当、必要的原则，公开收集、使用规则，明示收集、使用信息的目的、方式和范围，并经被收集者同意。网络运营者不得收集与其提供的服务无关的个人信息，不得违反法律、行政法规的规定和双方的约定收集、使用个人信息，并应当依照法律、行政法规的规定和与用户的约定，处理其保存的个人信息。"

在以下两个方面：

其一，信息处理者对知情同意原则的异化使得该原则流于形式。在实践中，数据企业为了在符合知情同意原则的前提下提高数据获取的效率，通过事先设置并重复使用的隐私条款将信息主体的个人同意异化为一种默认的机制。在被称为中国 Cookie 隐私权纠纷第一案中，原告朱某认为被告百度公司未经其知情和选择，利用 Cookie 技术侵犯了其隐私权。被告百度公司认为其网页上设置有《使用百度前必读》的链接，链接页面中的"隐私权保护声明"已经充分告知 Cookie 技术的使用情况。审理该案的一审法院与二审法院在被告是否违反知情同意原则的问题上存在分歧。一审法院持否定性意见，认为《使用百度前必读》仅是默示同意，而且标识性不足，不足以保障用户的知情权与选择权。质言之，被告没有履行知情同意原则所要求的相关说明与提醒义务。二审法院参考《信息安全技术公共及商用服务信息系统个人信息保护指南》①认为被告没有侵犯用户的知情权与选择权，被告在收集、利用匿名信息时针对不同的个人信息类型采取不同的知情同意模式，即采用明知告知和默示同意相结合的方式符合上述指南规定。②

中国审判理论研究会民事审判理论专业委员会在解释我国《民法典》第 1035 条第 1 款规定时指出，"个人信息保护中的同意，原则上不能以沉默的方式作出，尤其是在网络时代，非常有必要明确在网络服务领域沉默（不作为）以及默示勾选的对话框不能构成同意"③。显然，这是为了防止网络服务领域的信息处理者利用默示同意及沉默等方式实质上否定信息主体的个人信息自决权。不过，也有学者认为这实质上是知情同意原则在大数据时代陷入困境的体现，因为该原则确立于信息处理者可以与个人就少量信息进行面对面交流的时代，但是在大数据时代，"海量信息的批量处理、多方共享、目的不特定之频繁利用加大了有效同意获取的难度，同意作为个人信息处理正当性基础之地位受到质疑"④。有学者认为，"以'知情同意'为核心的传统个人信息保护架构日益捉襟见肘，既无法为公民隐私提供实质性保障，又成为

---

① 该指南的第 5.2.3 条规定："处理个人信息前要征得个人信息主体的同意，包括默许同意或明示同意。收集个人一般信息时，可认为个人信息主体默许同意，如果个人信息主体明确反对，要停止收集或删除个人信息；收集个人敏感信息时，要得到个人信息主体的明示同意。"

② 参见江苏省南京市中级人民法院（2014）宁民终字第 5028 号民事判决书。

③ 中国审判理论研究会民事审判理论专业委员会编.民法典人格权编条文理解与司法适用[M].法律出版社，2020：273.

④ 田野.大数据时代知情同意原则的困境与出路——以生物资料库的个人信息保护为例[J].法制与社会发展，2018（6）：111-136.

制约数据价值开发的重要掣肘"，①因此，应当基于场景的风险管理理念进行重构。有学者认为，知情同意原则是个人信息的个人控制论的基础，但是个人信息控制论忽视了个人信息的社会性与公共性，不能适应大数据时代个人信息利用的现实需求，个人信息保护立法应当从个人本位转为社会本位，即从个人控制转向社会控制；我国立法规定"同意"是收集和使用个人信息的前提，这是对国际社会个人保护理论和制度的误读。②笔者以为，在大数据时代知情同意原则的异化表明，严格执行该原则会掣肘数据的开发与利用，不利于数字经济的发展，但是也可能实质上否定信息主体的个人信息自决权，从而将个人信息权益置于新的危险中。

其二，知情同意原则绝对化会使得信息处理中相关主体之间的利益失衡。个人信息具有人格尊严和自由价值，这是个人信息保护法律的首要价值目标；个人信息具有商业价值，信息资源已经成为重要的生产要素，传统产业的信息化改造与数字经济的发展离不开对信息资源的开发利用；个人信息还具有公共管理价值，政府既是信息的管理者，也是信息的利用者。③可见，在信息社会时代，"个人信息的保护不仅关系到信息主体的私人利益，还涉及国家管理、经济发展等领域的众多社会公共利益，如个人征信体系的建设等。如果过于严格地保护个人信息可能会引发信息交流停滞，不利于社会的整体发展"④。因此，片面强调个人信息保护，将知情同意原则绝对化会导致相关主体之间的利益失衡。为了实现"个人对个人信息保护的利益（核心是人格自由和人格尊严利益）、信息业者对个人信息利用的利益（核心是通过经营活动获取经济利益）和国家管理社会的公共利益之间的平衡"，⑤我国《民法典》第 1035 条和第 1036 条既规定了知情同意原则，也引入了合法利益豁免机制。例如，对于自然人自行公开或者已经合法公开的信息，信息处理者可以对这些信息进行合理处理，除非该自然人明确拒绝或者处理该信息侵害其重大利益。又如，对为了维护公共利益或者该自然人自身的合法权益的信息处理行为，不构成侵权行为，信息处理者不承担民事责任。这说明，同意不再是信息收集的唯一正当性基础。合法利益豁免机制所构成的知情

---

① 范为.大数据时代个人信息保护的路径重构[J].环球法律评论,2016(5):92-115.

② 参见高富平.个人信息保护：从个人控制到社会控制[J].法学研究,2018(3):84-101.

③ 参见张新宝.从隐私到个人信息：利益再衡量的理论与制度安排[J].中国法学,2015(3):38-59.

④ 中国审判理论研究会民事审判理论专业委员会编著.民法典人格权编条文理解与司法适用[M].北京：法律出版社,2020:280.

⑤ 张新宝.从隐私到个人信息：利益再衡量的理论与制度安排[J].中国法学,2015(3):38-59.

同意原则的例外,意味着在这些例外情形下免除了信息处理者在处理信息时的信息披露义务。

(四)消费者保护法上的经营者信息披露义务

美国学者在20世纪70年代就指出,要求卖方"向其消费者披露有关其合同交易的各种信息"是消费者保护最古老、最普遍的方法之一;将含有过于模糊的合同条款的合同归于可撤销性的合同,这一合同法规则可以被视为利用信息披露进行消费者保护的一种间接形式;美国许多州颁布的零售分期付款销售法强调披露与消费者有关的大量信息;美国《统一商法典》也不乏强调信息披露的规定;在20世纪60年代,美国加快了信息披露法规的制定,最著名的是关于"借贷中的真相"的《消费者信用保护法》和关于"包装中的真相"的《公平包装和标签法》。[1]《消费者信用保护法》的第一部分是《真实放贷法案》。美国联邦储备委员会消费者与社区事务局指出:"《真实放贷法案》旨在确保通过有意义的方式来披露贷款条件,使得消费者能够在更有准备和更了解情况的背景下对信贷条款进行比较。在制定该法案以前,消费者必须面对大量的信贷条款和利率。由于信贷条款和利率很少以相同的格式表现,消费者很难在各种贷款之间作比较。现在,所有债权人必须使用相同的信贷期限和利率进行表达。"[2]

从消费者保护视角看,信息披露能够帮助消费者这一社会弱势群体增进他们的福利,使消费者免于遭受福利损失:"信息不充分与最佳信息供应两种情形下进行的交易所产生的效用存在的差别。"[3]工业化生产既给人类社会带来了前所未有的财富增长,也带来了前所未有的风险。"在发达的现代性中,财富的社会生产系统伴随着风险的社会生产。"[4]经营者在向消费者提供产品或服务时,也伴随着风险的传递。波斯纳、兰德斯在分析产品责任法的严格责任原则时指出,在19世纪,大部分消费品是"搜索品"或"观察品",如哈密瓜,消费者可以轻而易举地鉴定其质量;19世纪工业化之后的产品已经发展到"经验品"与"信任品","经验品"只有通过实际使用才能发现其好

---

[1] Whitford, William C. The Functions of Disclosure Regulation in Consumer Transactions[J]. Wisconsin Law Review,1973(2):400-401.

[2] 美国联邦储备委员会消费者与社区事务局编.美联储金融消费者保护合规手册[Z].中国人民银行西安分行,译.北京:经济科学出版社,2013:182.

[3] 安东尼·奥格斯.规制:法律形式与经济学理论[M].骆梅英,译.北京:中国人民大学出版社,2008:124.

[4] 乌尔里希·贝克.风险社会[M].何博闻,译.南京:译林出版社,2004:15.

坏,"信任品"即使经常使用也难以分辨其好坏。① 在信息社会时代,面临着越来越多、越来越复杂、科技含量越来越高的"经验品"与"信任品",消费者也越来越迷茫,经营者与消费者之间的信息鸿沟越来越大,经营者较之于消费者的信息优势日趋明显和扩大。

为了克服消费者与经营者之间的信息不对称,消费者保护法对经营者有关其提供的产品或者服务的质量、性能、用途、有效期限等课以强制信息披露义务。例如,我国现行《消费者权益保护法》第20条规定了经营者的全面、真实信息告知义务。② 我国《产品质量法》第27条也规定了经营者的产品标识标准,对其产品及包装的有关信息作了强制性要求。③ 经营者是有关产品或服务的质量、性能、用途及有效期限等信息的生产者,在经营者没有披露这些信息之前,这些信息实际上属于经营者的私人信息,消费者要了解或掌握这些信息,直接途径是与经营者进行缔约磋商、订立合同,或者向其他经营者、消费者搜寻这些信息。依据合同法的意思自治原则,消费者并不能强制要求经营者全面、真实地告知这些信息;经营者为了在交易中谋取优势地位本身就具有不全面告知这些信息的利益驱动,有的经营者甚至告知虚假信息。

为什么消费者权益保护法要突破意思自治原则要求经营者向消费者披露这些信息呢?因为消费者与经营者相比较,处于信息上的弱势地位,任消费者自行搜寻这些信息的成本较高。有学者从经济法视角分析经营者的信息告知义务时指出,没有强制要求经营者全面、真实告知信息的私法框架会导致交易的整体低效率;强制信息披露义务的制度设计对交易双方是双赢,能够避免整体交易的低效率,减少消费纠纷,节约为解决纠纷所耗费的社会

---

① 威廉·M. 兰德斯,理查德·A. 波斯纳. 侵权法的经济结构 [M]. 王强,杨媛,译. 北京:北京大学出版社,2005:307-308.

② 该条规定:"经营者向消费者提供有关商品或者服务的质量、性能、用途、有效期限等信息,应当真实、全面,不得作虚假或者引人误解的宣传。经营者对消费者就其提供的商品或者服务的质量和使用方法等问题提出的询问,应当作出真实、明确的答复。经营者提供商品或者服务应当明码标价。"

③ 该条规定:"产品或者其包装上的标识必须真实,并符合下列要求:(一)有产品质量检验合格证明。(二)有中文标明的产品名称、生产厂厂名和厂址。(三)根据产品的特点和使用要求,需要标明产品规格、等级、所含主要成分的名称和含量的,用中文相应予以标明;需要事先让消费者知晓的,应当在外包装上标明,或者预先向消费者提供有关资料。(四)限期使用的产品,应当在显著位置清晰地标明生产日期和安全使用期或者失效日期。(五)使用不当,容易造成产品本身损坏或者可能危及人身、财产安全的产品,应当有警示标志或者中文警示说明。裸装的食品和其他根据产品的特点难以附加标识的裸装产品,可以不附加产品标识。"

资源。① 诚然，从整体主义的视角看，消费者权益保护法规定经营者履行信息告知义务具有合理性。这就突破了作为传统民法之基础的个人主义，实质上是对个人主义之弊端的修正。修正的路径是将整体主义融入私法。以合同法为例，为适用社会发展的现实需求，在个人主义条款占主导地位的前提下，加入整体主义条款，"合同法表现出的整体主义是公权力介入的结果，强调具体规范中隐藏着整体主义的政策目标，公权力不仅保护私的秩序不被滥用，还将特定的政策目标置于个人利益之上"。② 消费者权益保护法上的经营者信息告知义务条款就是这样的整体主义条款，其隐藏的政策目标是通过对消费者这一弱势群体的偏重保护实现实质正义。消费者权益保护法上的经营者信息告知义务虽然拓展了《合同法》上的告知义务规定，但是"违反该义务的法律后果上，依然需要大量适用《合同法》的规范来调整"。③ 由此可见，消费者权益保护法上的经营者信息告知义务仍然在私法框架内运行，本质上还是信息披露的私法规制形式。

二、信息的公共性与信息披露的公法规制

（一）信息的公共性及其公法意义

"公共性"是一个备受关注的学术领域，政治学、经济学与法学等学科对其均有关注。不过，正如哈贝马斯所言，"公共"一词具有许多不同的意思，这些不同的意思，"源自不同的历史阶段，在一同运用到建立在工业进步和社会福利国家基础之上的市民社会关系当中时，相互之间的联系变得模糊起来。同样是这些社会关系，一方面反对传统用法，另一方面又要求把它作为术语加以使用。不仅日常语言如此，官方用语和大众传媒也是如此。即便是科学，尤其是法学、政治学和社会学显然未能对'公'（öffentlich）、'私'（privat）以及'公共领域''公共舆论'等传统范畴作出明确的定义"。④ 尽管"公共性"或"公共领域"的含义具有模糊性，但是也不乏共识，如公共性与私人性、公共领域与私人领域是相对立的。哈贝马斯以国家与社会间的分离为基本路线，从作为私人自律领域的市民社会的历史发展阐述了具有政治功

---

① 应飞虎. 信息、权利与交易安全：消费者保护研究[M]. 北京：北京大学出版社，2008：76-77.
② 夏庆锋.《民法典》合同编中的个人主义与整体主义及应有定位[J]. 中国政法大学学报，2021（3）：215-227.
③ 陆青. 论消费者保护法上的告知义务：兼评最高人民法院第17号指导性案例[J]. 清华法学，2014（4）：150-168.
④ 哈贝马斯. 公共领域的结构转型[M]. 曹卫东，王晓珏，等译. 南京：学林出版社，1999：1.

能的公共领域兴起的缘由。他指出，公共领域的社会前提条件"在于市场不断获得自由，尽力使社会再生产领域的交换成为私人相互之间的事务，最终实现市民社会的私人化"。① 在市民社会里，以自由市场法则形成的交换关系为样板所建立的私法体系就是为了保障私人事务不受公共权力机关的干预。可见，正是政治国家与市民社会的分离，将公共领域与私人领域区分开来。然而，自19世纪末以来，国家干预主义兴起，公共领域与私人领域出现了融合趋势。"公共权力在介入私人交往过程中也把私人领域中间接产生出来的各种冲突调和了起来。利益冲突无法继续在私人领域内部得以解决，于是，冲突向政治层面转移，干预主义便由此产生。"② 哈贝马斯指出，在公共领域与私人领域的融合中，出现了私法的公共化与公法的私人化两种现象，③ 公共领域与私人领域融合的过程也是一个国家社会化与社会国家化的互动过程，在这一过程中，产生出一个新领域。这个新领域糅合了公共利益的公共因素与契约的私法因素；这个领域既不是纯粹的私人领域，也不是真正的公共领域，不能完全归于私法领域，也不能完全算是公法领域。④

哈贝马斯关于公共领域与私人领域的这些论述表明，公共性总是与公共权力、公共利益相连，公共领域本质上是公共权力作用的领域，公共利益是公共权力机关行使公共权力干预私人领域的正当性基础；私人性总是与私人权利、私人利益相连，私人领域本质上是私人权利作用的领域，私法自治是私人领域的基本原则，因为私人是自身利益的最佳判断者和维护者。

从信息的角度观察公共领域与私人领域可以发现，无论是公共权力机关行使公共权力，还是私人行使私人权利，都有赖于对公共事务或私人事务等相关信息的了解与把握，毕竟，"信息传播是社会交往活动的基本形式和前提，公共性也是信息的基本特征之一"。⑤ 信息的公共性特征主要体现在以下三个方面：其一，信息内容涉及社会公共利益或社会成员的"普遍利益"；其二，社会公众普遍参与信息传播；其三，公共信息的生产与成本由全体社

---

① 哈贝马斯. 公共领域的结构转型[M]. 曹卫东，王晓珏，等译. 南京：学林出版社，1999：84.

② 哈贝马斯. 公共领域的结构转型[M]. 曹卫东，王晓珏，等译. 南京：学林出版社，1999：171.

③ 对私人领域进行的公共干预导致了私法的公共化，公法的私人化表现为公共权力机关运用私法措施来行使其职能。

④ 参见哈贝马斯. 公共领域的结构转型[M]. 曹卫东，王晓珏，等译. 南京：学林出版社，1999：179.

⑤ 宋建武，徐艺心. 论信息的公共性[J]. 新闻与写作，2017(7)：5-9.

会成员共同承担。① 随着信息社会的来临,信息传播的方式、广度与深度均发生了深刻的变化,信息的公共性特征越发突出。互联网这一新的信息传播平台既提高了信息传播的速度,也扩大了信息传播的受众,互联网已经成为社会公众获取信息的重要渠道之一,甚至是主要渠道。社会公众不仅是网络信息的传播者,也通过在互联网空间的社会交往提供了大量的个人信息。个人信息具有辨认与识别特定个人的功能,是个人标识自己的手段。"个人需要利用可以识别自己的符号,向社会推介、展示自己……社会也需要利用个人提供的个人信息和散落于各处的、可被搜集掌握到的相关个人信息来了解、判断某个人。这两个方面构成个人信息应用的基本场景。工具性质决定了个人信息的社会性、公共性。"② "人的本质不是单个人所固有的抽象物,在其现实性上,它是一切社会关系的总和。"③ 马克思关于社会性是人的本质属性的论断,无疑深刻地揭示了个人信息公共性的社会根源。

　　经济学理论往往从公共产品的角度来阐述信息的公共性。斯蒂格利茨指出,纯公共物品具有两个特征:"第一,多一人受益不会增加任何成本:正式地说,多一人享受产品的边际成本是零……第二,要将个人排除在享受纯公共物品之外,通常很难做到或者不可能做到。"④ 前一个特征是非竞争性,后一个特征是非排他性。不少经济学者认为信息具有这两个基本特征。例如,萨缪尔森与诺德豪斯等指出:"信息的生产成本高,而再生产的成本却极低,信息常常遭遇惨重的失败。"⑤ 另有学者认为,信息的生产成本很高但是传输成本很低,"一旦生产者将信息卖给买者,买者将成为最初生产者的一个潜在竞争者。买者只需支付传输成本就可以重新将信息卖出。这样,只支付传输成本的卖者就会将支付生产成本的生产者淘汰出局。消费者通过仅仅支付传输成本而充当'免费搭乘者'"⑥。一方面,信息生产者不能占有其生产的信息的全部价值;另一方面,信息消费又具有非竞争性,因为"信息包含

---

① 参见宋建武,徐艺心.论信息的公共性[J].新闻与写作,2017(7):5-9.
② 高富平.个人信息保护:从个人控制到社会控制[J].法学研究,2018(3):84-101.
③ 卡尔·马克思.关于费尔巴哈的提纲[C]//中共中央编译局.马克思恩格斯选集:第3版.北京:人民出版社,2012:133.
④ 约瑟夫·E.斯蒂格利茨.公共部门经济学:上[M].郭庆旺,杨志勇,等译.北京:中国人民大学出版社,2013:67-68.
⑤ 保罗·萨缪尔森,威廉·诺德豪斯.经济学[M].萧琛,等译.北京:华夏出版社,1999:146.
⑥ 罗伯特·D.考特,托马斯·S.尤伦.法和经济学[M].施少华,姜建强,等译.上海:上海财经大学出版社,2002:109.

思想，一个人对一个人思想的消费并不减少其他人的消费"。① 信息经济学的这些论述实际上是将信息归入了公共产品的范畴。正是由于私人在提供信息产品时面临着"免费搭乘者"的负面激励问题，才有必要向信息产品的私人生产者提供补贴，或者由政府提供信息。

公共领域是知识产权法学界比较关注的问题。知识产权保护的对象是非物质形态的知识信息。② 知识产权法中的公共领域，"基本上指不受知识产权（包括著作权、专利权、商标权等知识产权）保护的材料或者知识产权的效力所不及的材料的某些方面"③。兰德斯与波斯纳认为，在知识财产中，公共领域是指"很大部分的不享有著作权、专利权或者其他财产权的思想与表达"。④ 为什么要保留公共领域？因为它"能够促进知识的创造、传播与学习"，⑤ 激励创新，促进社会福利的增加。国外有学者认为，"知识产权作为法律所授予的专有权利，仅仅是公有领域中的几块飞地。飞地处于公有领域之中，而支配公有领域的仍然是自由利用和自由抄袭的基本原则。或者说，就人类的智力活动成果而言，公有领域是原则，知识产权的保护例外"⑥。我国学者指出，知识的公共性、共享性及历史继承性是公共领域存在的客观基础。⑦ "知识是理解了的信息"，⑧ "知识的公共性"源于信息的公共性。作为知识产权保护对象的知识财产本质上是一种信息，"信息的创造需要投入一定的人力、物力和资金，而信息的使用，包括所有人自己的使用和许可他人的反复使用，都不会增加新的成本"⑨。波斯纳认为，知识财产具有显著的公共产品特征，即"增加使用人数数量而不会对知识财产以往使用人带来成本"，⑩ 但是，他认为知识财产与传统的公共产品如国防产品等不同，具有排

---

① 罗伯特·D.考特，托马斯·S.尤伦.法和经济学[M].施少华，姜建强，等译.上海：上海财经大学出版社，2002：109.
② 知识产权与信息产权既具有密切联系也有区别：信息产权保护的对象除了著作权、专利权、商标权等所保护的信息外，还包括处于非专业领域的公共信息以及没有公开披露通过保密实现的商业信息.吴汉东.知识产权法总论[M].3版.北京：中国人民大学出版社，2005：8-9.
③ 王太平，杨峰.知识产权法中的公共领域[J].法学研究，2008（1）：17-29.
④ 威廉·M.兰德斯，理查德·A.波斯纳.知识产权法的经济结构[M].金海军，译.北京：北京大学出版社，2016：15.
⑤ 冯晓青，周贺微.公共领域视野下知识产权制度之正当性[J].现代法学，2019（3）：127-137.
⑥ 李明德.美国知识产权法[M].2版.北京：法律出版社，2014：14.
⑦ 王太平，杨峰.知识产权法中的公共领域[J].法学研究，2008（1）：17-29.
⑧ 汪丁丁.制度分析基础讲义II[M].上海：上海人民出版社，2005：178.
⑨ 李明德.美国知识产权法[M].2版.北京：法律出版社，2014：15.
⑩ 威廉·M.兰德斯，理查德·A.波斯纳.知识产权法的经济结构[M].金海军，译.北京：北京大学出版社，2016：23.

他性,即"能够做到以付款作为接触的条件"。①

信息的公共性之于公法的意义在于,为公权力部门实施信息规制——强制信息披露提供了正当性基础。"人类的行为受制于'有限理性'(bounded rationality),也就是说,私人接收、储存和处理信息的能力是有限的。"② 信息的公共产品属性使得私人缺乏生产或提供信息的激励。"那些处在生产信息的最佳位置的人可能不生产这些信息,或者不愿意传播它们,因为他们害怕由此产生的利益,不是被自己而只是被其他人所享有。"③ 信息不充分或信息赤字是造成市场失灵的重要原因,为了促进信息资源的优化配置,降低信息提供的成本,克服市场失灵,强制信息披露遂成为重要的信息规制选择。在公司法、证券法及银行法等经济立法中都不乏强制信息披露规则。"完美或竞争市场(通常假定它是对社会有益的)的存在一般都取决于市场参与人是否拥有决策有关的全面、准确的消息。欺诈,从欺骗的意义上说,它是使参与人根据不准确的信息作出决策,因而使得市场不够完善,使资源配置缺乏效率。"④ 此外,欺诈行为使得市场主体不为人所相信或者不相信别人,"将导致市场参与人在核查和证实他人提交的信息的各种手续中投入大量资金,以寻求真实性担保并就此支付费用,或为防止源于他人不真实信息的损失担保"⑤。这说明,欺诈提高了交易成本。欺诈影响了资源配置效率和提高交易成本,为法律对某些人施加信息披露义务开辟了道路。

(二)公司法与证券法中的强制信息披露

在前文第一章第一节"信息披露的经济学理论基础"部分,笔者已经运用有效市场假说、行为金融理论、委托代理理论等阐述了公司法与证券法上的强制性披露的必要性及其相关争议。毋庸置疑,"在证券与金融规制体系下,强制信息披露具有特殊的意义,一方面是因为其特殊属性,另一方面则是因为其所引起的争议"⑥。尽管理论界存在支持和反对强制信息披露的争议,但是信息披露事实上是一种经典的规制形式。强制信息披露制度在各国

---

① 威廉·M.兰德斯,理查德·A.波斯纳.知识产权法的经济结构[M].金海军,译.北京:北京大学出版社,2016:16.
② 安东尼·奥格斯.规制:法律形式与经济学理论[M].骆梅英,译.北京:中国人民大学出版社,2008:42.
③ 史蒂芬·布雷耶.规制及其改革[M].李洪雷,宋华琳,等译.北京:北京大学出版社,2008:40.
④ 罗伯特·C.克拉克.公司法则[M].胡平,等译.北京:工商出版社,1999:123.
⑤ 罗伯特·C.克拉克.公司法则[M].胡平,等译.北京:工商出版社,1999:124.
⑥ 安东尼·奥格斯.规制:法律形式与经济学理论[M].骆梅英,译.北京:中国人民大学出版社,2008:140.

公司法与证券法中占有十分重要的地位。信息披露在控制公司代理成本方面发挥着重大作用。"招股说明书的披露迫使代理人向潜在的委托人提供了信息，这些信息有助于后者确定他们以何种条件加入公司并成为所有者。在更小的范围内，定期财务信息披露和临时信息披露（例如，有关股价和关联交易的信息）也使委托人可以确定他们在什么条件下愿意继续做股东，或者干脆退出公司。"① 强制信息披露便于市场主体搜寻、识别交易信息。"信息的主要用途就是帮助当事人区分比较不同的要约。强制披露制度使各类信息在形式上、项目上保持一致，比较起来更为方便。这点极为重要，因为在不适用强制披露的情况下，信息的项目与形式都不相同。一旦市场中的各类信息以不同的形式、不同的项目出现，交易的风险就随之增大了。"② 在证券法上，强制信息披露制度有助于防止投资者为获取信息重复搜寻信息所致的浪费，从而降低投资者获取信息的成本。"因为信息符合公共产品的诸多特征，人们往往不愿在研究证券方面投入太多的精力。投入不足意味着公司发行人提供的信息无法得到理想的验证，投资者也没有足够的时间和精力从发行人之外的地方搜寻重要的信息。因而，强制性信息披露可以被视为一种理想的降低成本的策略，借此，信息搜寻成本可以事实上获得一定的社会补贴，这样可以确保人们获得更多的信息，信息的验证也更为准确。"③

强制信息披露制度是美国 1933 年《证券法》和 1934 年《证券交易法》中的重要制度。美国 SEC 要求"有关公司的大量信息应当根据《证券法》作出的登记申明书中予以公告……如果某些事件对于投资者很重要，那便必须进行披露"。④ 美国 SEC 曾经实行双轨制披露体系："一套是依据 1933 年《证券法》规定的公开发行登记制度，另一套是依据 1934 年《证券交易法》规定的定期报告制度。双轨制造成大量的重复上报及不必要的文书工作。"⑤ 为了减轻上市公司的信息披露负担，美国 SEC 在 1982 年为证券登记制定了一套综合披露制度。"根据综合披露体系，具体交易信息，也就是与证券发行相关的信息，应该在登记文件和招股说明书中披露。然而，关于登记申请人自身更一般的信息，如果可以从申请人根据证券交易法的要求所作的报告中

---

① 莱纳·克拉克曼，亨利·汉斯曼，等.公司法剖析：比较与功能的视角[M].北京：法律出版社，2012：50.

② 斯蒂芬·格伦德曼.欧盟公司法上册：基础、公司治理和会计法[M].周万里，译.北京：法律出版社，2018：158-159.

③ 罗伯塔·罗曼诺编著.公司法基础[M].罗培新，译.北京：北京大学出版社，2013：646.

④ 莱瑞·D.索德奎斯特.美国证券法[M].胡轩之，张云辉，译.北京：法律出版社，2004：144.

⑤ 托马斯·李·哈森.证券法[M].张学安，译.北京：中国政法大学出版社，2003：97-98.

找到,则不必重复报告。"① 伊斯特布鲁克和费希尔将美国的强制信息披露模式概括为以下几个要素:(1)标准化、常规化的信息披露,披露格式、披露时间统一化,以便对所披露的信息进行比较利用;(2)跨州发行需要公司披露,但州内发行的公司不披露;(3)强调历史事实,即所披露的信息应当是已经实现的利润、资产成本等客观事实,关于公司所处市场的发展前景等信息,由市场解决;(4)排除新的披露方式、禁止书面披露其他信息或口头陈述不同于已经披露的信息,以防止信息披露在比较公司优劣方面的作用被侵蚀;(5)事先审查与"安全港"规则并存,事先审查程序有助于公司降低风险,但是也会导致公司为了预防风险而过度披露信息;(6)不得遗漏重大信息,但是要审慎使用重大遗漏检验标准。② "重大性的标准并不取决于对陈述的完全字面理解,而是取决于合理的投资者准确获知信息的能力。"③

欧盟公司法专家高级小组指出:"信息及信息披露是公司法与证券监管交叉融会的领域。整体而言,证券监管的核心宗旨是确保市场参与者获得足够的信息,从而在对情况有所了解的基础上涉足市场。如果相关证券是一家公司的股票,那么从证券监管的角度来看,其所要求披露的信息和公司法视角下必须提供的信息是存在重合之处的。"④ 欧盟有关信息披露的主要立法有《一般招股说明书指令》《证券交易法指令》《透明度指令》和《市场滥用行为指令》。《一般招股说明书指令》及其实施条例规定,发布招股说明书是欧洲一级市场的公开发行人应当履行的核心义务。"招股说明书是一种旨在获得投资者的公开宣传的方式。它必须使投资者和服务商对发行人的财务状况、发行人的未来前景和证券赋予的权利作出准确的判断。"⑤ 英国修订《2000年金融服务与市场法》将欧盟《一般招股说明书指令》转化为国内法,规定在公开发行证券以及股票进入"受监管市场"交易时,发行人需要制作招股说明,同时规定了制作招股说明书的豁免情形,如仅面向合格投资者的发行,因为合格投资者不必依靠招股说明书提供的信息就可以做到自我保护;面向的投资者是可以通过其他途径获取相关信息的人;招股说明书可能

---

① 托马斯·李·哈森.证券法[M].张学安,译.北京:中国政法大学出版社,2003:99.
② 参见弗兰克·伊斯特布鲁克,丹尼尔·费希尔.公司法的经济结构[M].罗培新,张建伟,译.北京:北京大学出版社,2014:311-316.
③ 托马斯·李·哈森.证券法[M].张学安,译.北京:中国政法大学出版社,2003:674-675.
④ Report of the High Group of Company Law Experts on a Modern Regulatory Framework for Company Law in Europe. 转引自斯蒂芬·格伦德曼.欧盟公司法:公司金融、并购、欧盟公司和破产法[M].周万里,主译.北京:法律出版社,2018:940.
⑤ 斯蒂芬·格伦德曼.欧盟公司法:公司金融、并购、欧盟公司和破产法[M].周万里,主译.北京:法律出版社,2018:48.

被认为无用的情形——基于员工持股或董事持股计划的股票发行、红利股和期票股息等。① 2003 年之后的《证券交易法指令》已经丧失了在市场准入及信息披露义务方面的全面性，主要规定的是市场准入的程序，发布招股说明书的公开义务被规定在《一般招股说明书指令》中；中期报告以股权结构的公开义务规定在《透明度指令》中；重大信息披露义务被纳入《市场滥用行为指令》之内。《透明度指令》第 4 条、第 5 条及第 6 条分别规定了年度财务报告、中期财务报告、管理层中期说明等制度。《透明度指令》第 9 条至第 16 条规定了主要持股比例的信息披露制度。"及时公布对价格产生巨大影响的信息能够弥平时间上的间隙，以防止在此期间，利用信息而发生内幕交易。"② 因此，重大信息披露同内幕交易规制具有密切联系。不过，重大信息披露制度"并不是简单地用于阻止内幕交易，而主要是用于将重大信息告知整个市场，即提高同信息相关的证券市场的效率"。③

（三）银行监管中的强制信息披露

国外学者指出，银行与一般企业存在以下不同：其一，对于以资产与负债期限错配作为经营基础的银行，流动性具有重要意义，金融危机凸显了加强银行流动性风险监管的重要性。当银行发生流动性困难时，为了避免发生银行挤兑事件，中央银行要履行最后贷款人职能向银行提供流动性支持。其二，银行是从事高杠杆率经营的机构，高杠杆率意味着高风险，以银行最低资本要求为核心的审慎监管就是为了控制银行经营的杠杆率。其三，银行的资产负债情况比一般的企业更加不透明，如银行发放的贷款及所持有的资产支持型证券（ABS）、担保债务凭证（CDO）及信用违约互换（CDS）等资产的质量，不如实体企业的机器、厂房等实物资产那样容易为债权人所了解，银行甚至都难于准确评估其他银行的资产风险。可见，银行的信息不对称问题较之于一般企业更为严重。其四，银行之间的相互依赖程度很高，单个银行的风险很容易在银行系统传染，进而诱发银行系统性风险。④

银行经营的特殊性决定了其公司治理相对于一般企业的公司治理具有

---

① 参见保罗·戴维斯，莎拉·沃辛顿. 现代公司法原理：下册［M］. 罗培新，等译. 北京：法律出版社，2016：904-909.
② 斯蒂芬·格伦德曼. 欧盟公司法：公司金融、并购、欧盟公司和破产法［M］. 周万里，主译. 北京：法律出版社，2018：112.
③ 斯蒂芬·格伦德曼. 欧盟公司法：公司金融、并购、欧盟公司和破产法［M］. 周万里，主译. 北京：法律出版社，2018：940.
④ Peter O. Mülbert.Corporate Governance of Banks after the Financial Crisis Theory, Evidence, Reforms［EB/OL］.（2012-01-01）［2021-05-21］.https://papers.ssrn.com/sol3/papers.cfm?abstract_id=14 48118.

一定的特殊性。如银行资产负债的不透明降低了银行股东与管理者之间的激励合约的有效性;银行持有的组合型资产使得银行可以利用资产证券化等金融创新工具迅速改变银行资产的风险状况,使得管理层达到其报酬所需要的业绩目标;由于管理层报酬与银行的股票价格高度关联,而冒险策略有助于提高股票价格,故银行管理层具有增加银行经营杠杆率的激励;存款保险会促使银行采取更加冒险的经营策略,从而弱化市场机制对银行的约束力;控制权市场对于银行公司治理的激励与约束作用不及其他行业,尤其是对于大型银行更是如此。[1]

银行公司治理的特殊性还体现在金融监管对于其公司治理的重大影响上。有学者指出,"监管是独立和区别于市场的一种外部治理力量,监管是银行内部决策的一个明确和独立的维度,监管代表着独立于企业之外的外部利益,作为外部当事人的监管方与银行形成了风险共享关系"[2]。该学者认为,"代理理论至少具有三个假设:正常或竞争的市场,信息不对称是所有者与管理者之间的委托代理关系,最优资本结构要求有限的财务杠杆率"[3]。但是,这三个假设条件明显不适用于银行。因为银行市场是一个受到监管的市场;银行面临的代理问题更加复杂,除了所有者与管理者之间的信息不对称,至少还有存款人、银行及监管者之间的信息不对称,所有者、管理者及监管者之间的信息不对称,借款人、管理者与监管者之间的信息不对称;作为金融中介机构的银行,其财务杠杆率高,银行贷款的资金主要来自存款人和金融债券持有人。[4] 因此,作为一般企业之公司治理核心的代理理论并不完全适用于银行的公司治理。

信息不对称是银行业监管正当性的一个重要依据。"使用银行系统服务的很多消费者,没有能力保护自己免于涉及一家银行倒闭的种种风险,原因是缺乏信息,并且很难提前发现它即将并发症状的迹象……即使消费者获得了这些信息,仍不确定他们知道如何恰当地分析和理解这些信息。这些分析活动或许涉及更高的成本。在这样一种情景里,银行是'信息专家',而消费

---

[1] Peter O. Mülbert.Corporate Governance of Banks after the Financial Crisis Theory, Evidence, Reforms[EB/OL].(2012-01-01)[2021-05-21].https://papers.ssrn.com/sol3/papers.cfm?abstract_id=1448118.

[2] Ciancanelli P, José Antonio Reyes-Gonzalez.Corporate Governance in Banking: A Conceptual Framework[J].Social Science Electronic Publishing, 2000:17.

[3] Ciancanelli P, José Antonio Reyes-Gonzalez.Corporate Governance in Banking: A Conceptual Framework[J].Social Science Electronic Publishing, 2000:17.

[4] Ciancanelli P, José Antonio Reyes-Gonzalez.Corporate Governance in Banking: A Conceptual Framework[J].Social Science Electronic Publishing, 2000:6-7.

者具有'有限理性'的特点，这种情景使得干预具有正当理由，这种干预旨在减少信息不平等引起的种种风险。"① "丰富而充分的信息的可获得性，可以促进人们对银行的地位作出个人或相对的判断，是市场纪律的基石……市场纪律的要点不仅仅是要避免银行陷入极端的困境，而且要为银行良好运营提供持续向升的压力。"② 为银行市场的参与者提供足够的信息是保障银行市场纪律有效性的前提，银行经营的特殊性更加需要加强银行经营信息披露，提高银行经营业务的透明度。以新西兰的银行信息披露制度为例，它尽可能地将银行经营活动纳入信息披露框架，要求银行披露以下信息：损益表和资产负债表，董事和他们的利益，资产质量和备付金，相对于银行股权测算来说大的风险暴露的数量，相对于银行一级资本测算的关联方风险暴露，部门风险暴露，资本充足率（包括表外项目），市场风险暴露，信用评级。③

2008年全球金融危机之后，巴塞尔委员会加强了对银行流动性、杠杆率与大额风险等方面的信息披露监管。巴塞尔委员会发布了《流动性覆盖率披露标准》。该标准适用于所有的国际活跃银行，要求银行流动性信息的披露与其财务报表发布的频率和时点保持一致。《巴塞尔协议Ⅲ》引入了杠杆率指标，以控制商业银行资产业务的规模、限制表内资产业务过度膨胀，降低商业银行的系统性风险。2013年巴塞尔委员会颁布的《巴塞尔协议Ⅲ杠杆率修订框架及风险暴露要求征求意见稿》要求，"商业银行在计算杠杆率时所采用的业务指标要能够与定期财务报表中的项目相对应，做到监管披露与财务披露的对比"④。2013年巴塞尔委员会制定的《大额风险暴露测度与控制监管框架》规定，大额风险暴露是"银行在遭受单一交易对手或关联交易对手非预期违约时所造成的最大损失"（超过银行合格资本5%以上的风险暴露）。⑤ 为了识别集合投资、资产证券化以及类似的复杂金融交易风险，巴塞尔委员会引进了透视法。透视法是在证券交易过程中识别所有权归属的一种方法。"在大额风险暴露监管新框架下，透视法主要用来识别特殊风险暴

---

① 露丝·柏拉图-希纳尔.以色列银行业监管：审慎监管与消费者保护[M].高华军，译.北京：商务印书馆，2019：10.
② 大卫·G.梅斯，丽莎·海尔姆，阿诺·柳克西拉.改进银行监管[M].方文，周济，等译.北京：中国人民大学出版社，2006：171.
③ 参见大卫·G.梅斯，丽莎·海尔姆，阿诺·柳克西拉.改进银行监管[M].方文，周济，等译.北京：中国人民大学出版社，2006：179-186.
④ 巴曙松，金玲玲，等.巴塞尔协议Ⅲ的实施：基于金融结构的视角[M].北京：中国人民大学出版社，2014：156.
⑤ 巴曙松，金玲玲，等.巴塞尔协议Ⅲ的实施：基于金融结构的视角[M].北京：中国人民大学出版社，2014：161.

露的单一交易对手方和关联交易对手方,然后计算同一交易对手方或关联交易对手方集团所积聚的风险暴露(包括间接风险暴露和直接风险暴露),通过大额风险暴露的监管门槛与上限对其进行监督控制。"[1]

第三节　合作治理时代信息披露规制的公私法融合

一、合作治理的兴起及含义

合作治理是 20 世纪 80 年代为了解决各种社会问题在西方国家兴起的一种新的公共事务治理方式。贝克在其倡导的风险社会理论中多次强调,"在全球性风险的时代工业现代性的理论及政治哲学的复归注定要遭到失败",[2] 全球风险社会是一个"有组织的不负责任"的社会。这说明社会治理机制在风险社会面临着全面的困境。"无论是国家、市场还是被许多人寄予厚望的公民社会都无法单独承担其应对风险的重任,因为它们本身也是风险的制造者。"[3] 面对全球风险社会的重大挑战,"只有合作才能拯救人类"[4]。在 20 世纪 80 年代西方国家兴起的新公共管理改革浪潮中,以国家为中心的治理模式被国家与私人的协商合作模式所代替,大量的私人参与者与各级政府机构合作,这比仅仅依靠政府自身更能有效地实现公共目标,合作治理方式成为创造公共价值的有力手段。[5]

尽管合作治理已经成为一个比较盛行的话语,但是对于其含义仍缺乏统一的理解。有人认为,合作治理是为了适应后工业化的社会治理需求,在多元治理主体并存的前提下,对"政府治理、公众参与"治理模式的替代,是社会治理变革的归宿。[6] 有人认为,在对合作治理的不同理解中存在以下共同点:合作治理的参与者都有平等的、参与集体决策的实质权力;侧重于用协商的方法解决跨部门问题;合作治理以共识为导向,与官僚层级命令或多

---

[1] 巴曙松,金玲玲,等.巴塞尔协议Ⅲ的实施:基于金融结构的视角[M].北京:中国人民大学出版社,2014:166-167.
[2] 乌尔里.希·贝克.世界风险社会[M].吴英姿,孙淑敏,译.南京:南京大学出版社,2004:190.
[3] 杨雪冬,等.风险社会与秩序重建[M].北京:社会科学文献出版社,2006:68.
[4] Bertrand Russell,Human Society in Ethics and Politics[M].New York:Taylor & Francis Group,2009:203.
[5] 约翰·D.多纳休,理查德·J.泽克豪泽.合作:激变时代的合作治理[M].徐维,译.北京:中国政法大学出版社,2015:5.
[6] 张康之.合作治理是社会治理变革的归宿[J].社会科学研究,2012(3):35-42.

数投票制不同，共识是具有平等决策权的各相关利益主体达成决策的唯一可行办法，其达成决策共识的协商过程可能需要更多的时间，但达成共识之后的决策执行会比较顺利和迅速。① 阿斯曼教授说："只有利害相关人共同承担责任并共同参与，在个人自由与社会需求之间，才能有平衡的关系。"② 通过合作治理达成的共识有助于实现个人自由与社会需求之间的平衡。有学者认为，"合作治理强调从传统的行政管理向公私伙伴关系和治理网络的转变……合作治理的重心从科层结构转向多中心治理网络，它强调多元主体的合作与参与，以更为合作、互动性更强的方式，形成相对更为持续、更为稳定的关系"③。弗里曼教授认为，合作治理具有以下特征：以解决问题为导向，其关注点是如何解决管制问题；利害关系人与受影响者参与决定的所有过程；提供临时性的解决方案；超越了传统公私角色的责任划分；灵活和投入的行政机关是最低标准的设定者，也是多方协商的召集者与助成者，还是促使合作伙伴关系形成的机构能力的建设者。④

从上述有关合作治理的论述中，可以概括出合作治理具有以下基本含义：其一，合作治理是以公私合作为基础的一种治理方式，公私合作即公共部门与私人部门之间的合作。公共部门是各级政府部门，私人部门包括市场主体与社会组织等多元主体。"公私合作或者说在法律方面表达为'以私法完成公法任务'是欧洲大陆的提法，它同英美国家的'新公共管理'（new public management）相呼应。"⑤

其二，合作治理的本质是私人部门分享公共部门对传统行政管理事务的治理权力。契约与自我规制是公私合作的两种主要方式。政府以契约的形式将很多政府职能外包给企业、非政府组织等私人部门，私人部门得以通过契约的形式参与公共事务、提供公共产品，⑥ 与公共部门共享社会治理权。"通过合同的治理背后的简单理念是，形式协议所要求的履行标准和可接受的成本水平变得明晰，从而履行能够被监督，并且可以要求那些造成违约的人承担责任……通过合同的治理因此代表了公共管理文化的一个转变，其立

---

① 蔡岚.合作治理：现状和前景[J].武汉大学学报（哲学社会科学版），2013（3）：41-46.
② 阿斯曼.行政法总论作为秩序理念：行政法体系建构的基础与任务[M].林明锵，等译.台北：元照出版公司，2009：129.
③ 宋华琳.论政府规制中的合作治理[J].政治与法律，2016（8）：14-23.
④ 朱迪·弗里曼.合作治理与新行政法[M].毕洪海，陈标冲，译.北京：商务印书馆，2010：34-49.
⑤ 杨寅.公私法的汇合与行政法演进[J].中国法学，2004（2）：9.
⑥ 约翰·多纳休，理查德·泽克豪泽.合作：激变时代的合作治理[M].徐维，译.北京：中国政法大学出版社，2015：5.

场从一个仁慈和积极反应的科层变成了准确和界限分明地提供有效率的服务。"①自我规制是私人参与公共治理的另一种重要方式,如"自愿的私人标准设定往往与政府的管制并行不悖,在确立调整具体行业或活动的实际标准方面发挥着强有力的作用"②。

其三,合作治理涉及更为复杂的利益关系。多元主体参与的合作治理涉及更多的相关利益者,"促进了公私利益交融,也拓宽了私人主体权利诉求的表达渠道",③"这同时也带来了合作治理中利益关系的复杂性,因为在传统的'行政高权'治理格局中,其中的利益关系具有唯一性,而在合作治理情形下,这种唯一性便不复存在"。④

二、信息披露规制中的公私法融合:以合作治理为视角

(一)合作治理是公私合作规制信息披露的路径

如前文所述,公法与私法之划分是相对的,许多情况下公法与私法之间没有明确的界限。"法律现实主义者指出,私法最私密的领域依赖于公共强制力,因此根本就不是私法。公共选择理论提出了相反的观点,即公法可以被视为私人激励的产物。最近的'新治理'理论从这两种观点出发,对监管当局、等级政府和公共问责制之间通常保持的紧密联系提出了质疑。它提倡一种更宽松的方式,提醒我们,如果私人主体得到适当的激励和部署,可以成功地进行监管,并要求我们将治理视为公共和私人主体共同面对需要解决问题的合作事业。"⑤"新行政法需要正视私人在合作治理中的作用,并超越传统的公法与私法划分,从拘束走向合作,私人与公共行政之间需要构建一种协商且理性的决策过程。"⑥以信息披露规制为例,"将知识渊博的一方纳入阵营,这是由信息激发的公私合作的一般论据。当政府缺乏必不可少的信息来完成一项公共任务时——且私人行动者拥有信息——公私合

---

① 休·柯林斯.规制合同[M].郭小莉,译.北京:中国人民大学出版社,2014:332.
② 朱迪·弗里曼.合作治理与新行政法[M].毕洪海,陈标冲,译.北京:商务印书馆,2010:449.
③ 石佑启,陈可翔.合作治理语境下的法治化营商环境建设[J].法学研究,2021(2):174-192.
④ 关保英.论行政合作治理中公共利益的维护[J].政治与法律,2016(8):2-13.
⑤ Bratton, William W.Private Standards, Public Governance: A New Look at the Financial Accounting Standards Board[J].Boston College Law Review,2007,48(1):6."新治理"理论即合作治理理论。
⑥ 胡敏洁.合作行政与现代行政法发展的新方向:读《合作治理与新行政法》[J].行政法学研究,2012(2):131-137.

作就势在必行,而非一种选择"①。美国财务会计准则委员会(The Financial Accounting Standards Board,FASB)与美国SEC合作产生的公认会计准则(the Generally Accepted Accounting Principles,GAAP)就是公私合作规制信息披露的结果。

"随着联邦证券法的颁布,制度化的标准设置进入了会计领域,它要求SEC规定财务报表的形式与内容。SEC在如何处理这一问题上反复讨论了多年,最终于1938年决定将为会计处理提供'实质性权威支持'的工作委托给会计师的专业组织——美国会计师协会(the American Institute of Accountants,AIA),后来的美国注册会计师协会(the American Institute of Certified Public Accountants,AICPA)。"② AIA成立了会计程序委员会(the Committee on Accounting Procedure,CAP),要求CAP借鉴现行惯例推荐可接受的标准。AICPA在1959年解散了CAP,成立了会计原则委员会(the Accounting Principles Board,APB)。但是,APB无力解决华尔街蓬勃发展时期出现的诸如收入确认、表外租赁和投资税收抵免等新的会计问题,而且被认为被大型会计事务所主导,容易被其客户所俘获。1971年AICPA召开会议指定了两个研究小组研究如何解决这些问题。"一次后续会议审议并核可了研究小组的建议,即标准制订者应保持私营,以便最好利用私营部门的专门知识并避免受政治压力的影响。但是,在第三次尝试中,与会者决定,标准制定者的结构不仅应该保证独立性,还应该保证更好的组成代表。因此,1973年,在其不同组成部分的代表之间的一系列私下谈判之后,FASB诞生了。美国SEC很快授予其权威地位。"③ 美国SEC与FASB之间在上市公司会计信息披露标准方面的合作,是公私合作成功的典型。有学者指出,其成功的主要原因有二:其一,FASB的概念框架与决策的有效性,使得FASB的目标与SEC保护投资者的目标具有一致性;其二,二者对专业知识的共享。SEC通过外包财务会计披露信息标准给FASB,分享了FASB的会计专业知识,节约了大量的政治与经济资源。同时,在会计专业知识方面SEC并没有完全依赖于FASB。相反,SEC保持着自己制定会计信息披露标准的能力,因为FASB的权威依赖于SEC的认证。因此,作为合作治理中的委托人,SEC

---

① 约翰·D.多纳休,理查德·J.泽克豪泽.合作:激变时代的合作治理[M].徐维,译.北京:中国政法大学出版社,2015:115.

② Bratton, William W.Private Standards, Public Governance: A New Look at the Financial Accounting Standards Board[J].Boston College Law Review,2007,48(1):11-12.

③ Bratton, William W.Private Standards, Public Governance: A New Look at the Financial Accounting Standards Board[J].Boston College Law Review,2007,48(1):13.

仍然在会计专业知识方面进行了大量的投资,这是其确认FASB制定GAAP的客观需要。SEC总会计师办公室还对FASB的议程、优先事项和新出现的职位等进行日常监测。SEC对FASB权威的认证和日常监测,实质上也是一种会计专业知识的分享。[①]

FASB制定和实施的GAAP,是会计行业应当遵守的共同准则;同时,FASB的权威得到了SEC的认证,其日常议程等受SEC总会计师办公室的监测。SEC是美国证券监管部门,FASB是独立的私人部门,其资金来源于参与的专业组织、大型会计师事务所和上市公司的捐赠。可见,GAAP这一会计信息披露标准的制定与实施,是作为公权力主体的SEC与作为私权利主体的FASB密切合作的结果。该合作具有"受监督的自我管制"的特征。"私人主体除了在设定管制标准时起到非正式的自愿作用之外,国会有时还会正式'授权'他们作为管制者,正式赋予他们在行政机关的监督之下设定与实施标准的权力。这些授权被称作'受监督的自我管制',而且包括大量的私人活动。"[②] 美国的证券交易所依据《证券交易法》所授予的权力对证券市场实施自律性监管,同时自身接受SEC的监督,可见,其自律性监管是一种受监督的自我管制。尽管FASB作为私人部门参与公共事务治理,不是来自美国国会的直接授权,但是得到了SEC的权威确认并且受SEC的监督,从这一点上看,FASB制定和实施GAAP实质上也是一种受监督的自我管制。

(二)信息披露合作规制中的公私法融合

合作治理的兴起使公法与私法之间出现交叉与融合趋势。"公益与私益经常是十分近似的、相互支持的或彼此交错的。"[③] 从公私法的视角看,SEC与FASB之间的合作体现了会计信息披露领域的公私法融合。诚如有的学者所言,合作治理总体上应由公法进行调控,私人主体要获得合作治理的资格,需要以契约方式进行联结,"契约本属于私法范畴,它原本应当仅仅在私权领域内发生作用",[④] 但是在合作治理的过程中,契约成为私人主体参与公共事务治理的合法形式。虽然治理本身是为了形成公共秩序而为的公共行为,但是在合作治理中出现了公与私的交织,"介入到治理中的私方主体则

---

① Bratton, William W.Private Standards, Public Governance: A New Look at the Financial Accounting Standards Board[J].Boston College Law Review,2007,48(1):31.
② 朱迪·弗里曼.合作治理与新行政法[M].毕洪海,陈标冲,译.北京:商务印书馆,2010:456.
③ 施密特·阿斯曼.秩序理念下的行政法体系建构[M].林明锵,等译.北京:北京大学出版社,2012:143.
④ 关保英.论行政合作治理中公共利益的维护[J].政治与法律,2016(8):2-13.

体现的是私法关系，是私权对公权的介入"。①FASB 就是通过契约的方式分享了 SEC 对上市公司会计信息披露标准的制定权。以合作治理的方式制定会计信息披露标准，有助于克服行政机关在制定标准时面临的信息困境。产业界、政府官员、独立顾问、学者及消费者团体是行政机关的五个可能信息来源。产业界掌握了大量的信息，可能会利用这些信息去影响行政机关的决策，甚至将其作为与行政机关讨价还价的武器。"概括而言，行政机关担心产业界的信息会有偏见。来自产业外部的信息源，必须要依赖于产业界的信息；而其内部的信息源，又是不完备的。行政机关担心自己的信息不完备或不全面的事实，驱使它趋于妥协。"②"由于规制机构相对无法获得必要的信息——特别是关乎成本和竞争影响的信息，因此在制定程序时，要保证产业界的合作与自愿尊重。"③这正是合作治理的优势所在。

　　SEC 与 FASB 之间的成功合作表明，治理是需要公共部门与私人部门共同面对并解决问题的合作事业，如果私人部门得到适当的激励安排，它可以成功地进行监管；公共部门也可以采用私人部门生产的产品标准和行业规范，以利用廉价的私人专业知识。④然而，合作治理中的公私法交融也会带来一些法律问题。例如，针对合作治理中的合同，国外有学者提出，"是否应当由合同私法的话语提供可适用的规制子系统，还是政府合同的特殊属性会要求引入一个公法的视角，它强调诸如程序公平、个人不可剥夺的权利、政府理性行为，以及集体利益和公共产品的重要性等价值"⑤。我国学者更是明确指出："合作治理中由于私方主体的介入，则使得原来唯一的利益格局发生了些许变化，因为私方主体介入到治理之中，在实现公共治理目标的同时也追逐着自身的利益，利益的多元性便成为治理过程中的一个基本事实。"⑥合作治理中的多元利益冲突，正是不少人质疑 FASB 之独立性的重要原因。FASB 宣称自己是一个独立的、中立的专家型机构，其制定的标准旨在寻求依据该标准编制财务报告的公司的经济现实透明。不过，批评者认为，制定会计准则是一个高风险的游戏，它涉及编制财务报表的公司、公司管理者、

---

① 关保英.论行政合作治理中公共利益的维护[J].政治与法律，2016(8)：2-13.
② 史蒂芬·布雷耶规制及其改革[M].李洪雷，宋华琳，等译.北京：北京大学出版社，2008：166.
③ 史蒂芬·布雷耶规制及其改革[M].李洪雷，宋华琳，等译.北京：北京大学出版社，2008：176.
④ Bratton, William W.Private Standards, Public Governance: A New Look at the Financial Accounting Standards Board[J].Boston College Law Review,2007,48(1):6.
⑤ 休·柯林斯.规制合同[M].郭小莉，译.北京：中国人民大学出版社，2014：333.
⑥ 关保英.论行政合作治理中公共利益的维护[J].政治与法律，2016(8)：2-13.

股东及其他资本市场参与者等多方主体的利益，会计准则制定者除了平衡利益别无选择，而且FASB也不能被认为是独立的，因为它在经济上依赖于编制财务报告的公司、会计师事务所等利害关系人的捐赠，可能被这些利害关系人俘获。①显然，批评者持管制俘获说，认为管制机构可能沦为被管制者俘获的猎物。管制机构被俘获的可能性确实存在，但是不宜过于夸大。毕竟，"在现实中还存在大量的非服务于大企业的经济管制……现实中并不是所有监管机构都可以被俘获，该理论不能解释一个监管机构为何可以对不同的、利益相互冲突的行业同时实行管制"。②

（三）公私合作规制信息披露中的利益冲突与平衡

如何看待合作治理中的多元利益冲突，尤其是公共利益与私人利益之间的冲突？笔者以为，这恰恰是合作治理中的公私法融合在法益保护方面的体现。从法益保护的视角看，关于管制或规制的正当性存在着规制的公益理论与规制的私益理论。公共利益的概念"常常好像一个空瓶子，不同时候可以盛进去不同的内容""可以用来作为对行动或动议加以正当化或合法化的手段"。③规制的公益理论就是将公共利益作为规制的价值目标，为规制私人活动、限制私权等提供正当化的理据。规制的私益理论认为，"规制的存在及其形式是政治家回应利益集团需求的结果，这些利益集团能够从规制措施中获利"④。斯蒂格勒指出："规制是产业所要求的并主要为其利益而设计和运作的。"⑤规制的公益理论是规制正当性的主流理论，但是也面临着公共利益泛化和难以确定的困境。规制的私益理论虽然受到了很多批评，⑥但是它确实可以解释一些经济规制现象，如法律对特定市场准入的限制事实上会为已经进入该市场的企业带来收益。换言之，已经进入该市场的企业倾向于要求对该市场准入实行许可制，而许可制的依据往往是为了维护诸如保护消费者、保护投资者及保护环境之类的公共利益，只

---

① Bratton, William W.Private Standards, Public Governance: A New Look at the Financial Accounting Standards Board[J].Boston College Law Review,2007,48(1):15-21.

② 陈雨露，汪昌云.金融学文献通论·宏观金融卷[Z].北京：中国人民大学出版社，2006：586.

③ 迈克·费恩塔克.规制中的公共利益[M].戴昕，译.北京：中国人民大学出版社，2014：3.

④ 安东尼·奥格斯.规制：法律形式与经济学理论[M].骆梅英，译.北京：中国人民大学出版社，2008：73.

⑤ George J. Stigler.The Theory of Economic Regulation[J].The Bell Journal of Economics and Management Science,1971,2(1):3.

⑥ 例如，它忽视了"诸如持利他主义或某种理论信仰的私人所表达的广泛而模糊的需求和欲望"。安东尼·奥格斯.规制：法律形式与经济学理论[M].骆梅英，译.北京：中国人民大学出版社，2008：75.

不过事实上获益的是受规制的企业。例如，国家对银行业市场准入的特别许可，使得银行享有"特许权"价值——"银行持有银行业执照的价值和拥有私人的关于借款人信誉信息的价值"，① 它可以为银行带来超出正常利润的收益。

由上可见，规制的公益理论与规制的私益理论均有其合理性，也有其各自的不足。这恰好说明规制所涉及利益的复杂性与多元性。"法律的主要作用之一就是调整及调和上述种种相互冲突的利益，无论是个人的利益还是社会的利益。这在某种程度上必须通过颁布一些评价各种利益的重要性和提供调整着种种利益冲突标准的一般性规则方能实现。"② 然而，法律规定的有效性与其在社会秩序中的实效并非同一，"只有当构成社会的人——无论是官员还是大多数私人公民——的实际行为与宪法、制定法规定或判例法规定所指定或认可的标准相一致时，这些规定才在该社会中具有实效"③。只有具有实效的法律规则，才能切实有效地协调好各种利益冲突。作为一个多元主体参与、协商治理决策的治理方式，合作治理有助于更好地协调各种利益冲突。因为合作治理赋予了利害关系人直接参与制定公共事务治理规则的机会，而"赋予利害关系人直接参与规则制定过程的机会，就会赋予他们一定程度的规则'主人翁地位'，而且会提高他们对成功实施规则的贡献"。④ 以FASB制定的GAAP为例，它就是注册会计师、企业等利害关系人共同协商的结果。

赫克认为，"利益是法律命令的原因……立法对需要调整的生活关系和利益冲突进行规范化的、具有约束力的利益评价"。⑤ 既然合作治理中存在多元利益冲突，那么合作治理的法律规制就需要对这些利益进行规范化的、具有约束力的法律评价。以合作治理中的公共利益与私人利益间的冲突为例，立法者自然应当遵循公共利益优先的原则平衡该冲突，防范公共利益被其他利益取代或冲淡。此外，从委托代理关系的视角看，合作治理中的政府是委托者，私人参与者是代理者。"在委托代理关系中，委托者的利益应当

---

① 大卫·G.梅斯，丽莎·海尔姆，阿诺·柳克西拉.改进银行监管[M].方文,周济,等译.北京：中国人民大学出版社，2006：132-133.
② E.博登海默.法学：法律哲学与法律方法[M].邓正来,译.北京：中国政法大学出版社，2017：414-415.
③ E.博登海默.法学：法律哲学与法律方法[M].邓正来,译.北京：中国政法大学出版社，2017：349-350.
④ 朱迪·弗里曼.合作治理与新行政法[M].毕洪海,陈标冲,译.北京：商务印书馆，2010：37.
⑤ 魏德士.法理学[M].丁晓春,吴越,译,北京：法律出版社，2005：236.

优先。"① 作为委托者的政府代表的是公共利益，作为代理者的私人参与者应当满足委托者的利益，即秉承公共利益优先原则参与合作治理。与此同时，私人利益、其他群体利益在合作治理中的合理性也不能否定，如何将这些各种不同的利益进行有序的排列和有序的整合，正是合作治理平衡各种利益冲突的关键所在。②

---

① 约翰·D. 多纳休，理查德·J. 泽克豪泽. 合作：激变时代的合作治理[M]. 徐维，译. 北京：中国政法大学出版社，2015：35.
② 关保英. 论行政合作治理中公共利益的维护[J]. 政治与法律，2016(8)：2-13.

第三章　公私法合作机制视角下我国 P2P 网贷信息披露规制之反思

　　作为一种新兴的互联网金融业务,P2P 网贷在我国曾经盛极一时,却因为大量 P2P 网贷平台"跑路"和"爆雷"危及国家金融安全、影响社会稳定而成为互联网金融风险专项整治的对象,最终被全面清退或转型。造成我国 P2P 网贷"高开低走"和惨淡结局的原因是什么呢？其中的经验与教训值得我们深思。作为一名法律人,笔者以为,我国 P2P 网贷风险的形成和爆发与我国的法律制度环境具有密切的关系,P2P 网贷法律制度供给的不足是我国 P2P 网贷风险产生、累积并最终爆发的重要原因之一。从信息披露规制的视角看,我国 P2P 网贷平台的非法集资是信息不对称下的逆向选择与道德风险的典型表现,P2P 网贷对传统以线下金融市场作为规制对象的信息披露法律制度带来了重大的现实挑战。本章以信息披露规制的公私法合作机制原理作为理论基础,分析我国 P2P 网贷信息披露规制的实践及其不足,从信息披露规制视角揭示我国 P2P 网贷风险的制度成因,以为我国 P2P 网贷平台转型提供镜鉴。

第一节　私法视角下我国 P2P 网贷信息披露规制之反思

一、P2P 网贷：备受争议的金融科技创新

　　金融科技的英语单词是"Fintech"。显然,这个单词是金融(finance)与科技(technology)的复合词。这说明金融科技是金融业与科技行业互动融合的结果。以信息化、网络化为核心的科技革命,对金融业产生了重大影响。这些影响可以概括为主动性影响和被动性影响。所谓主动性影响,是指金融机构主动采用信息技术,将其传统的金融业务信息化、网络化。所谓被动性影响,是指银行等金融机构面临着非传统性金融机构的挑战。这些非传统性金融机构也就是近年来兴起的金融科技公司。例如,蚂蚁金融服务集团通过旗下的支付宝、余额宝、招财宝、蚂蚁花呗、芝麻信用、网商银行等向广大社会公众提供金融服务,事实上已经极大地影响了我国金融服务业的格局,也迫使传统的银行业金融机构加快了其业务信息化、网络化的步伐。10

余年前在我国银行网点、电信营业厅等普遍存在的排队缴费现象现在已经难得一见。10余年来金融科技在我国的突飞猛进式发展及其对社会经济的颠覆性影响可见一斑。时任中国人民银行行长易纲指出,大型金融科技公司改变了传统的金融游戏规则,提升了金融服务水平,降低了金融交易成本,同时消费者隐私保护也面临着极大挑战。①

我们在享受着金融科技提供的便捷服务时,也许不曾问过"什么是金融科技"。国外已经有不少学者对于"什么是金融科技"进行了理论回应。有人认为,"金融科技公司是一个全球性现象,产生于金融公司与技术提供商的交叉领域,目的是利用数字技术和先进的分析方法分解金融服务,通过瞄准长尾客户控制规模经济"②。P2P小额借贷、股权众筹、数字化支付、智能投顾等是金融科技公司经营的主要模式。在这些经营模式中,数字化是重要的工具,它有助于金融科技公司构建有吸引力的客户体验,从而推倒传统的金融服务市场准入壁垒,并与传统的金融机构进行实质性竞争。③美国学者分析了金融科技公司在2008年之后的美国产生并向其他区域快速发展的原因。因为由美国次贷危机引发的2008年全球金融危机,使得传统银行的社会信任度大大降低,而且自幼在数字环境中成长的千禧一代日渐成为消费主力,他们偏好使用移动服务,金融科技企业又能够提供比银行更加低廉和便捷的新兴金融服务。例如,金融科技可以提高汇款流程的透明度和降低中介费用;可以通过在线交易平台撮合借贷双方,扩展人们的融资渠道;可以通过众筹的方式拓宽人们的投资机会;其引发的最大革命是为所有人提供获取信息的渠道,以往这些渠道是掌握在少数人手中。④

金融科技创新本质上是信息技术诱致下的金融创新,质言之,是信息技术与金融创新的融合。何谓金融创新?传统的金融创新是金融机构为了追求利润最大化在金融机构的组织形式、金融产品或服务等方面所进行的创新性变革。引发金融创新的因素很多,科学技术变革与金融监管是导致金融创新的两大主要因素。自动柜员机(Automatic Teller Machine,简称"ATM")业务就是银行利用高度精密的机电一体化装置,代替银行柜台工作人员向客户提供服务的金融创新。大面额存款证(CDs)和银行控股公司的出现,则

---

① 林芯芯.易纲:大科技公司是金融游戏规则改变者,消费者隐私保护是极大挑战[N].21世纪经济报道,2020-11-02(4).
② 保罗·西蒙尼.金融科技创新[M].马睿,汪吕杰,译.北京:中信出版社,2017:7.
③ 保罗·西蒙尼.金融科技创新[M].马睿,汪吕杰,译.北京:中信出版社,2017:8.
④ 苏珊娜·奇斯蒂,亚诺什·巴伯斯主编.Fintech:全球金融科技权威指南[M].邹敏,李敏艳,译.北京:中国人民大学出版社,2017:8-9.

是美国银行应对金融监管的金融创新。美国联邦储备委员会的 Q 条例对存款利率实行限制，在利率上升时期，存款人不愿意接受 Q 条例规定的低利率，原本对银行家有利的 Q 条例反倒成了银行开展业务的障碍，因为投资者在货币基金市场找到了比银行存款利率高得多的替代品。"因为渴求存款，存款机构寻求限制以外的出路。银行提供了市场利率的、不受管制的、大面额存款证。"① 为了规避美国 1933 年《银行法》禁止银行从事证券业务的规定，美国银行控股公司借助成立子公司的形式从事证券承销和交易业务。

  与传统的金融创新相比较，金融科技创新的主体不再是传统的金融机构，而是新兴的金融科技公司。在信息社会时代，"信息技术（IT）促进了对规模经济的掌控，金融和科技之间的相互依存性也在逐步提升。"② 大多数银行系统面对数字化转型的挑战，尽管有所回应，但是仍然滞后于消费者需求。新兴的科技公司顺应金融与科技之间相互依存性不断提升的趋势，发挥其技术优势，利用数字化技术"构建有吸引力的客户体验""将金融服务分解为更加精简和专业的数字化方案""直接或间接瞄准长尾客户，用更加优质的服务推动既有提供商的去中介化"，③ 以向消费者提供比传统金融机构更为低廉、透明和便捷的金融服务，事实上突破了以往的金融市场准入壁垒，给整个金融行业带来了颠覆性的影响。但是，这些颠覆性的影响，改变的只是金融的运行模式，并未改变金融的本质。资金融通的信用风险不会因为金融科技公司的介入而消失。贝克的风险社会理论认为，工业革命创造出了巨大的物质财富，同时也伴随着成倍增加的自反性风险。同样，金融科技创新也会给人类社会带来新的自反性风险。金融科技公司推出的数字化金融服务等金融创新不仅将传统的金融风险传递到网络空间，极大地拓展了金融风险传播的空间、提高了风险传播的速度，而且衍生出了许多新的风险。

  P2P 网贷是金融科技创新中的一种主要经营模式。被鲁道夫·冈萨雷斯称之为"21 世纪的借贷"的 P2P 网贷自从产生之日起，就一直备受争议。一方面，诚如有的学者所言，P2P 网贷平台的信息中介商业模式依靠佣金收入难以覆盖其规模化经营的各种成本，可持续性较差，因而平台具有违规改善盈利的内在动力，即将 P2P 网贷平台定位于信息中介的这一商业模式存

---

① 理查德·斯考特·卡内尔，乔纳森·R. 梅西，杰弗里·P. 米勒. 美国金融机构法：上册［M］. 高华军，译. 北京：商务印书馆，2016：28.
② 保罗·西蒙尼. 金融科技创新［M］. 马睿，汪吕杰，译. 北京：中信出版社，2017：4.
③ 保罗·西蒙尼. 金融科技创新［M］. 马睿，汪吕杰，译. 北京：中信出版社，2017：8.

在天然性的道德风险。① 另一方面，P2P 网贷有助于降低交易成本，促进交易效率，从而促进金融资源的优化配置，但是它会不会导致我们身边的银行成为过去呢？从理论上分析，通过 P2P 网贷平台，贷款人可以直接接触借款人，借款人与贷款人之间的资金融通不再依赖于银行这一传统的信用中介。P2P 网贷平台的这种金融脱媒功能，是这种互联网金融模式对传统银行业的重大挑战。在互联网金融模式下，"每一件事都在转向 P2P。拥护比特币的群体最清晰地体现了这种核心的变化。他们认为我们不需要信任的第三方来交换价值。技术就是我们信任的第三方——我们信用代码"②。不少人期望借助于数据和新技术解决征信问题。有人认为，随着具有分布式属性的区块链技术的广泛运用，"未来将有可能出现去中心化的、有市场开拓能力的征信机构。使用区块链总账建立一个全球信贷交易的数据库，将可以使用原先无法获得的数据建立新的征信与风险评估方式。借款人资料完整与否将变得无关紧要，因为个人和企业将可以充分、完整且即时地访问信用历史记录，并能够充分利用这些记录在任何国家贷款"③。

对区块链技术应用前景的上述美好展望充满了技术主义的自信。然而，技术能否保障资金融通的安全与有效运行，能否有效替代银行的功能，尚有待实践验证。事实上，美国 P2P 网贷行业发生了 LendingClub 欺诈事件，我国 P2P 网贷平台非法集资行为越演越烈，平台"跑路"和"爆雷"事件频发，以至于湖南、山东等不惜全面取缔不合规平台，④ 全国的 P2P 网贷平台最后被清零或转型。这些事实表明，P2P 网贷这一金融科技创新的自反性风险已经显露无遗，技术主义的美好图景与现实相距甚远，甚至有可能变成技术主义的乌托邦。

二、平台功能定位冲突使 P2P 网贷信息披露私法规制功能紊乱

从信息披露私法规制的视角看，我国既有相关制度及司法实践对 P2P 平台存在功能定位冲突。该冲突使得私法规制 P2P 网贷信息披露功能紊乱，进而导致市场主体的逆向选择与道德风险。

---

① 任泽平,方思元,梁珣.反思P2P：从遍地开花到完全归零[EB/OL].(2020-11-30)[2023-06-11]. https://www.sohu.com/a/435196446_467568?sec=wd.
② 克里斯·斯金纳.Fintech,金融科技时代的来临[M].杨巍,张之材,黄亚丽,译.北京：中信出版集团股份有限公司,2016：123.
③ 鲁道夫·冈萨雷斯.21世纪的借贷[C]// 苏珊娜·奇斯蒂,亚诺什·巴伯斯主编.Fintech:全球金融科技权威指南.邹敏,李敏艳,译.北京：中国人民大学出版社,2017：28.
④ P2P路在何方？湖南出手后 山东也将取缔不合规网贷[EB/OL].(2019-10-19)[2023-06-12]. http://tech.sina.com.cn/i/2019-10-19/doc-iicezuev3356316.shtml.

首先,我国既有相关制度及司法实践对 P2P 网贷平台规制存在功能定位冲突。《互联网金融发展指导意见》与《网贷机构管理暂行办法》将我国的 P2P 网贷平台定位为撮合借款人与贷款人实现直接借贷的信息中介而非信用中介[1],并禁止平台从事或接受委托从事以下活动:为自身融资或变相为自身融资;直接或间接接受、归集出借人的资金;直接或变相向出借人提供担保或承诺保本保息。与监管部门禁止平台担保之立场不同的是,最高人民法院《关于审理民间借贷案件适用法律若干问题的规定》(法释〔2015〕18 号,以下简称《民间借贷案件适用法律规定》)第 22 条却赋予 P2P 网贷平台为借贷提供的担保合法有效。[2] 显然,我国金融监管部门与最高人民法院对 P2P 网贷平台的功能定位存在冲突。金融监管部门将 P2P 网贷平台定位为信息中介机构,禁止 P2P 网贷平台直接或变相向出借人提供担保,以防平台异化为信用中介机构。最高人民法院的司法解释却承认了平台担保合同的有效性,这为 P2P 网贷平台突破信息中介功能、进而演变为信用中介机构提供了制度激励。

这是一种典型的制度冲突。什么是制度?"人类的相互交往,包括经济生活中的相互交往,都依赖于某种信任。信任以一种秩序为基础。而要维护这种秩序,就要依靠各种禁止不可预见行为和机会主义行为的规则。我们称这些规则为'制度'。"[3] "制度是人类相互交往的规则。它抑制着可能出现的、机会主义的和乖僻的个人行为,使人们的行为更为可预见并由此促进着劳动分工和财富创造。"[4] 我国两种相互冲突的制度对P2P 网贷平台异化行为作出了不同评价。金融监管部门认为它是一种机会主义的和乖僻的个人行为,应当予以禁止,以维护 P2P 网贷市场秩序的信任基础。司法部门秉承

---

[1] 《互联网金融发展指导意见》第 2 条第 8 款规定:"个体网络借贷要坚持平台功能,为投资方和融资方提供信息交互、撮合、资信评估等中介服务。"《网贷机构管理暂行办法》第 2 条第 2 款规定:"本办法所称网络借贷是指个体与个体之间通过互联网平台实现的直接借贷。个体包含自然人、法人及其他组织。网络借贷信息中介机构是指依法设立,专门从事网络借贷信息中介业务活动的金融信息公司。该类机构以互联网为主要渠道,为借款人与出借人(贷款人)实现直接借贷提供信息搜集、信息公布、资信评估、信息交互、借贷撮合等服务。"

[2] 该条规定:"借贷双方通过网络贷款平台形成借贷关系,网络贷款平台的提供者仅提供媒介服务,当事人请求其承担担保责任的,人民法院不予支持。网络贷款平台的提供者通过网页、广告或者其他媒介明示或者有其他证据证明其为借贷提供担保,出借人请求网络贷款平台的提供者承担担保责任的,人民法院应予支持。"

[3] 柯武刚,史漫飞.制度经济学:社会秩序与公共政策[M].韩朝华,译.北京:商务印书馆,2000:3.

[4] 柯武刚,史漫飞.制度经济学:社会秩序与公共政策[M].韩朝华,译.北京:商务印书馆,2000:35.

鼓励金融创新和私法自治的理念，认为P2P网贷是一种民间借贷，P2P网贷平台的担保行为不违反法律法规的强制性规定，应当合法有效。金融监管部门制定的《网贷机构管理暂行办法》尽管禁止P2P网贷平台直接或变相向出借人提供担保或承诺保本保息，但是该办法在法律渊源上属于部门规章，而非法律法规，不能成为判定合同无效的法律依据。

在我国司法实践中，对平台的功能定位冲突在我国P2P网贷平台非法集资案件中体现得非常明显，法院对P2P网贷特别是网贷平台担保的合法性认定存在分歧。例如，在李曰省与姬东文等合同纠纷上诉案件中，一审法院裁判意见如下：被告友禾公司通过友禾创投这一平台实施的行为是金融行为，属于未经金融监管机构许可的违法经营行为，故原告姬东文与友禾公司之间的投资合同无效，友禾公司对合同无效起决定作用，承担主要责任；李曰省作为公司股东与法定代表人承担连带责任。二审法院认为，一审法院认定事实清楚，但适用法律错误，因为P2P网贷属于民间借贷，姬东文通过友禾创投实施的民间借贷合法有效，友禾公司作为平台提供者基于风险保障计划对平台投资承诺承担担保责任，依据《民间借贷案件适用法律规定》第22条第2款之规定，该担保有效，友禾公司应当承担担保责任。① 显然，该案的二审法院突破了P2P网贷平台的信息中介功能，将平台的担保功能合法化了。又如，在江苏盐阜银宝水产发展有限公司（简称"江苏银宝"）等与江苏盐城国投商务有限公司（简称"盐城国投"）民间借贷上诉案件中，争议的焦点是涉案借款合同及担保合同是否有效。一审法院判决借款合同及担保合同均有效，二审法院以江苏银宝董事长徐扬等人涉嫌合同诈骗罪为由，按照"先刑后民"的原则撤销一审判决，将案件移送公安机关处理。②

其次，功能定位冲突使私法规制P2P网贷信息披露功能紊乱。我国金融监管部门与最高人民法院对P2P网贷平台的功能定位不同。对P2P网贷平台的功能定位不同，平台与借贷双方之间的法律关系就不同，平台所需要履行的信息披露义务也不同。如果将P2P网贷平台定位为信息中介，那么平台

---

① 本案基本案情如下：友禾公司设立名为友禾创投的网络平台，友禾创投对平台用户作了风险保障承诺；姬东文是平台上的投资者，李曰省是友禾公司的法定代表人，并将其个人账户作为平台的投资汇款账户；姬东文起诉友禾公司与李曰省，要求二者对其平台账户余额的资金承担连带清偿责任。参见山东省济南市中级人民法院（2018）鲁01民终1228号民事判决书。

② 本案基本案情如下：江苏银宝与盐城国投签订借款合同，借款总额2000万元，江苏盐城国投商务有限公司（简称"国投商务"）通过其设立的"盐城贷"平台为借款提供居间服务，盐城市农业水利发展投资集团有限公司（简称"盐城农水"）为借款本息提供担保；盐城国投后来将其对江苏银宝的债权转让给国投商务。参见江苏省盐城市中级人民法院（2017）苏09民终2225号民事裁定书。

与借贷双方就是居间合同关系,即平台为借贷双方提供、报告订立借贷合同的媒介,借贷双方给付相应的报酬。P2P 网贷平台作为居间人负有以下义务:报告订约机会或媒介订约的义务;忠实义务,即向委托人如实报告自己所为的居间活动的义务;调查义务,即对缔约事项、相对人的履约能力及缔约能力等尽善良管理人的注意义务,[①] 因为 P2P 网贷平台是以居间作为营业的经营者。如果将 P2P 网贷平台定位为信用中介机构或增信机构,那么平台与 P2P 网贷借贷双方之间的关系要视具体情况分析。例如,若平台是在提供信息中介服务的基础上又为 P2P 网贷提供担保,平台就要承担居间人和担保人的双重信息披露义务。

法律制度对于人的行为具有评价、教育、指引等作用,但是相互冲突、彼此矛盾的规则不仅不能为人的行为提供统一的、确定的评价、教育与指引标准,反而会给人的行为带来困扰,甚至成为个人实施机会主义行为的负面激励。事实正是如此,我国 P2P 网贷平台功能定位相互冲突的制度环境确实没有为 P2P 网贷市场主体行为提供统一的、确定的评价与指引规则,P2P 网贷市场主体对其信息披露义务的性质、范围与方式缺乏合理的、确定的预期,私法规制 P2P 网贷信息披露功能紊乱。

再次,私法规制 P2P 网贷信息披露的功能紊乱加剧了 P2P 网贷市场的信息不对称,进而导致 P2P 平台非法集资。"合同的有效性需要一个前提,那就是,合同各方对合同所涉及的成本、收益、风险与前景等信息有最优的了解。只有在这样的前提之下,才能预期合同会使各方得益(社会大部分成员)。"[②] 私法规制 P2P 网贷信息披露的功能紊乱加剧了 P2P 网贷市场的信息不对称,使得 P2P 网贷市场主体对 P2P 网贷所涉及的成本、收益、风险与前景等信息缺乏最优的了解,合同的有效性在 P2P 网贷市场失去了基本前提,而缺乏了该基本前提的合同也不可能使市场各方得益,最终沦为欺诈或非法集资的工具。我国频繁发生的 P2P 网贷平台"跑路"和"爆雷"事件,就是 P2P 网贷市场信息不对称所导致的逆向选择与道德风险的典型表现。在这些事件中,合同当事人就缺乏对合同所涉信息的最优了解,一方的虚假陈述事实上已经损伤到合同的有效性,合同已经沦为非法集资者欺诈投资者的工具。

---

① 崔建远. 合同法[M]. 2 版. 北京:北京大学出版社, 2012:668-669.
② 艾雅尔·扎米尔, 巴拉克·梅迪纳. 法律、经济学与伦理[M]. 徐大丰, 译. 上海:复旦大学出版社, 2014:216-217.

三、信息披露私法规制不足与P2P网贷平台在我国的异化

2005年全球第一家P2P网贷平台Zopa在英国伦敦上线。2007年我国第一家P2P网贷平台拍拍贷在上海上线。与英美等国不同的是，我国出现了多种类型的P2P网贷经营模式。有学者将我国P2P网贷分为线上交易模式与线下交易模式，着重分析了线下交易模式中的P2P网贷平台实质上从事的债权转让或债权资产证券化业务，指出这种类型的平台实质上已经异化为类金融机构。① 有学者将我国P2P网贷经营模式分为纯中介模式、担保模式和抵押物模式，担保模式又细分为平台自有资金担保模式、风险准备金模式与第三方担保模式。② 显然，将抵押物模式与担保模式并列不妥，因为抵押也是担保的一种方式。还有学者将我国P2P网贷平台分为信息中介、信用中介和增信中介，指出我国大多数P2P网贷平台从事信用与增信服务，其所言的增信服务本质上就是由平台或者第三方为贷款人提供担保。③

这些分析表明，原本作为信息中介机构的P2P网贷平台在我国发生了新的变化。除了个别的P2P网贷平台坚持信息中介机构的功能之外，大多数的P2P网贷平台异化成为类金融机构。究竟是什么原因造成我国P2P网贷平台异化为类金融机构呢？笔者以为有主客观两个方面的原因。从主观上分析，这些平台的经营管理者具有借助P2P网贷平台变相从事金融业务的利益驱动。尽管这些平台没有获得金融监管部门许可的金融牌照，但可以利用自身的金融科技优势将传统的金融服务进行数字化分解，以创新性的金融科技手段规避金融监管，进行监管套利。异化为类金融机构的P2P网贷平台具有金融脱媒性、金融创新性和监管套利性，实质上是无金融牌照、无监督的信用中介机构，是一种影子银行。④

从客观方面看，信息披露私法规制不足是导致我国P2P网贷平台异化的原因。私法自治是私法的基本原则，也是私法规制信息不对称时坚持的基

---

① 冯果，蒋莎莎.论我国P2P网络贷款平台的异化及其监管[J].法商研究，2013（5）：29-37.
② 谭中明，朱文瑶.我国P2P网贷行业典型运营模式比较研究[J].武汉金融，2014（9）：23-25.
③ 郑扬扬，汪炜.国内外P2P平台角色差异及对我国监管的启示[J].现代经济探讨，2016（4）：83-87.
④ 2013年国务院办公厅《关于加强影子银行监管有关问题的通知》（国办发〔2013〕107号文）将影子银行分为三类："一是不持有金融牌照、完全无监督的信用中介机构，包括新型网络金融公司、第三方理财机构等。二是不持有金融牌照，存在监管不足的信用中介机构，包括融资性担保公司、小额贷款公司等。三是机构持有金融牌照，但存在监管不足或规避监管的业务，包括货币市场基金、资产证券化、部分理财业务等。"

本原则。依据私法自治原则，借款人与贷款人之间的信息披露到何种程度取决于双方之间的合意。① 借款人不履行约定的信息披露义务，意味着贷款人面临着较大的信用风险，借款人出现信用违约，给贷款人造成损失的，应当承担相应的民事责任。但是，如果借款人没有偿还能力，贷款人就只能自己承担损失。换言之，借款人存在利用信息不对称逃废债务的道德风险。反之，贷款人也可能利用信息不对称欺诈借款人或者收取高额利息。私法规制信息披露的自愿性与违约救济的事后性使其难以全面有效规制借款合同的风险。

或许正是由于私法规制不能完全解决借款人与贷款人之间的信息不对称问题，才出现了银行等专业的金融中介机构。"金融中介机构的做法是：从贷款—储蓄者手中借入资金，之后再将这些资金贷放给借款—支出者……最终的结果是，在金融中介机构的参与下，资金从公众（贷款—储蓄者）手中转移到通用汽车公司（借款—支出者）手中。"② 事实上，金融中介机构是比证券市场更为重要的主要融资渠道。米什金指出，"一方面，与个人相比，它们甄别信贷风险的技术相当高，从而可以降低由逆向选择所造成的损失；另一方面，它们具有专门技术来监督借款人的活动，进而降低了道德风险造成的损失"。③ 此外，金融中介机构拥有降低成本的专门技术，且规模较大，具有规模经济效应，有助于减少投资者的风险。银行等金融中介机构，正是通过发挥金融中介机构的专业优势，以解决信息不对称问题及其所衍生的信用风险。

作为信息中介机构的 P2P 网贷平台，虽然能够利用互联网等现代信息技术为 P2P 网贷的贷款人与借款人提供信息服务，在一定程度上缓解贷款人与借款人之间的信息不对称，但是并不能完全解决信息不对称问题。直接借贷中因为信息不对称导致的信用风险在 P2P 网贷中仍然存在。由于我国尚未建立起完善的社会信用制度，社会信用体系建设严重滞后于互联网金融发展的现实需求，我国 P2P 网贷平台信息披露自始至终都未能实现与中国人民银

---

① 例如，我国《民法典》第 669 条规定，"借款人应当按照贷款人的要求提供与借款有关的业务活动和财务状况的真实情况"；《民法典》第 672 条规定，"贷款人按照约定可以检查、监督借款的使用情况。借款人应当按照约定向贷款人定期提供有关财务会计报表或其他资料"。

② 弗雷德里克·S. 米什金. 货币金融学[M]. 郑艳文, 译. 北京：中国人民大学出版社，2006：32.

③ 弗雷德里克·S. 米什金. 货币金融学[M]. 郑艳文, 译. 北京：中国人民大学出版社，2006：36.

行主导的征信系统的对接。金融的本质是信用,没有信用就没有金融。[①]P2P 网贷平台为借贷双方提供了一个新型的交易场所,但是交易能否发生取决于借贷双方能否满足对方的信用期望。由于我国尚未建立起完善的社会信用制度,在网贷平台交易的借贷双方难以满足对方的信用期望。如果没有平台提供信用中介或增信服务,借贷双方达成交易的可能性会大大降低。事实上,我国P2P网贷平台异化为类金融机构的重要原因之一,就是为了解决互联网金融时代网络借贷的信用难题。

在这样的社会信用环境下产生和发展起来的我国P2P网贷行业,自始至终都面临着非常大的信用风险。即使P2P网贷平台利用现代信息技术为贷款人与借款人提供信息服务,也无助于从根本上解决借款人与贷款人之间的信息不对称所导致的信用风险问题。一些P2P网贷平台为了促成平台上的贷款人与借款人达成协议,或者自己为平台上的借款人提供担保,或者安排第三方为借款人提供担保,或者通过债权转让、资产证券化等方式转移、分散贷款人面临的信用风险。殊不知,这样虽然表面上暂时解除了平台上贷款人对借款人信用风险的担忧,但是并没有消除金融活动固有的金融风险。互联网金融改变的只是金融运行的场景和形式,并没有改变金融的信用本质,也不可能消除金融所固有的信用风险。不仅如此,互联网金融还会带来新的虚拟金融风险,并扩大金融风险传染的空间或场域。以金融科技创新之名异化为类金融机构的我国P2P网贷平台,既不具备传统金融中介机构的规模经济优势和风险分担能力,也缺乏监督借款人活动的专业技术能力。因此,异化的P2P网贷平台不仅无助于解决信息不对称所导致的信用风险问题,还成为以金融创新之名进行金融监管套利的手段,进而滋生出新的金融风险,甚至可能酿成危及金融安全与社会稳定的区域性或系统性金融风险。我国频发的P2P网贷平台"跑路"及"爆雷"等事件,就是P2P网贷行业风险爆发的结果。

第二节　公法视角下我国P2P网贷信息披露规制之反思

一、P2P网贷初始阶段信息披露公法规制的缺失

在我国P2P网贷产生与发展的初始阶段,整个P2P网贷行业处于无序扩

---

① 金融即货币资金的融通。"一般指与货币流通和银行信用有关的一些活动,主要通过银行的各种业务来实现。如货币的发行、流通和回笼,存款的吸收和提取,贷款的发放和收回,国内外汇兑的往来,以及贴现市场和证券市场活动等,皆属于金融的范畴。"

张状态。一方面，大量的P2P网贷平台不断涌现，进入P2P网贷市场的投资者人数呈几何级数增长，P2P网贷市场的融资规模随之迅速扩大。P2P网贷成为我国互联网金融兴起时一场豪赌的盛宴。据网贷之家联合盈灿咨询发布的《2015年中国网络借贷行业年报》，截至2015年12月底，"网贷行业运营平台达到了2595家，相比2014年年底增长了1020家，绝对增量超过2014年再创历史新高""2015年全年网贷成交量达到了9823.04亿元，相比2014年全年网贷成交量（2528亿元）增长了288.57%"。① 另一方面，P2P网贷行业的风险初现端倪，"2015年，近2600家网络贷款中，问题平台达到896家，占比高达三成以上，是2014年的3.26倍"。② 与此同时，通过P2P网贷平台筹集的资金并没有主要流向中小企业，寄望鼓励金融创新、发展互联网金融特别是P2P网贷来缓解中小企业融资难的初衷未能实现。反而在2015年我国股市异常动荡期间，P2P网贷成为投资者场外配资的重要来源。有学者的实证研究发现，P2P网贷市场与股票市场之间存在替代效应与溢出效应，"从P2P市场对股市溢出来看，P2P市场是拉动股市大幅上涨的重要资金渠道，但没有证据表明P2P市场是造成股市大幅下跌的直接原因；从股市对P2P市场溢出来看，股市大幅上涨对P2P市场的影响较弱，但股市大幅下跌会对P2P市场行情产生显著影响"③。P2P网贷市场对股票市场的替代效用与溢出效应，是新兴的互联网金融市场与传统金融市场之间的联动性与风险溢出的重要体现，也是互联网金融时代我国防范和化解系统性金融风险必须关注的现实问题。

我国P2P网贷在初始阶段的无序扩张、风险累积又一次证实，"自由市场的存在依赖于其在法律上的存在……市场应当被理解为一种法律架构，根据它们是否促进人类的利益进行评价，而不是自然或者自然秩序的一部分，也不是一种简单地促进人们自愿交易的方法"④。"市场需要规则，不仅是为了保护人民和环境免受附带性损害（collateral damage），而首先是为了让市场自身得以有效运作。因此，我们在现实世界面临的选择不是关于市场是否

---

① 2015年中国网络借贷行业年报［EB/OL］.（2016-01-08）［2023-06-12］. http://finance.ce.cn/rolling/201601/08/t20160108_8158770.shtml.

② 网贷行业冰火两重天：成交量增近3倍 问题平台超3成［EB/OL］.（2016-01-10）［2023—06-12］. http://www.cac.gov.cn/2016/01/10/c_1117725159.htm.

③ 方意，王晏如，荆中博.P2P借贷市场与股票市场间的溢出机制：中国股市2015年异常波动期间的证据［J］. 国际金融研究，2020（4）：87-96.

④ 凯斯·R. 孙斯坦.自由市场与社会正义［M］.金朝武，等译.北京：中国政法大学出版社，2002.原书序：4.

应该被治理,而是市场应该如何被治理。"① 尽管 P2P 网贷市场是一种新兴的互联网金融业态,但是不能放任其发展,P2P 网贷市场的存在和发展,依赖于 P2P 网贷市场规则。为了保障 P2P 网贷市场的有效运行,在该市场产生之初,立法部门及监管部门就应当高度关注和重视 P2P 网贷市场规则的构建与完善,以加强对 P2P 网贷市场的治理。令人遗憾的是,在我国 P2P 网贷发展的初始阶段,该行业基本上处于自由放任的状态。从信息披露的视角看,P2P 网贷市场充斥着虚假、误导性信息。大量的 P2P 网贷平台不仅不披露平台借款人的信用信息、经营信息及借款用途等对贷款人决定是否出借款项具有重大影响的相关事项的信息,而且在线上线下大肆宣传 P2P 网贷的高利息回报,欺骗或误导投资者,"e 租宝"案就是典型。为什么会有那么多的投资者飞蛾扑火般地涌入 P2P 网贷市场呢?除了投资者自身盲目追求投资收益的主观因素之外,充斥着 P2P 网贷市场的虚假信息、误导性信息客观上起到了推波助澜的作用。毋庸置疑,信息披露公法规制的缺失是造成我国 P2P 网贷市场虚假信息、误导性信息肆虐的重要制度原因。

P2P 网贷信息披露公法规制的缺失与人们对 P2P 网贷这一金融科技创新风险认识不足不无关系。有人将 P2P 网贷与数字化支付并称为颠覆性最强的金融科技模式,并声称"借助社交媒体和数字技术,我们将不再需要传统的中介机构,可以直接利用个体之间的虚拟网络。通过向专业从事个人借贷的机构或小企业注入小额投资,潜在的贷款人几乎可以'直接'接触潜在的借款人"。② 对于 P2P 网贷这一颠覆性创新,人们对其在促进金融效率和提升金融普惠性方面的功能甚为关注,但是对于 P2P 网贷市场的风险关注甚少。我国 P2P 网贷市场风险累积与爆发的事实已经充分证实互联网金融自由放任不过是一个虚幻的神话,被誉为颠覆性最强的 P2P 网贷既具有传统金融体系的固有风险,又在互联网金融环境下衍生出新的金融风险。互联网金融环境是一个网络虚拟社会,网络虚拟社会"不是一种虚幻的'影像',而是一种实在的、真实的社会形态,它体现了作为社会主体的人们及其相互之间的社会关系"。③ P2P 网贷市场在现实社会与虚拟社会的二元空间运行,P2P 网贷风险具有现实性与虚拟性等双重特征。传统金融体系所固有的现实风险与互联网金融空间的虚拟社会的金融风险相互交织、相互渗透、相互传

---

① 斯蒂文·K.沃格尔.市场治理术:政府如何让市场运作[M].毛海栋,译.北京:北京大学出版社,2020:3.
② 保罗·西罗尼.金融科技创新[M].马睿,汪吕杰,译.北京:中信出版社,2017:9.
③ 谢俊贵.网络社会风险规律及其因应策略[J].社会科学研究,2016(6):102-110.

染。虚拟的网络社会是信息灾难的易发领域，[①] 互联网金融领域的信息风险特别大。"e租宝"平台在不到两年的时间内就实际吸收资金500余亿元，平台累计交易发生额达700余亿元，涉及的投资者高达近90万名。从信息传递与分配的角度看，"e租宝"事件是一场不折不扣的信息灾难。"e租宝"平台以高额投资收益为诱饵，诱使投资者投资于虚构的融资项目，采用借新还旧、自我担保等方式非法吸收公众资金。价格系统是市场信息的主要来源，价格是产品质量的重要信号和质量的重要决定因素。[②] 利率是资本的价格，"e租宝"平台许诺的高利率是虚假价格信息，其所传递的市场信号是虚假的。针对不完全信息市场，"管制者可能试图通过促进有效的信息披露来增进市场业绩"。[③] 前文已经从信息的公共性视角分析了公法规制信息披露的必要性及其主要路径。这些信息披露公法规制的基本原理同样适用于P2P网贷市场。然而，令人十分遗憾的是，在P2P网贷市场发展的初始阶段，我国政府部门对P2P网贷市场的风险估计不足，尽管P2P网贷市场规模迅速扩大，但是P2P网贷监管法律制度阙如；面对P2P网贷市场盛行的虚假信息、误导性信息，P2P网贷强制信息披露制度迟迟未能建立；监管部门对P2P网贷市场的关注重点是如何处置已经出现了严重信用风险问题的P2P网贷平台，对于没有出现信用风险问题的P2P网贷平台所进行的虚假宣传、误导性宣传等行为，监管部门虽然制定了一些强制性信息披露规则，但是并未采取实质性监管措施。显然，这种事后灭火式的P2P网贷规制最多只能进行事后的风险处置，根本无法有效防范P2P网贷市场的风险。

二、我国P2P网贷信息披露公法规制的制度探索

（一）中央层面加强P2P网贷信息披露公法规制的制度探索

频繁发生的P2P网贷平台"跑路"与"爆雷"事件充分暴露了我国P2P网贷风险监管制度的不足。为了加强对P2P网贷风险的监管，强制信息披露制度成为我国公法规制P2P网贷的一项重要制度选择。我国金融监管部门在P2P网贷信息披露公法规制方面进行了如下制度探索。

2016年8月24日中国银监会、工业和信息化部、公安部以及国家互联

[①] 参见谢俊贵.网络社会的信息灾难及治理思路[J].广州大学学报（社会科学版），2014（10）：16-23.

[②] 丹尼尔·F.史普博.管制与市场[M].余晖，等译.上海：格致出版社，上海人民出版社，2017：405.

[③] 丹尼尔·F.史普博.管制与市场[M].余晖，等译.上海：格致出版社，上海人民出版社，2017：405.

网信息办公室等四部门联合发布的《网贷机构管理暂行办法》在第五章专章规定了P2P网贷强制信息披露制度。该章共3个条文，依据不同的信息披露义务主体规定了信息披露的内容及要求。其一，P2P网贷信息披露义务主体包括P2P网贷机构、P2P网贷机构的董事监事及高级管理人员、借款人。其二，分别针对不同的义务主体规定了信息披露的内容与要求。P2P网贷机构负有以下信息披露义务：（1）P2P网贷机构向出借人充分披露借款人相关信息的义务，包括借款人的基本信息、项目融资的基本信息、风险评估结果、已经撮合但尚未到期的融资项目的资金运用情况等，对借款人信息的披露必须符合法律法规有关国家秘密、商业秘密及个人隐私的规定；（2）P2P网贷机构的经营管理信息，即在官方网站上建立经营管理信息披露专栏，定期向社会公众披露年度报告及有关监管规定；（3）会计审计结果的披露义务，P2P网贷机构应当聘请会计师事务所定期对出借人与借款人的资金托管情况、经营合规等重点环节进行审计，并向出借人与借款人披露审计结果；（4）信息安全测评认证结果披露义务，P2P网贷机构应当聘请有资质的信息安全测评认证机构对P2P网贷平台的信息科技基础设施实施信息安全测评认证，并向出借人与借款人披露测评认证结果；（5）向地方金融监管部门的信息披露义务，P2P网贷机构应当向其工商注册登记地的地方金融监管部门报送信息披露公告文稿。

P2P网贷机构的董事监事及高级管理人员对网贷机构的信息披露事项负有忠实、勤勉义务，以保证信息披露的真实、准确、完整、及时与公平，保证P2P网贷机构在披露信息时不作虚假记载、误导性陈述或者重大遗漏。对P2P网贷机构之董事监事及高级管理人员的信息披露要求与我国《证券法》对上市公司及其董事监事、高级管理人员的信息要求完全一致。这显然是借鉴我国《证券法》上的强制信息披露制度来构建P2P网贷信息披露制度。

此外，《网贷机构管理暂行办法》还规定了借款人的信息披露义务，要求借款人配合网贷机构与出借人对融资项目有关信息的调查核实，并保证提供真实、准确、完整的信息。[①]

为了落实《网贷机构管理暂行办法》的信息披露制度，中国银监会在2017年8月24日发布了《网贷机构信息披露指引》。《网贷机构信息披露指

---

① 《网贷机构管理暂行办法》第32条第2款规定："借款人应当配合网络借贷信息中介机构及出借人对融资项目有关信息的调查核实，保证提供的信息真实、准确、完整。"

引》第 2 条界定了信息披露的含义。① 依据该条，P2P 网贷机构应当披露的信息包括P2P 网贷机构的基本信息、经营信息、项目信息、重大风险信息以及消费者咨询投诉渠道信息等相关信息。《网贷机构信息披露指引》在第二章"信息披露内容"中具体列举了应当披露的信息。例如，网贷机构的经营信息包括累计交易总额、累计交易笔数、借贷余额、累计借款人数量、累计出借人数量、当前借款人数量、当前出借人数量、前十大借款人待还金额占总借款余额的比例、最大单一借款人待还金额占总借款余额的比例、关联关系借款余额、逾期金额、逾期笔数、逾期 90 天以上的借款本金余额、逾期 90 天以上的借款的笔数、代偿金额、代偿笔数、收费标准等。与《网贷机构管理暂行办法》相比，《网贷机构信息披露指引》增加了"重大风险信息""消费者咨询投诉渠道信息"等两种信息。"重大风险信息"是可能影响借款人还款的重大信息，主要包括所借资金的运用情况、经营状况及财务状况、还款能力变化情况、逾期违约情况、涉及的诉讼情况及所受行政处罚的情况等。《网贷机构信息披露指引》第 3 条就信息披露的用语提出了新要求，不仅要求"准确、精练、严谨"，还要求"通俗易懂"。

P2P 网贷风险整治办在 2017 年 12 月 8 日发布了《关于做好 P2P 网络借贷风险专项整治整改验收工作的通知》。该通知的附件对 P2P 整改验收过程中的部分具体问题作了解释，对网贷机构信息披露问题，通知要求网贷机构继续完善信息披露，在自身官方网站或 APP 上确实披露项目风险及资金投向，依据《网贷机构信息披露指引》进行完整的信息披露。

（二）地方层面加强 P2P 网贷信息披露公法规制的制度探索

《网贷机构管理暂行办法》第 5 条规定，地方金融监管部门负责为 P2P 网贷机构办理备案登记。不少地方金融监管部门试图依据《网贷机构管理暂行办法》出台地方性的 P2P 网贷机构备案登记管理办法或网贷机构业务活动管理办法。下面不妨略为梳理一下我国一些省市加强 P2P 网贷信息披露公法规制的制度探索。

厦门市金融工作办公室在 2017 年 2 月 4 日发布了《厦门市网络借贷信息中介机构备案登记管理暂行办法》。该办法第 5 条及第 6 条规定，新设立的网贷机构在办理备案登记时，应当向市金融办提交合规承诺书等文件资料，承诺：严格遵守《网贷机构管理暂行办法》的有关规定并依法合规经营；

---

① 该条规定："本指引所称信息披露，是指网络借贷信息中介机构及其分支机构通过其官方网站及其他互联网渠道向社会公众公示网络借贷信息中介机构基本信息、运营信息、项目信息、重大风险信息、消费者咨询投诉渠道信息等相关信息的行为。"

自愿加入厦门市金融风险防控预警平台,同意并授权数据存证服务平台将业务数据上传到该风险防控预警平台,同意并授权资金存管的银行业金融机构将资金流数据上传到该平台;保证及时向市金融办、厦门银监局报送真实、准确的相关数据、资料。该办法在第四章"备案登记后管理"中规定了网贷机构对厦门市金融办负有以下信息披露义务:重大经营风险信息,网贷机构及其董事监事高级管理人员的重大违法违规行为,因商业欺诈行为被起诉,会计师事务所出具的年度审计报告和专项审计报告。

2017 年 2 月 13 日广东省金融工作办公室发布了《广东省〈网络借贷信息中介机构业务活动管理暂行办法〉实施细则(征求意见稿)》。该实施细则在第三章"风险管理与信息披露"的第 15 条规定了网贷机构的经营管理信息披露义务。[①]该实施细则第四章"监管管理"的第 20 条、第 21 条分别规定了网贷机构的重大风险信息报送义务和一般信息报送义务。重大风险信息主要包括网贷机构的重大经营风险、网贷机构或者其董事监事及高级管理人员发生重大违法违规行为、因商业欺诈行为被起诉。

2017 年 6 月 1 日,上海市金融服务办公室发布了《上海市网络借贷信息中介机构业务管理实施办法(征求意见稿)》。该办法在第三章"风险管理与客户保护"部分规定了网贷机构的信息披露义务。该办法第 19 条规定网贷机构应当在平台、相关文件及协议中以醒目方式向出借人提示网贷风险及禁止性行为,第 20 条要求网贷机构建立客户适当性管理制度,第 21 条要求网贷机构建立客户安全信息保护及投诉处理制度,第 22 条要求网贷机构建立信息披露制度。[②]该办法在第四章"监督管理"部分的第 26 条、第 27 条分别

---

① 该条规定:"网络借贷信息中介机构应当及时在其官方网站显著位置披露本机构所撮合借贷项目等经营管理信息。网络借贷信息中介机构应当在其官方网站上建立业务活动经营管理信息披露专栏,定期以公告形式向公众披露年度报告、法律法规、网络借贷有关监管规定,其中经审计的年度报告应当在本年度结束后 4 个月内进行披露。鼓励网络借贷信息中介机构主动、及时、准确披露主要股东与高级管理人员详细信息等。"

② 该条规定:"网络借贷信息中介机构应当建立信息披露制度,严格按照有关行业监管制度、自律准则开展信息披露;鼓励网络借贷信息中介机构结合自身实际,更加全面、及时地向社会公众、平台客户进行信息披露。"

规定了网贷机构的重大事件报告义务和一般事件报告义务。①

2017年7月7日，北京市金融工作局发布了《北京市网络借贷信息中介机构备案登记管理办法（试行）（征求意见稿）》。该办法要求网贷机构承诺严格遵守信息披露要求，依法合规经营。该办法第22条规定了网贷机构的一般风险信息报送义务，第23条规定了网贷机构的重大风险信息报送义务。一般风险信息包括：网贷机构因违规经营被查处或被起诉；网贷机构董事监事及高级管理人员违反相关法律法规的行为。网贷机构应当在一般风险事项发生之日起5个工作日之内向所在区金融办报告。重大风险信息包括：因经营不善等出现重大经营风险，网贷机构或者其董事监事高级管理人员发生重大违法违规行为，因违规担保、虚假陈述、签订虚假合同、错误处置资金等商业欺诈行为被起诉。

2017年12月18日，浙江省金融工作办公室发布了《浙江省网络借贷信息中介机构业务活动管理实施办法（试行）（征求意见稿）》。该办法在第三章"风险管理与信息披露"部分规定了网贷机构的信息披露义务。该办法第16条规定网贷机构应当向出借人以醒目方式提示网贷风险、禁止性行为及出借人风险自担原则，并经出借人确认；第17条规定了网贷机构的投资者适当性义务；第18条要求网贷机构建立健全信息披露制度，在其官方网站建立经营管理信息披露专栏。该办法在第四章"监督管理"部分的第22条、第23条分别规定了网贷机构的重大事件报告义务和一般事件报告义务。这两项规定与《上海市网络借贷信息中介机构业务管理实施办法（征求意见稿）》第26条、第27条的内容相同。

三、我国P2P网贷信息披露公法规制的主要不足

（一）以部门规章形式规定的P2P网贷信息披露制度的法律位阶低

如上可见，经过P2P网贷平台"跑路"与"爆雷"的风险洗礼之后，我国政府已经充分认识到P2P网贷市场的风险，并将P2P网贷风险纳入了互联网

---

① 该办法第26条第1款规定："网络借贷信息中介机构应当在下列重大事件发生后，立即采取应急措施，并通过注册地所在区监管部门向市金融办、上海银监局报告情况：（一）因经营不善等原因出现重大经营风险；（二）网络借贷信息中介机构或其董事、监事、高级管理人员发生重大违法违规行为；（三）因商业欺诈行为被起诉，包括违规担保、夸大宣传、虚构隐瞒事实、发布虚假信息、签订虚假合同、错误处置资金等行为。"该办法第27条规定："网络借贷信息中介机构发生下列情形的，应当在5个工作日内通过注册地所在区监管部门向市金融办、上海银监局报告：（一）因违规经营行为被查处或被起诉；（二）董事、监事、高级管理人员发生违反境内外相关法律法规的行为；（三）监管部门要求报告的其他情形。"

风险专项整治的范围。从中央到地方，我国金融监管部门都高度重视P2P风险专项整治，不仅着力做好P2P网贷平台的整改验收、备案登记等工作，而且从制度层面加强对P2P网贷风险的防范与处置。我国中央和地方金融监管部门大力推行的P2P网贷强制信息披露制度就是要加强对P2P网贷市场风险的防范。然而，令人遗憾的是，这些制度探索并没有真正起到增进P2P网贷市场秩序的作用。秩序是人们之间相互信赖和信任的保障，并有助于减少人们之间合作的成本。"在存在社会混乱的地方，社会的相互交往必然代价高昂，信任和合作也必然趋于瓦解。"① 为什么我国金融监管部门大力推行的P2P网贷信息披露制度无助于纠正P2P网贷市场的乱象、增进P2P网贷市场秩序呢？笔者以为，以部门规章形式规定的P2P网贷信息披露制度法律位阶低是一个重要原因。

《网贷机构管理暂行办法》与《网贷机构信息披露指引》在法律渊源上属于部门规章。依据《立法法》第88条、第91条等的规定，② 部门规章的效力远低于法律、行政法规，并只能在各部门的权限范围内施行。以部门规章形式实施的P2P网贷信息披露之公法规制，其法律位阶低，效力远不及法律、行政法规。而且，《网贷机构管理暂行办法》是由中国银监会、公安部、工业和信息化部、国家互联网信息办公室等四个部门联合制定的，这说明P2P网贷信息披露在相当程度上涉及以上四个部门的职责与权限，P2P网贷信息披露制度的落实需要这四个部门协调配合。然而，《网贷机构信息披露指引》则是由中国银监会单独制定。从这种制度设计上可以发现，P2P网贷信息披露最终成为中国银监会独自承担的职责。依据部门规章效力之法理，中国银监会制定的规章自然无力解决P2P网贷信息披露涉及的其他部门职责的问题。从制度变迁的视角看，以部门规章形式规定P2P网贷信息披露制度是一种强制性制度变迁，只不过部门规章的效力层次远低于法律行政法规，以部门规章形式推动的制度变迁虽然也是强制性制度变迁，但是其强制性不足。

（二）P2P网贷信息披露制度内生性不足且没有反映特定场景需求

"内在制度是从人类经验中演化出来的。它体现着过去曾最有益于人类

---

① 柯武刚，史漫飞.制度经济学：社会秩序与公共政策[M].韩朝华，译.北京：商务印书馆，2000：33.
② 《立法法》第88条规定："法律的效力高于行政法规、地方性法规、规章。行政法规的效力高于地方性法规、规章。"第91条规定："部门规章之间、部门规章与地方政府规章之间具有同等效力，在各自的权限范围内施行。"

的各种解决办法……外在制度是被自上而下地强加和执行的。它们由一批代理人设计和确立。"① 内在制度与外在制度之分类似于林毅夫的诱致性制度变迁与强制性制度变迁之分。"诱致性制度变迁指的是现行制度安排的变更或替代，或者是新制度安排的创造，它由个人或一群（个）人，在响应获利机会时自发倡导、组织和实行。与此相反，强制性制度变迁由政府命令和法律引入和实行。诱致性制度变迁必须由某种在原有制度安排下无法获得的获利机会引入。然而，强制性制度变迁可以纯粹因在不同选民集团之间对现有收入进行再分配而发生。"② 斯密德将制度变迁分为非正式制度变迁与正式制度变迁，"正式制度变迁是指公共法律和私人制定的规则变化，这些规则常常是书面的和可有意识地进行调整的，包括成文法、法院裁决、行政规章以及公司、工会、俱乐部、教堂和其他私人组织的章程和内部规章等"③。非正式制度变迁是暗含于日常生活的下意识的自然的制度演化。无论是内在制度与外在制度，还是诱导性制度变迁与强制性制度变迁，抑或是非正式制度变迁与正式制度变迁，其分类都是相对的，彼此之间是相互影响的。④ 例如，"外在制度的有效性在很大程度上取决于它们是否与内在演变出来的制度互补，如司法系统是否支持一个社会的道德、文化习俗、惯例和礼貌"⑤。诱导性制度变迁作为一种自发的制度安排，也需要政府的行动来促进变迁过程，因为"诱导性制度变迁的实现需要利益博弈各方达成一致，需要耗费时间和谈判成本，而制度的边际收益不能无限增长，同一轨迹制度变迁的收益先增长后递减，制度在执行过程中执行成本也会增大"⑥。正式制度与非正式制度一直处于互动之中。"随着人口、资源、技术和人们主观意识及想象的变化，人们之间的相互关系发生变化，随之而来的就是制度的变迁。在累

---

① 柯武刚, 史漫飞. 制度经济学: 社会秩序与公共政策[M]. 韩朝华, 译. 北京: 商务印书馆, 2000: 36-37.

② 林毅夫. 关于制度变迁的经济学理论: 诱致性变迁与强制性变迁[C]//R. 科斯, A. 阿尔钦, D. 诺斯, 等. 财产权利与制度变迁: 产权学派与新制度学派译文集. 刘守英, 译. 上海: 上海人民出版社, 1994: 384.

③ 阿兰·斯密德. 冲突与合作: 制度与行为经济学[M]. 刘璨, 吴水荣, 译. 上海: 格致出版社, 上海人民出版社, 2018: 304.

④ 将制度区分为内在制度与外在制度、非正式制度与正式制度等是基于不同视角。"制度的内在性与外在性之间的区分与制度的起源有关，而制度的非正式性和正式性的区分则与实施惩罚的方式有关，即与惩罚究竟是自发地发生还是有组织地发生有关。"参见柯武刚, 史漫飞. 制度经济学: 社会秩序与公共政策[M]. 韩朝华, 译. 北京: 商务印书馆, 2000: 127.

⑤ 柯武刚, 史漫飞. 制度经济学: 社会秩序与公共政策[M]. 韩朝华, 译. 北京: 商务印书馆, 2000: 36.

⑥ 徐军辉. 从诱致性制度变迁到强制性制度变迁: 温州民间金融改革[J]. 贵州社会科学, 2013(1): 69-74.

积和规则化成为新的非正式制度的情况下,这些变化导致人们改变自己的行为。有意识的那些行为也导致了对正式制度变迁的压力,对新的正式制度变迁'需求'的结果取决于在需求存在冲突的情况下,对谁的利益得到满足进行排序的制定规则的规则(宪法)。"① "制度结构回应人类相互依赖性源泉的变化(状态)和其中相互依赖性造成的变化。非正式日常制度变迁是制度制定规则的规则影响的函数。最后,制定规则的规则和非正式制度产生于功能、权力、通过和学习演化过程的相互作用。"②

技术变革往往会打破制度均衡,引发新的制度不均衡,"制度不均衡将产生获利机会。为得到由获利机会带来的好处,新的制度安排将被创造出来"。③ P2P 网贷作为一种新兴的互联网业态,是互联网金融时代的金融科技创新。它打破了既有的制度均衡,尤其是在我国这种金融管制比较严的国家,P2P 网贷为受到金融抑制的投融资者带来利用互联网金融创新获利的机会;众多的 P2P 网贷平台异化为类金融机构。因为设立 P2P 网贷平台的金融科技公司能够借助数字化工具构建有吸引力的客户体验,将传统金融服务分解为更加精简和专业的数字化方案,从而规避金融服务准入的制度壁垒。④从制度变迁的视角看,我国 P2P 网贷市场的产生是一种诱致性制度变迁。然而,"建立一个新的制度安排是一个消费时间、努力和资源的过程……某些制度安排从抽象的理论观点看可能是有利的,但由于它与制度结构中其他现行制度安排不相容,因而是不适用的"⑤。P2P 网贷市场作为一种新的制度安排,能不能与我国制度结构中的现行相关制度安排相容呢?毋庸置疑,这是关系到我国 P2P 网贷行业长期稳定发展的关键问题。例如,为了克服我国社会信用制度供给不足所导致的网络借贷双方的信任难题,我国一些 P2P 网贷平台从信息中介机构异化为类金融机构。殊不知,这种经营模式表面上貌似解决了出借人对借款人之信任状况的后顾之忧并促进了网贷交易协议的达成,但是也给 P2P 网贷市场带来了严重的信任风险。而且,异化为类金融机

---

① 阿兰·斯密德.冲突与合作:制度与行为经济学[M].刘璨,吴水荣,译.上海:格致出版社,上海人民出版社,2018:317.
② 阿兰·斯密德.冲突与合作:制度与行为经济学[M].刘璨,吴水荣,译.上海:格致出版社,上海人民出版社,2018:317.
③ 林毅夫.关于制度变迁的经济学理论:诱致性变迁与强制性变迁[C]//R.科斯,A.阿尔钦,D.诺斯,等.财产权利与制度变迁:产权学派与新制度学派译文集.刘守英,译.上海:上海人民出版社,1994:389.
④ 参见保罗·西蒙尼.金融科技创新[M].马睿,汪吕杰,译.北京:中信出版社,2017:8.
⑤ 林毅夫.关于制度变迁的经济学理论:诱致性变迁与强制性变迁[C]//R.科斯,A.阿尔钦,D.诺斯,等.财产权利与制度变迁:产权学派与新制度学派译文集.刘守英,译.上海:上海人民出版社,1994:389-390.

构的 P2P 网贷经营模式涉嫌非法集资。大量 P2P 网贷平台"跑路"和"爆雷"的事实证明了这种 P2P 网贷经营模式与我国现行金融制度安排难以相容。P2P 网贷市场这一诱致性制度变迁在我国陷入了无序状态。"无序可能产生于使规则的强制实施减少的变化，也可能产生于合作规范的弱化，这一弱化促使组织试图寻求博弈规则的根本改变。一种变化就是驱除能够提供社会中的可信承诺的旧机制而没有代之以适当的替代机制。"①

正是为了改变这种无序状态，我国金融监管部门加强了 P2P 网贷制度建设。P2P 网贷信息披露制度就是制度建设的重点之一。从制度变迁的视角看，这意味着我国 P2P 网贷市场从诱致性制度变迁转向了强制性制度变迁、从非正式制度变迁转向了正式制度变迁。以部门规章形式规定的我国 P2P 网贷信息披露制度并不是我国 P2P 网贷实践经验演化的结果，是主要由金融监管部门自上而下推行的一种强制性制度变迁，是一种正式制度变迁，是一种典型的外在制度。不过这一强制性制度变迁存在两个明显的缺陷：一是其法律位阶较低，效力层次远低于法律行政法规，制度变迁的动力与强制性不足。二是缺乏 P2P 网贷实践经验演化的内生性基础。我国金融监管部门制定的 P2P 网贷信息披露制度基本上来自证券法中的强制信息披露制度。诚然，证券法中的强制信息披露制度对于加强和完善 P2P 网贷市场的信息披露不无借鉴意义，但是 P2P 网贷市场作为一种新兴的互联网金融市场，其信息披露有其自身的特殊性。比如，与传统证券市场的信息披露相比，P2P 网贷信息披露的事项、方式及空间等发生了巨大的变化。特别是 P2P 网贷信息披露的空间或场景不同于传统的金融市场。P2P 网贷平台是一个虚拟的金融空间。作为虚拟金融空间的特定场景具有区别于现实金融空间的场景风险。虚拟金融市场的主体既有传统的金融机构，又有新兴的金融科技公司；既有具有专业金融知识、投资经验的专业投资者，也有随互联网金融大潮涌入的毫无投资经验与专业知识的普通投资者。虚拟金融市场的信息流动与传播的空间也不同于现实金融空间。依据场景理论，P2P 网贷信息披露制度设计必须要针对 P2P 网贷市场信息流动、传播的特定场景构造相应的信息披露规范，才能规制 P2P 网贷市场特定的场景风险，才能实现场景正义。然而，纵观中央金融监管部门出台的 P2P 网贷信息披露制度和地方金融监管部门所作的 P2P 网贷信息披露制度探索，除了要求网贷机构在其官方网站上进行信息披露之外，再无针对 P2P 网贷之特定场景的信息披露制度设计。"只有当

---

① 道格拉斯·诺斯.理解经济变迁过程[M].钟正生，邢华，等译.北京：中国人民大学出版社，2012：106.

构成社会的人——无论是官员还是大多数私人公民——的实际行为与宪法规定、制定法规定或判例法规定所指定或认可的标准相一致时,这些规定才在该社会中具有实效。"[1] 我国P2P网贷信息披露制度虽然具有法律规范上的有效性,但是由于未能适应P2P网贷市场信息流动、传播的特定场景需求,缺乏坚实的社会基础,内生性不足,最终不为P2P网贷市场主体所服从,在P2P网贷市场实践中并不具有实效。

(三)P2P网贷信息披露监管权的中央与地方配置不当

我国《网贷机构管理暂行办法》第33条对P2P网贷监管权在中央金融监管部门与地方金融监管部门之间的配置作了基本规定:[2] 中国银监会及其派出机构负责制定统一的监管政策与制度,负责对网贷机构的日常监管,负责指导和配合地方政府对网贷机构的机构监管与风险处置,负责建立跨部门跨地区监管协调机制;地方金融监管部门负责对本辖区网贷机构的机构监管,包括规范引导、备案管理、风险防范与处置等。《网贷机构管理暂行办法》第二章专章规定了网贷机构的备案管理,授权地方金融监管部门为网贷机构办理备案登记。

《网贷机构管理暂行办法》第31条、第36条及第37条就P2P网贷信息披露作了规定。《网贷机构管理暂行办法》第31条第5款规定,网贷机构应当定期将信息披露报告文稿和相关文件报送其工商登记注册地地方金融监管部门。《网贷机构管理暂行办法》第36条规定了网贷机构的重大事件报告义务,[3] 即网贷机构在发生规定的重大事件时,应当立即采取应急措施并向地方金融监管部门报告,地方金融监管部门应当建立网贷行业重大事件发现、报告和处置制度,并将网贷机构重大风险处置情况向省级政府、国务院银行业监管部门及中国人民银行报告。《网贷机构管理暂行办法》第37条规定了网贷机构的一般事件报告义务,即网贷机构或其董事、监事及高级管理人员发生了除重大事件之外的违法违规行为的,应当在5个工作日内向地

---

[1] E.博登海默.法理学:法律哲学与法律方法[M].邓正来,译.北京:中国政法大学出版社,2017:349-350.

[2] 该条规定:"国务院银行业监督管理机构及其派出机构负责制定统一的规范发展政策措施和监督管理制度,负责网络借贷信息中介机构的日常行为监管,指导和配合地方人民政府做好网络借贷信息中介机构的机构监管和风险处置工作,建立跨部门跨地区监管协调机制。各地方金融监管部门具体负责本辖区网络借贷信息中介机构的机构监管,包括对本辖区网络借贷信息中介机构的规范引导、备案管理和风险防范、处置工作。"

[3] 重大事件包括:因经营不善等出现重大经营风险;网贷机构或其董事、监事及高级管理人员发生重大违法违规行为;因违规担保、夸大宣传、虚构隐瞒事实、发布虚假信息、签订虚假合同、错误处置资金等商业欺诈行为被起诉。

方金融监管部门报告。上文所提及的地方金融监管部门出台的 P2P 网贷监管地方性立法的征求意见稿,都依据《网贷机构管理暂行办法》第 36 条及第 37 条等要求网贷机构报告重大风险事件和一般事件。

《网贷机构管理暂行办法》第 33 条虽然对 P2P 网贷监管权在中央与地方之间的分权配置作了规定,但是其分权配置本身就甚为模糊而且存在交叉冲突之处。P2P 网贷信息披露监管的地方性立法基本上是对《网贷机构管理暂行办法》第 36 条及第 37 条的重复,未能将 P2P 网贷信息披露事项具体化。笔者以为,P2P 网贷信息披露监管权在中央与地方之间的分权配置不当至少体现在以下几个方面:

首先,P2P 网贷监管权在中央与地方之间的分权配置存在交叉冲突。《网贷机构管理暂行办法》第 33 条是以行为监管和机构监管的二分法对中央与地方之间的 P2P 网贷监管进行分权配置。金融监管体制有机构型监管、功能型监管、目标型监管之分。机构型监管,又称部门监管,"指按照金融机构的类型设立监管机构,不同的监管机构分别管理各自的金融机构,但某一类型金融机构的监管者无权监管其他类型金融机构的金融活动"①。功能型监管,是"依据金融体系基本功能而设计的金融监管体制,即一个给定的金融活动由同一个监管者进行监管,而无论这个活动由哪个金融机构来开展"②,有助于抑制金融机构的监管套利行为。目标型监管是依据金融监管的目标来设计监管体制,又分为双峰式监管与矩阵式监管,泰勒(Taylor)提出的双峰式监管的主要目标有二:一是针对系统性风险的审慎监管,该目标由金融稳定委员会负责;二是针对金融机构之机会主义行为的合规监管,该目标由消费者保护委员会负责。③《网贷机构管理暂行办法》第 33 条规定由国务院银行业监管部门对网贷机构实施日常行为监管,由地方金融监管部门对网贷机构实行机构监管,前者秉承的是目标型监管理念,具体而言是双峰式监管中的行为监管,即对网贷机构的机会主义行为进行合规性监管;后者秉承的是机构型监管理念,即将网贷机构作为在地方金融监管部门备案登记管理的一种独立类型的机构进行监管。目标型监管与机构型监管本就是两种不同类型的金融监管体制安排,在针对 P2P 网贷监管权的中央与地方分权配置中企图糅合两种不同类型的监管体制势必导致分权的交叉与冲突。例如,地方

---

① 陈雨露,汪昌云.金融学文献通论·宏观金融卷[Z].北京:中国人民大学出版社,2006:594.
② 陈雨露,汪昌云.金融学文献通论·宏观金融卷[Z].北京:中国人民大学出版社,2006:595.
③ 古德哈特(Goodhart)提出的矩阵式监管包括六个独立的监管部门。陈雨露,汪昌云.金融学文献通论·宏观金融卷[Z].北京:中国人民大学出版社,2006:596-598.

金融监管部门对网贷机构所实施的机构监管本身就包括了对网贷市场风险的审慎监管与对网贷机构机会主义行为的合规监管，这势必会与国务院银行业监管部门对网贷机构的日常行为监管产生冲突。

其次，对P2P网贷机构的重大风险事件与一般风险事件的信息披露监管权的分权配置不当。信息披露监管权是一项具体的监管权，中央与地方之间的P2P网贷监管权的分权配置不当在信息披露这一具体监管事项上直接体现为对重大风险事件与一般风险事件的监管权配置上。《网贷机构管理暂行办法》第36条与第37条将重大风险事件与一般风险事件的信息披露监管权均赋予了地方金融监管部门，同时要求地方金融监管部门向省级政府、国务院银行业监管机构及中国人民银行报送网贷机构的重大风险及处置情况信息。如此的监管权配置使得国务院银行业监管机构实质上放弃了对P2P网贷机构的日常行为监管，与《网贷机构管理暂行办法》第33条的网贷监管权之分权规定明显不相符。最重要的是，如此的监管权配置没有明确国务院银行业监管机构、中国人民银行等在P2P网贷风险防范与处置方面到底承担何种指导和协调职责。我国P2P网贷平台"跑路"和"爆雷"的事实已经证明，P2P网贷市场隐含着系统性风险或区域性风险，故不仅要加强以网贷机构日常经营行为合规为核心的微观审慎监管，而且要将P2P网贷风险纳入宏观审慎监管体系。P2P网贷机构的重大风险事件本质上是可能引发区域性风险或系统性风险的事件，理应纳入宏观审慎监管体系。无论是在"一行三会"还是在"一委一行两会"的金融监管体制下，① 宏观审慎监管是国务院金融稳定发展委员会、中国人民银行等中央金融监管机构的职责，而非地方金融监管部门的职责。因此，由地方金融监管部门负责网贷监管机构重大风险事件的处置已经超出其职责，也非其力所能及。

（四）网贷机构的重大事件与一般事件面向监管者而非投资者披露

《网贷机构管理暂行办法》第五章"信息披露"规定了网贷机构应当向出

---

① "一行三会"是指中国人民银行、中国银行业监督管理委员会、中国证券监督管理委员会及中国保险监督管理委员会。"一委一行两会"是指国务院金融稳定发展委员会、中国人民银行、银行保险监督管理委员会及中国证券监督管理委员会。依据党的二十届二中全会通过的《党和国家机构改革方案》及十四届全国人大一次会议表决通过了关于国务院机构改革方案的决定，在中国银行保险监督管理委员会基础上组建国家金融监督管理总局，将中国人民银行对金融控股公司等金融集团的日常监管职责、有关金融消费者保护职责，中国证券监督管理委员会的投资者保护职责划入国家金融监督管理总局；建立以中央金融管理部门地方派出机构为主的地方金融监管体制；组建中央金融委员会，设立中央金融委员会办公室，作为中央金融委员会的办事机构，列入党中央机构序列，不再保留国务院金融稳定发展委员会及其办事机构，将国务院金融稳定发展委员会办公室职责划入中央金融委员会办公室。至此，我国形成了"一委一行一局一会"的新金融监管体制。

借人、社会公众应当披露的信息,并且要求网贷机构的董事、监事及高级管理人员在披露信息时尽到忠实、勤勉义务,真实、准确、完整、及时、公平地披露信息。不过,该章所规定的信息披露事项为借款人基本信息、融资项目的基本信息与风险评估结果、项目资金运用情况等经营管理信息。对于可能引发网贷机构经营风险的重大事件、一般事件等信息,《网贷机构管理暂行办法》规定在第六章"监督管理"的第 36 条与第 37 条,这两条规定要求网贷机构向地方金融监管部门"报告"重大事件和一般事件,而不是向投资者"披露"相关事件的信息。在众多地方金融监管部门拟制定的网贷监管地方性规定中,《网贷机构管理暂行办法》的信息披露制度一以贯之。《上海市网络借贷信息中介机构业务管理实施办法(征求意见稿)》第 22 条规定鼓励网贷机构更全面、及时地向社会公众、平台客户进行信息披露,① 但是其用词是"鼓励"而非"应当",其所规定的网贷机构对投资者的信息披露并非强制性披露。因此,总体而言,《网贷机构管理暂行办法》规定的信息披露主要是面向监管者而非投资者,特别是可能引发网贷机构经营风险的重大事件与一般事件只是面向监管者而非投资者披露。

面向监管者的 P2P 网贷强制信息披露旨在为监管部门提供监管决策所需要的 P2P 网贷市场信息,以帮助监管部门及时、准确地了解和把握网贷市场的风险状况,及时处置 P2P 网贷风险事件,防范和化解 P2P 网贷市场的风险,保障金融安全和维护社会稳定。面向监管者的 P2P 网贷强制信息披露沿袭了传统金融机构信息披露规则的设计路径——"金融机构信息披露规则为监管活动而设计,往往考虑不到消费者对交易信息的真实需求"。② 面向地方金融监管部门提供的网贷机构重大风险事件与一般事件等风险信息,不一定能为网贷市场的投资者所知悉。在我国大量 P2P 网贷平台异化为类金融机构的现实背景下,网贷机构与投资者之间、网贷的出借人与借款人之间的信息不对称甚为严重,网贷市场投资者的信息需求更难以满足。面向监管者的 P2P 网贷强制信息披露无助于缓解网贷机构与投资者(网贷的出借人)之间、网贷市场的投融资者之间(出借人与借款人之间)等 P2P 网贷市场主体之间的信息不对称。在信息严重不对称的市场环境下,P2P 网贷投资者更容易作出非理性决策,网贷机构更具有作出欺诈投资者、非法集资等逆向选

---

① 该条规定:"网络借贷信息中介机构应当建立信息披露制度,严格按照有关行业监管制度、自律准则开展信息披露;鼓励网络借贷信息中介机构结合自身实际,更加全面、及时地向社会公众、平台客户进行信息披露。"

② 何颖.构建面向消费者的金融机构说明义务[J].法学,2011(7):96-104.

择的道德风险。

P2P 网贷市场的信息不对称正是 P2P 网贷市场失灵的重要原因之一。从政府干预与市场调节之间的关系角度看，P2P 网贷强制信息披露是为了缓解 P2P 网贷市场主体之间的信息不对称、克服 P2P 网贷市场失灵的一种政府干预措施。"市场力量、信息缺乏、市场不稳对私人经济的有效运转会产生破坏性影响。"① 但是，市场失灵并不是政府干预的充分条件。科斯早就指出，"所有解决的办法都需要一定成本，而且没有理由认为由于市场和企业不能很好地解决问题，因此政府管制就是有必要的"②。与市场调节一样，政府干预面临着不完全信息的约束，面临其自身难以避免的权力运行成本，面临着政府失灵的可能。授予政府部门干预经济活动权的法律规范的多义性、模糊性使得政府干预行为具有固有的自由裁量性与不确定性。以 P2P 网贷信息披露为例，《网贷机构管理暂行办法》将网贷机构应当向监管部门报告的事项分为重大事件和一般事件，对"重大事件"进行列举性规定，对"一般事件"采取列举性规定及兜底性规定等相结合的立法技术加以规定。③ 如此规定，貌似界分明显。然而，即使在列举性规定中，也充满着主观上的不确定性。例如，对"因经营不善等原因出现重大经营风险""重大违法违规行为""违反境内外相关法律法规行为"等情形的认定就依赖于监管者对以上规定的解释。经营风险到何种程度才是重大经营风险？网贷机构的哪些违法违规行为是重大违法违规行为？监管者对于这些问题所涉及事项的决定具有相当程度的自由裁量性和不确定性。伽利根将行政裁量描述为"官员在行使权力作出决定时，对确定该权力赖以行使的理由和标准以及据此作出某些决定所拥有的自由空间"，④ 并认为这种自由存在于从运用权力确定标准、查明事实，并将标准运用到确定事实上作出决定的全过程。如何对行政裁量权进行合理控制，以确保行政裁量权的正当行使，是行政法学理论界和实务界关注的现实问题。行政裁量基准理论认为，作为行政自制规范的裁量基

---

① 兰迪·T. 西蒙斯. 政府为什么会失败[M]. 张媛，译. 北京：新华出版社，2017：17.
② R. 科斯. 社会成本问题[C]//R. 科斯，A. 阿尔钦，D. 诺斯，等. 财产权利与制度变迁：产权学派与新制度学派译文集. 刘守英，等译. 上海：上海人民出版社，1994：23.
③ 《网贷机构管理暂行办法》第 37 条具体列举了以下事项是网贷机构应当在 5 个工作日内向地方金融监管部门报告的一般事件：（1）备案登记事项发生变更的；（2）因违规经营被查处或被起诉；（3）网贷机构董事、监事及高级管理人员违反境内外法律法规的行为。该条中的"国务院银行业监督管理机构、地方金融监管部门等要求的其他情形"是兜底性规定。
④ See D.J. Galligan, Discretionary Powers.A Legal Study of Official Discretion [M].Oxford:Clarendon Press,1986:0-23. 转引自周佑勇. 裁量基准的技术构造[J]. 中外法学，2014（5）：1142-1163.

准,可以通过"情节的细化效果的格化技术,来达到对裁量权的限定、建构和制约"。① 然而,我国金融监管部门并未制定出关于网贷机构信息披露监管的行政裁量基准。这说明依靠金融监管部门的行政自制保障网贷信息披露监管权的正当行使仍然任重而道远。

第三节 合作治理视角下我国P2P网贷信息披露规制之反思

从理论上分析,行业协会的行业自律、行业自治与合作治理存在天然上的联系。在我国P2P网贷信息披露制度的设计与探索中,中国互联网金融协会被寄予厚望。本节以中国互联网金融协会制定的《互联网金融信息披露个体网络借贷》标准(简称《个体网络借贷信息披露》标准)为例,从合作治理视角反思我国P2P网贷风险的信息披露规制问题。

一、个体网络借贷信息披露标准的演变及主要内容

(一)个体网络借贷信息披露标准的历史演变

中国小额信贷联盟是我国小额信贷领域最早的全国性会员制行业协会组织,它在2013年8月26日发布了《个人对个人(P2P)小额信贷信息咨询服务机构行业自律公约》(以下简称《P2P行业自律公约》)。《P2P行业自律公约》将信息披露作为P2P服务机构行业自律的重要内容。② 在2015年12月10日的声明中,中国小额信贷联盟P2P行业委员会针对当时个别互联网金融机构涉嫌违法经营的实际情况,要求P2P网贷机构加强行业自律,重申P2P网贷机构是信息中介服务机构而不应成为信用中介机构,强调P2P网贷机构的信息应公开透明。

《互联网金融发展指导意见》规定,为了加强互联网金融行业自律、发挥行业自律机制保护行业合法权益和规范从业机构市场行为等方面的积极作用,要求中国人民银行会同有关部门,组建中国互联网金融协会,由协会制定经营管理规则和行业标准。据中国互联网金融协会的官方网站介绍,它于2015年12月31日成立,是经国务院批准、由中国人民银行会同中国银监会、

---

① 周佑勇.裁量基准的制度定位:以行政自制为视角[J].法学家,2011(4)1-14.
② 该公约规定:"P2P服务机构应通过独立审计,形成完善的业务报告和信息披露体系,向P2P行业委员会披露。"所要求披露的信息主要包括风险指标的计算方式及计算结果、逾期90天以上的同账龄逾期率(指到报告日时当前已经逾期90天以上的账户的未还本金总余额/到报告日时120天以前开户的贷款合同总金额)、风险拨备账户及余额水平等。

中国证监会及中国保监会等有关部委组建,其功能定位是全国性互联网金融行业自律组织。

为了加强和完善对 P2P 网贷市场信息披露的规范,中国互联网金融协会在 2016 年 7 月底完成了《互联网金融信息披露标准——P2P 网贷(征求意见稿)》。在向会员单位征求意见之后,协会在 2016 年 10 月 28 日召开的常务理事会上通过了《个体网络借贷信息披露》标准(T/NIFA 1—2016)。2017 年 8 月 23 日,中国银监会发布了《网贷机构信息披露指引》。该指引第 24 条规定,中国互联网金融协会负有对 P2P 网贷行业之信息披露进行自律性管理的职责。① 为了落实《网贷机构信息披露指引》的相关规定,中国互联网金融协会在 2017 年 10 月 11 日发布并实施了《个体网络借贷信息披露》标准(T/NIFA 1—2017)。②

(二)《个体网络借贷信息披露》标准的主要内容

《个体网络借贷信息披露》标准(T/NIFA 1—2017)包括以下几个组成部分:范围、术语与定义、信息披露基本原则、信息披露内容。该标准规定的信息披露义务人是网络借贷信息中介从业机构(简称"从业机构")和借款人。从业机构所承担的信息披露义务包括:披露从业机构信息与平台运营信息;依据《合同法》之居间合同的规定如实披露借款人信息和项目信息,收集整理和甄别筛选借贷信息。信息披露的基本原则与《网贷机构信息披露指引》相同,均要求遵循"真实、准确、完整、及时"原则,不同之处是对这些原则进行了一定程度的细化。如针对"真实"原则,要求信息披露以客观事实为依据,或者以有事实基础的客观判断为依据;针对"准确"原则,要求用于信息披露的用语准确、精练、严谨、通俗易懂,不得误导、不得夸大事实,这显然是对"准确"作了比较宽泛的解释,实际上将我国《证券法》上信息披露的"简单"原则涵盖进来。此外,该标准还强调充分披露借款项目的风险及其不确定性,并禁止借信息披露之名进行营销活动。

该标准规定的信息披露的主要内容包括从业机构信息、平台运营信息与项目信息。该标准将从业机构信息分为从业机构组织与治理信息、从业机构财务与审核信息、从业机构网站或平台信息、从业机构重大事项信息、

---

① 本条规定:"中国互联网金融协会依据本指引及其他有关法律法规、自律规则,对网络借贷行业的信息披露进行自律管理。"
② 修订之后的 P2P 网贷信息披露事项为 126 项,比 2016 年的标准增加了 30 项;仍将信息披露事项分为强制性披露事项与鼓励性披露事项,但是强制性披露事项由原来的 65 项增加到 109 项,鼓励性披露事项从 31 项减少到 17 项。

从业机构备案信息及其他信息。从业机构是P2P网贷市场的信息中介机构，在P2P网贷市场的信息传播过程中发挥着至关重要的作用。因此，该标准将绝大部分从业机构信息，如从业机构重大事项信息披露、从业机构财务与审核信息、从业机构网站或平台信息、从业机构备案信息等纳入了强制性信息披露的范围。以重大事项信息为例，从业机构应当在重大事项发生时起48小时内向公众披露事件发生的原因、现状、可能产生的影响和采取的应对措施。不过，对于从业机构的以下信息，该标准并未强制而是鼓励从业机构予以披露：从业机构与保险机构、担保机构等第三方机构涉及P2P网贷业务的合作情况、从业机构的主要人员、风险管理负责人等简介。

平台运营信息也分为强制性披露信息与鼓励性披露信息。强制性披露的平台运营信息包括：累计借贷金额，累计借贷笔数，借贷余额，累计出借人数量，累计借款人数量，当前出借人数量，当前借款人数量，前十大借款人待还金额占比，最大单一借款人待还金额占比，关联关系借款余额，① 关联关系借款笔数，逾期金额，逾期笔数，逾期90天（不含）以上的借款本金金额，逾期90天（不含）以上的借款笔数，累计代偿金额，累计代偿笔数，收费标准。从业机构应当每个月前5个工作日内向社会公众披露以上信息。鼓励性披露的平台运营信息包括：项目逾期率，金额逾期率，人均累计借款金额，人均累计出借金额，最大单户出借余额占比，最大十户出借余额占比，项目分级逾期率，② 金额分级逾期率，③ 其他平台运营信息。

项目信息包括借款项目的信息、借款人的信息、已撮合未到期的项目信息。借款项目的信息均属于强制性披露信息，包括：项目名称，项目简介，借款金额，借款期限，借款用途，还款方式，年化利率，起息日，还款来源，还款保障措施，项目风险评估及可能产生的风险结果，项目撮合进度。④ 在出借人确认同意向借款人出借资金前，从业机构应当及时向出借人披露借款人的信息：借款人为自然人的，应当披露借款人的姓名、证件号码、工作性质、收入及负债情况、在平台逾期的次数、在平台逾期的总金额、借款前6个月内

---

① 关联关系借款余额是指与平台具有关联关系的借款人通过平台撮合完成的借款总余额。关联关系是指网贷机构的主要股东、实际控制人、董事、监事、高级管理人员与其直接或间接控制、有重大影响的企业、自然人之间的关系以及其他可能导致网贷机构利益转移的其他关系。

② 按照逾期天数对逾期的项目分级如下：逾期90天（含），逾期90天以上至180天（含），逾期181天以上。

③ 分级标准与项目逾期率的分级标准相同。

④ 一般用已参与项目金额占比或剩余可出借金额占比衡量项目撮合进度。

的借款逾期情况、在其他平台的借款情况,并对姓名、证件号码、收入及负债情况及逾期情况等作脱敏处理。借款人为法人或其他组织的,应当披露的借款人信息包括:法人或其他组织的名称或简称,注册资本、注册地址,成立时间,法定代表人,所属行业,收入及负债情况借款前6个月内的借款逾期情况,在其他平台的借款情况。鼓励披露的借款人信息主要是股东信息、法定代表人信用信息、实缴资本、办公地点及经营区域等。从业机构应当披露的已撮合未到期的项目信息包括借款人的如下信息:资金运用情况,经营状况及财务状况,还款能力变化情况,延期情况,涉诉情况。

二、合作治理视角下个体网络借贷信息披露标准之反思

(一)该标准中行业自律功能的失位源于合作治理理念的阙如

从理论上分析,行业自律有两个定位:一是将行业协会自律视为行业内部自我制定交易规则的过程;二是将其视为与政府监管或政府干预并列的一种市场治理手段,将行业自律作为纠正或克服市场失灵的一种重要手段。[①]与政府干预相比,行业协会处理市场失灵有如下特征,"一是发挥行业协会专业性特点,二是发挥行业协会与协会会员自律机制,三是并不把一些市场失灵问题直接推给监管机关"[②]。行业协会作为一种社会中间层主体,是介于政府与市场之间的一种社会组织形式与调节机制,"在一定程度上可以弥补政府与市场两个方面的缺陷,起到政府与市场不能起的作用"。[③] 有学者认为,行业协会是市民社会的基础性力量,有助于启动和巩固民主化进程,能够以社会权力制约国家权力,能够促进国家与私人组织(企业)之间的信息交流、传送和反馈。[④] 有学者指出,行业协会是与交易所、消费者组织类似的社会性市场监管权主体,是享有市场监管权的一种非营利性社会组织,其行使市场监管权的方式是自律性管理。[⑤]

[①] 关于行业自律的动因,有"市场失灵说""成本收益说""风险规避说""保护公地说""制度驱动说"与"创新驱动说"等多种理论观点。参见常健,郭薇.行业自律的定位、动因、模式和局限[J].南开学报(哲学社会科学版),2011(1):133-140.

[②] 席涛.产业政策、市场机制与法律执行[J].政法论坛,2018(1):45-62.

[③] 王全兴.经济法基础理论专题研究[M].北京:中国检察出版社,2002:519.

[④] 鲁篱.论社会对权力的制约:以行业协会为中心展开的研究[J].社会科学研究,2002(5):87-93.

[⑤] 该学者将社会性市场监管权主体界定为"市场主体自愿组成的,依照法律或者行政机关的授权,按照章程的规定,对会员企业或者与消费者权益有关的企业的市场经营活动进行监管的非营利性社会组织"。参见明月,单新国.社会性市场监管权主体监管权的法律规制[J].甘肃政法学院学报,2018(4):1-11.

毋庸置疑，作为一种社会组织形式与调节机制，行业协会的上述优势不容否定。不过，任何事物都具有两面性，任何一种社会组织形式与调节机制均有其自身的局限性。穆利根与戈德曼就指出行业自律存在一些重要的弱点，如行业自律的规范可能经常变化，不如法律规范严格，而且缺乏监督、执行和法律救济，还可能掺杂私利、损害竞争和制造市场进入壁垒。[①] 行业协会所享有的社会性市场监管权，如国家权力一样可能被不正当使用，"如以权谋利、限制竞争、放纵被监管对象和不当扩权等"。[②] 行业协会的成员是理性的经济人，其加入行业协会的目的在于获得协会"所提供的某种身份、某些资源或某项服务以及以此为基础的、更多的'货币选票'。构成成员的'逐利性'决定了其本质的私益性"。[③] "行业协会维护的是特殊群体的普遍性利益，这既是行业协会的目的和主旨，同时也是行业协会主要活动的原点和基础。"[④] 行业协会对本行业秩序的规范和对本行业集体利益的维护，客观上有助于增进社会公共利益。但是，行业协会所维护的集体利益毕竟只局限在本行业的范围之内，是一种特殊领域的"特殊公共利益"，其所体现的公共性是一种有限的公共性。[⑤] 行业自律的弱点与行业协会滥用社会性市场监管权可能本质上源于行业协会的普遍私益性与有限公共性之间的矛盾。

　　个体网络借贷信息披露标准是由中国互联网金融协会制定的，中国互联网金融协会是为了加强互联网金融行业自律、发挥行业自律机制保护作用而成立的自治组织。从理论上分析，中国互联网金融协会应当具有普遍的私益性与有限的公共性，其所制定的个体网络借贷信息披露标准应当是行业自律的体现。从实然层面看，中国互联网金融协会的私人性存在先天性不足，其私益性不足而公共性有余，其行业自律面临着特殊的内生障碍与外部限制。它既要充当"互联网金融行业利益的代表"，又要作为"政府的帮手"，承载着规范互联网金融市场秩序、防范化解互联网金融风险的重任，受"会员逻辑"与"影响逻辑"双重因素的影响；强化"会员逻辑"可能会使得其过度代表会员利益，进而导致会员利益与公共利益之间的失衡；强化"影响逻辑"可能使

---

① 常健,郭薇.行业自律的定位、动因、模式和局限[J].南开学报(哲学社会科学版),2011(1):133-140.
② 许明月,单新国.社会性市场监管权主体监管权的法律规制[J].甘肃政法学院学报,2018(4):1-11.
③ 郭薇,秦浩.行业协会与政府合作治理的可能性及限度[J].东北大学学报(社会科学版),2013(1):56-61.
④ 鲁篱.行业协会社会责任与行业自治的冲突与衡平[J].政法论坛,2008(2):90-96.
⑤ 郭薇,秦浩.行业协会与政府合作治理的可能性及限度[J].东北大学学报(社会科学版),2013(1):56-61.

得其借助政府资源提升自身地位,进而依赖于政府。① 其所制定的个体网络借贷信息披露标准中的信息披露事项,以强制性信息披露事项为主、鼓励性信息披露事项为辅,受金融监管部门制定的《网贷机构信息披露指引》的影响非常明显。与其说该标准是为了发挥中国互联网金融协会的自律功能,不如说是《网贷机构信息披露指引》这一金融监管规定的具体化。行业协会的自律功能在该标准中并未得到真正的体现。从我国P2P网贷行业的实际情况看,该标准在实施之后并未真正发挥出中国互联网金融协会的自律功能,P2P网贷市场的信息不对称也没有得到缓解。

笔者以为,行业自律功能在该标准中的失位源于合作治理理念的阙如。合作治理旨在发挥私人在公共治理中的作用。在合作治理模式中,"私人主体正深深介入到管制、提供服务、政策设计与实施当中。私人对管制的贡献从'纯粹'咨询性的作用直至全面承担决策权力。例如,行政机关在确定联邦卫生、安全与产品标准时非常倚重私人性的标准设定形式"②。合作治理是通过私人实现公共目标,"将私人参与者纳入到公共工作当中的基本原理在于增强政府完成其任务的能力……政府依靠私人行动者,对其进行激励、影响及约束,但不完全控制"③。反观中国互联网金融协会,它虽然产生于我国行业协会脱钩改革之后,且是改革之后第一家承担特殊职能的全国性行业协会,但是本身就是由中国人民银行会同中国银监会、中国保监会及中国证监会等国家金融监管部门组织建立的。自成立之日起,它就深深打上了金融监管部门的行政烙印,承担着"协助主管部门落实有关政策、措施"等特殊职能;其协会成员并非是自愿加入的,而是由国家法律或政策强制要求加入的。可见,中国互联网金融协会的私人性存在先天性不足,其所制定的个体网络借贷信息披露标准实质上是《网贷机构信息披露指引》的具体化,而不是协会成员自治产生的私人性标准。私人性存在先天性不足的中国互联网金融协会不具备私人在合作治理中的优势,其所制定的个体网络借贷信息披露标准也缺乏合作治理理念,自然难以实现其行业自律功能。

(二)行业自律监管的公权化使得强制性信息披露事项过多

在个体网络借贷信息披露标准中,合作治理理念缺失的直接体现是强制

---

① 参见王湘军,刘莉.从边缘走向中坚:互联网行业协会参与网络治理理论分析[J].北京行政学院学报,2019(1):61-70.
② 朱迪·弗里曼.合作治理与新行政法[M].毕洪海,陈标冲,译.北京:商务印书馆,2010:323.
③ 约翰·D.多纳休,理查德·J.泽克豪泽.合作:激变时代的合作治理[M].徐维,译.北京:中国政法大学出版社,2015:37.

性信息披露事项过多,而鼓励性信息披露事项偏少。① 这也彰显了中国互联网金融协会之行业自律监管的公权化。所谓行业自律监管的公权化,就是指弱化行业自律、强化国家监管。有学者指出,行业自律监管的公权化现象在国内外存在着本质上的差异:在国外,本质上是如何在国家与行业协会之间分配监管权;在国内,本质上是如何矫正法律与政策执行的偏差问题,特别是行业协会自律监管由名入实的问题。② 行业自律监管的公权化虽然有助于防止行业协会滥用自律监管权,但是不利于行业协会自律优势的发挥。需要特别指出的是,我国的行业协会,本身就深受行政监管部门的影响,如果对行业自律监管的公权化现象不予纠正,将会使得行业协会自律功能落空。行业协会的自律监管一旦落空,行业协会与政府监管部门之间的合作治理自是无穷谈起。

诚如有的学者所言,"优势互补只是行业协会与政府合作治理市场的基础,并非是合作的充分必要条件"。③ 实现行业协会与政府监管部门对市场的合作治理,本质上要求行业协会与政府监管部门均恪守其权力边界。无论是行业协会还是政府监管部门,都要以发挥市场对资源配置的决定性作用为前提。就我国行业协会对市场治理的边界而言,不同类型、不同层级的行业协会享有不同程度的市场治理权。以中国互联网金融协会为例,加强和完善该协会之自律性监管的必要性甚为突出。因为其面对的是互联网金融这一创新性金融领域。互联网金融是一个具有高度复杂性与专业性的新领域,既具有"满足小微投融资者需求、降低交易成本、促进竞争、提高市场透明度的功能,发挥着分散金融风险、回归金融本质的作用",④ 又可能给金融市场带来新的风险,甚至可能引发区域性或系统性金融风险。我国P2P网贷平台"跑路"与"爆雷"就是互联网金融风险的集中体现,是管制型金融立法规制互联网金融风险失灵的表现。管制型金融立法还"催生刚性兑付和过度依赖担保,抑制竞争且加剧信息不对称"。⑤ 有学者认为,金融监管部门对互联网金融风险规制的传统硬法规制路径遭遇了规制的及时性、适度性与有效性等

---

① 在标准所规定的27项披露指标中,23项是强制性披露指标,4项是鼓励性披露指标。
② 曹兴权.金融行业协会自律的政策定位与制度因应:基于金融中心建设的考量[J].法学,2016(10):79-88.
③ 郭薇,秦浩.行业协会与政府合作治理的可能性及限度[J].东北大学学报(社会科学版),2013(1):56-61.
④ 杨东.互联网金融的法律规制:基于信息工具的视角[J].中国社会科学,2015(4):107-126.
⑤ 杨东.互联网金融的法律规制:基于信息工具的视角[J].中国社会科学,2015(4):107-126.

质疑；指出我国互联网金融行业自律组织发展滞后于现实需求，进而在一定程度上制约了互联网金融软法的实施；主张互联网金融法治由"监管"向"治理"转型，具有独特运行机理的软法在互联网金融规制方面具有比较优势；并将中国互联网金融协会制定的个体网络借贷信息披露标准归为具有"自下而上"特征的民间软法。[①]

传统硬法规制互联网金融风险的失灵确实存在，互联网金融风险规制确实需要发挥软法规制的独特优势。从理论上分析，行业协会制定的行业标准属于民间软法。不过，或许真正的问题并不在于是否需要发挥软法规制的独特优势来规制互联网金融风险，而是如何发挥出软法规制的优势。毕竟，软法规制的独特优势只是基于理论分析得出的一种应然状态，不是软法规制实践所取得的实际效果。实然与应然之间总是存在现实的差距。例如，从应然层面上看，中国互联网金融协会制定的个体网络借贷信息披露标准理论上应当是具有"自下而上"特征的民间软法；但是从实然层面上，事实上恰恰相反，它是"自上而下"为贯彻和落实《网贷机构信息披露指引》的结果，不宜将其归为民间软法。有学者对我国社会中介组织行业自律的实证调研发现，行业自律的行政化使得行业自律在实践中遇到了诸多困境，行业协会与政府主管部门存在"貌离神合"——行业协会与政府主管部门虽然形式上分离，但实际上紧密结合，行业协会的组织机构、人员任用乃至业务运营等深受其政府主管部门的影响。[②] 中国互联网金融协会与我国金融监管部门形式上虽然分离，但是实际上紧密结合，其组织机构、人员任用和业务运作等均深受金融监管部门的影响，是"貌离神合"的典型例子。其所制定的个体网络借贷信息披露标准就深受中国银监会制定的《网贷机构信息披露指引》的影响。古人云："冰冻三尺，非一日之寒。"我国行业协会传统上高度依赖行政机关，要在这样的制度环境下发挥出行业协会的自律监管优势，实现行业协会与政府对市场的合作治理，绝非易事，不是将行业协会与政府部门形式上脱钩或分离就可一蹴而就的。因为行业协会自律所依赖的自律性规则是一种内在制度而非外在制度，"内在制度始终在依据经验而自发地演化"，[③] 行业协会的自律性规则是在行业协会这一群体内依据经验而长期自发演变的

---

① 参见王怀勇，钟颖. 论互联网金融的软法之治[J]. 现代法学，2017（6）：94-105.
② 参见彭小玲，蔡立辉. 貌离神合：市场中介组织行业自律的行政化现象研究[J]. 行政论坛，2016（3）：97-102.
③ 柯武刚，史漫飞，贝彼得. 制度经济学：财产、竞争、政策[M]. 柏克，韩朝华，译. 北京：商务印书馆，2018：137.

结果。准确地讲，行业自律性规则是一种正式化内在规则。① 正式化内在规则"虽然是随经验而出现的，但在一个群体内是以正规方式受到监察并被强制执行的""在促进商务活动上，正式的内在制度往往比外加的、靠政府执行的法律有效得多。因为行业成员的自我监督和正式执行是由通晓特定时间、特定地点和该行业情况的人来承担的，而外部裁判者一知半解，很可能在裁决过程中引发意外的不良后果"②。

（三）私人参与不足使得个体网络借贷信息披露标准的利益失衡

在P2P网贷市场上，P2P网贷从业机构、借款人、出借人等之间存在现实的利益冲突。"法律的主要作用之一就是调整及调和上述种种相互冲突的利益，无论是个人的利益还是社会的利益。这在某种程度上必须通过颁布一些评价各种利益的重要性和提供调整这种种利益冲突标准的一般性规则方能实现。"③ 在信息社会时代，信息已经成为重要的社会经济资源。信息披露制度关于当事人信息披露义务的规定实质上是对信息资源的初始权利配置。这不仅关系到当事人的私人利益，而且关系到信息资源的优化配置等社会公共利益。以《个体网络借贷信息披露》标准为例，它对P2P网贷行业的从业机构、借款人等课以信息披露义务，要求从业机构的董事、监事及高级管理人员等保证信息披露的真实、完整与及时等。这实质上是将信息披露义务人所享有的特定信息资源配置给P2P网贷市场的投资者。该标准是否有助于发挥中国互联网金融协会的自律监管功能，实现信息资源的优化配置呢？这在很大程度上取决于其能否实现P2P网贷市场中多元主体之间的利益平衡。

从合作治理的视角看，《个体网络借贷信息披露》标准是中国互联网金融协会参与互联网金融治理的信息规制路径。如前文所述，由于缺失合作治理理念，中国互联网金融协会在制定和实施该标准时出现了自律监管权的公权化现象。此外，行业协会成员等私人在参与该标准的制定等方面存在明

---

① 内在制度可分为非正式的内在制度与正式的内在制度。非正式的内在制度包括惯例、内化规则、习俗和礼貌。非正式的内在制度对违背社会预期行为的制裁不是通过有组织的方式实施，而是自发的；正式的内在制度则是通过有组织的方式对某些社会成员实施制裁或惩罚。参见柯武刚，史漫飞，贝彼得.制度经济学：财产、竞争、政策[M].柏克，韩朝华，译.北京：商务印书馆，2018：133-138.

② 柯武刚，史漫飞，贝彼得.制度经济学：财产、竞争、政策[M].柏克，韩朝华，译.北京：商务印书馆，2018：136-137.

③ E.博登海默.法理学：法律哲学与法律方法[M].邓正来，译.北京：中国政法大学出版社，2017：414-415.

显的不足。据该标准前言部分的介绍，其起草单位只有寥寥 10 个，① 在国内 P2P 网贷行业规模位居前列的网贷从业机构如拍拍贷、红岭创投等没有参与起草。而且，该标准制定与修订的过程甚为短暂，在征求意见稿公布后不到两个月，中国互联网金融协会就出台了 T/NIFA 1—2016。2017 年 8 月 24 日中国银监会发布了《网贷机构信息披露指引》，2017 年 10 月 11 日中国互联网金融协会就发布了修订之后的《个体网络借贷信息披露》标准（T/NIFA 1—2017）。在如此短短的期限内出台的《个体网络借贷信息披露》标准，很难说是行业协会自治的结果和行业协会成员共同意志的体现，也很难说其反映了行业协会的集体利益。

恰恰相反，由于在该标准制定的过程中行业协会成员等私人参与不足，该标准未能平衡好行业协会成员的私人利益、行业协会的集体利益及更为宏观层面上的社会公共利益等不同层次的利益。由于在该标准制定与实施中存在明显的行业自律监管权公权化现象，该标准将维护互联网金融市场的稳定与安全这一社会公共利益置于绝对优先的地位也就不足为奇了。这是寄希望于通过严格的信息披露来维护 P2P 网贷市场的稳定与安全。这是一种典型的"公共利益规制"路径——"使用公共利益概念作为正当化理据以支持对私人活动的规制性干预，为追求共同体所珍视的目标而去限制私人权利的行使"。② 虽然公共利益概念缺乏一般性的定义，在多元主义语境中的"'共同利益'的意义上定义公共利益非常困难或根本没有可能"，③ 但是"公共利益的概念远非已有个体利益之和那般是可以在经验基础上获得确定的东西，它具有某种程度上的概念独立性"。④ 纵然如此，也不应将公共利益、私人利益与集体利益等绝对对立。克劳斯说，"那些控制着以私有财产为基础的企业的人本质上只对最大化其资本利益有兴趣，但有意无意中他们也在促进共同利益"⑤。克劳斯的观点显然来自斯密关于"看不见的手"的经典

---

① 该标准起草单位：浙江蚂蚁小微金融服务集团有限公司、北京京东世纪贸易有限公司、上海点荣金融信息服务有限责任公司、东方邦信金融科技（上海）有限公司、宜信惠民投资管理（北京）有限公司、玖富互控股集团有限责任公司、广东俊特团贷网络信息服务股份有限公司、广州易贷金融信息服务股份有限公司、搜易贷（北京）金融信息服务有限公司、北京弘合柏基金融信息服务有限责任公司。
② 迈克·费恩塔克.规制中的公共利益[M].戴昕,译.北京：中国人民大学出版社，2014：229.
③ 迈克·费恩塔克.规制中的公共利益[M].戴昕,译.北京：中国人民大学出版社，2014：49.
④ 迈克·费恩塔克.规制中的公共利益[M].戴昕,译.北京：中国人民大学出版社，2014：50.
⑤ 转引自迈克·费恩塔克.规制中的公共利益[M].戴昕,译.北京：中国人民大学出版社，2014：18-19.

论述。①庞德认为，法律并不创造利益，而是发现哪些利益迫切要求获得法律保障，并将利益分为个人利益、公共利益与社会利益等三类，个人利益是"直接包含在个人生活中并以这种生活的名义而提出的各种要求、需要或愿望"。②公共利益是"以有组织的政治社会的名义提出的主张；简单地说，就是国家、就是有组织的政治社会"③提出的政治组织民族人格，包括作为法人的国家利益和作为社会利益监护者的国家利益。对于社会利益，庞德没有像对个人利益、公共利益一样加以明确界定，而是在公共政策的语境下阐述其内涵。他指出："普通法体系由对互相冲突的个人利益的调整或协调措施所构成，其间我们经常以公共政策的名义求助于一些社会利益，并由此确定合理调整的界限。"④具体而言，其所言的社会利益包括公共安全、社会制度安全（家庭制度安全、宗教制度安全与政治制度安全）、公共道德、保护社会资源、公共发展及个人生活中的社会利益（每个人请求满足其合理或最低消费需求，包括个人自我主张、个人机会和个人生活条件）。⑤庞德以未经同意取走他人所有的表为例阐述了利益作为受法律保护的要求或主张在不同角度所体现出的不同范畴，⑥实质上论证了个人利益与社会利益的一致性。

以上论述充分说明，尽管公共利益、私人利益与集体利益等不同层次的利益之间存在现实冲突，但是在"公共利益规制"中仍然可以并应当实现利益平衡。令人遗憾的是，中国互联网金融协会之行业自律监管权的公权化使得《个体网络借贷信息披露》标准过于强调维护 P2P 网贷市场的金融稳定与金融安全，作为该行业协会成员的 P2P 网贷从业机构未能充分参与该标准的

---

① 斯密指出："由于每个个人都努力把他的资本尽可能用来支持国内产业，都努力管理国内产业，使其生产物的价值达到最大限度，他就必然竭力使社会的年收入尽量增大起来。确实，他通常既不打算促进公共的利益，也不知道他自己是在什么程度上促进那种利益。由于宁愿投资支持国内产业而不支持国外产业，他只是盘算他自己的安全；由于他管理产业的方式的目的在于使其生产物的价值能达到最大限度，他所盘算的也只是他自己的利益。在这场合，像在其他许多场合一样，他受着一只看不见的手的指导，去尽力达到一个并非他本意要达到的目的。也并不因为事非出于本意，就对社会有害。他追求自己的利益，往往使他能比在真正出于本意的情况下更有效地促进社会的利益。"亚当·斯密.国民财富的性质和原因的研究：下[M].郭大力,王亚南,译.北京：商务印书馆，1974：27.
② 罗斯科·庞德.通过法律的社会控制[M].沈宗灵,译.北京：商务印书馆，1984：34.
③ 罗斯科·庞德.法理学：第3卷[M].廖德宇,译.北京：法律出版社，2007：180.
④ 罗斯科·庞德.法理学：第3卷[M].廖德宇,译.北京：法律出版社，2007：204.
⑤ 参见罗斯科·庞德.法理学：第三卷[M].廖德宇,译.北京：法律出版社，2007：218-244.
⑥ 庞德指出："当我控告某人未经我同意而取走我的表，以便恢复我对表的占有或取得表的货币价值，作为剥夺我对表的占有的赔偿时，我对表的要求是作为个人的物质利益而提出的。但是我的要求也可以被认为是与保障占有物的社会利益相一致的，而且当我通过相应控告使区检察官对偷窃我的表的人就其犯盗窃罪起诉时，我的要求就作为保障占有物的社会利益而提出。"罗斯科·庞德.通过法律的社会控制[M].沈宗灵,译.北京：商务印书馆，1984：34-35.

制定和表达自身的利益诉求，P2P 网贷从业机构被课以过多的强制性信息披露义务。例如，该标准要求从业机构在出借人确认出借资金前及时向出借人披露的借款人信息包括借款人的收入及负债情况、在其他网贷平台的借款情况，并要保证所披露信息的真实、准确及完整等。这些信息本身来源于借款人，要求借款人保证这些信息的真实、准确及完整无可厚非，但是要求从业机构承担与借款人同等的信息披露义务显然超出了合理限度。在 P2P 网贷市场中，借贷双方不再像传统的线下借贷业务那样进行面对面的信息交流，而是在 P2P 网贷平台完成交易。这一方面有助于提高交易效率，另一方面也给借款人隐瞒个人收入及负债等真实情况或编造虚假情况提供了可乘之机。因此，在 P2P 网贷市场，借款人与出借人之间的信息不对称并没有消除，反而有加剧的可能。P2P 网贷平台是信息服务中介机构，为撮合借贷双方之交易提供信息服务，其所承担的居间合同所规定的居间义务虽然包括对借款人信息的尽职调查义务，但是该义务应当有必要的限度——"以居间为营业者对于缔约事项、相对人的履行能力及缔约能力，应尽善良管理人的注意义务"。[①] 况且，不诚信的借款人具有利用信息优势隐瞒真实情况或编造虚假情况欺诈出借人的道德风险。此外，借款人在其他网贷平台的借款情况有赖于借款人向从业机构的告知，让从业机构调查借款人在其他网贷平台的借款情况超出其实际能力，不具有可行性。该标准之所以让从业机构承担披露借款人在其他网贷平台借款情况的义务，是为了防范 P2P 网贷风险，保障 P2P 网贷市场的稳定与安全。从宏观层面的公共利益考量，如此进行制度设置的初衷甚好，但是不具有现实可行性。该标准为了保护 P2P 网贷之出借人的利益让从业机构承担了过重的信息披露义务，使得 P2P 网贷中的从业机构与出借人之间的利益失衡。

利益失衡的重要原因之一是在制定与实施个体网络借贷信息披露标准时缺乏合作治理、行业协会成员参与不足。该标准本质上是利益代表模式下的行政决定。利益代表模式主张"把参与行政程序和司法审查的权利广泛赋予各种利害关系人……一个拓展了的正式程序制度通过确保行政机关考虑所有利害关系人的利益，从而形成在总体上能够更好地服务社会的行政决定"。[②] 不过，利益代表模式具有诸多弱点。尽管利益代表模式下的行政决定赋予了广泛的参与权利，但是并不能实际上确保所有的相关利益都能在行政程序中得到代表，特别是，"'公共利益'的代理人并不代表——也并非主

[①] 崔建远. 合同法. [M]. 2 版. 北京：北京大学出版社，2012：669.
[②] 理查德·B. 斯图尔特. 美国行政法的重构 [M]. 沈岿，译. 北京：商务印书馆，2002：129.

张要代表——整个共同体的利益""公共利益代理人是否真正代表了其声称要为之代言的利益,以及最终如何界定这一利益"①都存在问题。弗里曼认为,事实上由律师、法官、行政官员、国会和执行机关践行的利益代表模式具有诸多弱点,"作为一种方法,驱动利益代表模式的对抗制导致了规则制定与实施过程的僵化,在解决管制问题时无法鼓励创新、调整和合作"②。利益代表模式的上述弱点在我国个体网络借贷信息披露标准制定与实施的过程中彰显无遗,P2P网贷市场的多元主体的利益未能在其中得到代表。

合作治理模式有助于克服利益代表模式的弱点。"在合作模式下,参与可以改进规则的信息基础从而提升决定的质量,并因而增加成功实施的可能性并且就规则在实践中的效果提供重要的反馈。此外,利害关系人与受影响的主体参与解决管制问题还具有独立的民主价值。我认为这是一种规范性的主张。合作模式的参与,性质不同于利益代表模式所期望的参与。"③ 合作治理模式可以提供不同于利益代表模式的有意义的参与——"将受到最大影响主体的贡献制度化,并且给其规定某些管制机制的责任"。④ 罗尔斯说:"合作的理念也包含每一位参与者之合理利益或善的理念。这种合理利益的理念规定了,从那些从事合作的人自己的善的观点看,他们所一直积极寻求的到底是什么。"⑤ 罗尔斯所言指出了合作治理参与者的多元性,以及合作治理参与者的多元性所蕴含的利益多元性,因为"私方主体介入到治理之中,在实现公共治理目标的同时也追逐着自身的利益"。⑥ 在合作治理中,公共利益不能被克减,合理的私人利益同样不容否认。因此,合作治理模式中的利益多元性客观上要求实现合作治理各方之间的利益平衡。正是由于缺乏合作治理理念,中国互联网金融协会及其成员(P2P网贷从业机构)无法真正参与个体网络借贷信息披露标准的制定与实施,P2P网贷从业机构被赋予过重的信息披露义务,该标准未能实现P2P网贷市场之多元主体之间的利益平衡。

---

① 理查德·B.斯图尔特.美国行政法的重构[M].沈岿,译.北京:商务印书馆,2002:134.
② 朱迪·弗里曼.合作治理与新行政法[M].毕洪海,陈标冲,译.北京:商务印书馆,2010:29.
③ 朱迪·弗里曼.合作治理与新行政法[M].毕洪海,陈标冲,译.北京:商务印书馆,2010:41.
④ 朱迪·弗里曼.合作治理与新行政法[M].毕洪海,陈标冲,译.北京:商务印书馆,2010:41.
⑤ 约翰·罗尔斯.作为公平的正义:正义新论[M].姚大志,译.上海:上海三联书店,2002:11.
⑥ 关保英.论行政合作治理中公共利益的维护[J].政治与法律,2016(8):2-13.

第四章　美国P2P网贷市场转型与信息披露规制之争的分析与启示

在大量 P2P 网贷平台"跑路"与"爆雷"的风险压力下，我国 P2P 网贷行业成了互联网金融风险专项整治的重点。为了实现行业风险出清、防范和化解 P2P 网贷行业风险，我国 P2P 网贷机构被清退或转型。与我国 P2P 网贷发展历程相似的是，美国 P2P 网贷行业也曾经发生过对行业影响较大的风险事件，如 2016 年美国最大的网贷平台 Lending Club 发生违规放贷事件。面对 P2P 网贷行业的风险挑战，虽然美国金融监管部门没有强制 P2P 网贷平台清退或转型，但是美国 P2P 网贷市场经历了一场自我转型——美国 P2P 网贷平台从最初只为散户投资者服务转向为主要向银行、对冲基金、养老基金等机构投资者服务。随着机构投资者涌入美国 P2P 网贷市场，P2P 网贷平台呈现出金融中介化趋势，开始执行基本上所有与贷款评估相关的任务，与其原本要取代的传统金融中介机构越来越类似。美国 P2P 网贷平台 SoFi 的首席执行官在 2017 年 5 月表示，公司计划申请银行牌照。美国 P2P 网贷市场转型与美国 P2P 网贷监管制度尤其是信息披露监管制度具有内在的联系。本章首先简述美国 P2P 网贷市场产生、发展及转型的过程，然后从信息披露制度变迁的视角分析美国 P2P 网贷市场转型的制度成因，从公私法合作规制视角反思美国 P2P 网贷信息披露规制的主要争议，最后分析美国 P2P 网贷信息披露规制对我国 P2P 网贷信息披露规制与 P2P 网贷机构转型后互联网贷款市场信息披露规制的若干启示。

第一节　美国P2P网贷市场的产生与发展及转型

一、美国P2P网贷市场的产生与发展

2005 年，一名来自旧金山的软件程序员马特·芙兰瑞和在非洲一家小额信贷机构工作的杰西卡·杰克利创立了 Kiva Microfunds 这一众筹网站。他们将其商业模式称之为"人对人的小额信贷"（P2P）。但是，Kiva 并不是一个投资平台，因为"在 Kiva 上注册成为借款人的人能够拿回的是他们的本金而不是利息。贷款人确实会为他们的贷款支付利息，但是这些利息都

流向了当地或该地区的小额贷款机构……大多数的借款人最后都将这些钱当作一项捐赠。当他们的本金被退回的时候——98%的情况下这是会发生的——大多数的借款人都会将这笔资金保留在Kiva的系统当中，并且将它们反复地借出去。由于这个原因，通过Kiva的借款或者是类似的非营利性债务众筹平台并不被认为是投资"。[①] 全球第一家作为营利性投资工具的债务众筹平台——Zopa同年在英国诞生。2006年美国Prosper诞生，2007年美国Lending Club成立。目前它们已经成为美国最为知名的P2P网贷平台。2008年美国次贷危机演变成为全球金融危机，美国经济陷入衰退，银行严格控制消费贷款，P2P网贷行业迎来发展机遇。"全球金融危机加剧了这一趋势。金融危机不仅削弱了消费者对银行的信任，而且监管和资本金要求的提高降低了消费者贷款对银行的吸引力，而且历史低位的利率促使投资者寻找其他利润来源。"[②] 在P2P网贷之前，"大多数寻求小额美元贷款的消费者会通过金融机构获得此类贷款。金融机构用来自社区个人的存款为这些贷款提供资金，金融机构的收益来自低收益存款和高收益贷款之间的利差。P2P网贷平台为消费者提供了直接从社区个人获取贷款的机会。按照最初的设想，这一模式将意味着投资者获得更高的回报率，消费者的借贷成本将降低，交易成本将减少，而这将惠及P2P网贷的借款人和贷款人，而不是银行"[③]。

二、美国P2P网贷市场的转型

"P2P受到越来越多人的欢迎，特别是从2009年开始，它吸引了机构投资者，如保险公司和养老基金，这进一步加速了P2P的成长。"[④] 在美国，有学者早在2015年时就指出："近年来，P2P借贷开始蓬勃发展，但是在这一过程中，它变得更像，也更依赖于它最初承诺所要取代的大型金融中介机构。"[⑤] 以美国的网贷平台统计数据为例，"在2010年和2011年，散户投资者

[①] 戴维·弗里德曼，马修·纳丁.股权众筹投资指南：关于风险、收益、法规、筹资网站、尽职调查和交易条款[M].清控三联创业投资（北京）有限公司，译.北京：清华大学出版社，2019：17-18.

[②] Jorgensen, Tanja.Peer-to-Peer Lending - A New Digital Intermediary, New Legal Challenges[J].Nordic Journal of Commercial Law,2018（1）:233.

[③] Luther, Jeffrey, Twenty-First Century Financial Regulation: P2P Lending, Fintech, and the Argument for a Special Purpose Fintech Charter Approach[J].University of Pennsylvania Law Review, 2020, 168（4）: 1019.

[④] 戴维·弗里德曼，马修·纳丁.股权众筹投资指南：关于风险、收益、法规、筹资网站、尽职调查和交易条款[M].清控三联创业投资（北京）有限公司，译.北京：清华大学出版社，2019：21.

[⑤] Judge, Kathryn.The Future of Direct Finance: The Diverging Paths of Peer-to-Peer Lending and Kickstarter[J]. Wake Forest Law Review,2015,50（3）:604.

第四章 ▶ 美国P2P网贷市场转型与信息披露规制之争的分析与启示

是Lending Club平台交易贷款的主要提供方;2012年机构投资者提供了2%的贷款;2018年,散户投资者提供的贷款占平台贷款的比例不到10%,银行、机构投资者、第三方管理基金及平台自身等成熟投资者提供了其他所有贷款。这种趋势在Prosper平台更为明显,该平台94%的贷款是通过'全贷款渠道'提供资金,这一渠道只向合格投资者开放,其中许多是机构投资者和银行。此外,像Upstart和Funding Circle等小型P2P网贷机构一开始就只允许合格投资者提供贷款"[1]。"Balyuk和Davydenko对Prosper的数据进行分析发现,在2013—2019年期间,散户投资者仅为贷款的8.4%;Ziegler等人发现,美国P2P网贷平台上机构投资者的存在率从2015年的53%上升到2017年的97%。因此,如今大多数P2P网贷平台同时瞄准零售和机构投资者,并提供两种借贷渠道:'全贷款渠道',通过它,经认证的合格投资者可以购买全部上市贷款,以及'部分票据渠道';通过它,散户投资者可以购买部分贷款。"[2]

由上可见,美国P2P网贷平台已经从最初只为散户投资者服务转向为主要向银行、对冲基金、养老基金等机构投资者服务。美国学者指出:"这些一度由小型散户投资者主导的平台,正变得越来越与传统金融中介机构纠缠在一起,并变得越来越类似。机构和其他合格投资者对P2P借贷的影响也反映在这些贷款人对更复杂的金融工具的关注上。例如,LendingClub现在将部分无担保贷款证券化为资产支持证券。它还开发了一种名为'俱乐部证书'(CLUB certificates)的金融工具,专门针对机构投资者,它是一种不需要作为私募进行证券登记的有抵押的直通证券。这种向复杂的证券化工具发展的趋势,远远超出了普通的散户投资者的投资专长,进一步标志着P2P网贷行业向传统金融中介发展的趋势。"[3]LendingClub官方网站的自我介绍如下:"自2007年以来,已有300多万会员加入该俱乐部,以帮助实现他们的财务目标。作为唯一具有规模的全频谱金融科技市场银行(full-spectrum fintech marketplace bank),我们的成员可以通过一个技术驱动的平台获得广泛的金融产品和服务,旨在帮助他们在借贷时支付更少,在储蓄时获得更多

---

[1] Luther, Jeffrey, Twenty-First Century Financial Regulation: P2P Lending, Fintech, and the Argument for a Special Purpose Fintech Charter Approach[J].University of Pennsylvania Law Review, 2020, 168(4):1020-1021.

[2] Ofir, Moran, and Ido Sadeh.A Revolution in Progress: Regulating P2P Lending Platforms[J].New York University Journal of Law and Business,2020,16(3):692-693.

[3] Luther, Jeffrey, Twenty-First Century Financial Regulation: P2P Lending, Fintech, and the Argument for a Special Purpose Fintech Charter Approach[J].University of Pennsylvania Law Review, 2020, 168(4):1021.

收益。"① 显然，Lending Club 的功能定位是"金融科技市场银行"。2016 年美国财政部发布了《在线市场借贷领域的机遇与挑战》白皮书。该白皮书规定："在线市场贷款（online marketplace lending）是指金融服务业利用投资资本和数据驱动的在线平台直接或间接向消费者和小企业提供的贷款。这一市场最初是以 P2P 市场的形式出现，该市场使得个人投资者有能力向个人借款人提供融资。随着产品和商业模式的发展，在线市场贷款机构的投资者基础已经扩展到机构投资者、对冲基金和金融机构。由于认识到投资者基础的这种转变，整个市场不再被准确地描述为点对点市场。因此，我们将这些公司称为在线市场贷款人。"② 美国财政部正是因为关注到了合格投资者涌入 P2P 网贷市场所引起的商业模式变化，才将 P2P 网贷改称为"在线市场借贷"。

大量的机构投资者进入 P2P 网贷市场提供贷款产生了如下后果。首先，机构投资者凭借丰富的专业知识和充足的资金来源选择具有高回报的投资，他们加入 P2P 网贷市场增加了 P2P 网贷市场结构的复杂性，P2P 网贷市场的贷款人不再仅仅是散户投资者，机构投资者取代散户投资者成为 P2P 网贷市场之贷款资金的主要来源，并对散户投资者的投资行为产生重大影响，进而重塑 P2P 网贷平台的激励。一方面，机构投资者作为成熟的投资者会积极筛选上市贷款，它们的参与提高了平台的筛选效果；另一方面，贷款人的复杂性与异质性造成了贷款人之间的逆向选择问题，机构投资者比散户投资者更有能力和经验识别并资助良好的贷款，散户投资者面对不良贷款的可能性大为增加，这使得散户投资者提供贷款的积极性减少。即使散户投资者愿意提供贷款，也会要求更高的利率。利率上升意味着借款人的资金成本上升，这会减少平台上的贷款申请数量。③

其次，机构投资者涌入美国 P2P 网贷市场使得美国的 P2P 网贷平台呈现出金融中介化趋势。"P2P 网贷平台最初的设计目的是作为在线市场，只匹配贷款人和借款人，从而消除传统中介。然而，随着时间的推移，它们演变成新的中介机构，并开始'执行基本上所有与贷款评估相关的任务'。这一过

---

① Lending Club.［EB/OL］.（2021-05-08）［2021-05-08］.https://www.lendingclub.com/company/about-us.

② U.S. DEPARTMENT OF THE TREASURY.Opportunities and Challenges in Online Marketplace Lending［EB/OL］.（2016-05-10）［2023-06-11］. http://walescapital.com/opportunities-and-challenges-in-online-marketplace-lending-u-s-treasury-report/.

③ Ofir, Moran, and Ido Sadeh.A Revolution in Progress: Regulating P2P Lending Platforms［J］.New York University Journal of Law and Business,2020,16（3）:707-708.

程通常被称为再中介(Re-Intermediation)。"① 此处所言的传统中介是金融中介——在资金的需求方与供给方之间充当媒介作用的金融机构。"金融中介机构为经济社会提供了流动性服务,承担了风险分担的职能,并能解决信息问题,因此发挥了不可或缺的重要作用。"② 在金融学上,金融中介理论有旧论与新论之分。旧的金融中介理论"从信用媒介和信用创造角度出发将金融中介视为资产转形(储蓄向投资的转化)的媒介"。新的金融中介理论以信息经济学和交易成本经济学作为分析工具,"更深入地探寻金融中介如何运用资源以博取有用信息、克服交易成本从而通过改变风险与收益的对比来实现这些服务"。③ 即使是以完美市场为基准,以弥补源于信息不对称这一市场缺陷为框架的新金融中介理论,也无法应对代理问题、道德风险与逆向选择问题,以风险管理为中心的金融中介理论遂应运而生。"金融中介机构传统的融资功能之外,还起着两个重要的作用。一是运用复杂金融工具和金融技术为企业和个人投资者管理风险,风险管理已成为金融中介机构活动的重心。二是利用金融工程技术设计出新的金融产品,以降低一般投资者参与资本市场(包括金融衍生产品)交易的参与成本。"④

不过,金融危机特别是银行危机频繁发生,以及信息技术的进步与广泛应用使得金融市场交易成本下降,银行等传统金融中介机构在金融市场体系中的份额不断减少。这使得金融中介理论面临着"金融脱媒"的现实挑战。金融脱媒有广义和狭义之分。狭义上的金融脱媒,是指"在金融管制的情况下,资金的供给绕开商业银行等传统的媒介体系,直接输送到需求方和融资者,造成资金体外循环的现象",是指资金的需求方与供给方将银行这一金融中介机构排除在外,"媒"即指银行。⑤ 广义上的金融脱媒是指资金流通脱离所有的金融中介。最初出现的P2P网贷平台为借贷双方提供了一个信息中介平台,使得双方无须经过银行等金融中介机构就可以实现资金需求方与供给方之间的匹配。这是互联网金融时代的金融脱媒,是一种广义上的金融脱媒。

---

① Ofir, Moran, and Ido Sadeh.A Revolution in Progress: Regulating P2P Lending Platforms[J].New York University Journal of Law and Business,2020,16(3):708.
② 弗雷德里克·S.米什金.货币金融学[M].郑艳文,译.北京:中国人民大学出版社,2006:36.
③ 陈雨露,汪昌云.金融学文献通论·宏观金融卷[Z].北京:中国人民大学出版社,2006:338.
④ 陈雨露,汪昌云.金融学文献通论·宏观金融卷[Z].北京:中国人民大学出版社,2006:350.
⑤ 参见孔陆宏,邱建国.基于金融中介理论的金融脱媒综论[J].商业经济研究,2017(14):163-165.宋旺,钟正生.理解金融脱媒:基于金融中介理论的诠释[J].上海金融,2010(6):12-17.

然而，随着大量的机构投资者进入P2P网贷市场，P2P网贷市场结构发生了重大变化。"在线借贷市场的贷款人还利用公开发行、风险资本、证券化和银行贷款作为资金来源""在线市场贷款是一种利用算法承销来扩大信贷的新兴方式，这种承销在商业周期中没有经过测试，因此存在这样的风险，即在线市场贷款投资者可能比其他类型的债权人更不愿意在压力时期为新的贷款提供资金"[1]。此外，为了满足机构投资者的需求，P2P网贷平台不仅提供信息中介服务，而且提供筛选、信用评估和匹配服务。平台所提供的这些服务可以降低贷款人的交易成本，"它的贷款评估变得足够准确，足以吸引不成熟的散户投资者，散户投资者完全依赖平台的判断"[2]。对散户投资者而言，平台所提供的筛选、信用评估等服务，有助于缓解其面临的无法事先评估借款人质量导致的逆向选择风险。P2P网贷平台所提供的这些服务实质上是在为平台投资者进行风险管理，而风险管理恰恰是金融中介机构活动的重心。这正是美国学者所称的P2P网贷平台"再中介化"的过程。

最后，大量的机构投资者参与P2P网贷，虽然扩大了P2P网贷市场的资金来源，但是也将P2P网贷市场与传统金融市场紧密联系起来，P2P网贷市场这一新兴互联网市场的风险与传统金融市场的风险交叉渗透、相互传染。这无疑增加了P2P借贷对整个金融体系的风险敞口，P2P网贷成为影响金融稳定的重要现实因素。

第二节　信息披露制度变迁视角下美国P2P网贷市场转型的制度成因

"要理解经济运行，就必须先理解制度运行。"[3] 要理解美国P2P网贷平台为什么会变得越来越像其最初所要取代的传统金融中介，就要理解美国P2P网贷制度的实际运行。青木昌彦说："所谓'制度'，指的是人们持有'世界是以这种方式运转'的共有信念，共同遵守的社会博弈规则。"[4]P2P网贷信息披露制度是P2P网贷市场主体所持有的共有信念和共同遵守的社会博弈规则。美国P2P网贷的转型就是在美国P2P网贷法律制度尤其是信息披露法律制度的背景下网贷市场主体博弈的结果。下文就从P2P网贷信息披

---

[1] Shulman, Jacob Gregory.Regulating Online Marketplace Lending: To Be a Bank or Not to Be a Bank[J].Rutgers Computer and Technology Law Journal,2018,44（1）:166.

[2] Ofir, Moran, and Ido Sadeh.A Revolution in Progress: Regulating P2P Lending Platforms[J].New York University Journal of Law and Business,2020,16（3）:708.

[3] 青木昌彦.制度经济学入门[M].彭金辉,雷艳红,译.北京：中信出版社，2017: 24.

[4] 青木昌彦.制度经济学入门[M].彭金辉,雷艳红,译.北京：中信出版社，2017: 64.

露制度变迁的视角分析美国P2P网贷市场转型的制度成因。

一、SEC监管P2P网贷对P2P网贷模式的重大影响

外国学者指出,P2P网贷是在日益数字化的时代出现的不同于传统银行的一种新的在线融资来源,各国在发展P2P网贷市场时面临着以下共同问题:如何将P2P网贷置于现有的法律制度体系？现有的法律制度体系是否足以应对P2P网贷对现代社会可能产生的影响？是否需要新的特别立法来规制P2P网贷市场？[①] 在P2P网贷这一新兴的互联网金融市场,不仅存在传统借贷中的借款人与贷款人之间的信息不对称问题,还出现了P2P网贷平台与借贷方之间的信息不对称问题。信息不对称会引发道德风险与逆向选择,是借贷市场信用风险的重要诱因。在美国早期的P2P网贷市场,"P2P借贷对贷款人来说充满了风险,他们主要是个人而不是传统的机构投资者。即使在该行业增长的同时,P2P网贷的违约率也居高不下——Prosper冲销了2008年以前发放的20%以上的贷款,LendingClub的情况要好一些,但2008年以前发放的贷款仍有8.5%的违约。相比之下,2009年同期,商业银行的消费贷款冲销和拖欠率平均分别为5.5%和4.7%左右"。[②] 2016年美国最大的网贷平台Lending Club发生违规放贷事件,[③] 给该公司乃至美国整个P2P网贷行业造成了重大影响。该事件也是上述问题在美国P2P网贷市场中的典型体现,暴露了美国P2P网贷信息披露制度存在的诸多不足,是促使美国SEC将P2P网贷纳入证券法规制范围的重要现实基础。

在美国,"对金融服务的监管复杂,几乎所有的金融服务市场参与者都受到联邦和州的监管。P2P网贷监管也不例外。然而,与许多其他新的金融科技公司和传统金融行业参与者不同,P2P贷款机构独特的商业模式导致了特别繁重的联邦证券法合规要求。此外,P2P贷款人还受联邦借贷法规制,包括债务催收、贷款披露等其他领域,而且州法律经常重复这些联邦法规对

[①] Jorgensen, Tanja.Peer-to-Peer Lending - A New Digital Intermediary, New Legal Challenges[J].Nordic Journal of Commercial Law,2018(1):233.

[②] Lo, Benjamin.It Ain't Broke: The Case for Continued SEC Regulation of P2P Lending[J].Harvard Business Law Review Online, 2015—2016, 6:88.

[③] 该公司被披露的违规行为主要有：一是绕过相关放贷门槛向一位投资者出售了2200万美元的贷款,公司内部某些人明知贷款不符合标准,还修改了其中300万美元的贷款日期；二是公司向"西利克斯资本"基金投资,而公司首席执行官拉普朗什是该基金的股东,拉普朗什没有向公司披露该情况,该投资涉嫌内幕交易。参见刘慧绘.美国P2P网贷丑闻敲响监管警钟[N].人民日报,2016-05-17(22).

其施加更为严格的要求"①。鉴于美国各州对 P2P 网贷的监管主要以联邦证券监管制度为基础,下文就以联邦证券法中的信息披露制度为主,梳理一下美国 P2P 网贷信息披露制度。

2008 年 11 月 24 日,美国 SEC 对 Prosper 下达了禁令,开启了美国联邦金融监管部门监管 P2P 的进程。美国 SEC 认为,Prosper 等盈利的 P2P 贷款平台出售的"票据"②属于 1933 年《证券法》上的"证券",因此,这些 P2P 贷款平台必须在 SEC 注册,以遵守联邦证券法。美国 1933 年《证券法》所定义的"证券"包括"任何票据、股票……股票期货、公债、公司债券、负债证据、权益或参与任何利润分享协议的证书……转让股份、投资合同,以及在一般情况下,任何权益或通常被称为'证券'的凭据"③。尽管 Prosper 辩称其出售的票据不是证券,但是 SEC 列举了以下事实:"首先,贷款人依靠 Prosper 来寻找、评估、汇总和服务贷款。其次,由于 Prosper 积极鼓励贷款,并依赖随后的费用来盈利,所以贷款人和 Prosper 是共同经营事业。"④SEC 通过将 Prosper 等平台出售的"票据"视为投资合同并应用豪伊(Howey)测试确立了其对 P2P 网贷的监管权。

豪伊测试源于 SEC 诉 W.J. 豪伊案。大法官墨菲在本案中指出投资合同是这样的一个合同或方案:"一定程度上为了保证从资金使用中获得收入或利润而配置资本或摆布资金。"⑤在大法官墨菲看来,这样一个符合 1933 年《证券法》目的的投资合同概念有助于充分、公平地披露发行信息。该案确立了判断投资合同成立的标准,是"该方案是否涉及对某项共同事业的金钱投资,而收益完全来自他人的努力"。⑥该标准包括了金钱投资、共同事业、预期收益及完全来自他人的努力等四个组成部分。如果一个合同、交易或者

---

① Luther, Jeffrey, Twenty-First Century Financial Regulation: P2P Lending, Fintech, and the Argument for a Special Purpose Fintech Charter Approach[J].University of Pennsylvania Law Review, 2020,168(4):1028.

② Prosper 的交易过程如下:"当借款人和贷款人匹配之后,Prosper 将向 WebBank(一家在犹他州注册的实业银行)发出通知,由这家银行向借款人发放款项。WebBank 将这一贷款票据过户给 Prosper,再由 Prosper 转让给贷款人,从而将借贷双方联系起来。" Andrew Verstein.The Misregulation of Person-to-Person Lending[J].University of California, Davis, 2011,45(2):476.

③ 理查德·斯考特·卡内尔,乔纳森·R. 梅西,杰弗里·P. 米勒.美国金融机构法:下[M].高华军,译.北京:商务印书馆,2016:100.

④ Slattery, Paul.Square Pegs in a Round Hole: SEC Regulation of Online Peer-to-Peer Lending and the CFPB Alternative[J]. Yale Journal on Regulation, 2013,30(1):252-253.

⑤ 理查德·斯考特·卡内尔,乔纳森·R. 梅西,杰弗里·P. 米勒.美国金融机构法:下[M].高华军,译.北京:商务印书馆,2016:102.

⑥ 莱瑞·D.索德奎斯特:美国证券法[M].胡轩之,张云辉,译.北京:法律出版社,2004:101.

方案具备这四个组成部分，那么就构成了投资合同。据此，SEC 主张 Prosper 的票据属于证券法上的票据，因为"Prosper 票据的买卖都是以盈利为目的，广泛面向公众，作为一项投资进行营销，不受'适当的监管措施'的约束"。[①]

P2P 网贷是一种投资性众筹，投资者参与众筹平台所推出的融资项目是为了追求投资收益。投资参与众筹平台的融资项目需要投入资金，融资项目就是投资所涉及的某项共同事业，该共同事业能够为投资者带来一定的预期收益，而且这些预期收益来自他人的努力。因此，作为借贷型众筹的 P2P 网贷与股权众筹等投资型众筹属于美国 1933 年《证券法》中的投资合同。这也是美国法没有将投资性众筹细分为借贷型众筹和股权众筹予以分别规制的原因。

既然美国 P2P 网贷平台所出售的"票据"属于美国 1933 年《证券法》中的投资合同，P2P 网贷平台就要履行 1933 年《证券法》第 5 节所规定的注册（登记）义务，[②]除非有新的立法豁免其注册义务。"广义上看，SEC 对寻求向非合格投资者销售票据的 P2P 网贷机构提出两项注册要求。首先，P2P 网贷机构必须自己在 SEC 注册，即使它没有向公众出售自己的股权。其次，向非合格投资者出售债券（票据）的 P2P 网贷机构在每次出售债券时必须向 SEC 提交补充招股说明书。提交补充招股说明书的要求可能非常烦琐——仅 2019 年 3 月，LendingClub 就向 SEC 提交了 120 份补充招股说明书。这个过程被称之为'暂搁注册'（shelf registration），Lending Club 和 Prosper 都在利用暂搁注册。"[③]

注册的目的是为了确保投资者获得充分的信息。发行人公开发行证券应当向 SEC 提交登记文件和法定招股说明书。虽然大部分投资者或潜在的投资者不会从头至尾阅读招股说明书或登记文件，但是不能就据此认为所披露的这些信息与大多数投资者无关。毕竟，投资顾问、经纪人及研究分析人员等专业的证券投资人员会阅读被披露的公开传播的信息。"这些市场专业

---

① 在 Reves v. Ernst & Young 案中，美国最高法院裁定，除非豁免，否则票据视为证券。

② 准确地讲，美国证券发行上市实行的是在联邦与州均注册的双重注册制。美国法律制度由联邦法与州法共同组成。同样，美国的证券登记制度也分为联邦与州两个层面："（1）联邦层面的、以披露为基础的注册制；（2）州层面的、以实质审核为基础的注册制。这是一个整体的证券监管。前者是 1933 年美国《证券法》建立，并由 1934 年成立的美国证交会监督执行；后者则先于联邦证券监管早已存在，1911 年由 Kansas 州首先建立，后美国各州效仿，至今有 100 多年历史。"沈朝晖. 流行的误解："注册制"与"核准制"辨析[J]. 证券市场导报，2011（9）：14-23.

③ Luther, Jeffrey, Twenty-First Century Financial Regulation: P2P Lending, Fintech, and the Argument for a Special Purpose Fintech Charter Approach[J].University of Pennsylvania Law Review, 2020, 168（4）:1029-1030.

人员的观点经常表现为买入或卖出的建议，它创造了一个信息流通的假定的高效市场，使证券价格处于适当的水平。于是人们认为，对于证券交易委员会要求的大量公开文件，尽管普通投资者不感兴趣，但相关信息却经过过滤后进入市场，反映于信息流通市场上确立的价格。要求披露的另一个理由是，尽管许多投资者可能从未阅读过这种信息，但市场参与者知道已经进行了全面披露，这给投资者灌输了稳定信心，如不披露便不可能有这种稳定，许多外国证券市场就是这样。在这一点上值得注意的是，投资者缺乏信心是1929年华尔街大崩溃的一个主要因素。"[1] 美国SEC要求P2P网贷平台向其依法注册并披露有关信息，就是为了保障P2P网贷平台的投资者获得充分的信息，以便其作出理性的投资决定，同时也有助于维护P2P网贷市场的投资者信心。

有人认为SEC不是P2P网贷的理想监管者，认为SEC将豪伊标准适用于P2P网贷高估了"获利来自他人的努力"这一要件在P2P网贷中的地位。SEC将平台的过往努力和行政活动均界定为"他人的获利努力"，但是在SEC诉Life Partners Inc.案中，哥伦比亚特区巡回法院裁定该案中的利益不满足"获利来自他人的努力"这一要件；与Life Partners一样，P2P网贷中的贷款人的利益取决于借款人的还款意愿和还款能力，而不是依赖于平台的后续努力，因此，P2P网贷平台出售的票据不是Life Partners案中所说的投资合同，SEC没有抓住P2P网贷的本质，要求P2P网贷平台按照联邦证券法的规定作为发行人进行注册是一种过度监管。[2] 不过，该观点的持有人存在矛盾之处，其在同一篇论文中指出："从本质上讲，人人贷平台就是向贷款人出售证券化资产。平台向有意购买这些资产的贷款人快速出售这些产品并发放贷款。平台不需要缴纳存款准备金即可发放贷款，也不适用于银行的资本或储备要求的规制。因此，人人贷贷款人可以以相对较低成本放款。"[3] 既然平台向贷款人出售的是证券化资产，自然要受联邦证券法的规制。

质疑SEC监管P2P网贷的另一个理由，是SEC监管P2P网贷会给P2P网贷行业的发展带来较大的合规成本，存在过度监管的可能。例如，依据美国1933年《证券法》，P2P网贷机构需要履行强制性信息披露义务，而且，SEC的信息披露要求很高，P2P网贷机构需要承担高企的信息披露成本。反

---

[1] 托马斯·李·哈森.证券法[M].张学安，译.北京：中国政法大学出版社，2003：64-65.

[2] 参见安德鲁·维尔斯坦因.美国人人贷的监管误区[C]//余涛，译.许多奇.互联网金融法律评论.北京：法律出版社，2015：72-75.

[3] 安德鲁·维尔斯坦因.美国人人贷的监管误区[C]//余涛，译.许多奇.互联网金融法律评论.北京：法律出版社，2015：55.

对 SEC 监管 P2P 网贷的学者就指出,"SEC 所要求的信息披露——冗长的发售说明书以及几乎可以从平台主页直接获取的埃德加式的'软性'借款人信息——对贷款人无甚益处"①。P2P 网贷是互联网时代金融科技创新的产物,具有利用互联网平台等现代信息技术降低经营成本的优势。如果 SEC 对其实施过度监管,将会使得其经营成本优势荡然无存。因此,或许真正的问题不是 SEC 要不要监管 P2P 网贷,而是如何对 P2P 网贷进行适度监管。

事实上,SEC 对 P2P 网贷的监管对美国 P2P 网贷市场结构及其商业模式产生了重大的现实影响。"SEC 的命令对 P2P 借贷模式产生了深远的影响。Lending Club 和 Prosper 面临着重要的注册和报告要求。这些以盈利为目的的 P2P 贷款平台必须在任何给定贷款方的投资之前对每一笔贷款(称为'票据')进行暂搁注册。他们必须在 EDGAR(SEC 的披露档案)的"发布补充"中记录每一笔融资贷款的详细信息,从而公开存储借款人的数据和披露信息供公众查看。不出所料,这些注册要求对现有企业来说很难实施,对新进入者来说几乎是不可逾越的。"② P2P 网贷平台必须在 SEC 注册的要求导致了 P2P 网贷行业的大规模洗牌,Prosper 和 LendingClub 成功地在 SEC 注册,但其他 P2P 网贷平台,如 Loanio、Virgin Money 和 Pertuity 很快就在遵守 SEC 命令的压力下倒闭了。

二、美国证券法上的豁免注册制度难以适用于 P2P 网贷

其实,在 P2P 网贷之前,以信息披露为核心的美国证券发行注册制的利弊就受到广泛的关注。其主要优点是证券经注册之后可以公开发行,公开发行的证券在购买者的类型或数量上没有限制,公开发行是公司筹集资金的最经济的途径;其主要缺点是发行费用高、信息披露负担重,"委员会要求有关公司的大量信息应当根据《证券法》作出的登记声明书予以公告。此类信息的定期更新和新信息的披露在《证券交易法》中也有规定……在登记声明书和随后的全面披露文件中,基本规则主要如下:如果某些事件对于投资者很重要,那便必须进行披露。很多必须予以披露的信息与公司希望保密的内容有关"③。嵌入了实质审核的以信息披露为核心的证券发行注册制给公司造成的负担,是公司权衡是否公开发行证券的一个重要因素。事实上,美国

---

① 安德鲁·维斯坦因.美国人人贷的监管误区[C]// 余涛,译.许多奇.互联网金融法律评论.北京:法律出版社,2015:93.
② Lo, Benjamin.It Ain't Broke: The Case for Continued SEC Regulation of P2P Lending[J]. Harvard Business Law Review Online, 2015—2016, 6:89.
③ 莱瑞·D.索德奎斯特.美国证券法[M].胡轩之,张云辉,译.北京:法律出版社,2004:32.

1933年《证券法》已经针对注册制可能出现的负面效果进行了相应的制度设计，这就是该法第3节和第4节规定的豁免制度。

美国1933年《证券法》第3节和第4节全面规定了豁免注册的证券和交易。第3节的标题是"豁免证券"（exempted securities），第4节的标题是"豁免交易"（exempted transactions）。第3节明确规定了豁免的证券种类。原第3节第（a）（1）条豁免的是1933年《证券法》生效之前和该法生效之后60日内发行的证券，由于该豁免实际适用的可能性越来越小，在1987年被废止。第3节第（a）（2）条规定以下证券注册：政府、银行、保险公司以及合格养老金计划发行的证券。合格养老金计划是指符合美国《国内税收法》第401节或第402节第（a）（2）条规定的、以银行或保险公司信托或集体信托方式实施的雇员养老金计划；银行证券是指联邦储备银行发行的证券，包括存款单。第3节第（a）（3）条豁免注册的是短期商业票据，短期商业票据包括"在'经常性交易'中签发的从签发日至到期日期限不超过9个月的票据、银行汇票和银行承兑"。① 第3节第（a）（4）条对慈善机构发行的证券豁免注册。这些证券的发行人是为了宗教、教育、慈善、互助、捐赠等非营利性目的设立的社会组织。该豁免被认为是这些非营利组织的联邦纳税人优惠地位的延伸，但是这些发行人的税收优惠地位并不能保证SEC给予其发行的证券豁免注册。如果"组织者、其成员或任何人获得利益或暗示将获得利益——包括向投资者许诺礼物——将排除豁免的适用"。② 第3节第（a）（5）条、第（a）（6）条、第（a）（7）条、第（a）（8）条、第（a）（9）条、第（a）（10）条、第（a）（11）条等分别规定了以下证券豁免注册：建筑及贷款协会、农民合作组织等类似组织发行的证券；铁路设备信托参与的利益；依据破产法由接收人和财产受托人发行的证书；保险单和年金合同；仅限于与现有证券持有人交易而发行的证券；在资产重组中为了与其他证券交换而发行的证券，但是要求该证券的发行获得法院或相关行政机构的许可；仅在州内发行的证券。州内发行豁免的对象"是具有本地特征的发行，包括发行人和受要约人的所有相关各方都居住在当地"。③ 但是，法院与SEC对州内发行豁免规定的解释存在较大差异，这使得州内发行豁免具有不确定性。例如，州内发行豁免要求发行人居住在该州并在该州营业，法院和SEC对于"营业"的解

---

① 短期商业票据仍然受1933年《证券法》反欺诈条款的约束，但是1934年《证券交易法》将其排除在该法的"证券"范围之外，从而不受其反欺诈条款的约束。托马斯·李·哈森.证券法[M].张学安,译.北京：中国政法大学出版社,2003：139.

② 托马斯·李·哈森.证券法[M].张学安,译.北京：中国政法大学出版社,2003：141.

③ 托马斯·李·哈森.证券法[M].张学安,译.北京：中国政法大学出版社,2003：149.

释就存在较大差异。SEC 指出:"发行人若要被认为是在某一州从事经营活动,它必须'在其组建的州内'从事'重大的经营活动'。"① 美国联邦第六巡回法院的解释是"发行人必须在证券被出售的州内从事绝大部分业务"。②

第 3 节(b)授权 SEC 颁布规则对每次公开发行总额不超过 500 万美元的证券发行豁免注册,只要 SEC 认为"从公共利益角度,或者由于所涉数额小,或者公开发行的特征有限,为保护投资者,执行证券法没有必要"。③ 1996 年通过的第 28 节授权 SEC 规定"'任何人、证券,或交易,或任何一类人、一类证券或交易豁免于'《证券法》的'任何规定',只要'这种豁免对保护公开利益是必要或适当的,并且和维护投资者利益是一致的'"。④ 条例 A、规则 701 及条例 D 等是 SEC 创设影响较大的豁免规则。条例 A 规定了适用范围最为广泛的小规模发行豁免。它具有以下特征:(1)与登记发行具有相似性,发行人要遵守条例的通知和披露要求,如将发行说明书上报给 SEC,因此,条例 A 中的交易被称为简式登记;(2)发行人的身份限制,只有符合条件的美国或加拿大的某些公司才可以适用该豁免;(3)发行规模限制与二次销售限制,年发行总额不超过 500 万美元,其中的 150 万美元可以由证券持有者销售。规则 701 豁免了雇员股票补偿计划的登记,发行的数额限制是 12 个月内筹集的资金在 50 万美元至 500 万美元之间,豁免登记的雇员补偿计划的发行人仅限于非报告公司。D 条例是 SEC 规则 501 至规则 506 等六个系列规则的统称,小规模发行豁免。规则 501 至规则 503 规定了适用 D 条例发行的条件及相关术语,如界定"授权投资者"的概念;规则 504 为 12 个月内不超过 100 万美元的小规模发行予以豁免注册;规则 505 对不超过 500 万美元的发行予以豁免,且对购买证券的授权投资者数额不受限制,但是购买证券的非授权投资者的数量不超过 35 人。

第 4 节(6)规定了证券的要约与销售均仅面向授权投资者的证券注册豁免,其所发行的证券价值总额不超过第 3 节(b)允许的数额上限,但是在发行过程中发行人不能公开销售证券、不能发布广告。第 4 节(6)规定的小额发行豁免与条例 A 规定的小额发行豁免相比,前者限制受要约人的性质,

---

① 美国 1933 年《证券法》意见第 4434 条(1961 年 12 月 6 日),转引自莱瑞·D. 索德奎斯特. 美国证券法[M]. 胡轩之,张云辉,译. 北京:法律出版社,2004:138.
② 莱瑞·D. 索德奎斯特. 美国证券法[M]. 胡轩之,张云辉,译. 北京:法律出版社,2004:138.
③ 《美国法典注释》15§77c(b). 转引自托马斯·李·哈森. 证券法[M]. 张学安,译. 北京:中国政法大学出版社,2003:159.
④ 莱瑞·D. 索德奎斯特. 美国证券法[M]. 胡轩之,张云辉,译. 北京:法律出版社,2004:140.

禁止普通推销，但是不限制受要约人的数量；后者不限制受要约人的性质和数量，但是要求披露具体信息，并向 SEC 提交合格的发行通告。

第 4 节（2）规定了美国证券法上的私募发行豁免，私募发行豁免也就是非公开发行豁免，其适用对象是机构投资者和有限数量的有资格的个人投资者。有资格的个人投资者与机构投资者一样具有丰富的投资经验、强大的讨价还价能力和足够的风险承受能力，无须证券法的注册保护。"当对公众的利益过分遥远并且对证券法的适用没有实际必要时，国会关心的就是避开烦琐的登记。设计第 4 节（2）是为了适用于具体的或者单独的对极少数证券持有人的销售及发行，而不涉及公共利益。从对发展起来的案例法及安全港的要件的讨论可知，即使在今天，向数量有限的购买人进行数量极少的发行，如果受要约人和购买人不是足够老练（和/或富有），也不能豁免。"①

美国证券法上不同的证券注册豁免，为发行人提供了诸多选择。不同的豁免类型，对发行人的资格、融资规模、投资者资格与投资者人数、信息披露、发行方式、再销售限制等各方面的要求不尽相同。发行人"可以从时间和金钱的角度与收益作比较、以权衡每种豁免的不同成本"。② 这些豁免规则虽然在理论上为 P2P 网贷平台免于注册提供了诸多选择，但是在实践中存在现实困难。以 D 条例中的规则 506 为例，依据该规则的豁免没有发行总额限制，不会影响 P2P 网贷平台的融资规模，可以允许平台进行私募，但是在发行方式上有限制，如禁止"一般广告"和"一般征集"。这一禁止性规定对于利用互联网平台进行融资的 P2P 网贷产生了重大障碍。诚如有美国学者所言，"通过互联网进行的证券发行——P2P 贷款平台的基本销售渠道——可能被美国证券交易委员会认为涉及一般广告或一般征集，因此不符合规则 506 的豁免条件。因此，为了避免注册，P2P 贷款平台要么必须保持非常小的规模，放弃任何规模经济，要么必须避免通过标准的销售渠道营销证券——这两种做法对任何以消费者为中心的企业都没有现实可行性"。③

三、JOBS 法案豁免规则使 P2P 网贷平台更多地迎合合格投资者

由于美国证券法上原有的证券发行豁免规则难以在众筹行业中有效适用，为了促进众筹行业的发展，美国 JOBS 法案拓展或创设证券发行登记豁

---

① 托马斯·李·哈森.证券法[M].张学安,译.北京：中国政法大学出版社,2003：159.
② 莱瑞·D.索德奎斯特.美国证券法[M].胡轩之,张云辉,译.北京：法律出版社,2004：149.
③ Lo, Benjamin. It Ain't Broke: The Case for Continued SEC Regulation of P2P Lending[J]. Harvard Business Law Review Online, 2015—2016, 6:93.

免制度。它附条件解除了私募发行豁免下的发行方式限制。源于1933年《证券法》第4节(2)的私募发行豁免，其发行人只能向授权投资者销售证券，而不能采取广告或公开劝诱的方式。JOBS法案的第二章"创业企业的资本筹集"对D条例的法则506进行了修改，在一定条件下放开了在私募股权发行中对公开宣传的管制。依据"创业企业的资本筹集"，美国SEC将法则506分为两个部分：(1)法则506(b)部分，仍然只允许最多35位非合格投资者，禁止公开宣传，合格投资者要进行自我证明，非合格投资者不超过35人；(2)法则506(c)部分，放开对公开宣传的禁止规定，但只允许合格投资者购买证券。[1] 506(c)豁免规则的实施意味着"只要平台作出合理努力，确保贷款人是'合格投资者'，它们就应该能够在不经过注册的情况下向贷款人提供和销售无限量的贷款"。[2] 对于占主导地位的借贷平台Lending Club和Prosper等，506(c)豁免规则没有多大意义，因为它们已经有暂搁注册流程解决问题。对于新进入P2P网贷领域的平台，该规则具有重要意义。它有助于解决初创企业的两难境况：不注册就不能合法运营，也就无法获得风险投资；没有风险投资者，又无法注册。因此，506(c)豁免规则有助于消除人们对难以逾越的准入监管障碍的担忧。[3]

JOBS法案在第三章"众筹"中修订了1933年《证券法》第4节(6)，创造出一种新的证券豁免类型——众筹发行豁免，即发行人通过众筹平台向投资者出售证券给予豁免。不过，该豁免是附条件豁免，发行人必须要符合JOBS法案所规定的条件：(1)发行人在12个月之内通过众筹平台发行的证券总额不超过100万美元；(2)发行人在发行证券时和证券发行完毕之后均应当履行信息披露义务，如在发行证券时向SEC、投资者及证券中介机构等提交财务报告，披露发行可能涉及的风险、筹集资金的用途、目标发行额、融资期限，发行人在证券发行完毕之后每年都应当向SEC与投资者提交关于公司经营业绩和财务状况的报告；(3)众筹平台注册为证券经纪人或集资门户的要求，主张众筹豁免的发行人必须通过众筹平台发行证券，而且该众筹平台应当在SEC注册为经纪人或集资门户；(4)遵守对投资者的投资总额限

---

[1] "合格投资者"即"授权投资者"，是对"accredited investors"的不同翻译，有的翻译为"获许投资者"或"受信投资者"。戴维·弗里德曼，马修·纳丁.股权众筹投资指南：关于风险、收益、法规、筹资网站、尽职调查和交易条款[M].清控三联创业投资(北京)有限公司，译.北京：清华大学出版社，2019：37.

[2] Lo, Benjamin. It Ain't Broke: The Case for Continued SEC Regulation of P2P Lending[J]. Harvard Business Law Review Online, 2015—2016, 6：93.

[3] Lo, Benjamin. It Ain't Broke: The Case for Continued SEC Regulation of P2P Lending[J]. Harvard Business Law Review Online, 2015—2016, 6：94.

制。SEC 关于众筹的最终监管规则——《众筹条例》进一步放宽了进入众筹市场的门槛："受个人投资限制和某些财务报表披露要求的限制，借款人公司可在 12 个月内向合格投资者和非合格投资者筹资 100 万美元。发行还必须通过经纪人或集资门户进行。众筹允许平台在在线市场上匹配借款人和贷款人，而不要求平台注册任何证券。"[1] 该规则实质上豁免了小企业发行人通过 P2P 网贷平台融资的注册要求，同时要求发行人向 SEC 履行一定的信息披露义务。[2]

JOBS 法案中的上述众筹豁免规则对美国众筹市场的发展产生了不同程度的影响。506(b) 豁免规则对非合格投资者人数的限制实际上极大地限制了该豁免规则在众筹行业中的用武之地，因为众筹市场的非合格投资者人数众多，很容易突破不超过 35 人的限制；该豁免规则虽然不限制合格投资者的人数，但是禁止公开宣传实际上限制了众筹融资宣传成本低、便捷高效的优势。506(b) 豁免规则的这两项限制最终使得 P2P 网贷平台更倾向于选择合格投资者。506(c) 豁免规则只允许合格投资者购买证券，但是允许公开宣传，有利于发挥平台宣传成本低、便捷高效的融资优势。对 1933 年《证券法》第 4 节(6)修改之后形成的众筹豁免规则是附条件的豁免，而且所附条件甚多，特别是在证券发行时和发行完之后对发行人的信息披露义务要求给发行人施加了较高的成本。综合观之，以上三种豁免规则对美国众筹行业发展促进作用最大的是 506(c) 豁免规则，而且 506(b) 豁免规则与 506(c) 豁免规则具有一个共同的制度激励效果，就是促使 P2P 网贷平台更多地迎合合格投资者。这是美国 P2P 网贷市场结构从以散户投资者为主转向以机构投资者为主的重要制度原因之一。

总之，美国 JOBS 法案中的众筹豁免规则及其 SEC 制定的《众筹条例》，能够在一定程度上缓解美国 SEC 将 P2P 网贷纳入监管范围给 P2P 网贷行业带来的压力。不过，对 SEC 监管造成 P2P 网贷市场准入障碍和影响 P2P 网贷行业发展之类的担忧仍然存在。事实上，美国理论界围绕众筹豁免规则的争议一直存在，争议的焦点是信息披露问题。下文不妨从公私法合作规制视角分析和反思美国 P2P 网贷信息披露规制之争，并探讨其对我国 P2P 网贷信息披露及转型之后的互联网贷款市场信息披露的借鉴意义。

---

[1] Lo, Benjamin.It Ain't Broke: The Case for Continued SEC Regulation of P2P Lending[J]. Harvard Business Law Review Online, 2015—2016, 6:94.

[2] 参见郭雳. 美国 JOBS 法介绍：证券监管再平衡探析[C]// 彭冰. 互联网金融的国际法律实践. 北京：北京大学出版社，2017：146.

第三节 公私法合作规制视角下美国P2P网贷信息披露规制之争的分析与启示

一、美国P2P网贷信息披露规制的主要争议

（一）P2P网贷信息披露规制的主体之争

美国在2008年全球金融危机之后对其金融监管体制进行了重大改革。改革所依据的重要金融监管立法是2010年制定的《多德-弗兰克华尔街改革与消费者保护法案》（以下简称《多德-弗兰克法案》）。在《多德-弗兰克法案》制定过程中，美国P2P网贷行业借美国银行业压缩消费信用贷款业务的契机获得了长足的发展。但是，对于由谁监管、如何监管美国P2P网贷，美国理论界与实务界存在争议。美国P2P网贷业监管成为立法者在制定《多德-弗兰克法案》时面临的一个重大现实问题。然而，最后通过的《多德-弗兰克法案》对于这个问题采取了观望的态度，只是在第989F条中规定："美国总审计长应对个人向个人借款进行研究以确定最佳的联邦监管结构""在进行第（1）项中规定的研究时，总审计长应向联邦银行业监管机构、证券交易委员会、消费者团体、外部专家以及个人向个人借款行业进行咨询"[①]。时至今日，尽管美国证券法适用于P2P网贷，即美国SEC对P2P网贷业的监管权难以改变，但是美国其他联邦金融监管机构是否应监管P2P网贷仍是一个值得关注和探讨的现实问题。

在美国理论界，实际上一直存在着P2P网贷规制的主体之争。首先，在美国P2P网贷行业发展的早期阶段，P2P网贷平台声称自己是一种不受证券法约束的银行替代方案，一些学者认为P2P网贷机构不受证券法的约束，而消费者金融保护局是监管P2P网贷的唯一权威机构。例如，有人认为："P2P网贷行业通过快速发展的网络平台为消费者提供了巨大的利益。因此，对P2P网贷的监管应促进P2P网贷行业的增长，同时应对紧急的消费者保护问题。其次，美国SEC对P2P网贷的监管削弱了该行业，损害了其客户。根据众议院版的《多德-弗兰克法案》，大多数P2P贷款活动应该不受SEC的管辖。[②]

---

① 董裕平，全先银，等译.多德-弗兰克华尔街改革与消费者保护法案[Z].北京：中国金融出版社，2010：142.

② 众议版的《多德-弗兰克法案》是美国P2P网贷平台Prosper院外游说的结果。其规定的法定豁免修正了1933年《证券法》第3（a）条的规定，将"任何消费者贷款，以及任何通过P2P网贷平台集资或销售的代表整体或部分贷款权益的票据"排除在该条规定的证券之外，从而使得P2P网贷不受1933年《证券法》的调整。See Andrew Verstein.The Misregulation of Person-to-Person Lending[J].University of California, Davis, 2011,45（2）:522-523.

最后，美国 CFPB 最适合应对 P2P 贷款的监管挑战。《多德-弗兰克法案》使 CFPB 既能协调现有的消费者金融法律与 P2P 网贷，又能制定新的法规来保护消费者免受新的威胁。"① 有人认为，P2P 网贷是一种"去中介化"的小额金融交易，虽然有其自身的金融风险，但是值得保留；SEC 对 P2P 网贷的监管缺乏灵活性，给 P2P 网贷平台增加了巨大成本，给借贷双方增加了风险，甚至威胁到 P2P 网贷行业的生存与发展；SEC 的证券监管制度专注于形式的信息披露，不能满足贷款人的需求，以牺牲借款人利益为代价保护投资者；SEC 的二元监管方式使得有的公司几乎完全不受监管，有的公司却被过度监管；私人诉讼这一传统证券法实施机制对于 P2P 网贷市场基本无效；CFPB 能够比 SEC 更好地保护借贷双方，促使 P2P 网贷行业为消费者提供更受益更透明的产品。② 因此，"更好的解决方案是将对 P2P 网贷平台的监管整合到 CFPB 之下。这个新成立的机构可以量身定制披露信息，平衡借款人隐私与误导性广告和贷款人披露信息之间的关系"③。CFPB 是依据《多德-弗兰克法案》第十章"2010 年消费者金融保护法案"在美国联邦储备体系成立的独立机构，负责依据联邦消费者金融法对消费者金融产品或服务的供应与提供进行监管。若 P2P 网贷平台接受 CFPB 的监管，就负有如下信息披露义务：（1）按照 CFPB 规则或命令要求的形式在合理时间内向 CFPB 提供必要的年度或专项报告，或对特定问题进行书面回答，以提供 CFPB 所需要收集的信息，CFPB 应当采取措施确保在公布这些信息时，防止公开泄露私有的或者保密性消费者信息；④（2）履行《平等信贷机会法案》《诚信贷款法案》《诚信储蓄法案》等联邦消费者金融法律所规定的信息披露义务。

有人认为，SEC 对 P2P 网贷的监管现状无须改变，其理由有二："首先，私募规则的扩大减轻了证券法的负担，降低了 P2P 网贷的准入门槛。其次，P2P 网贷票据的投资者，而不是借款人，需要更大的保护，从而使证券法成为最合适的监管方式。"⑤ 不过，该学者认为，P2P 网贷机构还可能受到联邦

---

① Slattery, Paul.Square Pegs in a Round Hole: SEC Regulation of Online Peer-to-Peer Lending and the CFPB Alternative[J]. Yale Journal on Regulation, 2013,30(1):236.

② Andrew Verstein.The Misregulation of Person-to-Person Lending[J].University of California, Davis, 2011,45(2):529-530.

③ Lo, Benjamin.It Ain't Broke: The Case for Continued SEC Regulation of P2P Lending[J]. Harvard Business Law Review Online, 2015—2016, 6:87-110.

④ 参见董裕平，全先银，等译.多德-弗兰克华尔街改革与消费者保护法案[Z].北京：中国金融出版社，2010：557-559.

⑤ Luther, Jeffrey, Twenty-First Century Financial Regulation: P2P Lending, Fintech, and the Argument for a Special Purpose Fintech Charter Approach[J].University of Pennsylvania Law Review, 2020, 168(4):1041.

第四章 ▶ 美国P2P网贷市场转型与信息披露规制之争的分析与启示

银行监管机构的监管,"Lending Club 和 Prosper 在向私人投资者出售贷款之前,都利用特许银行提供贷款资金。Lending Club 和 Prosper 使用的银行主要是 WebBank,这是一家受联邦存款保险公司(Federal Deposit Insurance Corporation,简称 FDIC)监管的州特许银行。利用特许银行在回购此类贷款之前发放贷款的 P2P 贷款机构在技术上要接受联邦银行监管机构的检查和执行。因为 P2P 贷款机构和特许银行之间存在着管理贷款的承销、发起和服务的合同关系"。①美国货币监理署(the Office of the Comptroller of Currency,简称 OCC)在 2016 年年末发布了一个有关金融科技的白皮书,探索对金融科技公司实施国家银行特许,并在 2017 年公布了许可程序草案。与 50 个州的银行许可制度相比,OCC 的许可条件更容易满足,更适合金融科技的商业模式,但是,OCC 对金融科技公司实施国家银行特许遭到了州金融监管机构的挑战,他们认为这侵犯了他们的管辖权,并且超出了《国家银行法》授予 OCC 的权限。②2018 年 7 月 31 日,OCC 发布《金融科技公司有资格申请国家银行执照政策声明》,宣布将开始接受金融科技公司的"特殊目的国家银行执照"申请。有学者认为:"OCC 试图向非存款金融科技机构提供国家银行执照,这些机构可以由商业公司拥有,没有 FDIC 的保险,并将避免遵守许多最重要的联邦银行法,这将对美国经济和我们的金融监管体系产生重大(甚至可能是毁灭性的)影响。这些政策问题是国会最恰当地处理和解决的问题类型。国会多次拒绝授予 OCC 任何形式的全面授权,将非存款机构特许为全国性银行,这表明 OCC 没有权力通过监管法令自行解决此类基本政策问题。"③显然,该学者认为 OCC 的行为超越了国会的授权。不过,实际上向 OCC 申请国家银行特许的金融科技公司很少见。"即使是合格的和有经验的公司也可能会犹豫是否申请,因为存在三个关键的不确定性:OCC 如何评估应用程序和规范特殊目的国家银行许可;二级监管机构将如何应对该许可;法院将如何解决各州提出的诉讼,诉讼挑战 OCC 对金融科技公司的特许目的国家银行许可。"④

---

① Luther, Jeffrey, Twenty-First Century Financial Regulation: P2P Lending, Fintech, and the Argument for a Special Purpose Fintech Charter Approach[J].University of Pennsylvania Law Review, 2020, 168(4):1032.

② Petrasic Kevin, Saul Benjamin Lee Helen.Fintech Companies and Bank Charters: Options and Considerations for 2018[J].Banking Law Journal,2018,135(4):227-243.

③ Upton, Elizabeth J.Chartering Fintech: The OCC's Newest Nonbank Proposal[J].George Washington Law Review, 2018,86(5):1437.

④ Financial Regulation-National Bank Chartering-OCC Allows Fintech Companies to Apply for National Bank Charters[J].Harvard Law Review,2019,132(4):1366.

（二）P2P 网贷信息披露规制的限度之争

P2P 网贷信息披露规制的限度之争主要围绕 JOBS 法案的众筹豁免规则展开。理论界与实务界存在针锋相对的观点。反对者以美国证券法学者托马斯·李·哈森为代表。他指出："美国 SEC 一直坚持将强制性披露作为向公众发行股票的条件。众筹的好处并不能证明背离这种模式是合理的。为了适当地尊重投资者保护，任何适用于众筹的豁免都应该以强制性披露为条件。"① 他进一步指出："新的众筹豁免条件是强制披露信息，以便让投资者有机会评估投资的价值。如前所述，这些披露必须以发行通告的形式进行，如果披露存在重大缺陷，该通告足以触发第 12(a)(2) 条的索赔要求。如果做不到这一点，就会允许不考虑投资者是否成熟而进行普遍招揽，并引发导致 1999 年修订的 504 规则豁免的滥用类型。如果说历史给了我们什么教训的话，那就是社交媒体技术增加而不是减少了欺诈的可能性。因此，仅仅因为众筹募集的投资金额有限制，就牺牲投资者保护是没有意义的。建议 SEC 将提供足够有意义的信息披露作为实施的新的众筹豁免的前提，让投资者得到他们需要和应得的保护。"② 在此，他委婉地指出了 JOBS 法案豁免规则未能提供足够的有意义的信息披露，过于宽松的众筹豁免使得投资者保护被牺牲。此外，他还明确指出："互联网和社交网络为骗子提供了肥沃的土壤。近一个世纪以来，诈骗犯和证券诈骗犯一直在设法使他们的骗局适应新技术"，③ "如果认为将每个投资者的投资限制在小额，就能阻止骗子通过众筹利用投资者，那就太天真了"④。托马斯·李·哈森对互联网金融市场中欺诈现象的警醒确实存在客观的现实基础。毕竟，互联网与社交网等新兴的信息技术具有两面性，既能够降低金融交易成本、促进金融效率，也可能被不诚信者用于违法犯罪活动，侵犯投资者利益。在 JOBS 法案的立法过程中，不少立法者担忧，众筹会给缺乏经验的散户投资者带来风险。一位众议院

---

① Thomas L. Hazen.Crowdfunding or Fraud funding—Social Networks and the Securities Laws—Why the Specially Tailored Exemption Must Be Conditioned on Meaningful Disclosure[J].North Carolina Law Review, 2012,90(5):1763.

② Thomas L. Hazen.Crowdfunding or Fraud funding—Social Networks and the Securities Laws—Why the Specially Tailored Exemption Must Be Conditioned on Meaningful Disclosure[J].North Carolina Law Review, 2012,90(5):1769.

③ Thomas L. Hazen.Crowdfunding or Fraud funding—Social Networks and the Securities Laws—Why the Specially Tailored Exemption Must Be Conditioned on Meaningful Disclosure[J].North Carolina Law Review, 2012,90(5):1767.

④ Thomas L. Hazen.Crowdfunding or Fraud funding—Social Networks and the Securities Laws—Why the Specially Tailored Exemption Must Be Conditioned on Meaningful Disclosure[J].North Carolina Law Review, 2012,90(5):1765.

的议员指出:"当我们谈论散户投资者时,我们应该小心,他们是典型的寡妇和孤儿,他们不具有金融专业知识,不是那些被贴上授权投资者(accredited investors)或机构投资者(institutional investor)标签的大型金融参与者。"[①] 质言之,散户投资者缺乏保护好自己的能力。如果不利用强制性信息披露规则保护散户投资者,P2P 网贷等众筹市场就可能变成一个不提供准确信息、没有责任追究的市场,那样众筹市场的声誉就会受到严重损害,最终会影响众筹市场的融资功能。

支持众筹豁免规则的学者普遍认为,众筹豁免规则中的信息披露要求太高,会增加不合理成本,甚至可能使得众筹豁免规则名存实亡。有人认为,"新的4(6)豁免是一个错失的机会。需要通过股权或其他形式投资筹集有限资金的小型企业和促销活动仍然缺乏有意义的注册豁免,如果新的4(6)豁免被证明是失败的(这很有可能),或许推动当前努力的精力和承诺将导致重新呼吁起草一份注册豁免,减少对广泛监管控制的依赖,更多地依赖披露标准和补救措施。在此之前,寻求筹集相对较少资金的企业家和其他人将继续发现,联邦证券法对他们的抱负是一个重大障碍"[②]。在其看来,JOBS 法案中的众筹豁免规则是一个没有执行好的好主意。有学者认为,从经济的角度看,P2P 网贷等投资型众筹,对创业活动具有潜在的强大吸引力,有助于激发企业的创业精神,引导企业采用新的资本形成方式,能够给美国数百万人带来就业机会;从监管的角度看,投资型众筹对 SEC 提出了多方面的挑战,这些挑战集中体现在对资本形成有着广泛而深远影响的监管政策上,包括旨在创建更有效的资本市场的政策举措,如信息披露和更创新的投资者保护手段(如投资者教育),而不是出于善意的监管扼杀;综合以上两方面,尽管众筹的成本和复杂性难以计算,但立法者和政府监管机构应该精心培育和发展众筹,为了实现更广泛的政策目标,以更有效的资本形成手段和聪明的监管政策考量应对这一新兴资本市场的挑战。[③] 该学者对 SEC 的拟议规则提出了如下质疑:"JOBS 法案第三章规定了众筹发行中发行人的披露义务。SEC 依据国会授权其规则的权力,将不到一页的法定公开内容修改为十页的规则草案。SEC 披露规则最大的问题不是规则本身的实质内容,而是规则中没有

---

① Sanchez, Ryan.The New Crowdfunding Exemption: Only Time Will Tell[J].UC Davis Business Law Journal,2013,14(1):116.
② Cohn, Stuart R.The New Crowdfunding Registration Exemption: Good Idea, Bad Execution[J].Florida Law Review,2012,64(5):1445-1446.
③ Guzik S S .SEC Crowdfunding Rulemaking Under the Jobs Act -- An Opportunity Lost?[J].Ssrn Electronic Journal, 2014.DOI:10.2139/ssrn.2393897.

的内容：发行方在履行法定信息披露义务时可以考虑的一种可选的简化披露格式。"① 显然，在其看来，SEC 拟制定的众筹豁免规则中的信息披露要求过高，会给众筹型证券的发行增加不合理成本。又如，JOBS 法案的财务信息披露要求是批评者关注的焦点。"寻求筹资 10 万美元或更少的发行人必须提供上一年的公司所得税申报表和经首席执行官证实准确的发行人财务报表；筹资 10 万美元至 50 万美元的发行人必须提供经公共会计师审核的财务报表，筹资 50 万美元至 100 万美元的发行人必须提供经审计的财务报表。这些财务披露要求比某些其他注册豁免（如 D 条例或 A 条例）施加了更大的负担。审计报表的成本很可能会消耗掉'很大比例'的募集资金，特别是对于初创企业，它们很少在企业生命周期这么早的时候进行审计。"② 诚如有的学者所言，众筹监管立法的难点在于，"既要规定充分的信息披露，以弥补发行人和投资者之间的信息不对称，又不能创造一种让发行人在实践中难以使用的豁免"③。就JOBS法案的众筹豁免规则而言，该学者认为，它似乎在平衡投资者保护和可管理的披露要求方面发挥了可接受的作用，但是该法案的隐性成本将推高所有发行方的交易成本，并可能完全阻止成熟的发行方依赖众筹。④

经过 3 年多的激烈争论，SEC 终于在 2015 年 10 月 30 日通过了实施 JOBS 法案众筹豁免规则的监管细则——《众筹条例》。《众筹条例》对作为众筹豁免之前提的信息披露规定如下：(1) 明确发行人进行信息披露的具体要求，发行人应当通过 C 表格向 SEC 申报发行说明书、履行持续报告义务，并同时向众筹中介提供；(2) 为了将投资者引向众筹中介平台，发行人将包含发行证券的数量、性质、价格以及发行截止日期等信息的发行条款以广告的形式通知投资者，以帮助投资者通过平台获取充分的信息；(3) 对众筹平台增加了新的要求，包括采取减少欺诈风险的措施，如在平台建立公开、开放的交流渠道，通过发挥"群体智慧"来发现欺诈，又如要求平台在给投资者开立账户时为其提供投资者教育资料；(4) 尽可能地降低众筹型证券的发行成本，如对发行年度报告中财务报表的披露，SEC 不再要求财务报表须经会

---

① Guzik S S .SEC Crowdfunding Rulemaking Under the Jobs Act -- An Opportunity Lost?[J].Ssrn Electronic Journal, 2014.DOI:10.2139/ssrn.2393897.

② Mashburn, David.The Anti-Crowd Pleaser: Fixing the Crowdfund Act's Hidden Risks and Inadequate Remedies.[J].Emory Law Journal,2013,63(1):148.

③ Mashburn, David.The Anti-Crowd Pleaser: Fixing the Crowdfund Act's Hidden Risks and Inadequate Remedies.[J].Emory Law Journal,2013,63(1):147.

④ Mashburn, David.The Anti-Crowd Pleaser: Fixing the Crowdfund Act's Hidden Risks and Inadequate Remedies.[J].Emory Law Journal,2013,63(1):147.

计师审计,发行人的主要执行官保证财务报表的真实性和完整性即可。①

（三）P2P 网贷信息披露规制中的利益保护之争

美国的证券监管制度是一个以信息披露为基础的体系。托马斯·李·哈森指出:"证券监管需要在以下两方面进行必要的平衡:一方面要求披露足够的信息,以保护投资者不受欺诈;另一方面又要避免制定对企业过于沉重的监管规定,使企业无法在市场上有效筹集资金。"②事实也确是如此,美国理论界和实务界在关于 P2P 网贷信息披露规制问题的争论中,就蕴含着围绕这一平衡而进行的利益保护之争。

在纷繁复杂的社会中,个人之间、个人与社会之间等存在着形形色色的利益冲突。"法律的主要作用之一就是调整及调和上述种种相互冲突的利益,无论是个人的利益还是社会的利益。"③在前文所提及的 P2P 网贷信息披露规制的主体之争中,主张 P2P 网贷应当由 SEC 监管的学者就指出:"由于双方谈判地位的不对等,传统的借贷通常对贷款人有利。借款人经常和那些出售金融产品的银行作斗争,这些金融产品的'条款和做法令人费解,让家庭听任合同制定者摆布'。P2P 网贷市场的情况似乎并非如此。从 Lending Club 提供的贷款数据来看,在 P2P 网贷交易中,借款人的表现似乎相当不错。它们不像实体贷款行业那样面临同样的风险。相反,贷款人是第一次进入贷款市场,在处理提供给它们的大量数据时犯了小而重大的错误。现在形势对贷款人不利,而美国 SEC 通过更好的信息披露来保护这些新手投资者是独一无二的。"④因此,在 P2P 网贷领域,作为投资者的贷款人比借款人需要更大的保护,而 SEC 是提供投资者保护的最合适机构。

主张由 CFPB 监管 P2P 网贷业的学者认为,SEC 对 P2P 网贷的监管使得借款人利益无法得到有效的保护,因为 SEC 的职权是保护散户投资者和促

---

① 此外,《众筹条例》对发行人资格和单个自然人投资者的投资限额作了具体规定:(1)在发行人资格方面,不仅排除了 JOBS 法案中列明的外国公司、报告公司和投资公司,而且将没有依法进行持续报告的公司、没有确定商业计划的公司排除在适格发行人之外;(2)在投资限额方面,单个自然人投资者的年收入或净资产中的较小的一项低于 10 万美元的,投资限额不超过该项数值的 5% 或者 2000 美元;年收入或净资产中的较小的一项高于 10 万美元的,投资限额不超过该项数值的 10%。毛海栋.美国《众筹条例》评述[C]//彭冰.互联网金融的国际法律实践.北京:北京大学出版社,2017:154-160.

② Thomas L. Hazen.Crowdfunding or Fraud funding—Social Networks and the Securities Laws—Why the Specially Tailored Exemption Must Be Conditioned on Meaningful Disclosure[J].North Carolina Law Review, 2012,90(5):1765.

③ E. 博登海默.法理学:法律哲学与法律方法[M].邓正来,译.北京:中国政法大学出版社,2017:414.

④ Lo, Benjamin.It Ain't Broke: The Case for Continued SEC Regulation of P2P Lending[J]. Harvard Business Law Review Online, 2015—2016, 6:96-97.

进资本筹集,SEC 所构建的众筹豁免信息披露制度是一个极度偏向投资者（贷款人）的披露制度,其关注的仅仅是投资者特别是散户投资者的利益是否受到保护,对投资者利益保护的单向关注实际上剥夺了平台平衡借贷双方权益的能力。① 有学者指出,"所有借款人都面临着误导性贷款条款、歧视性或掠夺性的信贷决定以及滥用债务催收做法的风险",② P2P 网贷的借款人与传统借贷的借款人一样面临着上述风险。不仅如此,P2P 网贷的借款人还面临着 P2P 网贷市场的独特风险。例如,P2P 网贷平台往往会要求借款人提供详细的个人身份信息、信用信息甚至个人隐私等。如果这些信息被平台出售,或者被黑客攻击,可能会给借款人造成巨大的损失。P2P 网贷平台所提供的论坛等交流渠道虽然有助于将借款人的身份与他们的信用信息配对,但是有可能导致骚扰和身份盗窃。借款人为了从 P2P 网贷平台借款,不得不出于"自愿"提供其个人信息。换言之,借款人不得不面临其个人信息被非法收集、泄露或滥用的风险。

此外,在 P2P 网贷中,几乎所有的贷款决定都依赖于场景数据（alternative data）的收集与使用。但是,场景数据可能不准确。美国国家消费者法律中心在 2014 年的一项研究中发现,通过场景数据汇总的报告存在重大错误。场景数据在 P2P 网贷中的广泛使用给借款人带来了以下风险:"对 P2P 网贷借款人的算法中使用的场景数据的分析表明,基础性数据可能包含显著的不准确性。这些不准确的数据可能会导致不正当的信用拒绝,或者给借款者带来过高的利率。这两种风险增加了违反诸如《公平信用报告法》《平等信贷机会法》等联邦贷款法的可能性。"③ 借款人在 P2P 网贷中所面临的上述风险使得其与贷款人相比处于明显的弱势地位。"社会原则要求法律给予那些依赖订立合同,但由于经济实力弱而缺乏业务经验而无法以特有方式充分地维护自身利益的人提供法律保护。"④ 消费者保护法就是践行社会原则的重要立法,学者正是依据社会原则将 P2P 网贷中的借款人作为消费者纳入联邦消费者保护法的范畴,并以此为依据主张由 CFPB 监管 P2P 网贷行业,以加强对 P2P 网贷市场中的借款人保护。

---

① Andrew Verstein.The Misregulation of Person-to-Person Lending[J].University of California, Davis, 2011,45(2):506-509.

② Slattery, Paul.Square Pegs in a Round Hole: SEC Regulation of Online Peer-to-Peer Lending and the CFPB Alternative[J]. Yale Journal on Regulation, 2013,30(1):245.

③ Luther, Jeffrey, Twenty-First Century Financial Regulation: P2P Lending, Fintech, and the Argument for a Special Purpose Fintech Charter Approach[J].University of Pennsylvania Law Review, 2020, 168(4):1026.

④ 卡尔·拉伦茨.德国民法通论[M].王晓晔,邵建东,等译.北京:法律出版社,2002:69.

二、公私法合作规制视角下 P2P 网贷信息披露规制争议之反思

（一）公私法合作规制理念缺失使 SEC 监管与 CFPB 监管对立

如前文所述，在美国 P2P 网贷信息披露规制之争中，存在着将 SEC 监管 P2P 网贷和 CFPB 监管 P2P 网贷对立起来的观点。就实际运行的 P2P 网贷规制制度而言，美国尚未建立起《多德-弗兰克法案》第 989F 条所要求建立的联邦规制体系，真正对美国 P2P 行业进行监管的是 SEC。从消费者保护的角度看，美国 P2P 网贷行业到底在多大程度上受联邦监管机构的监管并不明确。尽管《多德-弗兰克法案》赋予了 CFPB 监管 P2P 网贷的职权，但是它实际上并没有表现出任何积极监管这一市场的意愿。在奥巴马政府时期，CFPB 曾采取两项有关 P2P 网贷的措施：一是 CFPB 开始受理来自 P2P 网贷市场的消费者投诉；二是 CFPB 发布了一项关于场景数据对消费者影响的信息咨询，但是 CFPB 从未制定或执行有关 P2P 网贷消费者保护的任何规则。在特朗普政府时期，CFPB 对 P2P 网贷市场的监管不是加强而是放松。CFPB 发布的一项建议性规则允许金融科技公司（包括 P2P 网贷机构）参与"试验性披露计划"，使其免于联邦法上的信息披露要求。这项被 CFPB 认为有助于加强消费者保护的计划遭到了一些消费者团体的强烈反对，消费者团体认为该豁免有助于节约 P2P 网贷行业的成本，但是没有改善消费者的理解能力，甚至可能对消费者造成伤害。豁免 P2P 网贷机构的信息披露义务会影响作为消费者的借款人对借贷合同条款的理解与判断。这等于放弃了信息披露规制这一古老而普遍的消费者保护手段。事实上也是如此，CFPB 曾经向 P2P 网贷机构 Upstart 发了一封信函，表示其无意依据《平等信贷机会法》对 Upstart 使用场景数据采取监管执法行动。[①]

由上可见，美国对 P2P 网贷的监管几乎完全依赖于 SEC 而放弃 CFPB 的监管，这种做法是将 SEC 与 CFPB 对 P2P 网贷的监管完全对立起来。笔者以为，这种对立源于对 P2P 网贷的规制缺乏公私法合作规制理念。众所周知，P2P 网贷是互联网时代的重大金融创新。任何事物都具有两面性，P2P 网贷这一重大金融创新同样如此。它既有可能给贷款人、借款人等带来投融资的便利，促进金融效率，也有可能给金融市场带来新的金融风险。因此，P2P 网贷对既有法律制度的挑战是全面性的。从私法角度看，P2P 网贷冲击着传统

---

① Luther, Jeffrey, Twenty-First Century Financial Regulation: P2P Lending, Fintech, and the Argument for a Special Purpose Fintech Charter Approach[J].University of Pennsylvania Law Review, 2020, 168（4）:1044-1045.

的借贷关系，P2P 网贷平台、贷款人、借款人甚至银行等都参与了 P2P 网贷市场活动。它们之间的私法关系不像传统借贷市场一样清晰，尤其是 P2P 网贷平台的功能定位与法律地位不明确。美国关于 Propser 等网贷平台所出售的票据是否属于 1933 年《证券法》上的证券之争议表明了 P2P 网贷所涉及的私法关系的复杂性。即使从借贷关系的角度看，P2P 网贷中的贷款人与借款人所处的实际场景也与传统借贷具有相当大的差别，处理传统借贷的法律规则面临着现实挑战。如何利用和完善既有私法制度如借贷合同制度、消费者保护法中的信息披露制度等保护各方 P2P 网贷市场主体的合法权益，是 P2P 网贷私法规制的任务。从公法角度看，防范化解 P2P 网贷市场的金融风险、保护 P2P 网贷市场投资者的合法权益、维护 P2P 网贷市场的金融稳定与金融安全，是 P2P 网贷公法规制的主要目标。主张 P2P 网贷完全由 CFPB 监管的观点只是关注和回应了 P2P 网贷中作为消费者的借款人利益保护所面临的私法挑战，主张 P2P 网贷完全由 SEC 监管的观点只是关注和回应了 P2P 网贷的公法挑战。

然而，法律制度的整体性决定了公法与私法划分的相对性。划分公法与私法的目的不是要将具有整体性的法律制度人为地分成两大板块，让社会生活要么接受公法的调整、要么接受私法的调整，而是要从私法与公法等不同角度对社会生活进行调整、协调和平衡纷繁复杂的社会生活所涉及的各种利益。此即公私法合作规制理念。以信息披露规制为例，笔者已经在前文的第二章第二节论证信息兼具私人性与公共性，信息的私人性要求信息披露的私法规制。合同法上的先合同义务、合同格式条款的提示说明义务、缔约过失责任、侵权法上的知情同意免责、消费者保护法中经营者的信息告知或说明义务等是典型的信息披露私法规制制度。信息的公共性要求信息披露的公法规制，公司法与证券法上的强制信息披露制度、银行监管中的强制信息披露制度等是典型的信息披露公法规制制度。加强和完善对 P2P 网贷行业的信息披露规制，一方面需要充分利用好既有的信息披露法律制度，另一方面要正视 P2P 网贷这一新生事物对既有法律制度的挑战。毋庸置疑，这一挑战是全面性的，既有对信息披露之私法规制的挑战，也有对信息披露之公法规制的挑战。应对这一全面性的挑战，需要秉承公私法合作规制理念，综合发挥 SEC 与 CFPB 对 P2P 网贷的监管作用，加强和完善 P2P 网贷信息披露的私法规制与公法规制。

（二）公私法合作规制理念缺失使P2P网贷信息披露规制中的法价值失衡

"法律价值是一个由多种要素构成、以多元形态存在的体系。在该体系内部各种价值要素的位阶是上下浮动的。在社会发展的每个阶段和每个特定时期，总是有一种价值处于首要地位，其他价值处于次要地位。但这绝不意味着该首要价值是排他的，次要的价值是无关紧要的；不意味着首要价值在各个法律领域、法律运行的各个环节都是绝对领先，其他价值则绝对从属；更不意味着首要价值将持续第一，其他价值永居其后。这就向人们提出了正确地进行价值评定和选择的任务。"[1]秩序、安全、自由、效率与公平等是重要的价值要素。从法价值的视角看，P2P网贷信息披露规制之争本质上是法律价值之争。在对P2P网贷这一新生事物进行信息披露规制时，需要就金融安全、金融效率、金融公平等进行价值评定和价值次序的选择。在传统的资本市场，促进融资的便捷高效与保护投资者权益之间存在一定程度的冲突，该冲突是金融效率与金融安全这两种价值目标之间的冲突在资本市场中的具体体现。这种冲突在新兴的P2P网贷市场同样客观存在。协调处理好该冲突是在P2P网贷市场实现金融效率与金融安全之平衡的现实需要，也是P2P网贷信息披露法律制度应当关注的现实问题。

从金融效率的角度看，协调处理传统资本市场该类冲突的重要法律路径是在证券法中建立各种豁免规则。JOBS法案的众筹豁免规则在传统证券法豁免规则的基础上，结合众筹行业的实际情况作出了调整，承载着促进众筹市场这一新兴资本市场之金融效率的价值追求，它对于促进P2P网贷融资的便捷高效具有重要的现实意义。从金融安全的角度看，众筹豁免规则要以有意义的信息披露为前提，否则会损害P2P网贷市场投资人的利益，进而危及P2P网贷市场的金融安全。然而，信息披露制度的实施需要相应的成本。在众筹豁免规制之争中，反对以信息披露为豁免前提的学者就是担心信息披露制度的成本太高会使得该豁免规则实际上落空。这些争论实质上就是在P2P网贷信息披露规制时如何对金融安全、金融效率等价值目标进行价值评定和价值次序安排。主张以有意义的信息披露作为众筹豁免之前提的学者就是将金融安全这一价值目标作为首要价值，反对以有意义的信息披露作为众筹豁免之前提的学者就是将金融效率这一价值目标作为首要价值。前文所引的我国著名法理学学者张文显关于法律价值的论述表明，法律价值评定与价

---

[1] 张文显.法哲学范畴研究[M].北京：中国政法大学出版社，2001：189.

值次序安排不是抽象的,而是依据处于具体不同社会发展阶段的具体实际情况所作出的综合判断。就P2P网贷信息披露规制而言,在美国P2P网贷行业产生与发展的初期阶段,其恰逢美国银行业受2008年全球金融危机的影响紧缩信贷业务,个人消费信贷、中小企业、初创企业等融资需求难以从银行等传统金融机构获得满足,P2P网贷这一新兴的互联网金融产品有助于满足这些需求。因此,在P2P网贷行业产生与发展的初期阶段,金融效率就成为P2P网贷信息披露规制的首要价值。随着美国P2P网贷行业的发展,P2P网贷市场的风险日渐显现,LendingClub也发生了欺诈事件,P2P网贷行业的投资人(贷款人)利益保护与金融安全问题成为社会各界关注的焦点,金融安全遂成为P2P网贷信息披露规制的首要价值。

将金融安全或金融效率确立为P2P网贷信息披露规制的首要价值,并不意味着要放弃其他次要价值。除了金融安全与金融效率之外,金融公平也应当是P2P网贷信息披露规制的重要价值。公平地参与金融活动、公平地进行金融交易、公平地享受金融资源是金融公平的基本内涵。①P2P网贷对金融公平的促进作用主要体现在以下三个方面。其一,促进融资公平。公平融资是市场主体应当享有的经济权利,"企业有权以各种正当、合法的方式融资,政府和商业银行等其他社会组织有义务为企业创造公平融资的环境"。②解决中小企业融资难是政府干预企业融资问题的现实动因,但其正当性是维护融资的公平性。"实践中的融资难主要源于富者越富、贫者越贫等市场失灵,或源于受政策管制而变得狭窄、垄断和扭曲的融资体制,这就牵涉公平问题,所以企业融资才超越个别意义上的企业利益得失而具有了一般性规则治理的内涵。"③P2P网贷作为一种新兴的互联网金融业态,其所具有的低门槛、低成本等融资优势有助于克服或缓解金融资源配置上的马太效应,为融资难的中小企业、初创企业拓展了新的融资渠道。其二,促进投资公平。在互联网金融时代,金融民主化进程加速,投资不再是专属于富人的游戏。以P2P网贷为例,相较于传统的投资方式,其投资门槛大大降低,几乎没有投资门槛,为平民大众提供了便捷、高效、低成本的投资机会,在更大程度上实现了投资领域的机会公平。其三,以金融资源配置公平促进收入分配公平。相对

---

① "所谓金融公平,是指在金融活动中,各类主体不因自身经济实力、所有权性质、地域和行业等因素而受到差别待遇,能够公平地参与金融活动,机会均等地分享金融资源,形成合理有序的金融秩序,并通过金融市场实现社会整体利益的最大化。"冯果.金融法的"三足定理"及中国金融法制的变革[J].法学,2011(9):93-101.

② 冯辉.普惠金融视野下企业公平融资权的法律构造研究[J].现代法学,2015(1):78-89.

③ 冯辉.普惠金融视野下企业公平融资权的法律构造研究[J].现代法学,2015(1):78-89.

于人的欲望，资源总是稀缺的。金融是经济的血液，对于企业经营与个人发展具有至关重要的影响。与其他资源相比，金融资源的稀缺性更加突出。传统金融体系在金融资源配置上以效率为导向，这使得金融成为助推社会不公平现象的因素。P2P 网贷这一互联网金融时代的新兴的普惠金融形式，有助于金融资源向被传统金融机构排斥的社会阶层分配，这些受到传统金融机构排斥的社会阶层可以通过 P2P 网贷市场筹集资金开展经营活动而获得经营收益，也可以投资于 P2P 网贷市场获得投资收益，从而改善其在社会收入分配中的境况。由此可见，发展 P2P 网贷行业是以金融资源配置公平促进收入分配公平的有效路径。

　　金融安全、金融效率与金融公平之间既对立又统一。强调金融公平，以金融公平价值引领金融立法、规范金融交易，有助于防范金融市场主体的道德风险、抑制金融市场主体的失范行为和保护金融消费者权益。屡屡发生的金融危机的深刻教训表明，金融必须坚守公平正义的底线，缺乏金融公平之坚实基础的金融效率本身就不可持续，丧失了金融公平底线的金融市场迟早会发生金融风险事件，进而引发规模性的金融危机。因此，"金融公平并不意味着对金融效率的放弃和牺牲，反而是金融体系运行效率的内在要求"。[①]金融公平是平衡金融安全与金融效率的有效途径。

　　然而，美国 P2P 网贷信息披露规制未能实现金融安全、金融效率与金融公平之间的平衡。由于 CFPB、FDIC 等联邦监管机构未对 P2P 网贷采取实质性监管措施，SEC 是美国事实上主要的 P2P 网贷信息披露规制主体。SEC 的信息披露规制路径是一种公法路径，即将证券法上的强制信息披露制度引入 P2P 网贷领域，课以 P2P 网贷的借款人以强制性信息披露义务，以保护 P2P 网贷市场的投资者（贷款人）的利益，其所追求的法价值目标是资本市场的金融安全。与此同时，为了防止因 P2P 网贷信息披露规制成本过高而影响 P2P 网贷的借款人开展正常的融资活动，SEC 需要衡量其所制定的 P2P 网贷信息披露规则实施所带来的成本与收益。这实质上是对 P2P 网贷信息披露规制所涉及的金融安全与金融效率这两个价值目标进行的平衡。只有当 P2P 网贷信息披露规制的收益超过成本时，SEC 才能实现金融安全与金融效率之间的平衡。不过，SEC 对 P2P 网贷的监管并未关注到借款人的利益保护问题。主张证券监管是 P2P 网贷最合适的监管的学者认为，"P2P 网贷的投

[①] 袁康. 重新审思金融：金融公平理念的勃兴[J]. 财经问题研究，2018（1）：50-59.

资者，而不是借款人，需要更大的保护"。① 对此观点，有学者表示反对，因为支撑该观点的实证研究所使用的数据是 Lending Club 在 2007 年到 2013 年之间的 P2P 网贷数据，该数据的一个最基本特征是个人散户投资者在 Lending Club 投资者中所占比例最大，但是从 2013 年开始美国 P2P 网贷市场结构发生了根本性变化，今天的个人散户投资者在 LendingClub 投资者中所占的比例不到 10%，银行已经是 P2P 网贷市场最大的投资者。② 由此可见，从今天的美国 P2P 网贷市场的投资者构成看，借款人面对的贷款人（投资者）主要是成熟的机构投资者，与成熟的机构投资者相比，无论在经济实力、专业能力还是在信息地位等方面，借款人均处于弱势地位。因此，作为消费者的借款人比投资者更需要获得保护。而美国证券法上的信息披露规制关注的是投资者利益保护，无法为 P2P 网贷市场的借款人提供消费者保护。虽然《多德-弗兰克法案》赋予了 CFPB 监管 P2P 网贷的职权，但是 CFPB 并未实际行使。可以说，在美国实际运行的 P2P 网贷监管制度中，主要关注的是金融安全与金融效率这两大价值目标，JOBS 法案之众筹豁免规则之争实质上是如何平衡 P2P 网贷市场的金融安全与金融效率之争，P2P 网贷市场的消费者保护问题并未受到应有的关注和回应，P2P 网贷信息披露规制中的金融公平这一价值目标实际上被束之高阁。正所谓物极必反，这种价值失衡状况引起了学者的关注。他们发现了 SEC 监管 P2P 网贷所带来的各种问题，如严格的信息披露规制可能增加 P2P 网贷行业的运行成本、妨碍新的 P2P 网贷平台进入市场、损害消费者利益等，主张让 CFPB 替代 SEC 作为 P2P 网贷监管的唯一权威机构。③ 因为，CFPB 拥有庞大而灵活的授权，能够将许多不同类型的金融消费者保护规则的制定权和执行权结合起来，可以为那些在现有监管框架中没有明确定位的公司调整自己的权力，使得提供新金融产品或服务的公司被夹在各家监管机构之间的风险大大降低，从而为 P2P 网贷等新行业创造空间。④

"法作为调整社会生活的规范体系，它的存在本身并不是目的，而是实

---

① Lo, Benjamin.It Ain't Broke: The Case for Continued SEC Regulation of P2P Lending[J]. Harvard Business Law Review Online, 2015—2016, 6:110.

② Luther, Jeffrey, Twenty-First Century Financial Regulation: P2P Lending, Fintech, and the Argument for a Special Purpose Fintech Charter Approach[J].University of Pennsylvania Law Review, 2020, 168（4）: 1041-1043.

③ Andrew Verstein.The Misregulation of Person-to-Person Lending[J].University of California, Davis, 2011,45（2）:445-530.

④ Slattery, Paul,"Square Pegs in a Round Hole: SEC Regulation of Online Peer-to-Peer Lending and the CFPB Alternative." Yale Journal on Regulation, Vol. 30, no. 1, Winter 2013, p.275. Slattery, Paul. Square Pegs in a Round Hole: SEC Regulation of Online Peer-to-Peer Lending and the CFPB Alternative [J]. Yale Journal on Regulation, 2013,30（1）:252-253.

现一定价值的手段。"①金融安全、金融效率、金融公平等是整个金融法律制度所追求的价值目标，这些价值目标的实现有赖于证券法、金融消费者保护法等各部门法的协同配合，决非哪一个部门法所能单独完成。各个部门法依据自身的法律属性和调整方法促进和保障法律价值的实现。例如，金融消费者保护法以追求金融公平作为其主要价值目标，证券法主要追求金融安全与金融效率等价值目标。SEC依据以信息披露规制为核心的证券法监管P2P网贷，有助于维护P2P网贷市场的金融安全，却无法顾及P2P网贷市场的金融消费者保护，难以实现金融公平这一法律价值。CFPB对P2P网贷的监管以保护金融消费者为宗旨，其主要追求的法律价值目标是金融公平。因此，主张让CFPB替代SEC作为P2P网贷监管的唯一权威机构已经矫枉过正。无论是将SEC还是将CFPB作为P2P网贷监管的唯一权威机构，都是公私法合作规制理念缺失的体现，都将导致P2P网贷信息披露规制中的价值失衡。

（三）私人执法机制在美国P2P网贷领域面临着现实挑战

"违反联邦证券法能够产生刑事责任。违法行为还可以导致证券交易委员会的民事强制执行。在相关案例中，违反证券法可导致证券交易委员会的行政诉讼或者证券交易所或全国证券协会的纪律制裁。执行联邦证券法并不仅限于政府也不限于自律性组织。证券法提供下文总结出的多种私法上的权利……可以采用许多私法上的救济来补救违反证券法的行为。例如，广泛的反欺诈救济一般可适用于证券交易。"②美国证券法所提供的私法救济体现了美国监管体系的独特之处："它明确地依赖于包括私人当事人在内的众多监管机构，而不是依靠中央集权的官僚机构来实现其实质性目标。"③传统观点认为，通过诉讼的私人执法是公法的特别补充。有学者认为，通过诉讼的私人监管不仅仅是监管体制的附加，更谈不上在根本上与行政监管体制相抵触；相反，它是现代行政国家结构的组成部分。④

消费品安全领域是最需要私人执法的典型，在成立之初被誉为"有史以来最强大的联邦监管机构"的消费者产品安全委员会拥有广泛的调查权利，但是事实证明它的调查能力有限，并且容易被其所监管的资本充足的企业所俘获，消费者产品委员会最终沦落为一个不为人知晓的联邦监管机构，而对

---

① 张文显.部门法哲学引论：属性和方法[J].吉林大学社会科学学报，2006（5）：5-12.
② 托马斯·李·哈森.证券法[M].张学安，译.北京：中国政法大学出版社，2003：53.
③ Glover, J. Maria.The Structural Role of Private Enforcement Mechanism in Public Law[J]. William and Mary Law Review, 2012,53（4）:1137.
④ Glover, J. Maria.The Structural Role of Private Enforcement Mechanism in Public Law[J]. William and Mary Law Review, 2012,53（4）:1137.

消费品安全的可靠的监管最终依赖于来自传统普通法理论或消费者保护法规下的私人当事人。① 日本学者认为,"法是使各种目标最终通过诉诸公的强制、制裁手段得以实现的社会性机制"②。由于日本与美国两国法律的不同历史背景,在日本实现法之目的的手段有一个明显的倾向——"与基于国家机关主导权的刑罚或行政手段相比,基于私人主导权的可利用的其他强制性手段被严重忽视"。③ 质言之,日本不重视私人诉讼在法实现中的作用。此外,从"司法经济"性与"行政经济"性的角度看,"与单靠行政机关揭发违法行为和行政机关'垄断'法律实施的体制相比,通过私人拓宽法实现的渠道更具有效性和经济性"。④ 以反垄断法的实施为例,由于预算与人员等经济因素的制约,反垄断行政执法机构事实上只能根据违法的程度及社会影响等因素有选择地执法。"对于那些行政机构执法中漏网的违法行为,私人的诉讼起到了第二防护网的作用。对受害人来说,并不考虑违法行为的规模大小、组织性或偶然性以及行为的性质如何,他们所关心的是自己遭受损失这一事实。在此意义上,私人的诉讼具有对行政机构执法的补充机能。"⑤

上述论述均表明,私人执法机制是对公私法合作规制理念的最佳践行之一。证券市场是私人执法发挥重要作用的领域。尽管SEC享有联邦证券法的主要执行权力,但也承认私人执法在监管证券欺诈方面发挥着关键作用。私人执法是SEC工作的必要补充,也是防止SEC被证券行业俘获的一个安全阀。⑥ 不过,私人执法在P2P网贷领域的适用面临着现实挑战。如果P2P网贷平台经营失败,平台的投资者(贷款人)依据证券法提起私人诉讼获得赔偿的可能性很小,以至于原告及其律师都不愿意为此花费巨额诉讼费。其主要原因有二:其一,召集一批足以发起集团诉讼的P2P网贷的贷款人可能都很困难,因为P2P网贷平台的商业模式在不断调整,不同商业模式之中的贷款人有着不同的利益诉求、事实认定和法律依据;其二,即使能够召集到符合发起集团诉讼的贷款人,合理地确定补偿性赔偿数额仍然存在很大的

---

① Glover, J. Maria.The Structural Role of Private Enforcement Mechanism in Public Law[J]. William and Mary Law Review, 2012,53(4):1156-1157.
② 田中英夫,竹内昭夫.私人在法实现中的作用[M].李薇,译.北京:法律出版社,2006:4-5.
③ 田中英夫,竹内昭夫.私人在法实现中的作用[M].李薇,译.北京:法律出版社,2006:5.
④ 田中英夫,竹内昭夫.私人在法实现中的作用[M].李薇,译.北京:法律出版社,2006:166.
⑤ 田中英夫,竹内昭夫.私人在法实现中的作用[M].李薇,译.北京:法律出版社,2006:166.
⑥ Glover, J. Maria.The Structural Role of Private Enforcement Mechanism in Public Law[J]. William and Mary Law Review, 2012,53(4):1159.

困难,补偿性赔偿数额以原告遭受的实际损害赔偿额为限,且不包括利润损失,而且原告需要承担其遭受实际损失的证明责任,惩罚性损害赔偿一般不适用于证券欺诈诉讼。① 证券法上的私人诉讼往往以集团诉讼的形式进行。"经济学告诉我们,当总金额加起来很大,但对任何单个原告来说很小时,进行集团诉讼便是适宜的……集团诉讼为实现规模经济提供了一种理想的诉讼方式,并且为单个较小但总额很大的损害提供了一种法律补救措施。"② 就美国 P2P 网贷纠纷案件而言,具有不同利益诉求的贷款人作为原告起诉难以达到集团诉讼的规模经济要求。司法程序的经济分析理论表明,引发争端的伤害、提起诉讼的成本及诉讼的预期价值是原告考虑是否提起诉讼的三个直接原因。"当引发法律诉讼的事件,如意外事故、违约、侵犯财产和诸如此类的事情的发生率上升时,法律诉讼的起诉应当会增加。而当起诉的成本——包括雇佣律师的成本——下降时,法律诉讼的起诉也应当会相应增加。此外,当诉讼的预期价值上升时,起诉也会增加。"③ 反之亦然。"为了提出诉讼,原告通常必须雇用一位律师并向法院支付起诉费。提出诉讼意味着法律索赔。为了决定是否起诉,一个理性的原告会比较起诉的成本和法律诉讼的预期价值。"④ 即使在败诉的被告补偿胜诉的原告的律师费的情形下,"除非原告必然胜诉,否则,他的预期诉讼成本仍可能超出其预期收益。"⑤ 当起诉的成本小于诉讼的预期价值时,原告才能获得诉讼的净收益。只有在起诉的预期净收益为正时,一个理性的原告才会起诉。

对 P2P 网贷纠纷案件中的贷款人而言,其只能请求所遭受实际损失的补偿性赔偿,且要承担证明责任。可见其提起诉讼的预期价值较小。"在个人权利请求很小而最需要集团诉讼的案件中,集团诉讼方法的效用也是有限的……由于这里的标的太小,所以就不足以吸引任何受害人承担任何取得法律救济的成本。问题在于,集团成员取得赔偿的实际成本可能是极高的,而

---

① Andrew Verstein.The Misregulation of Person-to-Person Lending[J].University of California, Davis, 2011,45(2):504-505.
② 罗伯特·D. 考特,托马斯·S. 尤伦. 法和经济学[M]. 施少华,姜建强,等译. 上海:上海财经大学出版社,2002:332-333.
③ 罗伯特·D. 考特,托马斯·S. 尤伦. 法和经济学[M]. 施少华,姜建强,等译. 上海:上海财经大学出版社,2002:328.
④ 罗伯特·D. 考特,托马斯·S. 尤伦. 法和经济学[M]. 施少华,姜建强,等译. 上海:上海财经大学出版社,2002:325.
⑤ 理查德·A. 波斯纳. 法律的经济分析[M]. 蒋兆康,译. 北京:中国大百科全书出版社,1997:743.

且在某些案件中可能超过诉讼所产生的威慑收益。"①P2P 网贷的贷款人的诉讼预期价值小,有时甚至不足以吸引其承担所要付出的诉讼成本。而且,"赔偿永远不可能是完全的,因为原告的时间和烦恼(如果是小额赔偿请求的,那么其相对于权利的价值而言可能是很大的)是得不到补偿的"。② 就 P2P 网贷纠纷案件而言,上述难以有效利用集团诉讼的因素无疑增加了原告起诉的预期净收益为负的可能性。理性的原告在预期净收益为负的情形下自然不会提起诉讼。这使得私人执法难以像规制证券欺诈行为那样对 P2P 网贷行业的虚假、误导性信息披露行为等进行有效的规制。

总之,美国 P2P 网贷信息披露规制实际上主要依赖于证券法上的强制信息披露这一公法规制手段。美国证券法的实施尤其是规制证券欺诈的强制信息披露制度的实现又高度依赖于私人执法机制,然而私人执法机制在美国 P2P 网贷领域的适用面临着现实挑战。而且,CFPB 实际上放弃了《多德-弗兰克法案》所赋予的其在 P2P 网贷领域的金融消费者保护职责。这无疑加剧了美国 P2P 网贷市场的贷款人在与借款人订立借贷合同时不履行联邦法所规定的信息告知义务的负面激励。这些事实足以充分说明,美国 P2P 网贷信息披露规制表面上是 SEC 与 CFPB 的规制主体之争、规制限度之争和规制中的利益保护之争,其深层次原因是未能在美国 P2P 网贷信息披露规制真正践行公私法合作规制理念,美国证券法上的私人执法机制是一个发挥公私法合作规制优势的良好制度设计,但是在 P2P 网贷领域面临着现实障碍。旧的制度不能适用于新兴的领域,新的制度尚未发展成熟。这或许就是美国 P2P 网贷信息披露规制备受争议的症结所在。

三、美国 P2P 网贷信息披露规制对我国的若干启示

(一)立足本国实际适应市场需求完善金融监管防止监管套利

如何将 P2P 网贷这一新兴的互联网金融行业纳入美国联邦金融监管体制呢?纵观美国 P2P 网贷信息披露规制的制度变迁过程可以发现,美国联邦证券法始终是美国规制 P2P 网贷信息披露的主要法律制度。在美国 P2P 网贷行业产生后不久,美国 SEC 就依据 1933 年《证券法》将 P2P 网贷纳入联邦证券法的调整范围,1933 年《证券法》上的强制信息披露制度是适用于 P2P

---

① 理查德·A. 波斯纳. 法律的经济分析[M]. 蒋兆康,译. 北京:中国大百科全书出版社,1997:742.

② 理查德·A. 波斯纳. 法律的经济分析[M]. 蒋兆康,译. 北京:中国大百科全书出版社,1997:743.

网贷信息披露的主要规则。为了实现促进资本市场效率与投资者保护之间的平衡，美国国会后来制定了 JOBS 法案，SEC 又颁布《众筹条例》，为 P2P 网贷行业建立起以信息披露为前提的众筹豁免规则。

美国将 P2P 网贷纳入证券法的调整范围是基于美国联邦金融监管体制的实际情况作出的现实选择。这有助于填补监管真空，防止美国 P2P 网贷平台的监管套利行为。美国 1933 年《银行法》在商业银行与投资银行之间建立了"格拉斯-斯蒂格尔墙"，确立了银行业与证券业的分业经营、分业监管体制。2000 年美国《金融服务现代化法》允许银行、证券与保险等金融业混业经营，但是保留了此前的多头金融监管体制。2008 年美国次贷危机引发了一场自 20 世纪大萧条以来的最大规模的全球金融危机。该危机集中暴露了美国联邦金融监管体制在金融消费者保护、系统性金融风险防范、影子银行监管等方面存在重大缺陷。美国 2010 年《多德-弗兰克法案》创建了金融稳定监督委员会这一宏观审慎监管机构，将系统性风险纳入金融监管的范畴；建立了 CFPB，将美国联邦储备委员会、OCC、储贷协会监理署及 FDIC 等联邦金融监管机构的消费者保护职能移交给 CFPB 统一行使。由上可见，美国联邦金融体制是一个由多个金融监管机构共同负责金融监管的体制。尽管美国金融业已经是混业经营，但是其联邦金融监管机构仍然是按照不同类型的金融行业设立。这是一种典型的机构型监管。在混业经营与机构监管并存的现实条件下，具有混业经营特征的创新型金融产品可能受到不同监管机构的监管，甚至可能由于各个监管机构的相互推诿处于监管真空。这就会使得它们"面临的监管程度和与此相关的服务成本就会产生差异，而某些特定的金融机构就会享受到特殊的竞争优势"。[①] 质言之，机构型监管容易导致监管真空和监管套利。

事实上，P2P 网贷这一起源于英国的互联网金融模式，在美国也发生了类似于我国 P2P 网贷平台异化的现象，平台不仅仅提供金融信息中介服务，还提供票据销售、资产证券化等金融服务。这本质上是一种利用互联网金融创新进行监管套利的行为。如果不将 P2P 网贷平台的创新性金融服务适时纳入金融监管范畴，将会助长监管套利，最终会给 P2P 网贷市场带来严重的金融风险。从理论上分析，在美国多头联邦金融监管体制下，除了 SEC 之外，美国联邦银行监管机构也存在监管 P2P 网贷的可能，但是 SEC 监管 P2P 网贷具有自身的独特优势。一是美国证券法上的"证券"概念的外延比较广，

---

① 陈雨露，汪昌云. 金融学文献通论·宏观金融卷 [Z]. 北京：中国人民大学出版社，2006：594.

而且在法律解释上具有相当程度的灵活性，这为将P2P网贷平台所出售的票据纳入"证券"的范围提供了比较充分的法律依据。二是SEC对P2P网贷的监管有助于实现促进资本市场效率与保护投资者利益之间的平衡，因为证券法上以信息披露为前提的证券发行豁免规则为P2P网贷提供了豁免渠道。三是在美国P2P网贷发展的早期阶段，其投资者主要是缺乏专业知识与投资经验、风险识别与控制能力低的散户投资者，以投资者保护为宗旨、以强制信息披露制度为核心的证券监管能够为P2P网贷市场的散户投资者提供有效保护。即使在美国P2P网贷市场转型之后，其主要投资者由散户投资者转变为银行等成熟机构投资者，P2P网贷市场仍然存在不少散户投资者，保护这些散户投资者的合法权益是防范化解P2P网贷市场风险、保障P2P网贷市场之稳定发展与金融安全的现实需求。因此，SEC对P2P网贷的信息披露规制仍然是不可或缺的。

不过，在美国P2P网贷市场结构转型之后，"除了P2P网贷所呈现的独特风险之外，P2P网贷越来越像一种缺乏监管的传统借贷形式。这些平台上所产生的贷款绝大多数由银行等成熟的机构投资者提供资金，然而，与传统借贷中的贷款人相比，P2P网贷的贷款人受到的监管更少"①。可见，在市场结构转型之后的美国P2P网贷市场又产生了新的监管套利问题。鉴于银行事实上是转型之后的美国P2P网贷的主要贷款资金来源，要不要将运营P2P网贷平台的金融科技公司纳入联邦银行监管成为新的问题。为了防止新的监管套利，美国OCC在2016年12月宣布对金融科技公司实施特殊目的国家银行许可，在2017年1月24日发布审查程序表示，监管审查将集中于银行与市场贷款机构的关系，并强调银行不得将"核心合规和风险管理责任"外包给P2P网贷机构。②

与美国依据证券法让SEC监管P2P网贷不同的是，我国P2P网贷在中央层面由国务院银行业监督管理机构监管，在地方层面由地方金融监管部门监管。国务院银行业监督管理机构制定的《网贷机构管理暂行办法》将我国P2P网贷机构定位为信息中介，并在此基础上规定了P2P网贷机构负有信息披露义务。美国证券法上的"证券"概念的外延比较广，而且在法律解释上具有相当程度的灵活性。这是为美国SEC将P2P网贷纳入证券法的调整范

---

① Luther, Jeffrey, Twenty-First Century Financial Regulation: P2P Lending, Fintech, and the Argument for a Special Purpose Fintech Charter Approach[J].University of Pennsylvania Law Review, 2020, 168(4): 1038.

② Shulman, Jacob Gregory.Regulating Online Marketplace Lending: To Be a Bank or Not to Be a Bank[J].Rutgers Computer and Technology Law Journal,2018,44(1):185-187.

围提供了制度传统与法律依据。相对而言，我国证券法上的"证券概念"比较狭窄，除了《证券法》明确列举的股票、公司债券等证券类型之外，由国务院依法认定的其他证券也属于其调整范围。① 在我国P2P网贷产生与发展的整个过程中，国务院始终未将P2P网贷或P2P网贷机构所提供的类金融产品认定为证券。这是因为我国金融监管机构始终将P2P网贷机构定位为信息中介机构，以防止P2P网贷机构异化为类金融机构进行监管套利和防范P2P市场的金融风险。因此，我国不具备将P2P网贷纳入证券法调整的制度空间。

无论是我国由国务院银行监督管理机构监管P2P网贷，还是美国依据证券法让SEC监管P2P网贷，都是基于本国特有的制度环境作出的选择，体现了制度变革的路径依赖性。庞德说："法律必须稳定，但又不能静止不变。因此，所有的法律思想都力图协调稳定必要性与变化必要性之间这两种彼此冲突的要求。一般安全中的社会利益促使人们探寻某种据以彻底规制人之行动的确定基础，进而使一种坚实而稳定的社会秩序得以保障。但是，社会生活情势的不断变化却要求法律根据其他社会利益的压力和种种危及安全的新形式不断作出新的调整。"② 应对P2P网贷这一新生事物对既有法律制度的挑战，要充分利用既有法律制度资源，这是保持法律秩序稳定的必然要求，也有助于以最小的社会成本实现制度变革。只有当既有法律制度资源不足以保障P2P网贷市场的稳定发展与金融安全时，才有必要突破既有法律制度的约束。我国大量P2P网贷平台"跑路"和"爆雷"的事实表明，我国P2P网贷规制的制度资源供给不足，明显滞后于P2P网贷市场的现实需求。在互联网风险专项整治之后，P2P网贷机构转型为助贷机构或网络小额贷款公司，更加需要立足我国互联网贷款市场的实际情况，适用新的市场需求完善金融监管，以防止发生新的监管套利行为。

（二）秉承公私法合作规制理念完善互联网贷款信息披露规制

如前文所述，围绕美国P2P网贷信息披露规制所发生的规制主体之争、规制限度之争及规制中的利益保护之争集中体现了美国P2P网贷规制中公

---

① 我国2019年修订的《证券法》新增存托凭证这一证券种类，同时规定政府债券、证券投资基金份额的上市交易，适用本法；资产支持证券、资产管理产品发行、交易的管理办法，由国务院依照本法的原则规定。有学者认为，并不是所有的资产管理产品都属于证券，集合资产管理产品是证券；只有一个投资者的"定向资产管理产品"或"单一资产管理产品"的份额如果不可拆分转让，就不属于证券；如果其份额可以对外拆分转让，就属于证券。参见邢会强. 我国《证券法》上证券概念的扩大及其边界[J]. 中国法学，2019(1)：244-263.

② 罗斯科·庞德. 法律史解释[M]. 邓正来，译. 北京：中国法制出版社，2002：2.

私法合作规制理念的缺失。正是由于缺乏公私法合作规制理念，美国迟迟未能建立起《多德-弗兰克法案》所要求建立的联邦最佳监管体系，将SEC与CFPB对P2P网贷的监管对立起来使得P2P网贷规制中的金融安全、金融效率及金融公平等法价值失衡，对美国P2P网贷市场结构转型之后的金融消费者保护问题更是无能为力。"他山之石，可以攻玉。"美国P2P网贷信息披露规制的制度变迁对我国的启示之一，就是应当秉承公私法合作规制理念加强和完善P2P网贷机构转型之后的互联网贷款市场信息披露规制。

在我国P2P网贷规制历史上，关于P2P网贷的属性、法律地位及其风险监管等一直存在较大的争议，[①]P2P网贷信息披露虽然被视为加强和完善我国P2P网贷风险规制的重要手段，但是我国P2P网贷信息披露规制存在诸多不足。如前文所述，我国P2P网贷平台功能定位的冲突使得P2P网贷信息披露私法规制功能紊乱；在P2P网贷行业兴起的早期阶段缺乏信息披露公法规制，在P2P网贷风险爆发之后加强了P2P信息披露公法规制的制度探索，然而收效甚微。在互联网金融风险专项整治的后期阶段，原本被寄予防范化解P2P网贷市场风险厚望的P2P网贷信息披露规制基本上被束之高阁。尽管我国P2P网贷行业在互联网金融风险专项整治之后实现了风险出清，P2P网贷机构要么退出市场、要么转型为助贷机构或网络小额贷款公司，但是商业银行与网络小额贷款公司仍将利用互联网开展贷款业务，互联网贷款市场没有消失并将继续发展。以前在P2P网贷市场存在的信息不对称问题在P2P网贷机构转型之后的互联网贷款市场同样存在。在互联网金融风险专项整治结束之后，我国互联网金融进入常态化监管。信息披露规制无疑是常态化监管的重要手段。防范和化解互联网贷款市场风险必须要加强和完善对互联网贷款市场的信息披露规制。

我国及美国P2P网贷信息披露规制的经验与教训表明，无论是P2P网贷还是在线市场贷款，抑或互联网贷款等互联网金融，其对既有法律制度体系提出了全面挑战。在私法方面，传统借贷合同制度不足以应对互联网金融主体之间的信息分化、信息鸿沟所带来的现实挑战；在公法方面，证券法上的

[①] 我国理论界关于P2P网贷的法律地位存在"意思自治说""非法集资说"与"折中说"三种观点。"意思自治说"认为，P2P网贷属于私法自治范畴，无须金融监管，参见封延会，贾晓燕."人人贷"的法律监管分析：兼谈中国的影子银行问题[J]．华东经济管理，2012（6）：95-99．"非法集资说"认为P2P网贷涉嫌非法集资，属于刑法规制范畴，参见梁清华．我国众筹的法律困境及解决思路[J]．学术研究，2014（5）：51-57．彭冰．P2P网贷与非法集资[J]．金融监管研究，2014（6）：13-25．"折中说"认为P2P网贷具有合理性，但是蕴含金融风险，既要尊重P2P网贷市场主体的意思自治，也要加强对P2P网贷风险的监管，参见姚海放．网络平台借贷的金融法规制路径[J]．法学家，2013（5）：94-98．

强制信息披露制度面临着平衡促进资本市场效率与投资者保护的更大挑战，而且通过私人诉讼实施证券法的传统制度优势在P2P网贷等互联网金融市场难以发挥。互联网金融之于既有法律制度挑战的全面性以及法律制度的整体性，决定了必须要秉承公私法合作规制理念加强和完善我国互联网贷款市场的信息披露规制。只有如此，才能克服以往我国P2P网贷信息披露规制的诸多不足，才能协调好互联网贷款市场各方之间的利益冲突，才能实现互联网贷款市场规制中的金融安全、金融效率、金融公平等法价值平衡。

（三）加强互联网贷款市场信息披露规制中的金融消费者保护

美国P2P网贷行业发展至今，其市场结构已经发生了重大变化，在该市场投资的主要贷款人不再是个人散户投资者，而是诸如银行之类的成熟的机构投资者。机构投资者具有较强的经济实力、丰富的专业知识与投资经验，以及良好的风险识别与控制能力。美国1933年《证券法》将包括像银行、登记的投资公司雇员退休收入保证法调整的雇员利益计划及保险公司之类的机构投资者界定为"授权投资者"，界定"授权投资者"的资格需要考虑金融经验、资产净值、金融事务方面的知识和经验等因素；向"授权投资者"销售证券不超过500万美元，且不发布普通广告、不公开兜售证券的，可以豁免1933年《证券法》的登记。① 机构投资者是授权投资者，但并非所有的授权投资者都是机构投资者。例如，"最近2年内其个人收入每年超过20万美元，或者与其配偶的共同收入超过30万美元，并且当年能够合理期望达到该收入水平的所有自然人"② 是SEC规则215规定的授权投资者。P2P网贷中的个人散户投资者达到该标准的，也属于授权投资者。对符合一定条件的面向授权投资者的证券发行予以豁免登记，是因为"从公共利益角度，或者由于所涉数额小，或者公开发行的特征有限，为保护投资者，执行证券法没有必要"。③ 然而，区分授权投资者与非授权投资者，并要求面向非授权投资者的证券发行依照1933年《证券法》登记，这实质上是对非授权投资者的一种特殊保护。因此，美国SEC将P2P网贷纳入其监管范畴，主要是为了保护P2P网贷市场的非授权投资者的利益。

不过，在P2P网贷市场，除了作为投资者的贷款人之外，还有作为融资者的借款人。要实现P2P网贷市场主体之间的利益平衡，保护贷款人的利益固然重要，借款人的利益保护也不容忽视。如前文所述，证券法以保护投资

---

① 托马斯·李·哈森.证券法[M].张学安,译.北京：中国政法大学出版社,2003：182-183.
② 托马斯·李·哈森.证券法[M].张学安,译.北京：中国政法大学出版社,2003：183.
③ 托马斯·李·哈森.证券法[M].张学安,译.北京：中国政法大学出版社,2003：193.

者利益为宗旨，其对 P2P 网贷市场之借款人利益保护无能为力。相对于 P2P 网贷市场的机构投资者，借款人在经济实力、专业知识、信息地位、风险识别与控制能力等方面均处于弱势地位。这使得借款人更加需要法律的特别保护。这是美国 P2P 网贷市场结构转型给 P2P 网贷规制带来的现实挑战。以强制信息披露为核心的证券监管的主要目标是保护投资者利益，难以为 P2P 网贷市场的借款人提供倾斜性保护。金融领域持续的消费者运动与金融危机的耦合催生了金融消费者保护法律制度，[①] 旨在对金融消费者进行倾斜保护和维护金融公平的金融消费者保护法律制度能够为 P2P 网贷市场的借款人提供倾斜性保护。这是美国不少学者主张让 CFPB 监管 P2P 网贷的主要原因。

  金融消费者保护不足被认为是引发 2008 年全球金融危机的重要原因之一，美国学者伊丽莎白·沃伦质问"为何消费者在购买烤箱时能受到法律保护，而签署协议使用抵押贷款和信用卡这些日常金融产品时却无法受到法律保护"。[②]

  为了加强金融领域的消费者保护，美国在 2010 年制定的《多德－弗兰克法案》的第十章就专章规定《消费金融保护法案》。该章第一节第 1011 条规定："联邦储备体系成立了一个独立的保护局'消费者保护局'。它负责依照联邦消费者金融法对消费者金融产品或服务的供应与提供进行监管。"[③] 美国依据该法建立了专门的金融消费者保护机构——CFPB。英国也在 2008 年全球金融危机后成立消费者金融教育局，制定了《金融消费者投诉处理办法》，明确了金融监管部门公平处理金融消费者投诉的职责。[④] 经济合作与发展组织制定的《金融消费者保护高级原则》在 2011 年 G20 巴黎峰会上通过。可见，加强金融消费者保护是 2008 年全球金融危机之后欧美主要国家金融监管立法的一个重要趋势。众所周知，发展 P2P 网贷、股权众筹等互联网金融产品与服务是全球金融危机背景下各国促进企业融资和经济发展的重要

---

① 金融领域持续的消费者运动与金融危机的耦合是"金融消费者"概念生成的社会基础；金融领域的法律社会化则是其生成的法律基础，弱势群体倾斜保护与金融公平是"金融消费者"概念的法理内核；"金融消费者"概念的范围则取决于本土法治资源的衡量。参见阳建勋. "金融消费者"概念生成的法社会学探析：消费者运动与金融危机耦合下的金融法变革及其本土资源[J]. 甘肃政法学院学报，2014（1）：16-24.

② 戴维·斯基尔. 金融新政：解读《多德－弗兰克法案》及其影响[M]. 丁志杰，张红地，等译. 北京：中国金融出版社，2012：91.

③ 董裕平，全先银. 多德－弗兰克华尔街改革与消费者保护法案[Z]. 北京：中国金融出版社，2010：541.

④ 李沛. 金融危机后英国金融消费者保护机制的演变及我国的启示[J]. 清华大学学报（哲学社会科学），2011（3）：150-155.

举措。在加强金融消费者保护的趋势下，P2P 网贷等互联网金融市场的消费者保护问题自然就成为社会关注的焦点。将处于弱势地位的 P2P 网贷市场的借款人纳入金融消费者保护范畴符合 2008 年全球金融危机后加强金融消费者保护的国际趋势。

在美国 P2P 网贷市场转型之后，不少学者建议加强 CFPB 对 P2P 网贷市场的监管，并将 P2P 网贷市场的借款人纳入金融消费者保护范围。这一建议对于我国 P2P 网贷机构转型之后的互联网贷款市场规制不乏借鉴意义。我国互联网贷款市场由商业银行互联网贷款市场和网络小额贷款市场组成。[①] 美国转型之后的 P2P 网贷市场还有少数的个人散户投资者，我国 P2P 网贷机构转型之后的网络小额贷款市场的贷款人只有商业银行与网络小额贷款公司，个人不再是互联网贷款市场的贷款人。在仍然以分业监管为基础的"一委一行一局一会"金融监管体制下，互联网贷款市场中的投资者——商业银行与网络小额贷款公司归国务院银行业监督管理机构监管，网络小额贷款公司同时受地方金融监管部门监管，国务院证券业监管管理机构既不能依据《证券法》为互联网贷款市场的贷款人提供保护，也不能为互联网贷款市场的借款人提供保护。与美国转型后 P2P 网贷市场的借款人与贷款人之间的信息不对称、经济实力差距、风险识别与控制能力差距相比，我国互联网贷款市场的借款人所处的弱势地位有过之而无不及，更加需要金融消费者保护法对其进行倾斜性保护。从信息披露规制的视角看，这就要求互联网贷款市场的贷款人切实履行消费者保护法上的经营者义务，如安全保障义务、信息说明义务等，以保障作为消费者的借款人所享有的消费者权利，如公平交易权、知情权。

此外，需要指出的是，并非所有互联网贷款市场的借款人都是金融消费者。我国现行立法并未明确界定"消费者"与"金融消费者"这两个概念，这两个概念的内涵与外延在理论界与实务界都存在争议。我国《消费者权益保护法》第 2 条间接规定了消费者的含义，[②] 但是"消费者"这一概念的外延并不确定。例如，消费者是不是仅限于自然人，在市场上购买职工福利产品的

---

① 网络小额贷款是指网络小额贷款公司通过互联网在线发行的小额贷款。中国银保监会 2020 年制定的《商业银行互联网贷款管理暂行办法》第 6 条第 1 款规定："网络小额贷款应当遵循小额、短期、高效率和风险可控的原则。"据此可知，商业银行互联网贷款实际上也是网络小额贷款。由于商业银行互联网贷款与网络小额贷款公司发行的网络小额贷款都是利用互联网在线开展贷款业务，本书将二者统称为互联网贷款。

② 我国《消费者权益保护法》第 2 条规定："消费者为生活消费需要购买、使用商品或者接受服务，其权益受本法保护；本法未作规定的，受其他有关法律、法规保护。"

公司、行政机关等企事业单位是不是消费者，"知假买假"的自然人是不是消费者，诸如此类问题在我国司法实践和理论界尚存争议。至于金融消费者，更是存在较大争议，毕竟《消费者权益保护法》及其他法律中尚未使用"金融消费者"的概念。尽管"金融消费者"这一概念在 2008 年全球金融危机之后成为社会舆论使用的高频词汇，但是至今使用"金融消费者"这一概念的最高位阶的法律渊源是部门规章。① 依据《消费者权益保护法》第 2 条的规定，互联网贷款市场的借款人只有为生活消费需要向商业银行、网络小额贷款公司举借款项时，其权益才受《消费者权益保护法》的保护。然而，《中国人民银行金融消费者权益保护实施办法》第 2 条规定的"金融消费者"概念并不要求自然人在购买、使用银行、支付机构提供的金融产品或服务时具有"为生活消费需要"的主观目的。显然，中国人民银行对"金融消费者"概念的界定已经突破了《消费者权益保护法》第 2 条的主观要件限制。这种制度差异表明，加强互联网贷款市场信息披露规制中的金融消费者保护还面临着一定程度的制度障碍。如何克服这些制度障碍？笔者将在下一章探究之。

---

① 如 2020 年 11 月 1 日实施的《中国人民银行金融消费者权益保护实施办法》第 2 条第 3 款规定："本办法所称金融消费者是指购买、使用银行、支付机构提供的金融产品或者服务的自然人。"

第五章　我国P2P网贷机构转型与互联网贷款市场信息披露规制完善

为了防范化解P2P网贷平台"跑路"和"爆雷"所凸显的互联网金融风险，我国P2P网贷机构被清零。清零的方式有两种：一是P2P网贷机构这一市场主体彻底退出市场；二是符合条件的P2P网贷机构转型为小额贷款公司、助贷机构或持牌资产管理机构。其中，P2P网贷机构转型为小额贷款公司之后，可以继续利用互联网平台在线开展网络小额贷款业务；P2P网贷机构转型为助贷机构之后，可以为商业银行开展互联网贷款业务提供信息科技、营销获客、支付结算等助贷服务。P2P网贷市场与转型之后的互联网贷款市场，都是利用互联网平台等信息技术开展贷款业务，都存在信息不对称所导致的道德风险与逆向选择问题，都需要加强和完善信息披露规制。就此而言，我国P2P网贷信息披露规制的经验与教训对于完善转型之后的互联网贷款市场的信息披露规制无疑具有重要的现实意义。正是基于这一理论逻辑，本章首先阐述了我国P2P网贷机构转型的现实背景与转型之后我国互联网贷款市场的结构变化，然后梳理了后P2P时代我国互联网贷款市场信息披露规制的制度探索，并从公私法合作规制视角分析了这些制度存在的主要不足，最后针对这些不足提出完善的建议。

第一节　我国P2P网贷机构转型与后P2P时代的互联网贷款市场

一、我国P2P网贷风险爆发背景下的P2P网贷风险专项整治

金融风险防控是打好防范化解重大风险攻坚战的重点所在，如何防范化解P2P网贷平台"跑路"和"爆雷"凸显出来的互联网金融风险，是我国金融监管部门所面临的重大现实问题。"e租宝"事件爆发之后，我国互联网金融行业从2016年开始进入风险专项整治阶段。中国银监会在2016年4月13日发布了《P2P网络借贷风险专项整治工作实施方案》。该方案提出了P2P网络借贷风险专项整治的核心原则——"分类处置，标本兼治"，以加强对当时P2P网贷行业风险的治理，并构建防范化解P2P网贷行业风险的长效机

制。①《网贷机构管理暂行办法》《网贷机构信息披露指引》以及中国互联网金融协会制定的《互联网金融信息披露 个体网络借贷》团体标准都坚持了该原则。

不过，不断增加的 P2P 网贷平台"跑路"和"爆雷"事件给我国互联网金融防控乃至整个金融风险防控带来了极大的现实压力。为了守住不发生系统性、区域性金融风险的底线，我国 P2P 网贷风险专项整治政策作了相应的重大调整。2019 年 1 月 21 日，互联网金融风险整治办、P2P 网贷风险整治办发布了关于网贷机构分类处置和风险防范工作的 175 号文。（见表 5-1，表 5-2）175 号文是在互联网金融领域推动落实防范化解重大风险攻坚战的重要举措。② 与 2016 年《P2P 网络借贷风险专项整治工作实施方案》将 P2P 网贷机构分为合规类、整改类和取缔类等相比，175 号文虽然坚持了原来的"分类处置"原则，但是对 P2P 网贷机构的分类发生了较大变化，而且不再提及"标本兼治"。这表明 P2P 网贷风险专项整治的主要工作方向发生了根本性变化，从过去的"标本兼治"转变为以机构退出为主要工作方向，对于合规的正常 P2P 网贷机构，引导其转型为网络小额贷款公司、助贷机构或为持牌资产管理机构。

表 5-1　175 号文对 P2P 网贷机构的分类

已出险机构	已立案机构		公安部门经审查认为有犯罪事实需要追究刑事责任并予以立案的机构；也包括公民报案或者犯罪嫌疑人自动投案，公安部门已接受的涉事机构
	未立案机构	恶意退出类机构	实际控制人、高管失联"跑路"，或虽未失联"跑路"但不配合当地政府进行风险处置的机构
		主动清退类机构	已对外发布退出公告，且能在当地政府监督下有序开展风险处置的机构

---

① 该实施方案对"分类处置、标本兼治"原则表述如下："根据网贷机构违法违规性质、情节和程度分类处理，精准施策，把专项整治工作与贯彻落实行业有关制度、促进网贷机构改革创新与重组改造结合起来，以本次专项整治工作为契机，强化行业监管，构建长效机制。"所谓标本兼治就是加强对当下 P2P 网贷行业风险的治理，又着力构建 P2P 网贷风险监管的长效机制。该实施方案还规定了其他原则，如"底线思维、预案完备""线上线下、统筹治理""依法合规，有章可循""态度积极、措施稳妥""上线联动、协调配合"。

② 175 号文的总体工作要求是："坚持以机构退出为主要工作方向，除部分严格合规的在营机构外，其余机构能退尽退，应关尽关，加大整治工作的力度和速度。同时，稳妥有序推进风险处置，分类施策、突出重点、精准拆弹，确保行业风险出清过程有序可控，守住不发生系统性风险和大规模群体性事件的底线。"

续表

未出险机构	僵尸类机构	待偿余额或新业务发生额超过3个月为零,关闭发标、投标功能或者功能运转不正常等可实质性被认定为非正常运营的机构	
	规模较小机构	各省根据辖内实际情况,综合待偿金额和出借人数等因素确定	
	规模较大机构	高风险机构	存在自融、假标,或者资金流向不明的;项目逾期金额占比超过1%的;负面舆情和信访较多的;拒绝、怠于配合整治要求的;合规检查发现存在"一票否决"事项的
		正常机构	暂未发现具有高风险机构特征的机构

表5-2 175号文对不同类别P2P网贷机构的工作目标及主要措施

网贷机构类别	工作目标	主要措施
已立案机构	提高挽回损失的水平,掌控投资者情绪	与公安、信访等部门紧密合作,掌握追赃挽损的进度,做好群众安抚和信访接待工作;及时公告信息,做好网络舆情管控
已出险未立案机构	平稳有序处置风险,不发生群体性事件	当地政府成立风险专项处置小组,落实风险化解与处置职责;压实机构责任,要求机构实际控制人、高管人员承诺"六不"①;协调金融机构管控网贷机构账户以及实际控制人、高管的个人资金账户;将失信借款人信息纳入征信系统;对失联跑路及不配合政府处置风险的机构,将相关线索移送公安部门
僵尸类机构	尽快推动机构主体退出	对外公告僵尸类机构名单,限期办理工商登记注销、关闭网站或APP等
规模较小机构	坚决推动市场出清,引导无风险退出	约谈机构的实际控制人与高管,明确要求其限期退出的政策与时间等
高风险机构	稳妥推动市场出清,努力实现良性退出	专人负责其风险管控工作,定期约谈其实际控制人、高管,严格管控存量规模和投资人数,严格防范其风险向持牌金融机构蔓延
正常机构	坚决清理违法违规业务,不留风险隐患	开展合规检查,严格管控存量规模和投资人数,督促机构开展集中信息披露,引导部分机构转型为网络小额贷款公司、助贷机构或为持牌资产管理机构

---

① "六不"是指:不跑路、不关停、不变更地址和主要股东、不随意处置资产、不损坏资料、不新增业务。

二、以 P2P 网贷业务风险出清为目标的我国 P2P 网贷机构转型

为了引导和规范 P2P 网贷机构转型为网络小额贷款公司，互联网金融风险整治办与 P2P 网贷风险整治办在 2019 年 12 月发布了关于 P2P 网贷机构转型为小额贷款公司试点的《转型指导意见》。①《转型指导意见》规定了拟转型网贷机构的条件：其一，合规条件，即网贷机构的存量业务没有严重违法违规情况；其二，有符合条件的股东和管理团队；其三，转型方案具有可行性，尤其是要充分考虑出借人的利益，方案应获得大多数出借人的支持；其三，具有较强的金融科技实力，符合线上线下经营要求；其四，网贷机构及其实际控制人、主要股东及相关主体承诺对网贷机构存量业务承担兜底风险，监管部门认为网贷机构的兜底措施不足以覆盖存量业务风险的，可以要求网贷机构缴纳风险准备金，风险准备金不低于截至网贷机构申请转型之日借款余额的 3%。在借款人无法还款的情况下，风险准备金可用于偿付 P2P 网贷的出借人。此外，《转型指导意见》规定 P2P 网贷机构转型为小贷公司的注册资本及出资期限：转型为单一省级区域经营的小贷公司，其注册资本不低于人民币 5000 万元；转型为全国经营的小贷公司，其注册资本不低于人民币 10 亿元，首期实缴货币资本不低于人民币 5 亿元且为股东自有资金，其余部分自公司成立之日起 6 个月内缴足；以上出资形式均为货币。

从以上转型条件可以看出，将网贷机构转型为小贷公司是主动化解处置网贷机构存量业务风险、实现 P2P 网贷行业风险出清的重要举措。2020 年 11 月 27 日，中国银保监会首席律师刘福寿表示，"互联网金融风险大幅压降，全国实际运营的 P2P 网贷机构由高峰时期的约 5000 家，我们逐渐压降到今年 11 月中旬完全归零"②。2020 年 12 月 8 日，中国银保监会主席郭树清在新加坡金融科技节上的演讲中将"全面整治 P2P 网贷机构"作为我国应对金融科技挑战的一个经验教训。他指出："P2P 网贷机构本来定位为金融信息中介，但在实践中，绝大多数机构事实上开展了信贷和理财业务。"③ 由于金融监管的缺失，原本作为信息中介机构出现的 P2P 网贷机构在我国普遍异化为

---

① 互联网金融风险整治办为了阻隔"现金贷"风险，曾在 2017 年 11 月 21 日下发《关于立即暂停批设网络小额贷款公司的通知》（整治办函〔2017〕138 号）。通知要求，各级小贷公司监管部门即日起不再新批设立网络小额贷款公司，也不得新增批小贷公司跨省开展小额贷款业务。

② 熊润淼.银保监会刘福寿：实际在运营 P2P 平台数量已完全归零［EB/OL］.（2020-11-27）［2023-06-14］. http://m.mp.oeeee.com/a/BAAFRD000020201127384703.html.

③ 郭树清.金融科技发展、挑战与监管：郭树清在 2020 年新加坡金融科技节上的演讲［EB/OL］. http://www.cbirc.gov.cn/cn/view/pages/ItemDetail.html?docId=947694&itemId=915&generalType=0.

类金融机构,P2P 网贷平台的野蛮生长与非理性繁荣本身就累积了巨大的金融风险,而且这些金融风险可能向银行、证券公司等传统金融机构蔓延。有研究表明,P2P 网贷市场对股票市场具有溢出效应,P2P 网贷市场是拉动股市上涨的重要资金渠道,P2P 网贷机构提供的大量场外配资是我国股市在 2015 年异常波动的重要原因之一。[①] 频发的 P2P 网贷平台"爆雷"事件凸显了防范化解我国 P2P 网贷行业风险的紧迫性与重要性。为了守住不发生区域性、系统性金融风险底线,为了防止发生社会群体事件,我国金融监管部门痛下决心整治 P2P 网贷风险,并不惜让正常经营的 P2P 网贷机构转型。同时,在转型过程中,要最大限度地减少出借人的损失,以维护社会稳定。

三、后 P2P 时代我国互联网贷款市场的结构变化

2020 年 11 月底我国金融监管部门宣布 P2P 网贷机构清零,这表明我国 P2P 网贷行业累积的存量业务风险得以出清,我国互联网金融市场的重大金融风险隐患被清除。"P2P 网贷机构清零"是化解和处置 P2P 网贷行业风险的现实选择,其清零的方式有两种。一是 P2P 网贷机构彻底退出市场,这种清零方式占主导地位,因为这些 P2P 网贷机构存在违法违规行为,是 P2P 网贷行业风险的主要来源。只有让这些 P2P 网贷机构彻底地退出市场,才能有效化解和处置 P2P 网贷风险。二是依据 175 号文和《转型指导意见》,符合条件的 P2P 网贷机构可以转型为助贷机构、小贷公司或持牌资产管理机构。《转型指导意见》特别强调,P2P 网贷机构转型的前提是要将既存的 P2P 网贷业务全部清零。《转型指导意见》一经公布,就被财经媒体解读为 P2P 网贷机构终于可以"上岸"的一条通道,因为符合《转型指导意见》规定条件的 P2P 网贷机构可以转型为小贷公司,并继续利用互联网等信息技术开展网络小额贷款业务;也可以转型为助贷机构,与商业银行合作开展网络小额贷款业务。

在互联网金融风险专项整治的背景下,我国绝大多数 P2P 网贷机构被清零,少数符合条件的 P2P 网贷机构则进行了艰难的转型。我国互联网贷款市场进入"持牌经营、守法合规"的后 P2P 时代。在 P2P 网贷机构转型为小贷公司之前,我国已经有不少小贷公司利用互联网开展贷款业务。苏宁、京东、腾讯、百度等出资设立了其品牌旗下的小贷公司。例如,上海苏宁金融服务集团有限公司分别在重庆和西安设立了从事小额贷款业务的全资子公

---

① 参见方意,王晏如,荆中博.P2P 借贷市场与股票市场间的溢出机制:中国股市 2015 年异常波动期间的证据[J].国际金融研究,2020(4):87-96.

司——重庆苏宁小额贷款有限公司和西安苏宁小额贷款有限公司。在后P2P时代，我国互联网贷款市场结构发生了新的变化。一是商业银行互联网贷款在互联网贷款中的占比呈上升趋势。商业银行互联网贷款的产生是传统商业银行贷款业务与互联网金融相互融合的结果，是商业银行借鉴互联网金融企业的场景金融营销模式所进行的金融创新，5G时代的手机技术和金融超市的成功促进了传统商业银行业务与互联网金融之间的协同关系，传统商业银行不再将互联网金融视为其竞争对手，而是将互联网金融作为合作方。① 在绝多数P2P网贷机构被清零、少数P2P网贷机构转型为小贷公司或助贷机构的现实背景下，商业银行获得了进军互联网贷款市场的良好机遇。如有的学者所言，《商业银行互联网贷款管理暂行办法》将助力商业银行占领互联网贷款市场，发展商业银行互联网贷款是对"当前互联网 P2P 平台清理整顿进入深水区和关键期的必要的、有效的弥补，也可理解为商业银行对大量网络小额贷款进行有效'接管'的表现，或为网络小额贷款收编为正规军创造条件"。②

二是有少数的P2P网贷机构申请转型为经营网络小额贷款的小贷公司。笔者注意到，从《转型指导意见》公布之日起至今，转型成功的P2P网贷机构非常少，在互联网上公开的转型成功的网贷机构有以下几家。2020年5月13日，厦门市地方金融监督管理局批准厦门禹洲启惠网络借贷信息中介服务公司与厦门海豚金服网络科技有限公司开展转型小额贷款公司试点。2020年10月12日，拍拍贷宣布完成P2P网贷的存量业务清零，并已经转型为助贷平台。2020年11月10日，你我贷发布公告称，其网贷余额全部清零，其母公司嘉银金科转型为向持牌金融机构提供一站式互联网信贷解决方案的金融科技公司。其旗下的子公司极融定位是"为消费金融运营科技服务商，致力于通过大数据、云计算、人工智能等技术在消费场景内连接消费者与金融机构，让每个消费者都能够更便捷地享受消费金融服务，助力金融机构业务高速增长"。③2020年10月22日，江西省地方金融监督管理局同意江西东方融信科技信息服务有限公司（旗下设有P2P平台易e贷）转型为在全国经营的小额贷款公司，设立抚州市新浪网络小额贷款有限公司，注册资本10亿元人民

---

① 参见陶敬越.传统商业银行与互联网金融：从对手转为帮手[J].商业经济，2019（5）：165-166.
② 莫开伟.网络小额贷款管理暂行办法有利商业银行尽快占领网贷阵地[J].杭州金融研修学院学报，2020（6）：54-56.
③ 嘉银金科是上海嘉银金融科技股份有限公司的简称。关于极融定位的介绍来自其公司网站。网址为：http://www.jiayinfintech.cn/aboutjiayin。

币,其主要经营业务是网络小额贷款。2021年5月27日,深圳市小赢科技有限责任公司(简称"小赢科技")宣布,①其全额出资设立的深圳市小赢小额贷款有限责任公司(简称"小赢小贷")经深圳市地方金融监督管理局批准设立,并获得全国互联网小额贷款牌照。2021年8月,小赢小贷开业,其经营范围为:小额贷款业务以及与贷款业务有关的咨询、财务顾问等中介服务;经相关部门批准开展网络小额贷款业务,但是不得从事吸收公众存款业务。

我国互联网贷款市场的结构变化与美国P2P网贷市场转型为在线市场贷款既有相同之处,也有不同之处。相同之处是,机构投资者是美国在线贷款市场与我国互联网贷款市场的主要贷款人,两个市场的贷款人与借款人在经济地位、信息地位、金融专业知识以及风险识别与控制能力等方面存在较大的差距。不同之处是,我国P2P网贷机构的转型是金融监管部门处置P2P网贷行业风险的重要措施,P2P网贷机构转型之后的我国互联网贷款市场的贷款人是商业银行与网络小额贷款公司。这一结构变化在相当大的程度上是金融监管部门干预互联网金融市场的结果。美国P2P网贷市场转型为以机构投资者为主的在线贷款市场,不是金融监管部门直接干预的结果。一方面,美国的银行等机构投资者发挥互联网等信息技术的优势,主动利用P2P网贷平台等金融科技创新拓展其贷款业务。另一方面,美国SEC监管P2P网贷对P2P网贷市场发展产生了重大影响,SEC的信息披露监管及其注册要求对于既存的大型P2P网贷平台不成问题,对于小型平台及新的市场进入者却是难以承受的成本,因为美国证券法上的传统豁免注册规则难以适用于P2P网贷,而JOBS法案中的豁免规则使P2P网贷平台更多地迎合合格投资者。

第二节　后P2P时代互联网贷款市场信息披露规制的制度探索及不足

如前文所述,我国P2P网贷信息披露制度不足是我国P2P网贷风险未能得到有效规制的重要原因之一。为了加强对后P2P时代我国互联网贷款市场的风险规制,我国金融监管部门吸取了之前P2P网贷信息披露规制的经验教训,并就互联网贷款市场的信息披露规制进行了初步的制度探索。例如,中国银保监会在2020年7月12日公布了《商业银行互联网贷款管理暂行办法》;中国银保监会、中国人民银行在2020年11月2日公布了《网络小额贷款业务管理暂行办法》(征求意见稿)。此外,中国人民银行在2020年10月

---

① 小赢科技是一家在美国上市的公司,曾经设立P2P网贷平台——小赢网金。在2020年12月17日,小赢网金宣布完成了P2P网贷存量业务的清零,以为向网络小额贷款公司转型创造条件。

16日公布了《商业银行法》(修改建议稿),其中为保护商业银行客户权益而规定的商业银行信息披露制度自当适用于商业银行互联网贷款业务。下文先梳理《商业银行互联网贷款管理暂行办法》《商业银行法(修改建议稿)》及《网络小额贷款管理办法》中的信息披露制度,然后应用第二章所论证的信息披露规制的公私法合作机制原理,反思我国互联网贷款市场信息披露规制存在的主要不足。

一、后P2P时代我国互联网贷款市场信息披露规制的制度探索

(一)《商业银行互联网贷款管理暂行办法》中的信息披露制度

《商业银行互联网贷款管理暂行办法》共七章七十条,各章依次是总则、风险管理体系、风险数据和风险模型管理、信息科技风险管理、贷款合作管理、监督管理和附则。风险管理是贯穿整个《商业银行互联网贷款管理暂行办法》的主轴。《商业银行互联网贷款管理暂行办法》将商业银行发放互联网贷款应当履行的信息披露义务规定在"风险管理体系"和"贷款合作管理"这两章。这说明,该办法是将信息披露作为商业银行互联网贷款风险规制的一个重要手段。

《商业银行互联网贷款管理暂行办法》在第二章"风险管理体系"的第17条规定了商业银行在向目标客户推介互联网贷款产品时负有如下信息披露义务:其一,披露的内容包括贷款主体、贷款条件、实际年利率、年化综合资金成本、还本付息安排、逾期清收、咨询投诉渠道和违约责任等基本信息;其二,应当在醒目的位置披露上述信息;其三,应当予以充分披露;其四,不得采取默认勾选、强制捆绑等方式剥夺消费者的自主选择权。该办法在第五章"贷款合作管理"的第52条规定了商业银行在与合作机构发放贷款时应当履行如下信息披露义务:一是在相关页面醒目位置向借款人充分披露商业银行与合作机构的信息、合作类产品的信息、商业银行与合作机构各方的权利与责任;二是按照适当性原则充分披露合作业务的风险,避免商业银行的客户产生品牌混同;三是商业银行应当在借款合同和产品要素说明等相关页面中,以醒目的方式向借款人充分披露合作类产品的基本信息;四是商业银行在获取借款人的风险数据时的披露义务,即在醒目位置提示借款人详细阅读授权书的内容,并在授权书的醒目位置披露授权风险数据的内容和期

限。①

（二）《商业银行法（修改建议稿）》中的信息披露制度

《商业银行法（修改建议稿）》在第三章"商业银行的公司治理"与第六章"客户权益保护"中规定了商业银行的信息披露义务。第三章的第41条第1款规定了商业银行在公司治理方面的信息披露义务。②该款规定与商业银行互联网贷款的风险管理关联性在于，商业银行应当将其互联网贷款业务开展情况纳入信息披露范畴。第六章的第71条规定了商业银行开展业务应当遵循的信息披露原则。③第六章的第72条规定了商业银行向客户进行信息披露的方式、重点事项：其一，以使客户易于接收和理解的方式披露信息；其二，信息披露要全面、准确；其三，披露的事项是与客户权益保护相关的产品信息或服务信息，重点包括订立、变更、中止、解除合同的方式和限制，双方的权利义务、责任及主要风险，纠纷处理与投诉途径；其四，商业银行应当以适当方式确认客户已经完整接收并理解上述信息。第六章的第73条规定了商业银行的投资者适当性义务，④要求商业银行应当向客户充分提示风险。这实质上就是要求商业银行向客户充分披露其所提供的产品或服务的风险有关的信息。第六章的第76条第1款规定了商业银行在收集、保存和使用个人信息时的信息披露义务，即应当向客户明示其收集、保存和使用客户个人信息的目的、方式和范围，⑤以保障客户个人的知情权与自主选择权。该款规

---

① 《商业银行互联网贷款管理暂行办法》第4条第1款规定："本办法所称风险数据，是指商业银行在对借款人进行身份确认，以及贷款风险识别、分析、评价、监测、预警和处置等环节收集、使用的各类内外部数据。"

② 该款规定："商业银行应当建立健全信息披露管理制度，按照有关法律法规、会计制度和监管规定，及时披露财务状况、主要股东和控股股东名单、股权结构、公司治理架构、董事会成员和高级管理人员薪酬、重大关联交易、履行社会责任情况等信息，确保披露材料真实、准确、完整，不得存在虚假记载、误导性陈述或者重大遗漏。"

③ 该条规定："商业银行开展营销活动应当遵循诚实信用原则，不得进行虚假、欺诈、隐瞒或者误导性的宣传，不得损害其他同业信誉，不得夸大产品的业绩、收益或者压低其风险。"

④ 该条规定："商业银行应当充分了解和评估客户的风险偏好与风险承受能力，向客户充分提示风险，确保提供的产品和服务与客户的风险承受能力相匹配。商业银行未评估客户的风险承受能力，或者向客户提供与其风险承受能力不相匹配的产品和服务，造成客户损失的，应当承担赔偿责任。"

⑤ 该款规定："商业银行收集、保存和使用个人信息应当符合法律、行政法规的规定，遵循合法、正当、必要原则，取得本人同意，并明示收集、保存、使用信息的目的、方式和范围。"

定是在银行业领域落实我国《民法典》第1035条的个人信息保护规定。[1]

（三）《网络小额贷款业务管理暂行办法》中的信息披露制度

《网络小额贷款业务管理暂行办法》第四章"经营管理"的第23条、第24条，以及第五章"监督管理"的第27条、第28条等规定均涉及经营网络小额贷款的小额贷款公司的信息披露义务。第23条规定，经营网络小额贷款的小额贷款公司应当在平台上公布以下信息：小额贷款公司的基本信息，[2] 相关产品信息，[3] 监督举报电话等。第24条规定小额贷款公司在经营网络小额贷款业务时应当充分履行告知义务，使借款人明确了解贷款金额、贷款期限、还款方式等内容，并在合同中明确载明这些内容。第27条规定，小额贷款公司应当向地方金融监督管理部门报送与小额贷款业务有关的财务会计报表等材料，并向中国人民银行报送有关统计资料。第28条规定了小额贷款公司的重大风险报告义务，即小贷公司经营网络小额贷款业务中出现重大风险特别是跨区域风险时，应当向地方金融监督管理部门报告。

比较《网络小额贷款业务管理暂行办法》的信息披露制度与《网贷机构管理暂行办法》的信息披露制度可以发现，二者具有以下异同。二者之间的共同之处有：其一，均将信息披露作为规制网络小额贷款风险的重要措施；其二，均是由地方金融监管部门负责对有关网络小额贷款风险之具体事项披露的监管，国务院银行业监管机构负责制定信息披露监管制度；其三，都要求在互联网平台上披露相关信息；其四，都规定了有关网络小额贷款的重大风险报告制度，而且均要求地方金融监管部门建立相应的网络小额贷款重大风险预警、防范与处置机制，要求地方金融监管部门及时处置重大风险事件，并向国务院银行业监管机构和中国人民银行等中央金融监管部门报告。

二者的不同之处主要有如下几点。其一，信息披露制度的体系安排不同。《网贷机构管理暂行办法》设立了专门的"信息披露"一章规定P2P网贷信息披露制度，《网络小额贷款业务管理暂行办法》未设立专门一章，而是在"经营管理"和"监督管理"两章中加以规定。其二，信息披露义务的主体不

---

[1] 我国《民法典》第1035条规定："处理个人信息的，应当遵循合法、正当、必要原则，不得过度处理，并符合下列条件：（一）征得该自然人或者其监护人同意，但是法律、行政法规另有规定的除外；（二）公开处理信息的规则；（三）明示处理信息的目的、方式和范围；（四）不违反法律、行政法规的规定和双方的约定。个人信息的处理包括个人信息的收集、存储、使用、加工、传输、提供、公开等。"

[2] 公司的基本信息包括营业执照、公司地址、法定代表人及高级管理人员基本信息、业务咨询及投诉电话等。

[3] 相关产品信息包括服务内容、贷款利率水平和费用项目标准、计息和还本付息方式、逾期贷款处理方式等。

同,《网贷机构管理暂行办法》规定的信息披露义务主体包括P2P网贷机构、P2P网贷机构的董事监事及高级管理人员、借款人;《网络小额贷款业务管理暂行办法》规定的信息披露义务主体是开展网络小额贷款业务的小额贷款公司。其三,信息披露的内容不同。《网贷机构管理暂行办法》针对不同的义务主体规定了信息披露的内容。P2P网贷机构不仅要披露自身的经营管理信息,而且应向出借人充分披露借款人相关信息,包括借款人的基本信息、项目融资的基本信息、风险评估结果、已经撮合但尚未到期的融资项目的资金运用情况等;依据《网络小额贷款业务管理暂行办法》,经营网络小额贷款业务的小额贷款公司只需要披露自身的经营管理信息。其四,信息披露的要求不同。依据《P2P网贷机构管理暂行办法》之规定,P2P网贷机构的董事监事及高级管理人员对网贷机构的信息披露事项负有忠实、勤勉义务,以保证信息披露的真实、准确、完整、及时与公平,保证P2P网贷机构在披露信息时不作虚假记载、误导性陈述或者重大遗漏。这一信息披露要求与我国《证券法》对上市公司及其董事监事、高级管理人员的信息要求完全一致。显然,这是借鉴我国《证券法》上的强制信息披露制度来构建P2P网贷信息披露制度。《网络小额贷款业务管理暂行办法》只是规定小额贷款公司应当加强信息披露,没有规定具体的信息披露要求。此外,由于《网络小额贷款业务管理暂行办法》还只是一个征求意见稿,金融监管部门至今尚未发布正式的《网络小额贷款业务管理暂行办法》,因此,其中的信息披露制度也缺乏像《网贷机构信息披露指引》之类的配套规定。

二、我国互联网贷款市场的信息披露私法规制之不足

如前文所述,从信息披露私法规制的视角看,我国P2P网贷信息披露规制存在的主要不足,是我国既有相关制度及司法实践对P2P平台的功能定位冲突导致的私法规制功能紊乱。P2P网贷平台功能定位相互冲突的制度没有为P2P网贷市场主体行为提供统一的、确定的评价、指引规则,P2P网贷市场主体对其信息披露义务的性质、范围与方式缺乏合理的、确定的预期,P2P网贷信息披露的私法规制功能紊乱。功能紊乱的信息披露反而加剧了P2P网贷市场的信息不对称,进而导致P2P网贷市场主体的逆向选择与道德风险。P2P网贷平台非法集资就是P2P网贷市场道德风险的集中体现。这正是我国金融监管部门将P2P网贷行业纳入互联网金融风险专项整治范围的现实原因。经过互联网金融风险专项整治的我国P2P网贷行业,已经实现了风险出清的目标,大多数的P2P网贷机构彻底退出市场,少数符合条件的P2P网贷机构要依法依规转型为助贷机构或小额贷款公司。依据《网络小额贷款业务管理暂行办法》第11条的规定，①P2P网贷机构转型为小额贷款公司之后开展网络小额贷款业务应当事先获得金融监管部门的批准。这就消除了之前存在的P2P网贷平台功能定位冲突问题。

诚然，P2P网贷平台功能定位冲突是制约我国P2P网贷信息披露私法规制功能正常发挥的主要障碍。不过，P2P网贷作为一种创新型互联网金融业态，其对信息披露私法规制的挑战不容忽视。我国以往P2P网贷行业频繁发生的欺诈现象、借款人的个人信息泄露事件及消费者纠纷足以证明，我国P2P网贷信息披露私法规制的制度供给不足。这些制度供给不足不会随着P2P网贷机构转型为小额贷款公司而自动消失，因为互联网贷款与P2P网贷一样，都是利用互联网平台、大数据与移动互联网等现代信息技术手段开展贷款业务的创新型金融业态。《商业银行互联网贷款管理暂行办法》《商业银行法（修改建议稿）》及《网络小额贷款管理办法》的立法者显然已经关注到了我国互联网贷款市场信息披露私法规制存在的不足，并作了一定的制度设计。下文就结合以上三个立法中的信息披露制度，分析我国互联网贷款市场信息披露私法规制存在的主要不足。

（一）互联网借贷合同订立中的信息披露义务之不足

我国现有的借贷合同制度主要关注的是借款人的信用违约风险。我国《民法典》在第三编"合同"的第二分编"典型合同"的第十二章专章规定了借款合同。该章共14个条文，涉及借款人利益保护的条文有第670条、②第671条、③第680条。④该章其他法律条文都是围绕贷款人利益保护而设计的。例如，该章第669条规定："订立借款合同，借款人应当按照贷款人的要求提供与借款有关的业务活动和财务状况的真实情况。"该条规定是为了缓和借款人与贷款人之间的信息不对称，要求借款人在订立借款合同时向贷款人披露自身的业务活动和财务状况方面的信息，有助于贷款人判断向借款人提供借款的风险，也有助于防止不诚信的借款人利用信息不对称所产生的信息优

---

① 该条规定，经金融监管部门批准，小额贷款公司可以开展以下业务：发放网络小额贷款，与贷款业务有关的融资咨询、财务顾问等中介服务，以网络小额贷款为基础资产的资产证券化业务，发行债券，国务院银行业监管机构规定可以从事的其他业务。

② 该条规定："借款的利息不得预先在本金中扣除。利息预先在本金中扣除的，应当按照实际借款数额返还借款并计算利息。"

③ 该条规定："贷款人未按照约定的日期、数额提供借款，造成借款人损失的，应当赔偿损失。"

④ 该条是关于利息的规定，如该条第1款规定："禁止高利放贷，借款的利率不得违反国家有关规定。"

势地位欺诈贷款人。

不过,市场主体之间的信息不对称是相对的。就借款人自身的业务活动、财务状况及借款用途而言,借款人相对于贷款人无疑具有信息优势地位,这一信息不对称是导致借款人之信用违约风险的重要原因。但是,就借款合同的利率、期限、还款方式、违约责任等事项而言,贷款人相对于借款人无疑具有优势地位,这一信息不对称是贷款人欺诈、胁迫借款人的重要原因。我国现有的借贷合同制度已经针对第一种信息不对称情形作出了回应性规定。对于第二种信息不对称情形,我国现有制度设计是依据关于欺诈、胁迫的一般性合同法规则处理,即将贷款人欺诈、胁迫借款人订立的合同作为可撤销合同,通过赋予借款人合同撤销权予以救济。可见,对于上述两种信息不对称情形的处理,我国现有制度设计存在路径差异,前者不仅可以通过一般性的合同法规则进行事后救济,而且可以通过《民法典》第669条进行事前的风险防范,即对借款人在订立合同时课以信息披露义务来缓和或消除信息不对称;后者则是通过一般性的合同法规则进行事后救济,并未像处理第一种信息不对称情形那样要求贷款人在订立合同时向借款人履行特定的信息披露义务。

法律源于现实生活,法律制度是生活经验的总结。我国现有借贷合同制度之所以对借贷合同订立过程中的两种信息不对称作出不同的制度设计,是因为这两种信息不对称所产生的社会效果不同。第一种情形的信息不对称所导致的借款人的信用违约风险,始终是社会经济生活的焦点问题,若不能有效防范和处置该风险,会影响贷款人提供贷款资金的积极性,贷款人对缺乏了解的借款人往往具有"惜贷"倾向,毕竟,通过一般性的合同法规则进行的事后救济具有不确定性,而且贷款人要付出救济成本。因此,为了防范借款人的信用违约风险,保障贷款人的资金安全,有必要在一般性的合同法规则之外,特别要求借款人在订立合同时向贷款人履行特定的信息披露义务。第二种情形的信息不对称导致的贷款人欺诈、胁迫借款人的风险,起初并不如借款人的信用违约风险那样受社会所关注。换言之,就传统借贷市场而言,借款人的信用违约风险是借贷合同制度设计者面临的主要矛盾,贷款人欺诈、胁迫借款人的风险虽然客观存在,但只是次要矛盾。对于这个次要矛盾,一般性的合同法规则就足以应对之。

然而,在互联网金融时代产生的P2P网贷与互联网贷款市场,贷款人欺诈、胁迫借款人的风险呈上升趋势。与传统借贷相比,P2P网贷与互联网贷款所处的场景发生了重大变化,合同订立行为从现实金融空间转换到以虚拟金融空间形式存在的互联网金融市场。虚拟金融空间并非虚幻的假设，而是与现实金融空间一样客观存在的社会空间。基于虚拟金融空间这一特定场景所产生的金融风险与现实金融空间的金融风险既有密切联系，也有重大区别。现实金融空间的金融风险可能传递渗透到虚拟金融空间，虚拟金融空间还可能产生源于虚拟金融空间所依赖的金融科技滋生的风险；虚拟金融空间的信息传播方式与传播速度与现实金融空间具有重大区别。虚拟金融空间的信息通过互联网以电子数据形式传播，其传播速度远远超过线下的现实金融空间的信息传播速度。在虚拟金融空间订立互联网贷款合同的当事人搜寻、获取信息的方式与成本也有别于现实金融空间。一方面，便捷、迅速的虚拟金融空间信息传播有助于当事人获取更多的交易信息，从而促进信息资源在私人之间的有效配置。另一方面，便捷、迅速的虚拟金融空间信息传播也为不诚信的当事人发布虚假、误导性信息、实施欺诈行为等打开了方便之门。事实上，在我国互联网金融市场，诸如此类的欺诈、胁迫现象并不少见。频繁发生的校园贷、套路贷事件给借款人的财产乃至人身安全造成了损害。事实胜于雄辩，与传统借贷相比，P2P网贷或互联网贷款市场中的第二种情形的信息不对称更为严重，网络受众的广泛性与网络传播的快速性更是加剧了该风险的破坏性与危害性，贷款人欺诈、胁迫借款人的风险进一步凸显。可以说，在虚拟金融空间这一特定的场景中，贷款人欺诈、胁迫借款人的风险已经上升为影响互联网贷款市场正常运行的主要矛盾之一。以传统借贷作为规制对象的我国现有借贷合同制度未能应对好虚拟金融空间这一特定场景的风险挑战，互联网借贷合同订立中的信息披露义务存在不足。从信息披露私法规制的视角看，随着该风险上升为影响互联网贷款市场运行的主要矛盾之一，对该风险的信息披露私法规制也不能再局限于通过一般性的合同法规则予以事后规制的范围，而应当像规制借款人的信用违约风险一样，要求贷款人在订立合同时向借款人履行特定的信息披露义务。

《商业银行互联网贷款管理暂行办法》第17条第2款规定，商业银行自身或通过合作机构向客户推介互联网贷款产品时应当充分披露贷款产品的基本信息；第52条规定商业银行应当向借款人充分披露自身的信息、合作机构信息、合作类产品的信息。《商业银行法》（修改建议稿）第72条规定了与《商业银行互联网贷款管理暂行办法》第17条第2款类似的商业银行信息披露义务。《网络小额贷款管理办法》第23条、第24条规定了经营网络小额贷款业务的小额贷款公司的信息披露义务。这些信息披露规定已经突破了传统借贷合同制度中的信息披露规定，立法者作出这些突破性规定是为了克服传统借贷合同制度规制贷款人欺诈、胁迫借款人风险之不足。

（二）互联网贷款借款人的个人信息保护制度之不足

相对于传统借贷而言，互联网借贷具有以下特征：一是其借贷业务所处的场景发生了重大变化，从线下的现实金融空间转换到了线上的虚拟金融空间；二是借贷业务的开展高度依赖于借款客户的信息，贷款人需要广泛应用大数据、移动互联网、云计算等现代信息技术，运用互联网平台所收集的客户个人信息分析评定借款客户的信用风险，在此基础上确定贷款方式和额度。毋庸置疑，这是互联网贷款相对于传统借贷的技术优势。任何事物都具有两面性，互联网贷款的技术优势是一柄双刃剑。一方面，互联网贷款所拥有的技术优势有助于贷款人分析评定借款客户的信用风险，根据其信用风险评价确定相应的贷款方式和贷款额度；贷款人可以依据其所掌握的借款客户信息开展有针对性的贷款营销活动，可见，这一技术优势在保障互联网贷款市场的金融安全和促进该市场的交易效率等方面都具有一定的作用。另一方面，贷款人在处理借款客户的个人信息时，① 可能利用其处理个人数据信息的优势地位侵犯借款客户个人信息权益。2016年10月，4000名网贷逾期者的个人信息，包括姓名、照片、身份号码、学籍信息、本人电话、家庭地址，甚至父母与同学的手机号码，被公布在一家名为"中国信用黑名单"的网站上。该网站是上海泰保投资管理有限公司主办的一个第三方平台，其所披露的信息由其他P2P网贷公司提供。② 该事件表明，我国互联网贷款领域借款人的个人信息未能得到切实有效的保护。

互联网的普及，特别是大数据技术的广泛应用使得个人信息保护问题成为社会焦点。我国法学理论界对于个人信息的法律属性及其规制路径存在"私法规制说""公法规制说""平衡说"等主要观点。"私法规制说"主张基于个人信息的私人属性对其进行私权保护。对个人信息之私人属性的不同认识决定了不同的私法规制路径。有的将个人信息作为隐私利益通过隐私权进行保护；有的主张将"个人信息权"规定为一种具体人格权，在人格权框架下保护个人信息，③ 因为"个人信息的收集、处理和利用直接关系到个人

---

① 《民法典》第1035条第2款规定："个人信息的处理包括个人信息的收集、存储、使用、加工、传输、提供、公开等。"依据该款规定，本书中贷款人对借款客户的个人信息的处理包括个人信息的收集、存储、使用、加工、传输、提供及公开等。

② 卢义杰.四千网贷逾期者个人信息被网上公示 专家称涉嫌违法[N].中国青年报，2016-10-25(1).

③ 王利明.论个人信息权的法律保护：以个人信息权与隐私权的界分为中心[J].现代法学，2013(4)：62-72.

信息主体的人格尊严";① 有的认为,个人信息既具有商业价值,也具有主体人格利益,应根据个人信息的价值对其进行确权,对其商业价值给予财产权保护,对其人格利益给予人格权保护。② "公法规制说"将个人信息作为公共物品进行公法规制,因为"大数据技术下的个人数据信息具有数量大、价值密度低、智能处理以及信息获得和其使用结果之间相关性弱等特征,这些特征使得个人无法以私权为制度工具对个人数据信息的产生、存储、转移和使用进行符合自己意志的控制"③。"平衡说"认为,建立在个人主义基础之上的个人信息私权保护论不能全面反映个人信息的法律属性,不能适应大数据时代个人信息利用的需求,应当建立平衡个人利益和社会整体利益的个人信息保护制度。④ 笔者赞同"平衡说"。个人生活的信息化、数据化所产生的"可以识别个人身份的信息"可能被他人非法收集、存储或利用,进而侵犯个人的人格尊严和自由,故个人信息保护立法必须保护个人信息的人格利益。相比于传统立法,大数据时代的个人信息保护立法需要协调更多相互冲突的利益。这些多元利益冲突集中表现为个人信息保护与开发利用之间的矛盾。"平衡说"有助于满足信息主体的个人信息保护需求、信息从业者的个人信息利用需求和国家对个人信息的利用需求,兼顾了个人信息保护与利用的现实需求,符合个人信息保护法存在的利益基础,应当是个人信息保护立法秉承的理念。

互联网贷款市场中的借款人个人信息保护问题是互联网时代个人信息保护问题在互联网金融领域的集中体现。依据矛盾的普遍性与特殊性的辩证关系原理,可以从互联网时代个人信息保护问题的普遍性与互联网贷款市场借款人个人信息保护的特殊性两个维度分析互联网贷款借款人的个人信息保护不足的制度原因。从互联网时代个人信息保护问题的普遍性维度观之,在《民法典》实施之前,我国《消费者权益保护法》第 29 条与《网络安全法》第 41 条规定了知情同意原则。在信息社会时代的个人信息保护制度中,知

---

① 齐爱民.个人信息保护法研究[J].河北法学,2008(4):15-33.
② 参见刘德良.个人信息的财产权保护[J].法学研究,2007(3):80-91.
③ 吴伟光.大数据技术下个人数据信息私权保护论批判[J].政治与法律,2016(7):116-132.
④ 高富平.个人信息保护:从个人控制到社会控制[J].法学研究,2018(3).另有学者指出,在个人信息保护法治中,国家不再仅仅以超然利益关系的治理者身份出现,其也是最大的个人信息处理者,个人信息保护法应当以"两头强化、三方平衡"理论为基础,实现"个人对个人信息保护的利益(核心是人格自由和人格尊严利益)、信息业者对个人信息利用的利益(核心是通过经营活动获取经济利益)和国家管理社会的公共利益之间的平衡"。张新宝.从隐私到个人信息:利益再衡量的理论与制度安排[J].中国法学,2015(3):38-59.

情同意原则具有基础性地位，但是在实践中信息处理者对知情同意原则的异化使得该原则流于形式。以互联网贷款的贷款人对借款人的个人信息处理为例，借款人为了获得贷款往往只能"同意"。《民法典》之前的我国个人信息保护制度重视对个人信息的商业利用与公共利用，轻视个人信息保护，未能实现大数据时代个人信息保护与利用之平衡。此点在我国之前的P2P网贷市场体现得尤为明显。上文提及的4000名网贷逾期者的个人信息被网站擅自披露的事件就是典型。从互联网贷款借款人个人信息保护的特殊性的维度看，在互联网贷款市场，贷款人依法收集、存储、加工、使用借款人的个人信息是互联网贷款业务正常开展的必要条件。当然，贷款人对借款人之个人信息的商业利用必须遵循合法、正当、必要原则，不得过度处理，并且要履行特定的信息披露义务，即应当向借款人公开处理信息的规则，明示处理信息的目的、方式和范围，并且要征得其同意。令人遗憾的是，在《民法典》实施之前的我国互联网贷款市场，以传统借贷作为规制对象的我国借贷合同制度未能规定贷款人负有上述信息披露义务。

中国银保监会在2020年7月12日公布并实施的《商业银行互联网贷款管理暂行办法》对上述不足作出了一定的回应。例如，《商业银行互联网贷款管理暂行办法》第20条规定，商业银行应当在借款人授权后查询借款人的征信信息，并通过合法渠道收集、查询和验证借款人相关信息；第34条规定，商业银行应当遵循合法、必要、有效的原则收集、使用借款人的风险数据，除非法律法规另有规定，不得将借款人的风险数据提供给第三方；第52条第2款规定，商业银行在向借款人获取风险数据授权时，应当在醒目位置披露授权风险数据的内容和期限、提示借款人详细阅读授权书的内容，并确保借款人签署同意。这些规定实际上要求商业银行在开展互联网贷款时履行特定信息披露义务。《商业银行法》（修改建议稿）第76条规定了商业银行的个人信息保护义务，要求商业银行在处理个人信息时必须取得本人同意，并"明示收集、保存、使用信息的目的、方式和范围"。[①] 该条同样规定了商业银行在处理个人信息时的特定信息披露义务。《网络小额贷款管理办

---

① 该条规定："商业银行收集、保存和使用个人信息，应当符合法律、行政法规的规定，遵循合法、正当、必要原则，取得本人同意，并明示收集、保存、使用信息的目的、方式和范围。商业银行不得收集与业务无关的个人信息或者采取不正当方式收集个人信息，不得篡改、倒卖、违法使用个人信息。商业银行应当保障个人信息安全，防止个人信息泄露和滥用。商业银行将个人信息处理外包给第三方的，应当确保第三方遵守个人信息保护规定，并采取有效措施保障个人信息安全。商业银行为处理跨境业务向境外传输境内个人信息和重要数据的，应当遵守法律、行政法规的规定，并采取有效措施，确保个人信息和重要数据的受保护水平不因出境而降低。"

法》并无专门的借款人个人信息保护规定，只是在关于小额贷款公司的金融消费者保护义务的第24条中禁止小额贷款公司未经授权或同意收集、存储、使用客户信息。

（三）互联网贷款之贷款人的消费者保护义务不足

在我国后P2P时代的互联网贷款市场，贷款人是商业银行与从事网络小额贷款业务的小额贷款公司，个人是互联网贷款市场的借款人而非贷款人。与美国P2P网贷转型为在线市场贷款之后所面临的挑战一样，我国互联网贷款市场的贷款人与借款人在经济实力、专业知识、信息地位、风险识别与控制能力等方面的差距进一步凸显了在互联网贷款领域加强金融消费者保护的重大现实意义。从信息披露私法规制的视角看，为了克服消费者与经营者之间的信息不对称，消费者权益保护法对经营者课以信息披露义务，要求经营者向消费者披露有关其提供的产品或者服务的质量、性能、用途、有效期限等方面的信息。例如，我国2013年修正的《消费者权益保护法》[①]（以下简称《消法》）第20条规定了经营者的全面、真实信息告知义务。[②] 2008年全球金融危机之后各国加强金融领域消费者保护趋势的影响，以及回应我国金融行业的现实需求，我国新《消法》加强金融领域的消费者保护。新《消法》第18条第2款明文规定银行与宾馆、商场等经营场所的经营者一样负有安全保障义务；[③] 第28条规定提供金融服务的经营者应当向消费者提供经营地址、联系方式等特定信息。[④] 新《消法》的上述规定虽然为我国加强金融消费者保护提供了一定的法律依据，但是仍然存在不足。下文将结合我国互联网贷款领域的金融消费者保护问题对这些不足略加分析。

1. 互联网贷款之借款人的"金融消费者"法律地位存疑。欲将互联网贷款的借款人纳入消费者权益保护法的保护范围，就必须确立借款人的消费者的法律地位。我国尚未在法律层面统一规定"消费者"的概念，"修改前后的两部《消法》都是通过对其调整范围的规定而'间接'告诉人们'消费者'为

---

① 为行文方便，下文将2013年修正的《消费者权益保护法》简称为"新《消法》"，将2013年修正之前的《消费者权益保护法》简称为"旧《消法》"。

② 该条规定："经营者向消费者提供有关商品或者服务的质量、性能、用途、有效期限等信息，应当真实、全面，不得作虚假或者引人误解的宣传。"

③ 该款规定："宾馆、商场、餐馆、银行、机场、车站、港口、影剧院等经营场所的经营者，应当对消费者尽到安全保障义务。"

④ 该条规定："采用网络、电视、电话、邮购等方式提供商品或者服务的经营者，以及提供证券、保险、银行等金融服务的经营者，应当向消费者提供经营地址、联系方式、商品或者服务的数量和质量、价款或者费用、履行期限和方式、安全注意事项和风险警示、售后服务、民事责任等信息。"

何物,未对'消费者'概念的内涵和外延正面作出界定"①。新《消法》第 18 条、第 28 条只是规定了从事银行、证券及保险等金融服务的经营者具有消费者保护义务,并未规定金融机构的哪些客户是消费者,进而可以获得新《消法》保护。从文义解释的视角看,"消费者"是种概念,"金融消费者"是"消费者"下属的子概念,其内涵与外延需要依据法律关于"消费者"内涵及外延的规定,即新《消法》第 2 条予以解释和判断。从体系解释的角度观之,间接规定"消费者"含义的新《消法》第 2 条规定在总则部分,对于整个新《消法》之规定具有效力,同样适用于金融消费者之判定。换言之,金融机构的客户只有为了生活消费需要在金融机构接受服务时才是消费者。反之,只要能够认定金融机构客户不是为了生活消费需要而接受金融服务,该客户就不属于金融消费者,自然不能获得消费者权益保护法的特别保护。于是,判断互联网贷款的借款人的借款行为是否是"为了生活消费需要"就成为其能否获得消费者权益保护法特别保护的首要问题,也是判断互联网贷款的贷款人是否负有消费者保护义务的关键。

在我国司法实践中,对于金融机构与其客户之间的纠纷是否适用新《消法》存在三种裁判意见。一是依据新《消法》第 2 条的规定,否定金融机构客户的行为是"为了生活消费需要",并据此反对适用新《消法》。例如,有的法院认为,原告李少清购买股票是一种投资行为,不是为了生活消费的需要接受被告国信证券公司的服务,而且我国证券法律、法规等未规定购买股票是消费行为,故不受新《消法》保护。②

二是直接依据新《消法》第 18 条、第 28 条的规定,将新《消法》当然予以适用。如上海市高级人民法院发布的 2014 年和 2015 年十大金融商事审判案例中都明确表示,新《消法》将证券、保险、银行等金融服务的经营者提供的产品或者服务,纳入了消费者权益保护范畴。

三是结合新《消法》第 2 条、第 18 条及第 28 条的规定,将金融机构客户的行为解释为消费行为,而非投资行为,从而将其纳入新《消法》的调整范围。例如,有的法院依据新《消法》第 28 条和《国务院办公厅关于加强金融消费者权益保护工作的指导意见》认为,"为实现个人和家庭财富保值增值的金融投资需求属于生活消费的范畴,购买金融产品或接受金融服务属于金融消费者",③ 从而将个人证券投资者纳入消费者保护范畴。有的法院认为,

---

① 马一德. 解构与重构:"消费者"概念再出发[J]. 法学评论,2015(6):30-41.
② 参见广东省深圳市中级人民法院(2016)粤 03 民终 4548 号民事判决书。
③ 吉林省长春市中级人民法院(2017)吉 01 民终 812 号民事判决书。

"随着时代的发展,消费者的生活需要不仅仅局限于吃饭穿衣等基本物质需求,当然也包括接受证券、银行金融服务等新的需求""国信证券公司作为证券服务经营者,其提供证券服务行为显然属于《消费者权益保护法》的调整范围"。① 有的法院从解释保险产品的功能出发,将保险产品纳入生活消费范畴。在其看来,"保险产品,不论是财产保险,还是人身保险,其目的是保障个人财产和生命健康所需,使被保险人在发生意外、损害后果后能弥补损失,具有保障、补偿功能",② 故保险产品属于生活消费范畴。

第二种裁判意见显然忽视了新《消法》第 2 条与第 18 条、第 28 条之间的逻辑联系与体系定位,将金融机构向所有客户提供的金融产品或服务纳入了消费者保护的范畴,这实质上突破了新《消法》第 2 条对消费者外延的限制,将消费者保护的范围扩大到了所有金融机构客户的所有行为。该种裁判逻辑有失严密。若遵循第二种裁判意见的逻辑,互联网贷款市场的所有借款人都是消费者,都可以获得消费者权益保护法的保护。

第一种裁判意见与第三种裁判意见的共同之处,是基于新《消法》第 2 条与第 18 条、第 28 条之间的逻辑联系,从金融机构客户的行为是否是"为了生活消费需要"入手,通过解释"生活消费"的含义,确定是否适用新《消法》。二者之间的区别是,对"生活消费"的含义与外延的解释存在差异。第一种裁判意见是基于经济学立场来解释"生活消费"。广义上的消费包括生产消费和生活消费。"生产消费,即生产过程中对生产资料和活劳动的使用和消耗,是一种中间消费。生活消费,即人们生活中对物质资料和精神产品的使用和消耗,属于最终消费。"从经济学角度看,人们在金融机构购买金融产品或接受金融服务的行为,既非生产消费,也不是生活消费,而是与消费相对应的另一种行为——投资——"企业或个人以获得未来收益为目的而投放一定货币或实物来经营某项事业的行为"。作出第一种裁判意见的法官正是基于消费与投资的经济学界分,将购买证券或保险等行为纳入投资范畴。此种裁判路径与我国台湾地区法院在审理连动债纠纷时否认适用消费者保护法的裁判路径相同:销售连动债的银行与连动债持有人之间签订的契约是投资信托契约,连动债持有人的目的,"并非获取生活上所需之服务或商品,而是投资之金钱上获利",③ 故该纠纷不适用消费者保护法。我国台湾地区在制定"金

---

① 广东省深圳市中级人民法院(2016)粤 03 民终 4548 号民事判决书。
② 江苏省无锡市中级人民法院(2015)锡商终字第 01110 号民事判决书。
③ 邱锦添,胡胜益,林克宪.金融消费者保护法与案例解析[M].台北:元照出版有限公司,2012:154.

融消费者保护法"之前,"就接受金融业者提供贩卖之金融商品或服务之消费者,是否适用消保法之规定,实务上多采取否定意见"。①

第三种裁判意见对"生活消费"的解释企图突破消费与投资的传统界分,却又陷入了经济学理论的囹圄。如前文所述,有的法院结合国务院的相关政策性规定,将为实现个人财富增值的金融投资需求纳入生活消费的范畴;有的法院认为,消费者的生活需要当然包括了接受证券、银行等金融服务的需求;有的法院则从保险产品的功能角度将保险产品纳入生活消费范畴。笔者以为,这些解释未免有点牵强,难以令人信服。国务院的规定虽然指出"金融消费者是金融市场的重要参与者",但是没有明确金融消费者的含义及外延,更没有明确个人在金融市场上的投资行为是为了生活消费需要。随着社会金融化程度的提高,金融服务在人们的日常生活中发挥着越来越重要的作用,一些金融服务成为满足人们生活消费需要的重要途径,一些金融产品的消费功能凸显。这是消费者保护理念在金融领域兴起的社会基础。不过,社会金融化程度的提高,并没有改变金融市场促进资金的融通的基本功能。金融市场上主要金融产品或服务的主要功能仍然是投资而非消费。如导致我国银行存款大搬家的银行理财产品,其主要功能是投资而非消费。又如,法院关于保险产品功能的解释不甚全面,保险产品尤其是财产保险之投保人与被保险人,并非仅限于个人,保险产品除了保障、补偿功能之外,还兼具投资功能,有些保险产品的投资功能还占主导地位,以投资功能为主的保险产品自当不属于生活消费范畴。以上裁判企图突破经济学理论对消费与投资的传统界分,却又依据经济学理论解释金融产品或服务在人们日常生活中的重要性,将接受金融服务纳入消费者的生活需要范畴。这种解释路径虽然注意到了在金融业发达的现代社会金融服务业之消费功能日益凸显的现实,但是也夸大了金融服务的消费功能,没有具体分析金融产品的功能特征,最终陷入了经济学理论的囹圄。

有学者总结了判断个人是否具有"生活消费"需要的主观理论与客观理论及其在解释现实问题时存在的困境,并从适格的经营者与消费客体等方面去判断何者是消费者。②不过,主观理论或客观理论,均无助于解决"金融消费者"认定问题。该学者在文后并没有依据主观理论或客观理论判断接受金

---

① 陈国华,李姵瑄.金融消费者保护法解析[M].台北:新学林出版股份有限公司,2012:14.
② 主观理论认为,只要行为人主观上是基于非经营性的目的购买或使用商品,其就是消费者;客观理论认为,应当通过行为人的客观行为来判断其是否具有"为生活消费需要"的主观目的,只要其没有将商品或服务实际用于生产经营,其就是消费者,不问其在购买时具有何种主观目的。参见马一德.解构与重构:"消费者"概念再出发[J].法学评论,2015(6):30-41.

融服务是否属于"生活消费",而是从以下两个方面进行了论证:用个人或家庭的财产投资购买金融服务,其获利是为了提升个人或家庭生活水平,最终目的是实现个人或家庭的生活消费;投资购买金融服务的个人与金融机构之间地位不对等、信息不对称,符合消费者与经营者的地位关系。① 笔者以为,第一个理由过于牵强,从经济学角度看,个人获利的最终目的都可以归为实现个人或家庭的生活消费,遵循这样的逻辑,所有的个人获利行为都是消费行为;第二个理由不再遵循"生活消费"的解释路径,而是另辟蹊径,从消费者与经营者之间的经济地位与信息能力等方面来判断消费者。

总之,从解释论视角看,法院不能直接依据新《消法》第18条、第28条等的规定将新《消法》适用于金融机构与其客户之间的纠纷,而应当依据新《消法》第2条的规定,确认金融机构客户的行为是"为了生活消费需要",确定金融机构客户的消费者身份。换言之,法院不能依据新《消法》第18条及第28条等的规定就"当然"认定所有的金融机构客户是金融消费者。由于法律层面的"金融消费者"概念缺失,在金融领域又存在"生活消费"的解释困境——难以论证金融投资行为是"生活消费"行为。这使得金融机构客户的金融消费者的法律地位存疑,进而使得新《消法》在金融领域的适用受到质疑。

在我国后P2P时代的互联网贷款市场,互联网贷款的贷款人与借款人之间的纠纷能否适用新《消法》,取决于借款人的借贷行为是否是为了生活消费需要。若借款人是为了生活消费需要,其就能获得消费者权益保护法的特别保护,贷款人就应当承担新《消法》第28条所规定的信息披露义务;反之亦然。然而,以上论述说明,与其他金融机构的客户一样,互联网贷款市场的借款人的金融消费者的法律地位存疑。

2. 尚未构建起体现金融行业专业性与特殊性的贷款人信息告知义务。互联网贷款行业属于金融行业,互联网贷款市场信息披露的私法规制应当体现金融行业的专业性与特殊性。不过,令人遗憾的是,我国现行法上尚未形成体现金融服务业专业性、特殊性的统一的金融机构告知义务规范。《合同法》第42条与第43条规定了先合同义务,② 以及《合同法》第60条第2款

---

① 马一德.解构与重构:"消费者"概念再出发[J].法学评论,2015(6):30-41.
② 《合同法》第42条与《民法典》第500条的内容一致,对缔约过失责任规定如下:"当事人在订立合同过程中有下列情形之一,造成对方损失的,应当承担赔偿责任:(一)假借订立合同,恶意进行磋商;(二)故意隐瞒与订立合同有关的重要事实或提供虚假情况;(三)有其他违背诚实信用原则的行为。"《合同法》第43条与《民法典》第501条都规定了合同当事人的保密义务,但是后者要求当事人保密的事项范围不再局限商业秘密,还包括"其他应当保密的信息"。后者规定:"当事人在订立合同过程中知悉的商业秘密或其他应当保密的信息,无论合同是否成立,不得泄露或者不正当地使用。泄露、不正当地使用该商业秘密或者信息,造成对方损失的,应当承担赔偿责任。"

规定了合同履行阶段的附随义务,①第 92 条规定了合同终止的告知义务。②这些规定中涉及的信息告知义务均适用于金融机构。新《消法》第二章关于消费者知情权的第 8 条,以及关于消费者受教育权的第 13 条等,间接规定了经营者的信息告知义务;第三章有诸多条文规定了经营者的告知义务,尤其是新《消法》第 28 条规定了金融服务的经营者负有向消费者提供信息的义务。《合同法》与新《消法》规定的告知义务具有互动关系:前者是一般性规定,后者更为具体、详细和具有针对性;后者对告知义务的程度要求更高。③

  针对金融业实践中金融机构不当说明行为充斥金融市场的情形,中国人民银行制定的《金融消费者权益保护实施办法》第 13 条、第 14 条及第 15 条等详细规定了金融机构的信息披露义务。④中国银监会制定的《银行业消费者权益保护工作指引》规定,银行业金融机构应当履行告知义务,加强披露产品、服务的信息,在向消费者推介产品和服务时主动对产品和服务的性质、合同条款及收费情况等主要内容作出真实说明,禁止欺诈性、误导性宣传。中国保监会《加强保险消费者权益保护工作的意见》,要求保险公司在官方网站显著位置公布保险产品条款和服务承诺信息,尤其是要重点披露保险产品的保障范围、免责条款及预期收益,向消费者作出足以引起其注意的提示和说明。然而,金融监管部门制定的规范性文件,只是为金融监管部门处罚金融机构的违法行为提供依据,旨在通过公法规范规制金融市场行为,并没有规定金融机构违反上述义务应当承担何种民事责任。诚如有的学者所言,消费者无法直接援引这些具有公法属性的规则向金融机构主张损害赔偿。⑤

  从金融服务业专业性、特殊性视角看,我国现行法上的金融机构告知义务规范存在以下不足:其一,在适用对象上,这些规范一并适用于一般的经营者与采用网络、电视、电话、邮购等方式提供商品或者服务的经营者,没有体现出金融服务业的专业性、特殊性。《合同法》上关于告知义务的一般性

---

① 《合同法》第 60 条第 2 款与《民法典》第 509 条第 2 款均规定当事人在履行合同时"应当遵循诚实信用原则,根据合同的性质、目的和交易习惯履行通知、协助等义务"。

② 《合同法》第 92 条规定:"合同的权利义务终止后,当事人应当遵循诚实信用原则,根据交易习惯履行通知、协助、保密等义务。"《民法典》第 558 条规定:"债权债务终止后,当事人应当遵循诚信等原则,根据交易习惯履行通知、协助、保密、旧物回收等义务。"

③ 陆青.论消费者保护法上的告知义务:兼评最高人民法院第 17 号指导性案例[J].清华法学,2014(4):150-168.

④ 金融机构应当依据金融产品或服务的特性,依法依规披露信息,说明重要内容和披露风险,并留存相关资料;金融产品与服务广告的诚信义务,金融机构实际承担的义务不得低于广告、资料、说明等形式所承诺的标准,金融机构在进行营销活动时不得有虚假、欺诈、隐瞒或引人误解的宣传等不正当竞争行为。

⑤ 何颖.构建面向消费者的金融机构说明义务[J].法学,2011(7):96-104.

规定，仅仅是为了维护一般性的交易安全；新《消法》中的告知义务规定，着力于解决一般的经营者与消费者之间的信息不对称问题，无助于解决金融机构与金融消费者之间的信息不对称问题。其二，在告知的内容上，没有关注金融产品的风险，只是在第 28 条要求提供风险警示方面的信息，这实际上是将具有无形性、虚拟性的金融产品与有形的普通商品等同对待，忽视了金融产品所蕴含的金融风险。其三，没有明确何时以何种方式告知，更没有明确规定应以金融消费者能充分了解的方式告知。有法院在判决书中明确指出，第 28 条"并未规定该种告知义务应以何种方式进行""广发证券已经为徐彦芬提供了了解其佣金收取比例的渠道，亦未剥夺或限制徐彦芬通过该渠道及其他渠道了解佣金实际收取比例的权利，故广发证券就佣金的收取情况对徐彦芬不存在故意隐瞒，亦不属于以'不作为'或'沉默'的方式违反告知义务"[①]。其四，没有明确金融机构是否应对其已经履行告知义务负举证责任。其五，没有明确规定金融机构未尽告知义务应当承担何种责任，尤其是金融机构未尽告知义务而欺诈客户的，是否要依据新《消法》第 55 条承担惩罚性赔偿责任存在争议。依据该条规定，惩罚性赔偿责任主体是经营者。依据文义解释的方法，新《消法》第 55 条及第 3 条并未将金融机构排除在惩罚性赔偿责任主体的范围之外。但是，最高人民法院在 2019 年 11 月 8 日发布的《全国法院民商事审判工作会议纪要》（法〔2019〕254 号，以下简称《九民纪要》）却否定了金融消费者的惩罚性赔偿请求权。[②] 个中原因，是我国法院对于惩罚性赔偿这一具有负面激励功能的责任制度在金融领域的适用持相当审慎的态度。惩罚性赔偿作为一种超过受害人自身损失的示范性赔偿，必将对受害人产生示范性的激励作用。这种激励作用在具有公共性的金融业领域会更为突出。金融是现代经济的核心，金融安全是国家经济安全的核心，满足人们生活必要需求的基本金融服务的"必须性"使得金融业具有一定的公共性。[③] 以银行业为例，"保持银行稳定是一项重要的公共物品"；[④] 商业银行兼具商业性与公共性。[⑤] 笔者推测，《九民纪要》之所以否定金融消费者之惩罚性赔偿请求权，是因为担心对金融机构判处高额的惩罚性赔偿，引发对金

---

① 吉林省长春市中级人民法院（2017）吉 01 民终 812 号民事判决书。

② 《九民纪要》第 77 条第 2 款规定："金融消费者因购买高风险等级金融产品或者为参与高风险投资活动接受服务，以卖方机构存在欺诈行为为由，主张卖方机构应当根据《消费者权益保护法》第 55 条的规定承担惩罚性赔偿责任的，人民法院不予支持。"

③ 汪鑫.论基本银行服务排斥及其治理[J].法学评论，2009（4）：52-58.

④ 马丁·迈耶.大银行家[M].何自云，译.海口：海南出版社，2000：8.

⑤ 邢会强.商业银行的公共性理论：兼论商业银行收费法律问题[J].现代法学，2012（1）：96-102.

融机构大规模的滥诉行为，从而影响金融业的稳定与发展。

三、我国互联网贷款市场信息披露公法规制之不足

在前文的第三章第二节，笔者反思了我国P2P网贷信息披露公法规制，指出其主要不足之处是：以部门规章形式规定的P2P网贷信息披露制度的法律位阶较低，P2P网贷信息披露制度没有反映虚拟金融空间的特定场景需求且内生性不足，P2P网贷信息披露监管权在中央与地方之间的配置不当，P2P网贷机构的重大事件与一般事件是面向监管者而非投资者披露。在后P2P时代的互联网贷款市场，信息披露依然是公法规制互联网贷款市场的重要工具。加强和完善互联网贷款市场信息披露的公法规制应当吸取P2P网贷信息披露公法规制的经验与教训。不过，令人遗憾的是，《商业银行互联网贷款管理暂行办法》及《网络小额贷款管理办法》并没有充分吸取P2P网贷信息披露公法规制的经验教训，P2P网贷信息披露公法规制的上述不足依然存在。而且，在互联网贷款市场信息披露公法规制的制度设计上，还出现了新的问题。

（一）我国互联网贷款市场信息披露监管权配置之不足

从互联网贷款信息披露监管的对象看，互联网贷款市场信息披露监管是一种明显的二元规制模式——对于开展互联网贷款业务的商业银行由国务院银行业监管机构监管，并且制定专门的《商业银行互联网贷款管理暂行办法》加以规范；对于开展网络小额贷款业务的小额贷款公司由省级地方金融监管部门监管，跨省级行政区域的除外，并且正在制定专门的《网络小额贷款管理办法》进行调整。这一二元规制模式遵循的是机构型监管的理论逻辑——"按照金融机构的类型设立监管机构，不同的监管机构分别管理各自的金融机构，但某一类型金融机构的监管者无权监管其他类型金融机构的金融活动"[①]。机构型监管的优势在金融业分业经营的条件下比较明显，但是在金融业混业经营的条件下难以解决金融机构之间的公平竞争问题。"由于提供类似金融服务或产品的各金融机构是受不同监管当局监管，则它们所面临的监管程度和与此相关的服从成本就会产生差异，而某些特定的金融机构就会享受到特殊的竞争优势。"[②] 事实上，尽管商业银行与小额贷款公司都是从事互联网贷款业务，但是二者面临的监管程度和所付出的监管成本就不同。以信息披露监管为例，《商业银行互联网贷款管理暂行办法》与《网络小额贷

---

① 陈雨露，汪昌云.金融学文献通论·宏观金融卷[Z].北京：中国人民大学出版社,2006:594.
② 陈雨露，汪昌云.金融学文献通论·宏观金融卷[Z].北京：中国人民大学出版社,2006:594.

款管理办法》的信息披露制度就存在较大差异。相对而言，前者的信息披露要求更为严格。可以说，这一二元规制模式虽然明确了从事网络小额贷款业务均需要监管部门审核批准，并由批准的监管部门实施行业监管与风险处置，消除了以往P2P网贷机构变相从事金融业务活动的监管套利机会，但是监管制度的差异性也会诱发新的监管套利与不公平竞争。

相对于P2P网贷信息披露的监管权配置，互联网贷款市场信息披露的监管权配置虽然作出了一定程度的改进，但是仍然具有P2P网贷信息披露规制的一些不足。依据《商业银行法》及《商业银行互联网贷款管理暂行办法》，商业银行开展互联网贷款业务由国务院银行业监管机构监管。因此，商业银行互联网贷款市场的信息披露监管权归中央层面的国务院银行业监管机构，不存在中央与地方之间的监管权配置问题。但是，对于小额贷款公司开展的网络小额贷款业务，《网络小额贷款管理办法》第4条就中央层面的国务院银行监管机构与地方层面的省、自治区、直辖市政府的金融监管部门的监管权配置规定如下：前者负责制定相关的监督管理制度和经营管理规则，督促后者对网络小额贷款业务的监管管理与风险处置；后者负责网络小额贷款业务的审查批准、监督管理和风险处置；小额贷款公司如果要跨省级行政区域开展网络小额贷款业务，则需要接受国务院银行业监管机构的审查批准、监督管理和风险处置。与《网贷机构管理暂行办法》第33条相比，《网络小额贷款管理办法》第4条有两点改进之处：一是不再要求国务院银行业监管机构负责对网贷机构的日常行为监管，不再以行为监管和机构监管的二分法对中央与地方之间的网络小额贷款市场监管进行分权配置；二是为了防范和化解互联网贷款市场的区域性系统性金融风险，规定由国务院银行业监管机构监管跨省级行政区域的网络小额贷款业务。

与《网贷机构管理暂行办法》第36条与第37条一样，《网络小额贷款管理办法》将重大风险事件与一般风险事件的信息披露监管权均赋予了地方金融监管部门，同时要求地方金融监管部门向国务院银行业监管机构及中国人民银行报告。重大风险事件事关互联网贷款市场可能引发的区域性或系统性金融风险，应当将其纳入中央金融监管层面的宏观审慎监管体系。宏观审慎监管与微观审慎监管相对应，微观审慎监管通过对单个金融机构的审慎控制和稳健运行来保障整个金融体系的安全与稳定，因为整个金融体系是由微观的单个金融机构组成的。但是，2008年全球金融危机使国际社会认识到，微观审慎监管无法有效预测和防范金融危机的发生，因为层出不穷的金融创新加剧了金融风险的传染性，微观的单个金融机构之间的风险无法隔离，金融体系具有自身的不稳定性,必须从系统性风险防范视角对整个金融体系实施宏观审慎监管。① 有学者已经关注到了互联网贷款市场的宏观审慎监管问题,指出:"当前对于互联网联合贷款的监管主要是从贷款集中度、合作机构杠杆率和异地贷款限制等因素着手,究其根本,仍然是着眼于微观机构和项目个体,但这种监管方式很容易受制于'合成谬误'陷阱。随着其规模不断增长和参与机构数量的不断扩大,互联网联合贷款已经成为防范系统性风险中不可忽视的因素,应该纳入宏观审慎框架,在总体层面与相关风险统一进行监管。"② 在我国"一委一行两会"的现行金融监管体制下,宏观审慎监管是国务院金融稳定发展委员会、中国人民银行等中央金融监管机构的职责,由地方金融监管部门负责监管和处置互联网贷款市场的重大风险事件超出其监管能力。

(二)我国互联网贷款市场的信息披露义务主体之不足

我国《商业银行互联网贷款管理暂行办法》与《网络小额贷款管理办法》都是仅仅规定了网络小额贷款的贷款人这一信息披露义务主体。依据《网贷机构管理暂行办法》与《网贷机构信息披露指引》,P2P网贷信息披露义务主体包括P2P网贷机构、P2P网贷机构的董事监事及高级管理人员,以及在P2P网贷平台的借款人。与P2P网贷信息披露义务主体相比,《商业银行互联网贷款管理暂行办法》与《网络小额贷款管理办法》所规定的网络小额贷款市场的信息披露义务主体过于狭窄。

其一,没有规定商业银行互联网贷款合作机构的信息披露义务。《商业银行互联网贷款管理暂行办法》在第4条第3款界定了"合作机构",③并设立了"贷款合作管理"专章,可见合作机构在金融科技时代对商业银行开展互联网贷款业务具有重要作用。时任中国人民银行行长易纲在谈及金融科技时表示,金融科技使中小商业银行面临挑战,中小银行"自身资源有限,只能依赖大型科技公司提供的技术和平台进行客户维护、信用分析和风险控制,可能削弱获客能力和产品竞争力"。④ 我国中小银行约4000家,这些银

---

① 参见王春丽,李琪.宏观审慎监管体系的国际比较与启示[J].江汉论坛,2019(9):44-50.
② 胡滨,范云朋.互联网联合贷款:理论逻辑、潜在问题与监管方向[J].武汉大学学报(哲学社会科学版),2021(3):131-142.
③ 该款规定:"本办法所称合作机构,是指在网络小额贷款业务中,与商业银行在营销获客、共同出资发放贷款、支付结算、风险负担、信息科技、逾期清收等方面开展合作的各类机构,包括但不限于银行业金融机构、保险公司等金融机构和小额贷款公司、融资担保公司、电子商务公司、非银行支付机构、信息科技公司等非金融机构。"
④ 刘琪.易纲:金融科技的不断发展给中国监管当局带来了新挑战[EB/OL].(201-10-10)[2023-06-14]. http://www.zqrb.cn/finance/hongguanjingji/2021-10-10/A1633851406485.html.

行开展互联网贷款业务往往要依赖于大型科技公司提供的技术和平台,以获取客户信息、分析客户信用和风险控制。例如,蚂蚁金融服务集团就是上海浦东发展银行、华夏银行、浙商银行、上海银行、天津银行等多家银行的互联网贷款合作机构,并开展联合贷款业务;京东科技集团是上海浦东发展银行、上海银行的互联网贷款合作机构。诸如蚂蚁金融服务集团、京东科技集团之类的大型科技公司所掌握的市场信息要比中小银行更为全面、准确。令人遗憾的是,《商业银行互联网贷款管理暂行办法》通篇没有规定合作机构任何信息披露义务。处于信息劣势地位的中小银行在开展网络小额贷款业务时负有信息披露义务,具有信息优势地位的大型科技公司在与银行合作开展互联网贷款业务时反而不承担信息披露义务。如此规定,实在令人费解。

其二,没有规定互联网平台的信息披露义务。无论是商业银行还是小额贷款公司开展互联网贷款业务,都离不开互联网平台的支持。大型商业银行可以自己组建互联网平台企业或者将互联网平台服务外包给专业的第三方,中小商业银行往往借助大型科技公司的平台开展网络小额贷款业务。除了银行自己组建互联网平台企业之外,其他为银行提供互联网平台服务的第三方属于《商业银行互联网贷款管理暂行办法》规定的合作机构。关于合作机构的信息披露问题上文已有阐述,不再赘述。此处需要讨论的是《网络小额贷款管理办法》第9条所规定的互联网平台定位及其信息披露问题。该条规定,小额贷款公司开展网络小额贷款业务所使用的互联网平台与小额贷款公司既相互独立又具有关联性:互联网平台的运用主体是独立的企业法人;互联网平台企业是使用该平台经营网络小额贷款的小额贷款公司的股东,且持股比例在5%以上;两者的注册地都在同一个省级行政区域之内;互联网平台企业运行2年以上且最近2年在市场监管、网信、公安、税务、电信及法院等部门无违法违规记录;平台企业有满足开展网络小额贷款业务需要的客户群体;平台企业能够积累客户的内生数据信息以评估客户信用风险;金融业务不是平台企业的主营业务。以上制度设计坚持了《网贷机构管理暂行办法》将用于开展网络小额贷款的互联网平台企业定性为信息中介机构的功能定位,这显然是吸取了我国P2P网贷机构异化为类金融机构引发非法集资风险的教训。同时,《网络小额贷款管理办法》第9条规定用于开展网络小额贷款的互联网平台企业必须是小额贷款公司的股东,要求运营该平台的企业持有小额贷款公司5%以上的股份,且对持股比例没有上限限制。从理论上分析,互联网平台企业完全可能成为小额贷款公司的控股股东或实际控制人。这无疑加强了小额贷款公司与互联网平台之间的关联性。

第五章 ▶ 我国P2P网贷机构转型与互联网贷款市场信息披露规制完善

在后P2P时代的互联网贷款市场，互联网平台之于小额贷款公司、商业银行等贷款人的重要性无须多言，互联网平台企业之于小额贷款公司以及网络小额贷款的借款人等处于信息优势地位是事实。《网络小额贷款管理办法》第9条关于互联网平台企业的持股要求既加强了互联网平台企业与小额贷款公司的关联性，也会导致作为股东特别是作为控股股东的互联网平台企业与小额贷款公司之间的利益冲突。为了防范网络小额贷款市场信息不对称导致的市场失灵与利益冲突问题，应当对处于信息优势地位的互联网平台企业课以信息披露义务。之前的P2P网贷行业制度，如《网贷机构管理暂行办法》与《网贷机构信息披露指引》均将P2P网贷机构的信息披露义务作为重点。这是为了克服P2P网贷市场的信息不对称问题所导致的市场失灵。虽然P2P网贷信息披露制度的实际效果不尽如人意，但是其制度建设经验仍值得保留和借鉴。可是，《网络小额贷款管理办法》置P2P网贷信息披露规制的制度经验、互联网平台企业与贷款人及借款人之间的信息不对称问题于不顾，仅仅规定了互联网平台企业设立与运行的若干条件，没有规定互联网平台的信息披露义务。

其三，没有规定互联网平台企业的董事、监事、高级管理人员等管理层的信息披露保证义务。《网贷机构管理暂行办法》第32条第1款①与《网贷机构信息披露指引》第17条②均规定网贷机构的董事、监事及高级管理人员负有信息披露保证义务。这是借鉴公司证券法上的管理层信息披露制度来应对我国P2P网贷市场存在的虚假广告、误导性宣传等问题。管理层信息披露保证义务具有坚实的公司法理论与证券法理论支撑。在公司法层面上，它是管理层对公司所负的信义义务的体现，"管理层必须诚实信用地保证向全体股东真实、准确、完整地披露信息；在证券法层面，管理层必须诚实信用地保证向全体投资者准确、完整地披露信息"③。笔者在第一章就运用委托代理理论与信息不对称理论分析了公司法与证券法上信息披露制度的经济学原因。在后P2P时代的互联网贷款市场，互联网平台企业、贷款人与借款人等市场主体之间的信息不对称客观存在，信息不对称诱发的虚假广告、误导性

---

① 该款规定："网络借贷信息中介机构的董事、监事、高级管理人员应当忠实、勤勉地履行职责，保证披露的信息真实、准确、完整、及时、公平，不得有虚假记载、误导性陈述或者重大遗漏。"

② 该条规定："网络借贷信息中介机构的董事、监事、高级管理人员应当忠实、勤勉、尽职，保证披露的信息真实、准确、完整、及时。网络借贷信息中介机构信息披露专栏内容应当有网络借贷信息中介机构法定代表人的签字确认。"

③ 郭锋，等.中华人民共和国证券法制度精义与条文评注[M].北京：中国法制出版社，2020：426.

宣传等现象在所难免，甚至可能恶化为影响互联网贷款市场稳定与发展的风险事故。为防止此类风险事故的发生、促进网络小额贷款市场之信息资源的有效配置，有必要借鉴公司证券法上的管理层信息披露制度，规定互联网平台企业的董事、监事、高级管理人等管理层承担信息披露保证义务。

（三）我国互联网贷款市场的信息披露事项之不足

我国《商业银行互联网贷款管理暂行办法》与《网络小额贷款管理办法》对互联网贷款市场的信息披露事项之规定存在不足。首先，它们并未针对不同的义务主体规定不同的信息披露事项，因为二者都只是规定了贷款人这一信息披露义务主体，互联网平台企业、互联网平台企业的管理层等都没有被纳入信息披露义务主体范围。

其次，《网络小额贷款管理办法》对小额贷款公司拟从事的发行债券、资产证券化等混业经营风险的信息披露监管存在不足。《网络小额贷款管理办法》第23条规定的小额贷款公司信息披露事项包括公司的基本信息和公司所提供的相关产品信息，其所要求披露的产品信息是提供的贷款服务的相关信息，如贷款利率水平和费用项目标准、贷款利息的计算方式、贷款本金及利息的偿还方式、逾期贷款的处理方式等。但是，依据《网络小额贷款管理办法》第11条之规定，符合一定条件的小额贷款公司经过批准，①可以从事资产证券化业务、发行债券以及其他业务。依据中国银监会、中国人民银行2008年发布的《关于小额贷款公司试点的指导意见》（银监〔2008〕23号），小额贷款公司不能吸收公众存款，其放贷资金来自股东缴纳的资本金、捐赠资金，以及不超过两个银行业金融机构的融入资金。前者是小贷公司的自有资金，包括公司设立时股东投入公司的资本金以及公司设立后所取得的经营收益；后者是小额贷款公司向商业银行的借款，但是该部分资金不能超过公司资本净额的50%。与商业银行相比，当时小额贷款公司资金来源的渠道非常狭窄，融资手段单一。而且，依据该指导意见的规定，小额贷款公司仅限于从事小额贷款业务，业务单一，难以像商业银行、证券公司等金融机构一样拓展新的业务。小额贷款公司出于对利润的追求必然会设法通过各种方式筹集资金用于投放贷款。P2P网贷行业的兴起为小额贷款公司开辟了新的融资渠道。满足融资需求是大量小额贷款公司与P2P网贷平台合作的现实动因，有的小额贷款公司干脆自己组建P2P网贷平台来筹集资金。② 为了解

---

① 该条所规定的条件是：经营管理较好、风险控制能力较强、监管评价满足一定标准。
② 阳建勋. 央地分权博弈视野下小额贷款公司的困境与出路[J]. 西南金融，2015(5)：8-10.

决小额贷款公司的融资困境，中国银保监会办公厅在2020年9月7日发布的《关于加强小额贷款公司监督管理的通知》（银保监办发〔2020〕86号）允许小额贷款公司适度对外融资，符合条件的小额贷款公司经地方金融监管部门批准可以发行债券、以所发放贷款作为基础发行资产证券化产品、向股东借款等，同时对小额贷款公司的对外融资额度进行控制，规定其通过非标准融资形式（如银行借款、股东借款）的融资余额不超过其净资产的1倍、通过标准化债权类资产形式（如发行债券、资产证券化产品）的融资余额不超过其净资产的4倍。《网络小额贷款管理办法》第11条、第12条与中国银保监会办公厅通知的上述规定保持了一致。这体现了我国金融监管部门顺应金融业的混业经营趋势、解决小额贷款公司融资困境的监管意图。

诚然，允许小额贷款公司适度对外融资是解决其融资困境的现实需求。不过，在放宽其融资渠道的同时，应当着力防范小额贷款公司从事混业经营所面临的金融风险。以资产证券化为例，它本身就是一柄双刃剑，既有助于盘活基础资产，增强资产的流动性，又蕴含着多层次的金融风险。其一，"资产证券化通过期限转换、流动性转换和信用转换以资产池为媒介，在具有杠杆率的债权性基础资产间进行投资组合"，[1]形成资产证券化的基础资产风险。美国次贷危机发生的主要原因之一是作为资产证券化之基础资产的美国次级按揭贷款蕴含着相当高的违约风险，次级按揭贷款的借款人信用程度低、缺乏稳定的职业及收入来源。其二，资产证券化还具有流动性风险。资产证券化这一金融炼金术让基础资产获得了流动性和可交易性，但是流动性与可交易性均以基础资产能够产生稳定的收益这一现金流为前提，一旦基础资产收益这一现金流断裂，流动性风险就会爆发进而引发危机性事件。由于美国宏观经济形势的变化，利率上升，美国次级按揭贷款的借款人还款压力大增，因无力还贷而"弃房断供"，最终导致美国次贷危机产生。资产证券化是信息时代的一种金融创新，"是一种建立在信息收集、分析基础上进行资产收益和风险管理、分散与重新配置的新型融资方式"。[2]可见，信息披露之于资产证券化的重要性。在美国次贷危机发生之后，资产证券化受到了质疑，我国银行信贷资产证券化业务一度暂停。不过，正如我国学者所言，资产证券化本身不是危机产生的根源，但是危机确实暴露了美国资产证券化信息披露制度长期缺失和信息披露豁免滥用的制度缺陷。[3]在我国信贷资

---

[1] 张春丽.信贷资产证券化信息披露的法律进路[J].法学，2015（2）：111-121.
[2] 洪艳蓉.资产证券化信息披露研究[J].证券市场导报，2005（7）：28-34.
[3] 李健男.次贷危机与资产证券化信息披露制度的重构[J].时代法学，2011（6）：90-100.

产证券化实践中,风险揭示不健全与风险预警缺失等信息披露问题已经凸显,对基础资产的信息披露重定性而轻定量、基础资产风险没有得到严格的量化。① 美国资产证券化信息披露制度的缺陷引发的次贷危机教训,以及我国信贷资产证券化实践中信息披露规制问题的凸显,警示着我国在允许小额贷款公司开展资产证券化业务的同时,应当加强信息披露监管。就此而言,《网络小额贷款管理办法》未能将小额贷款公司要开展的资产证券化业务相关信息纳入信息披露范围无疑是一大不足。

(四)互联网贷款市场重大风险报告制度之不足

《网络小额贷款管理办法》第 28 条规定了重大风险报告制度,要求小额贷款公司在经营网络小额贷款业务中出现重大风险,尤其是跨区域风险时,应当及时向监管部门报告。反观《网贷机构管理暂行办法》第 36 条与第 37 条,将网贷机构应当向监管部门报告的事项分为重大事件和一般事件,对"重大事件"进行列举性规定,对"一般事件"采取列举性规定及兜底性规定等相结合的立法技术加以规定。笔者在前文中已经指出,如此规定貌似界分明显,但是实际上在列举性规定中也充满着主观上的不确定性。例如,对"因经营不善等原因出现重大经营风险""重大违法违规行为""违反境内外相关法律法规行为"等情形的认定就依赖于监管者对以上规定的解释。《网络小额贷款管理办法》只是规定了重大风险报告制度,没有分别规定重大风险事件与一般风险事件,也没有对需要报告的重大风险作列举性规定。《商业银行互联网贷款管理暂行办法》甚至都没有规定重大风险报告制度。可见,互联网贷款市场重大风险标准的模糊性及其信息披露范围的不确定性比《网贷机构管理办法》更加过之而无不及。

重大风险报告作为一种强制性信息披露规制措施,其披露事项的标准与范围至关重要。因为信息具有私人性与公共性,并不是所有的信息都应当纳入强制性信息披露的范围,而且信息披露规制也有其自身的成本。如果重大风险的标准越低,小额贷款公司就应当向监管部门披露更多的信息,信息披露规制的成本就会越高。如果重大风险的标准越高,小额贷款公司需要向监管部门披露的信息就会越少,信息披露规制的成本就会越低。尽管"重大风险"是一个难以界定的描述性概念,② 为了有效约束金融监管部门的行政自由裁量权,仍然有必要对其判定标准作一个基本性规定,并对属于重大风险

---

① 张春丽.信贷资产证券化信息披露的法律进路[J].法学,2015(2):111-121.
② 描述性概念是语言的工具,描述并"定义"不同类型的生活事实,有助于应付现实的复杂性。魏德士.法理学[M].丁晓春,吴越,译.北京:法律出版社,2005:85.

的典型事件作列举性规定。

四、合作治理视角下我国互联网贷款市场信息披露规制之不足

（一）互联网贷款二元规制模式下的信息披露差异容易诱发监管套利行为

合作治理是通过公共部门与私人部门之间的合作治理公共事务,公共部门在合作治理过程中始终占主导地位。作为公共部门的金融监管部门在互联网贷款信息披露的公私合作规制中的主导地位不容忽视。因此,从合作治理视角反思我国互联网贷款信息披露规制,必须要反思金融监管部门对互联网贷款市场的强制信息披露要求。

转型之后的我国互联网贷款市场由商业银行互联网贷款与网络小额贷款构成。自《转型指导意见》发布以来,已有网贷机构成功转型为经营网络小额贷款的小额贷款公司。针对互联网贷款市场的二元结构,我国制定了专门的《商业银行互联网贷款管理暂行办法》规范商业银行互联网贷款。《商业银行互联网贷款管理暂行办法》将信息披露作为商业银行互联网贷款风险规制的一个重要手段,在"风险管理体系"和"贷款合作管理"两章全面规定了商业银行的互联网贷款信息披露义务。

由于《网络小额贷款管理办法》尚停留在征求意见阶段,在实践中规范经营网络小额贷款业务的主要制度有《转型指导意见》[①]、中国银监会2008年制定的《关于小额贷款公司试点的指导意见》、中国银保监会在2020年发布的《关于加强小额贷款公司监督管理的通知》。《转型指导意见》在"转型后的监管措施"中只是象征性地规定"建立健全信息披露制度"。《关于小额贷款公司试点的指导意见》要求小额贷款公司建立信息披露制度,要求小额贷款公司"向公司股东、主管部门、向其提供融资的银行业金融机构、有关捐赠机构披露经中介机构审计的财务报表和年度业务经营情况、融资情况、重大事项等信息,必要时应向社会披露",并未要求小额贷款公司向借款人履行信息披露义务。《关于加强小额贷款公司监督管理的通知》规定小额贷款公司应当向借款人履行充分告知义务。

由上可见,我国互联网贷款市场规制实行的是商业银行互联网贷款与网

---

① 互联网金融风险整治办为了阻隔"现金贷"风险,曾在2017年11月21日下发《关于立即暂停批设网络小额贷款公司的通知》（整治办函〔2017〕138号）。通知要求,各级小贷公司监管部门即日起不再新批设立网络小额贷款公司,也不得新增批小贷公司跨省开展小额贷款业务。

络小额贷款分立的二元模式，前者由中国银保监会这一中央金融监管部门监管，后者由中国银保监会制定监管制度、督促指导地方金融监管部门对网络小额贷款业务进行监督管理和风险处置；跨省级行政区域开展网络小额贷款业务的小额贷款公司，由中国银保监会负责审查批准、监督管理和风险处置。这一二元规制模式遵循机构型监管的理论逻辑——"按照金融机构的类型设立监管机构，不同的监管机构分别管理各自的金融机构，但某一类型金融机构的监管者无权监管其他类型金融机构的金融活动"[1]。在金融业混业经营的条件下，机构型监管难以解决金融机构之间的公平竞争问题。"由于提供类似金融服务或产品的各金融机构是受不同监管当局监管，则它们所面临的监管程度和与此相关的服从成本就会产生差异，而某些特定的金融机构就会享受到特殊的竞争优势。"[2] 事实上，尽管商业银行与小额贷款公司都从事互联网贷款业务，但是二者面临的监管程度和所承担的监管成本却不同。以信息披露监管为例，既有关于小额贷款公司的信息披露规定不是专为网贷小额贷款业务制定。相对而言，商业银行互联网贷款的信息披露要求更为严格。因此，二元规制模式虽然明确了从事网络小额贷款业务均需要监管部门审核批准，并由批准的监管部门实施行业监管与风险处置，消除了以往P2P网贷机构变相从事金融业务活动的监管套利机会，但是信息披露监管制度的差异性也会诱发新的监管套利与不公平竞争。

（二）平台异化为类金融机构和声誉资本信号传播的脆弱性使声誉机制失灵

合作治理旨在发挥私人参与公共事务治理的功能。该功能的发挥以存在有效的私人法律体系为前提，而有效的私人法律体系建立在声誉机制这一基础之上。声誉理论认为，声誉是一种与物质资产相似的资产，能够为关心长期利益的参与人提供一种隐性激励，能够增加短期承诺的力度，甚至可以在一定程度上替代显性合约。"声誉机制是指单纯建立在重复关系之上，依赖博弈双方自我实施的声誉，对欺诈和违约者进行惩罚的机制。"[3] 有学者在分析市场专业中介机构在公司治理中的角色与功能时指出，"原则上，即使当公共和私人法律执行机制的力度减弱，声誉资本机制仍然可以有效地约束看门人行

---

[1] 陈雨露,汪昌云.金融学文献通论·宏观金融卷[Z].北京:中国人民大学出版社,2006:594.
[2] 陈雨露,汪昌云.金融学文献通论·宏观金融卷[Z].北京:中国人民大学出版社,2006:594.
[3] 陈燕,李晏墅,李勇.声誉机制与金融信用缺失的治理[J].中国工业经济,2005(8):73-80.

业"①。此言隐含地指出了声誉机制与合作治理之间的内在联系：声誉机制是利益参与人的自我约束机制，本质上是相关利益主体之间的长期合作；声誉机制对欺诈和违约者的惩罚，不是动用由国家强制力保障实施的公法规范或私法规范，而是"依靠社会规范或缺乏强制力的私人司法系统"。②例如，交易方一旦被发现不守信用，今后将会面临无人与之交易的惩罚。声誉机制中所内含的惩罚功能的实现，需要每一个相关利益主体的协同配合。"建立在声誉机制基础上的私人法律体系提供了工具，将这些行业从法院的不足中拯救出来，它们的成功说明私人命令如何使用法院无法使用的执行工具。法院在很大程度上受到合同法的限制，只能根据违约方所造成的损害来作出补偿，这种补偿不足以令人信服地促使违约方遵守合同。一个商人的成功是建立在良好的声誉基础上的，失去良好声誉的商人在未来的整个交易就岌岌可危了。组织协调惩罚的系统——例如，互联网公司 Seafax 公布尚未向批发商付款的买家，而批发商随后也不会再向未付款的买家销售——将可信地以严厉而容易实施的制裁威慑债务人，从而促使其遵守。此外，声誉机制有能力触及非经济问题，迫使商人遵守他们的合同义务。人们可以称之为'正交原则'，即商人的效用不仅是经济利润的函数，也是交易网络控制下的其他关注点的函数，如社区荣誉或参与社区活动。"③"声誉是私人秩序理论的基础。这些理论认为，商业行为者会诚实行事，因为如果他们不这样做，他们将得到一个坏名声，其他人也不会想在未来与他们做生意。"④可见，声誉机制本身就蕴含着合作治理理念，声誉机制既是私人法律体系的基础，也有助于弥补公法治理的不足。

一个缺乏声誉机制的市场不可能获得持续、稳定的发展，因为市场本身就是一种法律制度结构，而声誉机制缺失的市场根本就无法形成有效的私法约束。从信息披露的视角看，声誉机制缺失的市场充斥着虚假与误导性信息。声誉信息的流动有助于降低信息不对称的程度；反之，虚假或误导性信息的传播会加剧市场的信息不对称，给市场主体带来错误的市场信号。

互联网贷款市场声誉机制的失灵源于两个方面的原因。一是互联网平台突破网络借贷信息中介机构的功能定位，不仅为互联网贷款的借贷双方提供信

---

① 约翰·C.科菲.看门人机制：市场中介与公司治理[M].黄辉,王长河,等译.北京：北京大学出版社,2011：422.
② 陈燕,李晏墅,李勇.声誉机制与金融信用缺失的治理[J].中国工业经济,2005(8)：73-80.这里的"私人司法系统"是指社会团体力量.
③ Richman, Barak D.Firms, Courts, and Reputation Mechanisms: Towards a Positive Theory of Private Ordering[J].Columbia Law Review,2004,104(8)：2344.
④ Kadens, Emily.The Dark Side of Reputation[J].Cardozo Law Review,2019,40(5)：1996.

息中介服务，还提供担保、保理、资产证券化等类金融服务。"网络声誉系统使产品或服务的提供者和消费者能够相互评价，并允许其他人根据这些声誉评分来决定是否与某个特定的提供者或消费者进行合作。声誉系统是平台工作场所的本质特征。"① 然而，异化为类金融机构的互联网平台由于利益冲突，已经难以借贷双方相互评价的方式传递声誉资本信号。我国互联网贷款市场转型之前的 P2P 网贷平台"跑路"就是由于平台异化为类金融机构导致的声誉机制失灵。

二是互联网平台市场声誉资本信号传播的脆弱性可能导致互联网贷款市场声誉机制失灵。互联网贷款不同于传统的线下借贷市场，其信息传播的场景是虚拟的网络市场，互联网平台是互联网贷款市场声誉资本信号的主要传播媒介。互联网平台是典型的双边市场。与传统的单边市场相比，双边市场的声誉机制发生了重大变化。在传统的单边市场，信任是人际互动的自发副产品，产生于人与人之间重复的面对面交易；在具有双边市场特征的互联网平台市场，交易双方很少进行面对面的互动，而是通过互联网平台等技术中介达成交易，交易双方往往根据之前的用户评价信息判断对方是否值得信任，因此，互联网平台市场的信任不再是交易双方反复互动的累积结果，而是之前用户评价信息的累积产物。② 由于双边市场的信任不是通过反复的面对面交易获得，而是通过众多的用户评价信息而产生，其可信度相对薄弱。

以用户评价和技术驱动为基础的网络声誉系统虽然可以促进信任传播，让越来越多的陌生人加入市场，但是也会吸引大量的欺骗者利用平台实施欺诈等不良行为。这无疑是对平台声誉的极大损害。此外，平台用户或消费者的评价受自身的偏见、情绪等非理性因素的直接影响，这无疑会损害平台传播声誉信息的真实性，进而导致平台声誉系统偏见。美国学者对 Prosper 平台数据的实证研究表明，"与信用评分相似的白人借款人相比，黑人借款人的贷款列表获得融资的可能性要低 25% ～ 35%。然而，黑人借款人也更有可能通过 Prosper 拖欠贷款，这导致作者得出结论，这是统计上的歧视"③。

以上因素使得互联网平台市场的声誉资本信号传递具有较大的脆弱性，"并会因技术风险等因素的影响而使其稳定性与可靠性减弱或丧失，进而加

---

① Spitko, E. Gary.Reputation Systems Bias in the Platform Workplace[J]. Brigham Young University Law Review,2019,2019(5):1271.
② Parigi, Paolo, & Dan Lainer-Vos.Online Reputation Systems and the Thinning of Trust[J]. Yale Journal of Law and Technology,2021,23(1):52-53.
③ Luca, Michael.Designing Online Marketplaces: Trust and Reputation Mechanisms[J]. Innovation Policy and the Economy,2017,17:87.

大了其信号传递逻辑失灵的概率"。①互联网平台市场声誉资本信号传递失灵会导致互联网贷款市场声誉机制失灵。

（三）互联网贷款信息披露规制未能有效应对羊群效应挑战

羊群效应是羊群行为导致的经济与社会效应。羊群行为是一种趋同社会行为，"可以广泛地定义为一个群体中个体的思想或行为通过局部的相互作用而没有集中协调的一致。它描述了一种现象，这种现象在17世纪的郁金香热中首次被发现。羊群行为本质上意味着B追随A，尽管B知道A可能是错的。C，D，E会跟随B，因为他们错误地认为A和B的决定是基于比他们自己拥有的更好或更有说服力的信息"②。羊群行为意味着，"个体根据关于其他个体行为的私人和公共信息依次行动，可能会坚持不受社会欢迎的决定。最后，所有的主体都选择了社会非最优的选择"③。羊群行为的当事人失去了群体成员的独立性，群体成员不是利用其所掌握的信息与知识参与群体决策，而是基于从众心理跟随大众决策。羊群行为导致的"旅鼠效应"表明，羊群行为是一种非理性行为，会导致社会非最优的结果。

与羊群行为理论相反的群体智慧理论认为，群体往往可以比任何个人作出更好的决定，群体具有优于个人或个人总和的智慧与能力。蜜蜂群、蚂蚁群、瞬间自动转向的成群的鲱鱼、在天空列队飞翔的雁群等生物体的群体行为，是生物界群体智慧行为存在的客观表现，这引导着人们去思考和探索人类社会的群体智慧。④经济理论中对群体智慧的理解，在哈耶克的自发秩序理论中表现得非常明显。价格系统就是群体智慧的典型例子。"在一个自由的市场中，去商店发现自己想要的那种食物已经脱销是很不寻常的。这是因为价格结构充当了一种信号机制。"⑤苏罗维茨基提出了判断智慧群体的四个标准：（1）群体成员的独立性，即群体成员的意见由自己独立决定，而不是由其周围的人的意见决定；（2）群体成员信息的多样性，每一个群体成员都有自己的私人信息，因而对已知事实有不同的认知或解释；（3）分权性，即群体成员拥有决策参与权，即群体决策的权力应该下放，每个群体成员都能够利用其所掌握

---

① 张彦华.网络社群声誉激励机制对公共决策的影响及治理[J].社会科学辑刊，2020(6):88-97.

② Gestel, Rob, & Hans-Wolfgang Micklitz.Why Methods Matter in European Legal Scholarship [J]. European Law Journal,2014,20(3):305.

③ Amtenbrink, Fabian, & Klaus Heine. Regulating Credit Rating Agencies in the European Union: Lessons from Behavioural Finance[J]. Dovenschmidt Quarterly,2013,2013(1):5.

④ 参见戴旸，周磊.国外"群体智慧"研究述评[J].图书情报知识，2014(2):120-127.

⑤ Chafetz, Josh.It's the Aggregation, Stupid (reviewing James Surowiecki, The Wisdom of Crowds: Why the Many Are Smarter than the Few and How Collective Wisdom Shapes Business, Economies, Societies, and Nations(2004)[J].Yale Law & Policy Review,2005,23(2):578.

的知识参与群体决策;(4)必须存在某种良好的机制,将群体成员的判断汇集成一个集体决策。①"多样性意味着确保每个群体成员所贡献的信号与其他群体成员所贡献的信号不相同。独立和分权的目的是通过确保群体成员不会因为压力、顺从的愿望或缺乏认知信心而采纳其他成员的噪声,从而防止噪声分布中的系统性偏见。一个适当的聚集机制能确保噪声真的被抵消掉。"②

羊群行为是金融市场中的常见现象,在互联网金融市场尤为值得关注。以众筹市场为例,众筹虽然符合依据苏罗维茨基标准的第一个和第三个条件,但是不符合第二个条件,因为众筹市场的羊群行为很容易使投资者失去投资决策的独立性。③另有学者指出,我国股权众筹市场缺乏透明度,投资者素质较低,难以满足群体智慧中的多元性与独立性等前提条件,缺乏群体智慧的土壤,普通投资者在该市场中的无意识集体行为不是"集体智慧",更大程度上是一种"集体兴奋"。④我国互联网贷款市场转型之前的P2P网贷市场何尝不是如此?大量的P2P网贷平台非法集资行为及平台爆雷的现实表明,转型之前的互联网贷款信息披露规制未能有效应对羊群效应挑战。

互联网贷款市场面临着比传统借贷市场更大的羊群效应挑战。一方面,互联网贷款的借贷双方在虚拟的互联网空间交易,与传统的线下面对面交易相比,线下交易的借贷双方更容易陷入非理性的羊群行为。另一方面,羊群行为是系统性风险的重要来源,"在传统金融的交易中,差错的弥补成本相对较小。而对互联网金融来说,'羊群效应'更容易被放大。因为其指数型的传播模式,一旦爆发风险,其超强流动性的特性将会放大风险范围"。⑤

第三节 后P2P时代互联网贷款市场信息披露的公私法合作机制完善

一、我国互联网贷款市场信息披露的私法规制完善

（一）互联网借贷合同订立阶段信息披露义务的完善

权利与义务是法哲学的中心范畴,"从法律实践看,全部法律行为和

---

① James Surowiecki. The Wisdom of Crowds: Why the Many Are Smarter than the Few and How Collective Wisdom Shapes Business, Economies, Societies, and Nations[M].New York: Doubleday, 2004:1.

② Chafetz, Josh.It's the Aggregation, Stupid (reviewing James Surowiecki, The Wisdom of Crowds: Why the Many Are Smarter than the Few and How Collective Wisdom Shapes Business, Economies, Societies, and Nations(2004)[J].Yale Law & Policy Review,2005,23（2）:579.

③ 彭冰.投资型众筹的法律逻辑[M].北京:北京大学出版社,2017:63-69.

④ 黄辉.中国股权众筹的规制逻辑和模式选择[J].现代法学,2018(4):94-109.

⑤ 刘瑶.防范系统性金融风险应四步走[N].中国经济时报,2017-09-22(7).

活动都是围绕权利和义务进行的，权利和义务通贯法律运行和操作的全部过程"①。法律应对和处理信息不对称，不外乎围绕权利和义务进行制度设计——对处于信息劣势地位的人赋予获取、了解特定信息的权利，对处于信息优势地位的人课予信息披露义务。以合同订立中的信息不对称为例，确立一般性的信息披露义务是私法干预的重要方式。以美国和英国为例，"由于美国立法、司法界普遍接受了缔约中的诚信和公平交易理念，传统的买方自慎规则已逐渐被美国所抛弃，一般性披露义务得以确立于其法律体系。而囿于经济自由主义，英国虽曾在判例法上短暂地引入过一般性披露义务，且在现行的成文法上也存在披露义务所需的制度基础，但一般性披露义务却仍被当下的英国法院所断然否定"②。

尽管我国《合同法》第42条第2项、《民法典》第500条第2项在规定缔约过失责任的事由时涉及信息披露，但是正如有的学者所言，该规定不是合同订立阶段先合同信息披露义务的一般性规定。③ 可见，一般性的合同法规则难以为解决互联网贷款市场的信息不对称提供更多的制度支持。以传统借贷作为规制对象的我国现有借贷合同制度主要关注的是第一种信息不对称情形导致的借款人信用违约风险，未能有效应对互联网贷款市场中贷款人与借款人之间的第二种信息不对称情形，未能应对好互联网贷款市场这一虚拟金融空间的特定场景的风险挑战。为了对缔约中合同当事人之间的信息不对称进行私法干预，合同法需要对处于信息优势地位的合同当事人课以信息披露义务。《商业银行互联网贷款管理暂行办法》第17条第2款，《商业银行法》（修改建议稿）第72条，《网络小额贷款管理办法》第23条、第24条突破了传统借贷合同制度的信息披露规定，有助于互联网借贷合同订立阶段信息披露制度的完善。

不过，上述规定仍有改进之处。《商业银行互联网贷款管理暂行办法》第17条第2款、《商业银行法》（修改建议稿）第72条等规定的信息披露义务的相对人是商业银行在互联网贷款市场的所有客户，④ 并未区分这些客户是不是经营者或消费者。《网络小额贷款管理办法》第23条等规定的信息披露义务的相对人是所有客户，《网络小额贷款管理办法》第24条规定的信息

---

① 张文显.法哲学范畴研究[M].北京：中国政法大学出版社，2001：327.

② 张铣.从统一到分裂：英美两国先合同信息披露义务的比较法考察[J].华南理工大学学报（社会科学版），2013（5）：61-68.

③ 韩世远.合同法总论[M].北京：法律出版社，2008：120.

④ 《商业银行法（修改建议稿）》第72条不仅适用于商业银行网络小额贷款市场的借款人，而且适用于商业银行的所有客户。

披露义务的相对人是消费者。不同类型的相对人,具有不同的信息地位与信息能力,相对人不同,信息披露事项的范围与要求亦不同。这是区分不同类型的相对人进行信息披露义务制度设计的法理逻辑。然而,对商业银行互联网贷款合同订立而言,上述规定未将商业银行的客户区分为经营者与消费者并要求商业银行披露不同的信息,可见,在我国互联网借贷合同订立阶段信息披露制度设计及其探索中,区分不同类型的相对人进行信息披露义务制度设计的法理逻辑未能一以贯之。

区分不同类型的相对人构建信息披露制度在《欧洲示范民法典草案》中已经有了可供借鉴的制度设计。《欧洲示范民法典草案》第三章"营销行为和先合同义务"的第一节就是关于信息披露义务的规定,其中的第101条就信息披露义务的相对人是不是经营者作了不同规定。① 依据该条规定,"当商品、其他财产和服务的供应者掌握着关于这些商品、其他财产和服务的质量和性能的信息时,另一方可以合理预期其披露相关的信息"②。显然,负有信息披露义务的经营者具有信息优势地位。即使如此,该条规定并未要求完全披露相对人所需要的信息,而只是要求其披露相对人可以合理预期的、与评估产品和服务的质量、性能有关的信息。而"合理预期"的范围与相对人的地位密切相关。"如果另一方不是经营者,则适用'关于质量和性能的正常标准'的检验方式(第1款)。如果相对人也是经营者,可适用较为不严格的'违背了良好的商业惯例'的检验方式(第2款)。"③ 区分相对人是不是经营者并根据相对人的"合理预期"确定信息披露义务人的信息披露范围,对于完善我国互联网贷款合同订立阶段的信息披露制度具有现实的借鉴意义。具体而言,对相对人是经营者的情形,相对人对信息披露范围的合理预期程度较低,互联网贷款的贷款人以"不违背良好的商业惯例"为限履行信息披露义务;对相对人不是经营者的情形,相对人对信息披露范围的合理预期程度较高,互联网贷款的贷款人以"关于质量和性能的正常标准"履行信息披

---

① 该条规定:"(1)经营者向他人提供货物,其他资产以及服务的合同缔约前,该经营者有义务向相对人披露被提供货物,其他资产以及服务的相关信息以此符合相对人的合理预期。在提供信息时经营者还要考虑在此情形下货物及服务正常的质量和性能标准。(2)在评估哪些是相对人合理希望被披露的信息时,可以适用这种检测方式,即如果相对人也是经营者,是否哪些信息没有被提供将视为违背良好的商业惯例。"克里斯蒂安·冯·巴尔,埃里克·克莱夫.欧洲私法的原则、定义与示范规则:欧洲示范民法典草案:第1/2/3卷[M].付俊伟,等译.北京:法律出版社,2014:197.

② 克里斯蒂安·冯·巴尔,埃里克·克莱夫.欧洲私法的原则、定义与示范规则:欧洲示范民法典草案:第1/2/3卷[M].付俊伟,等译.北京:法律出版社,2014:197.

③ 克里斯蒂安·冯·巴尔,埃里克·克莱夫.欧洲私法的原则、定义与示范规则:欧洲示范民法典草案:第1/2/3卷[M].付俊伟,等译.北京:法律出版社,2014:198.

露义务。特别需要注意的是,当相对人是消费者时,互联网贷款的贷款人则要按照消费者的合理预期之标准履行更高程度的信息披露义务。此点与互联网贷款市场金融消费者保护制度的完善重合,将在下文详细阐述之。

(二)金融消费者保护视角下贷款人的信息披露义务之完善

1. 要在互联网贷款市场规制中加强金融消费者保护理念。我国P2P网贷行业经过互联网金融风险专项整治之后,正在向网络小额贷款转型,因为商业银行与小额贷款公司通过互联网平台在线发行的贷款都是具有普惠金融性质的小额贷款。在后P2P时代的互联网贷款市场,贷款人要么是商业银行,要么是小额贷款公司,借款人与贷款人之间在经济实力、专业知识、信息地位、风险识别与承受能力等方面往往存在较大的差距、处于弱势地位。弱势群体倾斜保护与金融公平是金融消费者保护制度的法理内核。[1]将处于弱势地位的借款人纳入消费者保护范围,是保护借款人利益、维护互联网贷款市场秩序和保障金融公平的现实需求。从金融消费者保护视角看,我国互联网贷款信息披露私法规制的主要不足有以下两点:一是互联网贷款市场规制的金融消费者保护理念阙如,互联网贷款的借款人的消费者地位存疑,没有明确互联网贷款市场金融消费者的含义及范围,相应地,互联网贷款市场的贷款人是否要履行消费者保护义务不明确;二是没有构建起体现金融行业专业性与特殊性的贷款人信息告知义务。因此,从金融消费者保护视角完善互联网贷款之贷款人的信息披露义务,必须要明确金融消费者的含义与范围,以明确互联网贷款市场的哪些借款人是金融消费者,同时要以互联网贷款这一产品的风险披露为中心完善贷款人的信息披露义务。

2. 厘定"金融消费者"概念,将处于弱势地位的互联网贷款市场的借款人纳入金融消费者保护范围。法律概念是被法律界定的某些范畴,通过将事实归入这些范畴,法律的规则、原则才可以被适用,法律才能够跟得上社会经济发展的步伐。[2]"没有限定严格的专门概念,我们便不能清楚地和理性地思考法律问题。"[3]我国法律层面上"金融消费者"概念的缺失已经使得新《消法》适用于金融领域备受质疑,"生活消费"的解释困境已经成为影响"金融消费者"身份认定的障碍。不能认定借款人的"金融消费者"身份,就不能

---

[1] 阳建勋.“金融消费者”概念生成的法社会学探析:消费者运动与金融危机耦合下的金融法变革及其本土资源[J].甘肃政法学院学报,2014(1):16-24.

[2] 罗斯科·庞德.法理学:第4卷[M].王保民,王玉,译.北京:法律出版社,2007:33.

[3] E.博登海默.法理学:法律哲学与法律方法[M].邓正来,译.北京:中国政法大学出版社,2017:504.

适用新《消法》，互联网贷款人就无须履行新《消法》所规定的信息告知义务。如何消解该困境？从司法论与立法论相区分的视角看，有两种路径：

一是遵循教义法学的基本立场，运用法解释学的方法周延地将"消费者"概念适用于金融领域。例如，有学者认为，没有必要创设特定的"金融消费者"概念，在我国现行法律体系内金融消费者是一个基于解释论而产生的笼统概念，因为只有在穷尽解释论之后无法解决问题时，才有创设特定概念和规则的必要性。① 其言下之意，通过对现行制定法的解释可以解决金融领域的消费者保护问题。

二是创设专门的"金融消费者"概念。赞同该观点的学者甚多。例如，有学者指出，"传统消费者概念适用于金融领域时存在的不确定性，以及现有金融行业立法在保护性上的不足，使得在我国构建金融消费者概念具有现实必要性"②。有学者强调金融消费者不同于普通消费者，它具有不同于普通消费者的历史起源，后者源于对失灵的国家干预，前者则是对监管失灵的社会矫治；具有不同于普通消费者的结构性特征，本质上是一种信用授受，金融消费者的信用授受在心理意志维度上具有消费本质；金融投资者只要不是出于贸易、商业或职业目的，也是金融消费者。③ 有学者认为金融消费者是非专业投资者与消费者融合所产生的一类新的市场主体。④

第二种观点已在我国金融监管部门的相关规定中体现。我国金融监管部门在相关规定中界定的"金融消费者""银行业消费者"及"保险业消费者"等概念，⑤ 都没有要求金融消费者在接受金融服务时是"为生活消费需

---

① 姚佳."金融消费者"概念检讨：基于理论与实践的双重坐标[J].法学，2017(10)：179-192.

② 廖凡.金融消费者的概念和范围：一个比较法的视角[J].环球法律评论，2012(4)：95-104.

③ 林越坚.金融消费者：制度本源与法律取向[J].政法论坛，2015(1)：143-152.

④ "金融产品的日益抽象化、复杂化和交易模式的日益综合化、专业化，导致金融市场投资者群体的身份转化与角色嬗变。非专业投资者或者大众投资者逐渐与消费者融合，成为一类新的市场主体即金融消费者。"陈洁.投资者到金融消费者的角色嬗变[J].法学研究，2011(5)：84-95.其他相关研究文献，如于春敏.金融消费者的法律界定[J].上海财经大学学报，2010(4)：35-42；刑会强.金融消费者的法律定义[J].北方法学，2014(4)：76-83；郑青.论证券投资服务消费者的法律地位[J].清华法学，2013(2)：107-122.2018年3月19日，笔者以"金融消费者"作为关键词在中国知网搜索，共有678个文献，恕不一一列举。

⑤ 中国人民银行的《金融消费者权益保护实施办法》第2条规定："金融消费者是指购买、使用金融机构提供的金融产品和服务的自然人。"中国银监会《银行业消费者权益保护工作指引》第3条规定，"银行业消费者"是购买和使用银行业产品和接受银行业服务的自然人。中国保监会《保险消费投诉处理管理办法》第43条第1款规定，"保险消费活动，是指购买中华人民共和国境内保险产品以及接受相关保险服务的行为"；同条第2款规定，"本办法所称保险消费者，包括投保人、被保险人和受益人。"

要",突破了作为上位法的新《消法》第 2 条之规定。此外,中国人民银行规章与中国银监会规章规定的金融消费者是自然人,将在金融机构接受服务的单位排除在金融消费者之外,中国保监会规章规定的保险消费者不局限于自然人,单位作为投保人、被保人和受益人等均可以是保险消费者。金融监管部门的规定尽管不再以"为生活消费需要"作为界定金融消费者的必要条件,可以避免"生活消费"的解释困境,但是笼统地将所有接受金融服务的自然人作为金融消费者,甚至将具有专业能力的法人、非法人组织作为金融消费者,无疑是矫枉过正,没有准确地把握金融消费者保护法偏重保护金融交易中的弱势群体的法理念和对金融公平的法价值追求。

金融纠纷案件中的"生活消费"解释困境表明,通过对我国现行制定法的解释难以解决金融领域的消费者保护问题。问题的解决需要通过立法进行相应的制度完善。从理论上分析,有以下两种方式:

一是不创设专门的"金融消费者"概念,而是修改新《消法》第 2 条,以反向排除的立法技术规定"消费者"概念。具体而言,可以借鉴《德国民法典》第 13 条,① 不再要求消费者具有"为生活消费需要"的主观目的,只要求消费者"不以贸易、交易或职业活动为其行为主要目的"。如此,可以将非专业性的金融投资者纳入消费者范畴。二是不修改新《消法》第 2 条,创设专门的"金融消费者"概念。具体而言,就是在新《消法》之外制定《金融消费者保护法》,在该法中专门规定"金融消费者"概念。我国台湾地区采用的就是该种立法模式。

尽管第一种方式没有创设专门的"金融消费者"法律概念,但是"金融消费者"作为一个法学概念仍有其存在的价值。正如庞德所言,法学概念不像法律概念那样受到法律的限制,是法学家为了系统化和阐述法律现象抽象出来的,"法学概念的主要功能是为理解和发展司法决策或决策指南的权威性依据提供了一个基础"②。作为法学概念的"金融消费者"概念是金融消费纠纷案件的裁判基础。它关系到金融机构的哪些客户能够主张以消费者身份受到法律保护,即使不在法律上界定之,也应当在法学理论上阐明其本质,明确其含义与外延,为相关案件的司法决策提供基础。

"金融消费者"概念的本质是偏重保护金融交易中的弱势群体,以实现

---

① 该条规定:"消费者是指为一个既不能够归属于自己的营利事业活动,也不能归属于自己的独立职业活动的目的,而订立法律行为的任何自然人。"杜景林,卢湛.德国民法典:全条文注释:上册[M].北京:中国政法大学出版社,2015:14-15.

② 罗斯科·庞德.法理学:第 4 卷[M].王保民,王玉,译.北京:法律出版社,2007:33.

金融公平。造成金融交易中一方处于弱势的主要原因是其在经济实力、金融专业知识及信息享有等方面处于劣势。这应当是判断金融交易当事人是否为金融消费者的主要考量因素。日本 2001 年《金融商品销售法》既保护自然人，也保护不具备金融专业知识的法人。我国台湾地区"金融消费者保护法"界定的金融消费者，是指接受金融服务业提供的金融商品和服务的自然人和法人，但是不包括专业投资机构和符合一定财力或专业能力的自然人或法人。日本和我国台湾地区的上述立法，既突破了将消费者保护范围限于自然人的局限性，又将具有专业能力或符合一定财力的自然人排除在金融消费者保护范围之外，非常鲜明地体现了金融消费者的本质特征，富有借鉴意义。

笔者以为，可以借鉴我国台湾地区"金融消费者保护法"第 4 条之规定，基于《民法典》将民事主体分为自然人、法人和非法人组织的现实，在制定单行的金融消费者保护法时将"金融消费者"界定为：接受金融机构提供的金融商品和服务的自然人、法人和非法人组织，但是不包括专业投资机构以及符合一定财力或专业能力的自然人、法人和非法人组织；专业投资机构的范围、一定财力或专业能力的条件，由金融业监督管理机构决定。

与新、旧《消法》和金融监管部门的相关规定相比，如此界定"金融消费者"具有以下几个优势：其一，不再以"为生活消费需要"这一主观要件作为界定消费者的必要条件，可以避免在司法实践中如何判断"生活消费需要"所产生的争议难题；其二，既不笼统地将所有接受金融服务的自然人作为金融消费者，也不排除将不具有一定财力或专业能力的法人、非法人组织作为金融消费者加以保护，准确地把握了金融消费者保护法偏重保护金融交易中的弱势群体的法理念和对金融公平的法价值追求；其三，纠正了中国保监会规章中无限扩大保险消费者范围，将所有投保人、被保人与受益人全部纳入保险消费者范围的错误规定。如此规定，可以厘清"金融消费者"概念的含义与外延，消解金融领域的"生活消费"解释困境，有助于准确地区分金融机构的哪些客户是金融消费者，自然也有助于将处于弱势地位的互联网贷款的借款人纳入金融消费者保护范围。

3. 以互联网贷款产品的风险披露为中心完善贷款人的信息披露义务。经济合作与发展组织在 2011 年发布的《金融消费者保护高级原则》将"信息披露和透明度"作为一项重要原则加以规定，金融机构和授权代理机构"应为消费者提供有关产品基本收益、风险和产品条款的重要信息""在与消费者接触的各个阶段都应向消费者披露必要的信息"。① 欧盟2010年《消费者信贷条例》规定,作为债权人的金融机构在信贷协议订立之前负有信息披露义务——根据消费者提出的偏好及其他信息,披露信贷类型、债权人的身份和地址,信贷总额和信贷支取条件、信贷协议期限、借款利率还款金额与次数及频率,任何其他相关费用以及变更费用的条件等相关信息,并向消费者提供充分的解释,以便消费者在信息充分的情况下决定是否签约。② 日本2001年《金融产品销售法》第3条规定了金融产品提供商的说明义务:日本金融机构在销售金融产品时必须在销售之前向客户说明规定的重要事项,例如,"如果利率、币值、证券价格或任何其他指数的波动有可能导致本金损失,则金融产品提供商必须对该风险和相关指数进行说明"③。该法第4条规定,金融产品提供商未向客户说明重要事项使客户遭受损失的,应当向客户赔偿损失。我国台湾地区《金融消费者保护法》第10条规定,金融服务业在订立契约前,应当以金融消费者能充分了解的方式,向金融消费者充分说明该金融商品、服务及契约的重要内容,并充分揭露其风险;第11条规定,金融服务业应对金融消费者说明而未说明、说明不实、错误或者未充分揭露风险,导致金融消费者损害的,应负损害赔偿责任,且该责任为无过失责任,除非金融服务业能证明损害并非因其未尽说明或揭露风险义务所致。④ 这就将举证责任转换为金融机构负担。

在美国,信息披露法律规则是保护消费者陷入掠夺性住房贷款的主要方法,"美国国会分别在1968年和1974年分别颁布了《贷款实情法》和《房地产交割程序法》,要求贷款人向申请房屋抵押贷款的消费者披露某些关键的经济信息"⑤。次贷危机之后,美国2009年修改的《信用卡改革法》课以"业者清楚完整揭露义务,强调对于消费者资格之了解及风险告知义务,限制不利益变更利率、条款,俾民众得依财务能力为信用消费"。⑥

---

① 中国银行业监督管理委员会银行业消费者权益保护局.国际金融消费者保护法律法规选编[Z].北京:中国金融出版社,2014:11-12.
② 参见中国银行业监督管理委员会银行业消费者权益保护局.国际金融消费者保护法律法规选编[Z].北京:中国金融出版社,2014:18-28.
③ 中国银行业监督管理委员会银行业消费者权益保护局.国际金融消费者保护法律法规选编[Z].北京:中国金融出版社,2014:215.
④ 参见邱锦添,胡胜益,林克宪.金融消费者保护法与案例解析[M].台北:元照出版有限公司,2012:53-55.
⑤ Stark, Debra Pogrund & Choplin, Jessica M.A Cognitive and Social Psychological Analysis of Disclosure Laws and Call for Mortgage Counseling to Prevent Predatory Lending[J].Psychology, Public Policy, and Law, 2010,16(1):85-131.
⑥ 林继恒.金融消费者保护法之理论与实务[M].台北:台湾法学出版股份有限公司,2012:9.

与域外国家或地区的相关立法相比，我国现行法上的金融机构告知义务规定对金融产品与服务的风险关注不足，未能体现出金融业的专业性与特殊性，难以满足加强金融消费者保护的现实需求。这些不足正是导致我国互联网金融市场欺诈现象频发的重要原因之一，也是后P2P时代加强和完善互联网贷款市场信息披露规制需要直面的现实问题。因此，加强互联网贷款领域的金融消费者保护，应当以互联网贷款产品的风险为中心，完善贷款人的风险告知义务：其一，在告知内容上，贷款人应当向消费者充分披露互联网贷款产品与服务所蕴含的金融风险，践行"认识客户"的要求，依据客户的风险承受能力等个人状况，推荐适合的贷款产品；其二，明确规定贷款人应当以金融消费者能充分了解的方式予以告知；其三，规定贷款人应对其已经履行告知义务负举证责任。

（三）个人信息保护视角下贷款人的信息披露义务之完善

《网络小额贷款管理办法》没有专门的借款人个人信息保护规定，只是在关于小额贷款公司的消费者保护义务的第24条中禁止其未经授权或同意收集、存储、使用客户信息。如此简单的制度设计自然难以满足网络小额贷款市场之借款人的个人信息保护需求。《商业银行互联网贷款管理暂行办法》及《商业银行法》（修改建议稿）规定了商业银行在订立互联网借贷合同时对个人客户的个人信息保护义务。这些规定的上位法依据是《民法典》第四编"人格权"的第六章"隐私权和个人信息保护"的相关规定。《民法典》这些关于个人信息保护的基础性规定固然重要，但是距离大数据时代人们对个人信息权益保护的现实需求仍然较远。"为了保护个人信息权益，规范个人信息处理活动，促进个人信息合理利用"，我国制定了专门的《个人信息保护法》，该法于2021年8月20日在全国人大常委会第三十次会议上通过，于2021年11月1日起施行。该法在《民法典》的基础上加强了对个人信息的保护、健全了个人信息处理规则。鉴于《商业银行互联网贷款管理暂行办法》及《商业银行法》（修改建议稿）是在《个人信息保护法》之前制定，而《网络小额贷款管理办法》尚无个人信息保护的专门规定，应当依据《个人信息保护法》的相关规定，结合我国互联网贷款市场的实际情况，加强和完善对我国互联网贷款市场之借款人的个人信息保护。

其一，信息处理的公开透明原则要求互联网贷款市场的贷款人在处理借款人个人信息时履行相应的信息披露义务。互联网贷款市场的贷款人应当遵循合法、正当、必要、诚信、公开透明等原则处理借款人的个人信息。合法、正当、必要原则在《民法典》第 1035 条中已有规定。《个人信息保护法》第 5 条在《民法典》第 1035 条的基础上增加了诚信原则,《个人信息保护法》第 7 条将《民法典》第 1035 条关于个人信息处理的第 2 项与第 3 项条件提升为该法的一项基本原则——个人信息处理的公开透明原则。[①] 为了贯彻落实公开透明原则,《个人信息保护法》第 14 条第 1 款[②] 与第 17 条第 1 款[③] 规定了相应的个人信息处理规则。作为个人信息的处理者,互联网贷款市场的贷款人在处理借款人的个人信息时遵循《个人信息保护法》责无旁贷。特别是公开透明原则及其相关的个人信息处理规则,要求互联网贷款市场的贷款人履行相应的信息披露义务,即贷款人在处理借款人的个人信息前,应当以显著方式、清晰易懂的语言真实、准确、完整地向借款人告知贷款人的名称及联系方式,贷款人处理借款人之个人信息的目的、方式、个人信息种类、保存期限,借款人行使权利的方式和程序以及依据法律行政法规应当告知的其他事项。

其二,为订立、履行互联网借贷合同所必需的作为该合同当事人的借款人的个人信息,互联网贷款的贷款人无须取得借款人同意即可处理。《个人信息保护法》第 13 条对《民法典》第 1035 条规定的知情同意规则的"法律、行政法规另有规定的除外"予以细化,明确规定了五种具体情形。[④] 其中,为订立个人作为一方当事人的合同所必需的信息是否可以无须取得个人同意,在《个人信息保护法》立法过程中存在争议。有学者认为,在合同成立之前不存在排除适用知情同意规则而处理个人信息的确定的正当利益,因为信息处理者在合同成立前并不负有法定的与约定的履行合同的义务;还有学者认为,在网络信息科技和数字经济发展日新月异的时代,在许多情况下当事人之间为了订立合同必须取得个人信息,若必须由信息处理者先履

---

① 该条规定:"处理个人信息应当遵循公开、透明原则,公开个人信息处理规则,明示处理的目的、方式和范围。"
② 该款规定:"基于个人同意处理个人信息的,该同意应当由个人在充分知情的前提下自愿、明确作出。"
③ 依据该款规定,个人信息处理者在处理个人信息前,应当以显著方式、清晰易懂的语言真实、准确、完整地向个人告知个人信息处理者的名称、姓名及联系方式,个人信息处理的目的、方式、个人信息种类、保存期限,个人行使权利的方式和程序,法律及行政法规规定应当告知的其他事项。
④ 该五种具体情形分别是:(1)为订立、履行个人作为一方当事人的合同所必需,或者按照依法制定的劳动规章制度和依法签订的集体合同实施人力资源管理所必需;(2)为履行法定职责或法定义务所必需;(3)为应对突发公共卫生事件,或者紧急情况下为保护自然人的生命健康和财产安全所必需;(4)为公共利益实施新闻报道、舆论监督等行为,在合理的范围内处理个人信息;(5)依照本法规定在合理的范围内处理个人自行公开或者其他已经合法公开的个人信息。

行告知义务再取得个人同意,这不利于信息社会时代数字经济的发展。① 从比较法的角度看,该项规定与《欧盟一般数据保护条例》第 6 条第 1 款第(b)项规定相比,② 不仅允许信息处理者未经作为合同一方当事人的个人同意处理为履行合同所必需的个人信息,而且允许信息处理者未经当事人同意处理为订立合同所必需的个人信息。如此规定,无疑拓宽了我国个人信息处理的合法性基础或根据的范围。以互联网贷款市场的贷款人为例,其作为信息处理者就可以依据《个人信息保护法》的上述规定,不经作为互联网借贷合同之当事人的借款人同意,处理为订立、履行互联网借贷合同所必需的借款人的个人信息。在《个人信息保护法》出台之前制定的《网络小额贷款管理办法》《商业银行互联网贷款管理暂行办法》及《商业银行法(修改建议稿)》等均严格遵循知情同意规则,禁止小额贷款公司与商业银行未经借款人同意处理借款人的个人信息。这些规则应当依据《个人信息保护法》予以修改。

其三,为保护借款人的个人敏感信息贷款人应当履行特别告知义务。我国《民法典》没有区分敏感信息与非敏感信息,《个人信息保护法》首次在法律上明确采取了敏感信息与非敏感信息的分类,在第二章"个人信息处理规则"的第二节"敏感个人信息的处理规则"专门用一节共五个条文规定了对敏感个人信息的特别保护。《个人信息保护法》第 28 条第 1 款采用概括加列举的方式界定了敏感个人信息,③ 其中与互联网贷款业务密切相关的个人信息是生物识别、金融账户等信息。贷款人在处理借款人的生物识别、金融账户等敏感个人信息时,应当遵守《个人信息保护法》第 29 条与第 30 条等处理规则,即应当取得借款人的单独同意,并向借款人告知处理这些敏感个人信息的必要性以及对个人权益的影响。质言之,为保护借款人的个人敏感信息,贷款人应当履行特别告知义务。

其四,贷款人应承担未履行上述信息披露义务的合同责任或侵权责任。贷款人与借款人围绕借款人个人信息处理产生的民事纠纷,既包括合同纠纷,也包括侵权纠纷。借款人个人可以主张未履行上述信息披露义务的贷款

---

① 程啸.个人信息保护法理解与适用[M].北京:中国法制出版社,2021:141-142.
② 《欧盟一般数据保护条例》第 6 条第 1 款第(b)项规定以下处理视为合法:"处理是数据主体作为合同主体履行合同之必要,或者处理是因数据主体在签订合同前的请求而采取的必要措施。"中国信息通信研究院互联网法律研究中心,京东法律研究院.欧盟数据保护法规汇编[Z].北京:中国法制出版社,2019:59.
③ 该款规定:"敏感个人信息是一旦泄露或者非法使用,容易导致自然人的人格尊严受到侵害或者人身、财产安全受到危害的个人信息,包括生物识别、宗教信仰、特定身份、医疗健康、金融账户、行踪轨迹等信息,以及不满十四周岁未成年人的个人信息。"

人承担相应的违约责任;对于贷款人利用格式条款与借款人约定借款人向其授予无期限限制、不可撤销、可任意转授权的,借款人可以依据《民法典》第 497 条和相关司法解释规定请求法院确认该格式条款无效。① 对于贷款人与借款人之间的个人信息侵权纠纷,最关键的是按照何种归责原则作为信息处理者的贷款人的侵权责任。在比较法上,欧盟《一般数据保护条例》采取无过错责任,② 贷款人依据过错推定原则承担侵害借款人个人信息权益的侵权责任。德国 2002 年《联邦数据保护法》对于一般的数据控制者的侵权责任适用过错推定原则,对于公共机关自动处理的侵权责任适用的是无过错责任。我国理论界对于个人信息侵权责任的归责原则存在较大争议,有学者将这些争议概括为过错责任说、无过错责任说与区分说。过错责任说将个人信息侵权行为归属于一般侵权行为,自当遵循一般侵权行为的归责原则。无过错责任说的理由是为了更好地保护自然人的合法权益,避免实践中区分自动化数据处理与非自动化数据处理适用不同归责原则的麻烦。区分说甚为复杂,主要有三种不同意见:一是将信息处理者区分为国家机关与非国家机关规定不同的归责原则,前者适用无过错责任,后者适用过错推定责任;二是区分自动化处理与非自动化处理规定不同的归责原则,自动化处理个人信息的侵权行为适用无过错责任,非自动化处理个人信息的适用过错责任;三是区分敏感的个人信息与非敏感的个人信息规定不同的归责原则,侵犯敏感个人信息的行为适用无过错责任,侵犯非敏感个人信息的行为适用过错责任。③

我国《个人信息权益保护法》第 69 条第 1 款规定,个人信息处理者的侵权责任是过错推定责任。④ 有学者认为该规定具有合理性,理由主要有三点:一是信息处理活动具有很强的专业性与技术性,要求个人证明信息处理者有过错非常困难;二是在信息社会时代,个人信息的处理基本上自动化、信息

---

① 最高人民法院《关于审理使用人脸识别技术处理个人信息相关民事案件适用法律若干问题的规定》第 11 条规定:"信息处理者采用格式条款与自然人订立合同,要求自然人授予其无期限限制、不可撤销、可任意转授权等处理自然人人脸信息的权利,该自然人依据民法典第四百九十七条请求确认格式条款无效的,人民法院依法予以支持。"

② 欧盟《一般数据保护条例》第 82 条第 2 款规定:"参与处理的任何控制者应为违反本条例的数据处理导致的损害负责。任何处理者,仅在其未遵守本条例对于处理者义务的特别规定或采取超出控制者的合法指令或与控制者的指令相反的处理行为时,应为数据处理导致的损害负责。"中国信息通信研究院互联网法律研究中心,京东法律研究院.欧盟数据保护法规汇编[Z].北京:中国法制出版社,2019:116.

③ 程啸.个人信息保护法理解与适用[M].北京:中国法制出版社,2021:504-506.

④ 该款规定:"处理个人信息侵害个人信息权益造成损害,个人信息处理者不能证明自己没有过错的,应当承担损害赔偿等侵权责任。"

化，区分自动化与非自动化处理情形规定不同的归责原则，与信息社会的现实及发展趋势不相符；三是国家机关处理个人信息侵犯个人信息权益的行为，适用《国家赔偿法》的规定，而国家赔偿责任主要适用的是违法归责原则，故区分国家机关与非国家机关处理个人信息规定不同的归责原则不符合《国家赔偿法》的规定。① 该学者所言的这三点理由都值得赞同。不过，该学者并未在此对区分敏感信息与非敏感信息的个人信息处理行为规定不同的归责原则之观点予以回应，而是在文中主张对敏感的个人信息处理行为适用无过错责任，对非敏感信息适用过错推定责任，因为敏感信息的处理行为是一种高度危险行为，与个人的人格尊严、人格自由等重大法益息息相关，而处理者对这种危险具有控制能力，依据危险控制理论要求处理者应当承担无过错责任。② 正是敏感个人信息保护的特殊性与重要性，我国《个人信息保护》在第二章"个人信息处理规则"的第二节专节规定了"敏感个人信息的处理规则"，规定了处理敏感个人信息的特别处理事项及处理程序。然而，《个人信息保护法》第 69 条第 1 款统一规定了过错推定原则，并未区分敏感信息与非敏感信息的处理规定不同的归责原则，显然是忽视了敏感个人信息保护的特殊性。"法律责任是由于侵犯法定权利或违反法定义务而引起的、由专门国家机关认定并且归结于法律关系的有责主体的、带有直接强制性的义务，即由于违反第一性法定义务而招致的第二性义务。"③ 既然《个人信息保护法》在个人信息处理规则方面区分敏感信息与非敏感信息，并针对敏感个人信息的处理者规定了第一性法定义务——特别告知事项与告知程序，那么在法律责任部分也应当规定相应的第二性义务。

就互联网贷款市场之借款人的个人信息保护而言，区分敏感信息与非敏感信息进行保护更有其现实必要性。在互联网贷款市场，诸如人脸识别、银行账户之类的借款人的敏感个人信息被侵犯的可能性更大。依据我国《个人信息保护法》，贷款人虽然应当履行该法第二章第二节规定的处理个人敏感信息时的特别告知义务，但是该法第 69 条第 1 款未能区分敏感信息与非敏感信息规定不同的归责原则，贷款人处理借款人个人敏感信息的行为适用过错推定原则而非无过错原则。如此规定，难以切实有效地保护互联网贷款市场之借款人的个人敏感信息。

---

① 程啸. 个人信息保护法理解与适用[M]. 北京：中国法制出版社，2021：508-509.
② 程啸. 论我国个人信息保护法中的个人信息处理规则[J]. 清华法学，2021（3）：55-73.
③ 张文显. 法哲学范畴研究[M]. 北京：中国政法大学出版社，2001：122.

二、我国互联网贷款市场信息披露的公法规制完善

（一）以央地金融监管分权协同为核心完善互联网贷款信息披露监管

我国互联网贷款市场的功能定位是具有普惠金融属性的网络小额贷款，其贷款人分为商业银行和小额贷款公司。这一市场结构决定了互联网贷款市场监管存在明显的二元结构。在二元监管格局下，商业银行与小额贷款公司在开展网络小额贷款业务时接受不同监管机构的监管——商业银行的网络小额贷款业务以及跨省级行政区域的网络小额贷款业务由国务院银行业监管部门监管、省级行政区域内的网络小额贷款业务由省级地方金融监管机构监管。笔者在前文中已经阐明，这一二元监管格局会导致互联网贷款市场的监管套利与不公平竞争。强制性信息披露是重要的金融监管手段之一，信息披露监管权配置是金融监管权配置的重要组成部分，互联网贷款市场信息披露监管权配置的不足是网络小额贷款监管权配置不足的具体表现。以信息披露监管为例，由于不同监管机构未能统一互联网贷款市场的信息披露标准，商业银行与小额贷款公司在开展网络小额贷款业务时承担着不同程度的强制信息披露义务。

我国金融体系是银行主导型的金融体系。据中国人民银行的统计，2020年年末我国金融机构总资产为353.19万亿元，其中银行业机构总资产为319.74万亿元，占比近90.53%；证券业机构总资产为10.15万亿元；保险业机构总资产为23.3万亿元。① 正是由于银行在我国金融体系中占有绝对主导的市场地位，银行业金融机构在我国普惠金融体系建设中仍将占据绝对的主导地位。定位为网络小额贷款、具有普惠金融属性的互联网贷款行业的发展，必然离不开银行业金融机构的参与。积极开展互联网贷款业务是银行迎接金融科技挑战、利用数字技术推动普惠金融发展、履行企业社会责任的必然选择。

依据中国银监会《关于小额贷款公司试点的指导意见》（银监会发〔2008〕23号），小额贷款公司由省级政府主管部门批准设立。截至2021年3月末，我国共有小额贷款公司6841家，贷款余额8653亿元。② 在金融行业抗击新冠疫情、为小微企业纾困解难的普惠金融实践中，佛山市南海友诚小额贷款

---

① 中国人民银行.2020年末金融业机构总资产353.19万亿元［EB/OL］.（201-03-15）［2023-06-14］.http://www.pbc.gov.cn/goutongjiaoliu/113456/113469/4205147/index.html.
② 中国人民银行.2021年一季度小额贷款公司统计数据报告［EB/OL］.（2021-03-21）［2023-06-14］.http://www.china-cmca.org/xyzx/hyzx/20210511/1741.html.

公司助力实体经济复工复产，山东省鲁信小额贷款股份有限公司为养牛场提供"私人订制"信贷服务。这两个小额贷款公司的上述实践入选2020年中国普惠金融典型案例。可见，小额贷款公司虽然在我国金融体系中不居于主导地位，但是在普惠金融体系中具有重要地位。让符合条件的小额贷款公司经过批准开展网络小额贷款业务，正是为了发挥小额贷款公司在普惠金融体系中的重要作用。由此可见，商业银行与符合条件的小额贷款公司作为网络小额贷款之贷款人有其存在的现实基础。相应地，针对互联网贷款市场的二元监管格局也难以改变。

从金融监管权配置的角度看，这一二元监管格局本质上是金融监管权在中央与地方之间的分配。"中央与地方之间金融权力结构的核心是金融分权。金融分权是中央与地方在金融监管权、金融稳定权、金融资源配置权和金融公司治理权等方面的权力划分。"[1] 在1993年的分税制改革之后，我国在中央与地方之间的财政金融关系上形成了"财政分权与金融集中"模式。"金融集中模式有利于中央掌控全国金融资源和维护经济大局的稳定，但是难以满足地方政府的金融资源需求。事实上，在财政分权与金融集中模式下，我国地方政府对金融资源的争夺从未停止过。"[2] 地方政府融资平台是地方政府争夺金融资源的直接体现，地方政府监管小额贷款公司、P2P网贷以及网络小额贷款市场等则是地方争夺金融资源的间接表现。有学者将这种现象称之为"金融显性集权隐性分权"，并指出它在一定程度上影响了金融资源配置效率、金融风险的防范化解，以及宏观经济治理的有效性。[3] 2013年11月12日中共十八届三中全会通过的《关于全面深化改革若干重大问题的决定》提出"界定中央和地方金融监管职责和风险处置责任"，中央与地方并存的双层金融监管体制加快建立。以P2P网贷行业风险处置为重点的互联网金融风险处置的现实压力是各地加快组建地方金融监管机构和地方金融监管立法的助推剂。

然而，中央与地方的金融监管职责与风险处置责任尚未得到较为明晰的界定。有学者注意到履行地方金融监管职责的地方"金融办"实际上是"监管"与"融资"功能合一，正确处理好"监管"与"融资"之间的关系，并将其

---

[1] 何德旭，苗文龙.财政分权、金融分权与宏观经济治理[J].中国社会科学，2021（7）：163-185.

[2] 阳建勋.论我国地方债务风险的金融法规制[J].法学评论，2016（6）：34-42.

[3] 参见何德旭，苗文龙.财政分权、金融分权与宏观经济治理[J].中国社会科学，2021（7）：163-185.

纳入法治化轨道运行是地方金融监管权理性归位的关键。① 有学者以为，我国现行的地方金融监管机构享有的是一种剩余监管权意义上的金融监管权，是基于中央的不完备委托代理关系获得的兜底性质的监管权，这使得地方金融监管权在实践中呈现出权力属性与边界不明的法治化困境。② 有学者运用政府竞争理论分析了我国地方金融监管实践，特别是针对小额贷款公司和P2P网贷的地方金融监管实践，指出我国存在地方政府之间的金融监管竞争，这些竞争性的地方金融监管立法既缺乏央地金融监管分权的体系化的基础性法律支撑，又缺乏对这些竞争性立法的顶层式协调机制。③ 有学者进一步指出，地方金融监管竞争的实际影响，是"地方金融产业利益放大了地方独立的利益诉求，促使其对中央监管规则倾向于选择性适用，特别是在中央监管力有不及的领域放松监管。监管的投机心理形成'公地悲剧'的隐患，从而与中央金融监管的立场与诉求出现冲突"。④

学者们所指出的上述问题，在后P2P时代的互联网贷款信息披露监管制度设计中同样存在。《商业银行互联网贷款管理暂行办法》与《网络小额贷款管理办法》等对互联网贷款信息披露监管权的制度设计仍然秉承着地方金融监管权是剩余监管权的理念。《网络小额贷款管理办法》只是在征求意见阶段，而且其关于网络小额贷款的信息披露规定也是寥寥无几，《网贷机构管理暂行办法》与《网贷机构信息披露指引》中的信息披露规定在互联网贷款信息披露制度设计中未能得到延续和完善，互联网贷款信息披露监管权的顶层制度设计阙如。地方政府对小额贷款公司的竞争性监管在网络小额贷款领域完全有可能出现。笔者以为，这些问题的出现除了上述原因之外，还有一个不容忽视的原因，就是中央与地方之间的金融监管分权有余而协同不足。诚如有的学者所言，虽然改革开放以来的央地分权与地方竞争孕育出了央地协同共识，但是尚未在具体事务治理中实现央地协同的制度化、法治化。⑤ 中央与地方之间互联网贷款信息披露监管的权责不协调就是具体表现。

笔者以为，鉴于我国互联网贷款市场的二元结构及与之相配套的二元监管格局，结合我国小额贷款公司监管以及P2P网贷信息披露制度的经验教

---

① 参见刘志伟.地方金融监管权的理性归位[J].法律科学，2016（5）：156-164.
② 刘辉.论地方金融监管权的法治化重构[J].宁夏社会科学，2021（3）：58-66.
③ 李有星，柯达.论政府竞争视角下的地方金融监管权配置[J].浙江社会科学，2018（9）：47-55.
④ 冯辉.地方金融的央地协同治理及其法治路径[J].法学家，2021（5）：84-99.
⑤ 冯辉.地方金融的央地协同治理及其法治路径[J].法学家，2021（5）：84-99.

训，应当以央地金融监管分权协同为核心完善互联网贷款市场的信息披露监管。首先，应当在二元监管格局下加强和完善中央金融监管部门对互联网贷款市场信息披露监管的顶层制度设计，以奠定中央与地方之间互联网贷款市场信息披露监管权分配的基础。《网贷机构管理暂行办法》与《网贷机构信息披露指引》中的信息披露规定对于网络小额贷款市场信息披露监管的顶层制度设计具有重要的借鉴意义，应当得到延续和完善。其次，应当加强和完善中央与地方之间互联网贷款市场信息披露监管的协同。如前文所述，在二元金融监管格局下，互联网贷款市场信息披露监管权在中央与地方之间的分权具有现实合理性，但是也可能导致信息披露监管真空与过度的信息披露，尤其是在央地金融分权缺乏明确的权力界分、风险处置责任和成熟的操作办法与规则约束的现实条件下，[1] 地方金融监管竞争会导致信息披露监管真空等负面现象发生的概率大大增加。即使是在省级行政区域内开展的网络小额贷款业务，其风险的外溢性与传染性也不可忽视，也有可能引发区域性或系统性风险事故。因此，为防范化解网络小额贷款市场的重大风险，需要填补信息披露监管真空、加强和完善央地金融监管部门之间的信息共享协作，地方金融监管机构应当将其管辖区域内网络小额贷款市场发生的重大风险事件及时向中国银保监会、国务院金融稳定发展委员会等中央金融监管部门报告。

(二) 借鉴证券法规则完善互联网贷款市场信息披露制度

证券法上的强制信息披露制度是信息披露公法规制的典型。美国SEC将P2P网贷纳入证券法规制，其中的一个重要规制方式就是要求P2P网贷机构履行证券法上的强制信息披露义务，并将其作为适用证券发行注册豁免规则的前提条件。美国理论界对P2P网贷信息披露规制的主体、限度及利益保护存在争议，美国JOBS法案的豁免规则在一定程度上回应了这些争议，为SEC对P2P网贷市场及其转型之后的在线借贷市场的信息披露监管提供了法律依据。我国虽然没有将P2P网贷纳入证券法的调整范围，但是《网贷机构管理暂行办法》与《网贷机构信息披露指引》等所规定的信息披露制度在一定程度上借鉴了我国《证券法》上的信息披露规则。美国直接依据证券法对P2P网贷实施信息披露监管，我国借鉴证券法上的信息披露规则构建P2P网贷信息披露制度。这些经验对于完善我国网络小额贷款市场信息披露的

---

[1] 张斯琪. "一委一行两会"格局下中国金融监管协调框架探析[J]. 中国行政管理, 2020 (3): 117-122.

公法规制具有重要的现实意义，因为在后 P2P 时代的互联网贷款市场，既遗留了之前 P2P 网贷行业存在的信息披露问题，又随着经营网络小额贷款业务的小额贷款公司从事债券发行、资产证券化等业务滋生出新的金融风险需要加强信息披露规制。我国第二次修订的《证券法》设立了"信息披露"专章，新增了信息披露要求、完善管理层信息披露保证和异议制度、完善重大事件信息披露制度、新增新三板信息披露制度、新增公平披露制度、新增自愿披露和承诺披露制度、完善信息披露民事责任制度。[①] 笔者以为，可以借鉴我国《证券法》上的强制信息披露制度，完善互联网贷款市场信息披露的公法规制，具体路径如下：

1. 扩大互联网贷款市场强制性信息披露义务主体范围。新《证券法》第 78 条将证券信息披露义务主体分为两类：一类是发行人，包括公开发行证券的公司、非公开发行但是股份公开转让的新三板挂牌公司；另一类是其他信息披露义务人，包括上市公司的控股股东、实际控制人、大额股份持有人、上市公司收购人、破产管理人及其董事、监事、高级管理人员。以《商业银行互联网贷款管理暂行办法》与《网络小额贷款管理办法》等为主的互联网贷款监管制度，仅仅规定了互联网贷款的贷款人这一信息披露义务主体，既没有将协助商业银行开展互联网贷款业务的合作机构纳入信息披露义务主体，也没有将小额贷款公司开展网络小额贷款业务使用的互联网平台企业纳入信息披露义务主体，更没有将这些互联网平台企业的董事、监事及高级管理人员等纳入信息披露义务主体。通过对比可以发现，我国新修订的《证券法》规定的信息披露义务主体的范围比互联网贷款市场信息披露义务主体范围要广泛得多。扩大强制性信息披露义务主体的范围有助于减轻委托代理问题，有助于防止公司及其控股股东、实际控制人等利用信息不对称等各种手段获取暴利行为，以保护投资者利益。[②] 与证券市场一样，互联网贷款市场也存在信息不对称问题。仅仅将贷款人纳入信息披露义务主体范围不足以解决互联网贷款市场的信息不对称问题，因为相对于互联网贷款的借款人，商业银行互联网贷款的合作机构、小额贷款公司开展业务的互联网平台企业等处于信息优势地位。贷款人的控股股东、实际控制人虽然不是借款合同的当事人，但是对于借款合同的订立与履行等可能产生较大影响，或者知悉

---

① 郭锋，等. 中华人民共和国证券法制度精义与条文评注[M]. 北京：中国法制出版社，2020：383-393.

② 弗兰克·B. 克罗斯，罗伯特·A. 普伦蒂斯. 法律与公司金融[M]. 伍巧芳，高汉，译. 北京：北京大学出版社，2011：155.

可能产生较大影响的重大事件。在此情况下，贷款人的控股股东、实际控制人等应当及时将有关情况告知贷款人并配合贷款人履行信息披露义务。综上，应当借鉴我国《证券法》的相关规定，将贷款人的控股股东及实际控制人、合作机构、互联网平台企业等纳入强制性信息披露义务主体范围，并规定互联网平台企业的董事、监事和高级管理人员等管理层的信息披露保证义务，保证平台企业及时、公平地披露信息，保证所披露的信息真实、准确、完整等。

2. 完善互联网贷款市场重大风险事件的信息披露制度。作为证券信息披露制度的一个基础性概念，重大性概念存在不同的使用语境。其一，"重大事实"意义上的重大性。重大事实"是指既存的一个或一系列与发行人或其证券有关的客观事实。重大事实侧重表达的是某些静态事实对投资决策的影响，依据该概念的信息披露要求多体现在证券发行阶段，通常是招股说明书、募集说明书等证券发行法定披露文件所表达的信息内容"[①]。在该语境中，重大性的判断标准是"投资者决策"标准。该标准在美国证券法中有所体现，在美国因证券欺诈提起的普通法诉讼中，原告必须要证明被告存在重大错误陈述和遗漏才可能胜诉，"重大性的标准并不取决于对陈述的完全字面理解，而是取决于合理的投资者准确获知信息的能力……重大性的标准就是一个合理的投资者是否会认为该项事实具有重要意义"[②]。其二，"重大变化"或"重大变动"意义上的重大性。它是指既定事实所发生的重要改变，侧重于对所披露事实的动态表述，此种意义上的信息披露要求体现在持续性信息披露制度中。我国新修订的《证券法》第80条、第81条规定了重大事件信息披露制度：可能对上市公司以及股票在国务院批准的其他全国性证券交易场所交易的公司的股票交易价格产生较大影响的重大事件，可能对上市交易公司债券的交易价格产生较大影响的重大事件，信息披露义务人应当依法披露。这是以对证券交易价格是否产生较大影响作为重大性的判断标准，故被称为"价格敏感标准"。不过，对于重大性之判断，"投资者决策"标准与"价格敏感标准"之间的区别并非泾渭分明。因为"在一个有效市场里，消息的传递必然是灵敏、持续的，对投资者决策有重大影响的信息一般也会影响证券价格；同样道理，对证券价格有重大影响的信息，很难想象投资者对此会不为所动"[③]，毕竟，价格是主要的

---

① 郭锋,等.中华人民共和国证券法制度精义与条文评注[M].北京:中国法制出版社,2020:413.
② 托马斯·李·哈森.证券法[M].张学安,译.北京:中国政法大学出版社,2003:674-676.
③ 郭锋,等.中华人民共和国证券法制度精义与条文评注[M].北京:中国法制出版社,2020:415.

市场信号。

《网贷机构管理暂行办法》将网贷机构应当向监管部门报告的事项分为重大事件和一般事件，对"重大事件"进行列举性规定，对"一般事件"采取列举性规定及兜底性规定等相结合的立法技术加以规定。但是，在对"重大事件"作列举性规定时充满着主观上的不确定性。例如，对"因经营不善等原因出现重大经营风险""重大违法违规行为""违反境内外相关法律法规行为"等情形的认定就依赖于监管者对以上规定的解释。经营风险到何种程度才是重大经营风险？网贷机构的哪些违法违规行为是重大违法违规行为？监管者对于这些问题所涉及事项的决定具有相当程度的自由裁量性和不确定性。《网络小额贷款管理办法》没有延续《网贷机构管理暂行办法》将披露事项分为重大事件与一般事件的制度设计，只是在第28条简略地规定小额贷款公司负有重大风险报告义务。如前文所述，我国互联网贷款市场重大风险报告制度存在标准模糊及其范围不确定性的不足。将其与证券法上的重大事件信息披露制度相比，可以发现其制度定位是"重大风险报告制度"而非重大事件信息披露制度，其报告对象是金融监管部门，且无须向社会公众公告。诚然，向金融监管部门报告重大风险有助于监管部门对网络小额贷款市场风险的审慎监管。这虽然也会向贷款人、借款人等市场主体传递一定的市场信息，但是对于消解贷款人、合作机构、借款人、互联网平台企业等互联网贷款市场主体之间的信息不对称收效甚微。而且，对于何谓"重大风险"，《网络小额贷款管理办法》既没有像《网贷机构管理暂行办法》一样作列举性规定，也没有对"重大风险"作概括性规定。这种将重大风险报告事项完全交由金融监管部门自由裁量的制度设计应当予以改变。笔者以为，可以借鉴证券法上的重大事件信息披露制度，将互联网贷款市场重大风险报告制度改为重大风险事件信息披露制度。就重大风险事件的判断标准而言，"投资者决策"标准与"价格敏感"标准均具有参考意义。互联网贷款市场发生的重大风险事件对作为投资者的贷款人决策存在现实影响，互联网贷款市场的价格即贷款利率对市场发生的重大风险事件也会作出敏感的回应。因此，对"重大风险事件"可作如下概括性规定——以该风险事件对贷款人的决策及贷款利率价格是否产生较大影响作为判断其是否具有重大性的标准。同时，对于一些典型的重大风险事件，可以像《证券法》第80条、第81条一样作列举性规定，如信息披露义务人被责令停业、整顿、关闭，被依法进入破产程序，涉及重大诉讼、仲裁，因涉嫌违法违规受到重大行政处罚或刑事处罚，等等。

（三）适用混业经营趋势完善网络小额贷款资产证券化信息披露制度①

《网络小额贷款管理办法》第 11 条允许经营网络小额贷款的小额贷款公司以其所发放的网络小额贷款为基础资产开展资产证券化业务。这就改变了《网贷机构管理暂行办法》禁止 P2P 网贷机构从事资产证券化业务的规定，②因为《网贷机构管理暂行办法》对 P2P 网贷机构的功能定位是信息中介机构，而小额贷款公司是经金融监管部门批准成立的金融机构。③ 这表明，在经历互联网金融风险专项整治之后，《网络小额贷款管理办法》采取了不同于《网贷机构管理暂行办法》的制度设计，即符合条件的 P2P 网贷机构经批准后可以转型为小额贷款公司继续利用互联网平台开展网络小额贷款，但是互联网平台企业与小额贷款公司各自具有独立的法律人格，二者在功能定位上不同，前者是信息中介机构，后者是经金融监管部门批准的持牌金融机构。显然，这是吸取了我国互联网金融风险专项整治之前大量 P2P 网贷平台异化为类金融机构变相从事资产证券化等金融业务、进而导致 P2P 网贷行业风险集中爆发的深刻教训，有助于防范网络小额贷款市场风险、保障网络小额贷款市场的金融安全。同时，允许符合条件的小额贷款公司以其发放的网络小额贷款为基础资产开展资产证券化业务，有助于扩大小额贷款公司的融资渠道，以更好地发挥网络小额贷款的普惠金融功能，促进金融资源的有效配置。

与我国不同的是，美国的 P2P 网贷平台企业也从事资产证券化业务。例如，美国主要的 P2P 网贷平台——LendingClub 的资产证券化运行模式是，第三方银行将资金提供给借款人，该银行将债权转让给 LendingClub 这一 P2P 网贷平台，平台以这些债权为基础资产进行证券化、发行证券化产品供投资者购买。这是美国 SEC 将 P2P 网贷业纳入证券法调整的重要现实原因。美国将 P2P 网贷行业纳入证券法调整，是美国证券法上的"证券"范围的广泛

---

① 商业银行互联网贷款业务由《商业银行法》及相关部门规章调整，商业银行互联网贷款的证券化属于银行信贷资产证券化范畴，适用《金融机构信贷资产证券化试点监督管理办法》。本部分主要研究小额贷款公司的网络小额贷款资产证券化信息披露问题。

本部分专门研究小额贷款公司开展的网络小额贷款资产证券化的信息披露监管问题。

② 《网贷机构管理暂行办法》第 9 条第 8 款规定："网络借贷信息中介不得从事或接受委托从事类资产证券化业务或实现以打包资产、证券化资产、信托资产、基金份额等形式的债权转让行为。"

③ 对于小额贷款公司是不是金融机构曾经存在争议。但是，2021 年 1 月 1 日施行的最高人民法院《关于民间借贷司法解释适用范围问题的批复》明确规定："由地方金融监管部门监管的小额贷款公司、融资担保公司、区域性股权市场、典当行、融资租赁公司、商业保理公司、地方资产管理公司等七类地方金融组织，属于经金融监管部门批准设立的金融机构，其因从事相关金融业务引发的纠纷，不适用新民间借贷司法解释。"

性、成熟的证券信息披露制度以及 SEC 在美国联邦金融监管体系中的重要地位等多种因素综合作用的结果。我国没有将 P2P 网贷、网络小额贷款等纳入证券法调整范围,与我国证券法上"证券"范围的狭窄性、银行在金融体系中的主导地位等具有密切关系。我国与美国对 P2P 网贷平台企业从事资产证券化业务的不同处置方式与制度设计充分证明,"每一种法律制度都有受技术和经济事实制约而产生的特殊规范",①"现行法与其产生历史以及时代的社会、经济、精神、文化和政治的潮流"② 存在紧密联系。

在混业经营趋势下,为了解决小额贷款公司的融资困境,我国监管部门已经允许符合条件的小额贷款公司经批准可以发行债券、以其所发放的贷款作为基础资产发行资产证券化产品、向股东借款等。"资产证券化的'信息'本质,是其优越于传统融资方式的基础。为解决信息不对称而必须进行的信息收集、披露等要求,昭示国内进行证券化操作探索时,应优先进行配套的信息环境建设。"③ 资产证券化是一种复杂的结构化融资机制,投资者对于资产支持证券这一结构性融资产品的信息披露要求更高,"透明度是资产证券化市场的生命线"④。随着网络小额贷款资产证券化业务的开展,网络小额贷款市场的信息不对称与资产证券化市场的信息不对称交织在一起,加强和完善网络小额贷款资产证券化信息披露制度已经成为现实需求。笔者以为,结合我国网络小额贷款市场与资产证券化市场的实际情况,可以从以下两个方面完善网络小额贷款资产证券化信息披露制度。

首先,确立网络小额贷款资产证券化信息披露监管主体。《网络小额贷款管理暂行办法》第 11 条规定,小额贷款公司开展网络小额贷款资产证券化业务需要经过国务院银行业监督管理机构的批准,该条规定对网络小额贷款资产证券化业务的定位更偏向于信贷 ABS。⑤ 如此定位不符合我国目前资产证券化市场的实际格局。我国目前的资产证券化产品主要分为三类:第一类是信贷 ABS,由中国人民银行和中国银保监会监管;第二类是企业 ABS,由中国证监会监管;第三类是中国银行间市场交易商协会主管的资产支持票据(ABN)。我国 2020 年资产证券化市场统计数据表明,该年共发行

---

① 马克斯·韦伯. 论经济与社会中的法律[M]. 张乃根,译. 北京:中国大百科全书出版社,1998:128.
② 魏德士. 法理学[M]. 丁晓春,吴越,译. 北京:法律出版社,2005:204.
③ 洪艳蓉. 资产证券化信息披露研究[J]. 证券市场导报,2005(7):28-34.
④ 张海云,陆本立. 应进一步提高资产证券化市场透明度[J]. 清华金融评论,2021(6):82-84.
⑤ ABS 是资产支持证券的英文 "Asset-backed Securities" 的简称。信贷 ABS 就是以银行贷款作为基础资产发行的资产支持证券。

标准化资产证券化产品 28749.27 亿元，其中信贷 ABS 为 8041.90 亿元，占发行总量的 27.97%；企业 ABS 为 15598.99 亿元，占发行总量的 54.26%，小额贷款 ABS 占 2020 年企业 ABS 产品发行额的 4.56%。① 阿里小贷，② 在 2013 年 7 月最早开展了小额贷款公司资产证券化业务。实务部门的人士注意到，"小额贷款公司资产证券化集中度较高，主要集中在重庆、广东、安徽、四川、广西等地。其中，重庆发行规模占比高达 97.97%，而重庆蚂蚁小微和蚂蚁商诚发行量占据了重庆总规模的 94.77%"③。这些小额贷款公司都是依据企业 ABS 的相关规定开展资产证券化业务，要遵循中国证监会有关资产证券化的规定，④ 因为中国证监会是企业 ABS 的监管部门。遵循既有的小额贷款公司资产证券化路径，经营网络小额贷款业务的小额贷款公司以其发放的网络小额贷款作为基础资产发行的资产支持证券产品，属于企业 ABS 的范围。中国证监会应当是网络小额贷款资产证券化的信息披露监管主体。

其次，加强和完善对网络小额贷款的资产质量风险披露。基础资产的质量与风险状况决定了资产证券化产品的风险。美国次贷危机发生的风险根源，是作为资产证券化之基础资产的次级按揭贷款本身所具有的相当高程度的信用违约风险。依据我国《证券公司及基金管理公司子公司资产证券化业务管理规定》第 3 条的规定，用于资产证券化的基础资产应当符合以下几个条件：（1）符合法律法规；（2）权属明确；（3）可以产生独立、可预测的现金流；（4）可以特定化。在对网络小额贷款进行资产证券化时，管理人应当根据以上四个条件审核、披露网络小额贷款的资产质量与风险状况，特别是要对其能否产生独立的、可预测的现金流作出预判。有学者指出，就我国企业资产证券化而言，现金流预测信息是企业资产证券化的核心要素，也是企业资产证券化运行的起点，但是我国企业资产证券化的现金流预测信息披露存在诸多问题，如其信息披露规则内生逻辑悖论、披露内容缺乏科学理论指导、信息披露与信用增级手段的使用不对称等，并建议遵循常规性与非常规

---

① 李波.2020 年资产证券化发展报告[J].债券,2021(1):65-70.
② 阿里小贷的全称是浙江阿里巴巴小额贷款股份有限公司，成立于 2010 年 6 月 8 日，股东包括阿里巴巴集团、复星集团、银泰集团和万向集团。其贷款金额上限为 50 万元。
③ 王毛虎.推进小额贷款公司资产证券化融资的路径选择：以山东省小额贷款公司为例[J].中共青岛市委党校 青岛行政学院学报,2020(5)30-32.
④ 中国证监会关于资产证券化的现行主要规定有：《证券公司及基金管理公司子公司资产证券化业务管理规定》《证券公司及基金管理公司子公司资产证券化业务尽职调查工作指引》《证券公司及基金管理公司子公司资产证券化业务信息披露指引》。

性相结合的信息披露原则完善现金流预测信息披露。[①] 现金流预测信息披露的上述问题是企业资产证券化中的共性问题，在网络小额贷款资产证券化的过程中也会遇到。除了依据该学者所提出的建议，遵循常规性与非常规性相结合的信息披露原则完善网络小额贷款之资产质量与风险状况的信息披露之外，应当更加注意网络小额贷款的特殊风险对其未来现金流的影响。

三、合作治理视角下我国互联网贷款市场信息披露规制的完善

（一）以合作治理理念重塑互联网贷款信息披露制度

互联网贷款信息披露规制的困境源于没有处理好互联网贷款市场信息的私人性与公共性之间的矛盾。一方面，在互联网贷款二元规制模式下，作为公共部门的金融监管部门尚未建立统一的强制信息披露制度，未能有效提供公共信息，而行业自律的公权化使行业协会与政府难以在信息披露方面实现合作；另一方面，互联网贷款市场的声誉挑战和羊群行为严重侵蚀着互联网贷款市场私人信息流动的基础。应对这些困境，需要秉承合作治理理念，构建互联网贷款信息披露公私合作机制。

公私合作规制通过金融监管部门的强制信息披露，克服互联网贷款市场的信息失灵。互联网金融是创新性金融领域，是一个具有高度复杂性与专业性的新领域，既具有"满足小微投融资者需求、降低交易成本、促进竞争、提高市场透明度的功能，发挥着分散金融风险、回归金融本质的作用"，[②] 又可能给金融市场带来新的风险，甚至可能引发区域性或系统性金融风险。我国P2P网贷平台"跑路"与"爆雷"就是互联网金融风险的集中体现，是管制型金融立法规制互联网金融风险失灵的表现。管制型金融立法还"催生刚性兑付和过度依赖担保，抑制竞争且加剧信息不对称"。[③] 作为一种新兴的互联网金融业态，我国互联网贷款市场自其产生之日起就处在金融管制的环境下，管制性金融立法与金融科技趋势下的信息鸿沟加剧了互联网贷款市场的信息不对称，市场在配置私人信息资源方面存在失灵。作为公共部门的金融监管部门应当通过强制信息披露为市场提供真实、充分的信息，以克服该市场的信息失灵。不过，如果金融监管部门不能对市场主体平等地实施信息披露规制，不仅无法克服该市场的信息失灵，还会引发新的不公平竞争风险。

---

① 赵万一，唐旭.金融安全视角下企业资产证券化预测信息披露研究：以现金流预测为例[J].内蒙古社会科学（汉文版），2019（5）：85-91.

② 杨东.互联网金融的法律规制：基于信息工具的视角[J].中国社会科学，2015（4）：107-126.

③ 杨东.互联网金融的法律规制：基于信息工具的视角[J].中国社会科学，2015（4）：107-126.

互联网贷款二元规制模式下的信息披露差异诱发的监管套利行为,既反映出互联网贷款市场的信息失灵,也表明金融监管部门在规制该信息失灵时自身也失灵了。

公私合作规制通过发挥行业自律功能,实现互联网贷款信息披露中的利益平衡。行业自律功能在个体网络借贷信息披露标准中的失位源于合作治理理念的阙如。合作治理旨在发挥私人在公共治理中的作用,"将私人参与者纳入公共工作当中的基本原理在于增强政府完成其任务的能力……政府依靠私人行动者,对其进行激励、影响及约束,但不完全控制"[①]。反观中国互联网金融协会,它虽然产生于我国行业协会脱钩改革之后,是改革之后第一家承担特殊职能的全国性行业协会,但是本身就是由中国人民银行会同中国银监会、中国保监会及中国证监会等国家金融监管部门组织建立的。自成立之日起,它就深深打上了金融监管部门的行政烙印。可见,它的私人性存在先天性的不足,其所制定的个体网络借贷信息披露标准实质上是《网贷机构信息披露指引》的具体化,而不是协会成员自治产生的私人性标准。私人性存在先天性不足的中国互联网金融协会不具备私人在合作治理中的优势,其所制定的个体网络借贷信息披露标准也缺乏合作治理理念,自然难以实现其行业自律功能。行业协会自律一旦落空,行业协会与政府监管部门之间的合作治理自是无从谈起。

公私合作规制需要夯实互联网贷款市场私人信息流动的声誉基础与信息基础。作为一种新兴的互联网金融业态,互联网贷款市场的私人信息流动有其特殊性。与传统线下借贷市场相比,互联网贷款市场私人信息的流动场景呈现出现实社会与虚拟社会并存的"虚实二元分割"状态。"网上虚拟社会并不是一种虚幻的'影像',而是一种实在的、真实的社会形态,它体现了作为社会主体的人们及其相互之间的社会关系。"[②] 具有虚拟性、隐匿性与跨境性的虚拟社会与现实社会形成了一种特殊的"虚实二元分割"状态,网络使得人类社会的活动场所被分割成了现实社会与虚拟社会两种活动场所,而虚拟的网络社会是信息灾难的易发领域,其中金融领域的信息风险特别大。[③] 互联网借贷改变了传统金融体系下借贷活动只是在现实社会即线下进行的格局,改变了借贷市场私人信息流动的场景,使市场的声誉基础发生了

---

① 约翰·D.多纳休,理查德·J.泽克豪泽.合作:激变时代的合作治理[M].徐维,译.北京:中国政法大学出版社,2015:37.
② 谢俊贵.网络社会风险规律及其因应策略[J].社会科学研究,2016(6):102-110.
③ 谢俊贵.网络社会的信息灾难及治理思路[J].广州大学学报(社会科学版),2014(10):16-23.

重大变化，给互联网贷款市场的声誉机制带来了重大挑战。在"虚实二元分割"状态下，互联网贷款市场的羊群行为严重侵蚀着市场的信息基础，互联网贷款市场面临着比传统借贷市场更大的羊群效应挑战。要发挥私人主体在互联网贷款信息披露公私合作规制中的信息优势，必须要应对声誉机制挑战和羊群效应挑战，以夯实互联网贷款市场私人信息流动的声誉基础与信息基础。

（二）合作治理视角下互联网贷款信息披露规制的制度完善

由于没有处理好互联网贷款市场信息的私人性与公共性之间的矛盾，我国互联网贷款市场信息披露规制出现前述困境。应对这些困境，应秉承合作治理理念完善互联网贷款信息披露规制的公私合作机制，具体如下：

1. 构建协调一致的互联网贷款信息披露监管制度以防止监管套利

如前文所述，公共部门在合作治理中始终占据主导地位。互联网贷款信息披露的公私合作规制当然包括金融监管部门对互联网贷款市场的强制性信息披露要求。因此，从合作治理视角完善互联网贷款信息披露制度，必须要适应商业银行互联网贷款与网络小额贷款并存的市场结构建立协调一致的信息披露监管制度，防止因信息披露监管制度差异导致的监管套利行为，维护互联网贷款市场的公平竞争。

首先，要尽快出台《网络小额贷款管理办法》，构建实质一致的互联网贷款信息披露制度。在二元规制模式下，两个市场的信息披露制度分属于不同监管部门的规定。目前，《商业银行互联网贷款管理暂行办法》中的信息披露制度已经将商业银行互联网贷款信息披露纳入了法治运行轨道。《网络小额贷款管理办法》尚未出台，事实上已经运行的网络小额贷款市场的信息披露缺乏有效的监管制度约束。网络小额贷款市场信息披露监管制度的阙如使互联网贷款市场出现了监管真空和不公平竞争。这无疑会大大增加互联网贷款市场的风险。实际上，网络小额贷款市场的风险已经引起了监管部门的高度关注。中国银保监会办公厅在2020年发布了《关于加强小额贷款公司监督管理的通知》，该《通知》第19条规定："地方金融监管部门应当按照现有规定，暂停新增小额贷款公司从事网络小额贷款业务及其他跨省（自治区、直辖市）业务。"然而，小额贷款公司利用互联网开展贷款业务是互联网金融发展大势所趋，暂停新设网络小额贷款从业机构是防范网络小额贷款市场风险的权宜之计。治本之策是顺应互联网金融发展趋势，按照"依法将各类金融活动全部纳入监管"的基本原则，尽快出台《网络小额贷款管理办法》，建立健全网络小额贷款监管制度，特别是实质一致的互联网贷款信息披露制度，将网络小额贷款市场全面纳入法治轨道运行。

其次，加强网络小额贷款信息披露事项的中央与地方之间的金融监管协调。依据《商业银行法》及《商业银行互联网贷款管理暂行办法》，商业银行开展互联网贷款业务由国务院银行业监管机构监管。因此，商业银行互联网贷款市场的信息披露监管权归中央层面的国务院银行业监管机构，不存在中央与地方之间的金融监管协调问题。但是，对于网络小额贷款市场，地方金融监管部门存在监管竞争，竞争性的地方金融监管立法既缺乏中央与地方之间金融监管权配置的体系化的基础性法律支撑，又缺乏对这些竞争性立法的顶层式协调机制。① 地方金融监管竞争的实际影响，是"地方金融产业利益放大了地方独立的利益诉求，促使其对中央监管规则倾向于选择性适用，特别是在中央监管力有不及的领域放松监管。监管的投机心理形成'公地悲剧'的隐患，从而与中央金融监管的立场与诉求出现冲突"。② 以信息披露监管为例，地方金融监管竞争会导致信息披露监管真空等负面现象发生的概率大大增加。即使是在省级行政区域内开展的网络小额贷款业务，其风险的外溢性与传染性也不可忽视，也有可能引发区域性或系统性风险事故。因此，为防范化解网络小额贷款市场的重大风险，需要填补信息披露监管真空、加强和完善中央与地方金融监管部门之间的信息共享协作，地方金融监管机构应当将其管辖区域内网络小额贷款市场发生的重大风险事件及时向中国银保监会、国务院金融稳定发展委员会等中央金融监管部门报告。

2. 以合作治理理念重塑互联网金融协会与金融监管部门之关系

"实际上我们现在认为'传统上'具有公共性的每一项服务或功能，包括收税、消防、福利、教育与治安，一度都是由私人担负的。即便公共机构在20世纪担负起这些责任，私人在治理中的角色亦是持续存在的，而且在最近的时候有所发展。"③ 合作治理的兴起是私人在公共治理中的角色持续发展的结果，合作治理的核心是发挥私人在公共治理中的作用。行业协会是兼具私益性与公共性的社会组织，这一组织性质上的"二重性"为行业协会与政府

---

① 李有星，柯达. 论政府竞争视角下的地方金融监管权配置[J]. 浙江社会科学，2018(9)：47-55.

② 冯辉. 地方金融的央地协同治理及其法治路径[J]. 法学家，2021(5)：84-99.

③ 朱迪·弗里曼. 合作治理与新行政法[M]. 毕洪海，陈标冲，译. 北京：商务印书馆，2010：324-325.

合作治理市场创造了基础性条件。① 行业协会由在本行业经营的市场主体构成，了解市场需求与行业发展趋势，相对于政府而言，行业协会掌握着更多的市场信息。从信息披露的视角看，行业协会的信息优势是行业协会与政府在信息披露规制中合作的现实基础。此点对互联网贷款市场信息披露规制具有重要的现实意义。无论是对商业银行互联网贷款还是对网络小额贷款的信息披露规制，都应当发挥行业协会的信息优势。事实上，已经有不少商业银行和小额贷款公司加入了中国互联网金融协会。因此，中国互联网金融协会日后在制定互联网贷款信息披露标准时应当充分发挥这些协会成员的作用，提高其参与度。这是协会参与互联网贷款市场治理的信息优势。同时，为了发挥其信息优势，促进互联网贷款市场信息披露之公私合作规制，应当以合作治理理念重塑互联网金融协会与金融监管部门之间的关系，着力发挥协会成员在行业信息披露标准制定这一公共事务治理中的作用，提高私人参与度，纠正二者之间"貌离神合"的偏差，以防止互联网金融协会行业自律的公权化。

如何重塑呢？美国FASB与SEC在制定上市公司会计信息披露标准中的合作方式值得借鉴。从公私法的视角看，合作治理总体上应由公法进行调控，私人主体要获得合作治理的资格，需要以契约方式进行联结，"契约本属于私法范畴，它原本应当仅仅在私权领域内发生作用"，② 但是在合作治理的过程中，契约成为私人主体参与公共事务治理的合法形式。虽然治理本身是为了形成公共秩序而为的公共行为，但是在合作治理中出现了公与私的交织，"介入到治理中的私方主体则体现的是私法关系，是私权对公权的介入"。③ FASB就是通过契约的方式分享了SEC对上市公司会计信息披露标准的制定权。以合作治理的方式制定会计信息披露标准，有助于克服行政机关在制定标准时面临的信息困境。产业界、政府官员、独立顾问、学者及消费者团体是行政机关的五个可能信息来源。产业界掌握了大量的信息，可能利用这些信息去影响行政机关的决策，甚至将其作为与行政机关讨价还价的武器。"概括而言，行政机关担心产业界的信息会有偏见。来自产业外部的信息源，必须要依赖于产业界的信息；而其内部的信息源，又是不完备的。

---

① 郭薇，秦浩.行业协会与政府合作治理的可能性及限度[J].东北大学学报(社会科学版)，2013(1)：56-61.
② 关保英.论行政合作治理中公共利益的维护[J].政治与法律，2016(8)：2-13.
③ 关保英.论行政合作治理中公共利益的维护[J].政治与法律，2016(8)：2-13.

行政机关担心自己的信息不完备或不全面的事实，驱使它趋于妥协。"① "由于规制机构相对无法获得必要的信息——特别是关乎成本和竞争影响的信息，因此在制定程序时，要保证产业界的合作与自愿尊重。"② 这正是合作治理的优势所在。SEC 与 FASB 之间的成功合作表明，治理是需要公共部门与私人部门共同面对并解决问题的合作事业，如果私人部门得到适当的激励安排，它可以成功地进行监管；公共部门也可以采用私人部门生产的产品标准和行业规范，以利用廉价的私人专业知识。③

这一成功合作之于我国互联网贷款市场信息披露之公私合作规制的借鉴意义，是我国金融监管部门可以契约方式赋权互联网金融协会制定互联网贷款市场信息披露标准。如此，可以纠正二者之间"貌离神合"的偏差，将二者之间事实上的隶属关系重构为平等的契约关系，同时发挥中国互联网金融协会的私人专业知识与信息优势，以提高治理效率和更好地协调各方之间的利益。

3. 构建保障市场声誉机制的互联网贷款市场信息披露规则

针对互联网贷款市场声誉机制失灵产生的原因，可以从两个方面应对挑战。其一，坚持所有金融活动必须依法依规纳入监管、金融业务必须持牌经营的原则，严格遵守互联网平台作为信息中介机构的功能定位，严防平台异化为类金融机构引起的声誉机制失灵。其二，构建保障市场声誉机制的互联网贷款市场信息披露规则。

第一，构建互联网贷款市场的自愿信息披露制度。从信息披露规制的视角看，自愿信息披露彰显了声誉机制与合作治理之间的契合性。以证券法上的自愿信息披露为例，它是"一种以市场激励为动机和导向的披露形式。出于吸引投资者的目的，证券发行人或者其他证券市场主体主动向投资者披露与投资者价值判断和投资者决策有关的信息"。④ 在信息社会，信息就是财富，私人信息的拥有者享有事实上的信息租金。资本市场信息披露是对信息资源的配置，体现了市场主体对信息租金的追逐，资本市场的信息租金有直接信息租金与间接信息租金之分，前者是指投资者利用信息获取的收益，后

---

① 史蒂芬·布雷耶. 规制及其改革[M]. 李洪雷，宋华琳，等译. 北京：北京大学出版社，2008：237-238.
② 史蒂芬·布雷耶. 规制及其改革[M]. 李洪雷，宋华琳，等译. 北京：北京大学出版社，2008：237-238.
③ Bratton, William W.Private Standards, Public Governance: A New Look at the Financial Accounting Standards Board[J].Boston College Law Review,2007,48（1）:6.
④ 郭锋，等. 中华人民共和国证券法制度精义与条文评注[M]. 北京：中国法制出版社，2020：435-436.

者是指上市公司等信息披露义务人通过信息披露获取的收益，因为上市公司在向投资者传递信息的同时，能够减少公司价值被低估的机会甚至增加公司的价值，对间接性信息租金的追逐正是公司进行自愿性信息披露的动机。①从信息传播的角度看，自愿性信息披露更能针对潜在的投资者提供个性化和有效性的信息。没有有效的市场信号，声誉机制自是无从谈起。因此，自愿性信息披露是市场声誉机制的核心要素。我国学者对在深圳证券交易所A股上市的公司的实证研究表明，自愿性信息披露水平与高质量声誉呈正相关关系，与低质量声誉呈显著的负相关关系。②

这一结论对于我国互联网贷款市场同样适用。随着信息技术的广泛应用和新媒体的涌现，互联网贷款市场的自愿信息披露的需求与空间越来越大，贷款人、借款人及互联网平台利用新技术、新媒体主动披露信息，以满足市场主体对信息的个性化需求，因为强制披露的信息具有高度的一致性和统一性，难以形成有效的市场信号，不能作为投资者判断和决策的甄别机制③。不过，自愿信息披露为不诚信的市场主体进行虚假、误导性的信息披露打开了方便之门。虚假、误导性的信息披露会增加互联网贷款市场的信用违约风险，损害互联网贷款市场的质量声誉和市场信心。因此，必须要将互联网贷款市场的自愿信息披露纳入法治轨道运行。

具体而言，借鉴我国《证券法》第84条第1款的规定，结合互联网贷款市场的实际情况，可以从以下几个方面构建自愿信息披露制度。其一，互联网贷款的借款人、贷款人及互联网贷款平台等都可以是自愿信息披露义务人，由其自愿选择是否披露及以何种方式披露私人信息。其二，从借贷双方的主观状态出发判断信息的重大性，确定自愿披露信息的内容，即对借贷双方作出价值判断和借贷决策有关的信息都属于自愿披露的信息。其三，自愿披露信息的法定要求，一方面，自愿披露的信息不得与监管部门强制要求披露的信息相冲突；另一方面，自愿披露的信息必须真实、准确，不得利用自愿披露的信息误导交易对方，以防止披露人利用虚假、误导性信息获取不法利益，否则要依法承担赔偿责任。

第二，强化互联网贷款平台的信息披露义务。平台经济背景下，消费市场的声誉机制失灵引起了学界的关注。如何克服该声誉机制失灵？有学者

---

① 王雄元.自愿性信息披露：信息租金与管制[J].会计研究，2005（4）：25-29.
② 李远勤.上市公司声誉与自愿性信息披露：来自深市的经验证据[J].财会通讯·学术，2008（2）：14-17.
③ 方红星，楚有为.自愿披露、强制披露与资本市场定价效率[J].经济管理，2019（1）：156-173.

认为，平台为消费者发表评价言论提供了论坛，实际上拥有管理、收集和发布评论的权力，为了公平合理地对待平台声誉信息，首先要求平台不应该宣传自己的产品；其次，应当限制平台任意审查消费者评价的权力，要求平台公布其管理、聚合和发布消费者评价信息的标准；再次，要求平台公布某些关键的统计信息，如销售额，显示没有评价产品的消费者与评价产品的消费者的比例，以帮助消费者得出更好的统计推论；最后，赋予监管部门访问平台数据的权力，包括审查该平台识别虚假评论的算法，并测试其操作。[①]

平台声誉系统以技术驱动和消费者评价信息为基础，而平台是声誉系统的技术提供者、管理者。这意味着消费者评价信息在相当程度上受平台的影响。上述建议有助于克服平台声誉资本信号传递的脆弱性。互联网贷款平台与消费市场平台一样，是互联网贷款市场声誉系统的技术提供者、管理者，拥有管理、聚合、发布借贷双方评价信息的权力。因此，上述建议对于克服互联网贷款市场声誉机制的失灵具有十分重要的借鉴意义。从信息披露规制视角看，应当强化互联网贷款平台的信息披露义务：要求平台披露其管理、聚合和发布贷款评价信息的标准；要求平台披露达成的贷款金额；要求平台披露没有评价的贷款人与有评价的贷款人的比例，以帮助借款人综合判断贷款人的服务能力；要求平台披露没有评价的借款人与有评价的借款人的比例，以帮助贷款人更好地判断借款人的信用状况。至于互联网贷款平台审查、识别虚假、误导性评论信息的算法设计，不应公开披露，因为一旦披露，会使平台审查、识别虚假、误导性评论信息的目的落空。但是，为了防止平台滥用算法权力，防止算法歧视，维护算法公平，应当赋予监管部门访问互联网贷款平台数据的权力，包括审查平台识别虚假评论的算法。

4. 构建防止羊群行为的互联网贷款信息披露规则

合作治理的信息基础之一，是私营部门拥有政府规制所需要的信息，且政府可以合理的速度、合理的成本以及合理的可靠性获得这些信息。"私营部门可能由于或好或坏的原因，拒绝透露任何它们知晓的事情；或者信息可能如此深地嵌入私营组织内部，难以在超出其范围之外正确地提供或解释，以至于即便是最有意愿提供信息的私人参与者也不能充分或有效地与政府分享信息。"[②]羊群行为使私人参与者难以有效地与政府分享信息，严重侵蚀

---

① Arbel, Yonathan A. Reputation Failure: The Limits of Market Discipline in Consumer Markets [J]. Wake Forest Law Review, 2019, 54（5）：1292-1293.

② 约翰·D. 多纳休，理查德·J. 泽克豪泽. 合作：激变时代的合作治理[M]. 徐维，译. 北京：中国政法大学出版社，2015：115.

着合作治理的信息基础，也是系统性金融风险的重要来源。而且，互联网贷款市场面临着比传统金融市场更大的羊群行为挑战。因此，必须要构建防止羊群行为的互联网贷款信息披露规则体系。

为了应对众筹市场中的信息不对称、防止羊群行为，美国SEC在其制定的《众筹条例》中增设了交流渠道制度。美国《众筹条例》要求融资门户网站为投资者与初创公司以及彼此之间的交流提供渠道，"平台上的沟通渠道将为在平台上开设账户的公众成员提供一个集中和透明的方式，以分享他们对投资机会的看法"。① 为了给予投资者足够的时间形成群体智慧，美国《众筹条例》赋予投资者在发行说明书所确定的截止时间48小时之前一直享有无条件后悔权，以督促投资者持续关注交流渠道上的内容。② 美国证券交易委员会认为，"在平台上建立沟通渠道将使投资者，尤其是那些可能不太熟悉在线社交媒体的投资者，能够参与有关正在进行的有关发行人的在线讨论，而不必在外部网站上积极搜索此类讨论""投资者和感兴趣的参与者很可能会通过在聊天网站、留言板和其他沟通渠道（包括但不限于由平台提供的沟通渠道）发布有关发行人或发行的负面信息"。③ 又如，为了防止美国众筹市场的羊群行为，美国《众筹条例》依据个人财产的多少限制个人投资规模。"这就好像国会对潜在的众筹者说：'好吧，我会给你我认为你需要的所有信息，但由于我不相信你所谓的智慧，而且我认为你们不会理解所披露的信息，我将保护你们，以免你们伤害自己。'"④

为了缓解互联网贷款市场的信息不对称，防止互联网贷款市场的羊群行为，可以借鉴美国《众筹条例》中的规定，在我国互联网贷款信息披露立法中规定交流渠道、限制借款人的贷款金额。具体而言，要求贷款人在开展互联网贷款的互联网平台上为借款人提供便利的交流渠道，该交流渠道旨在为借款人提供一个集中、透明的渠道供借款人讨论并分享互联网贷款产品信息。这有助于借款人充分了解互联网贷款产品的具体情况，识别互联网贷款产品的风险，在此基础上作出理性决策；也有助于防止贷款人利用信息优势地位

---

① Ibrahim, Darian M.Crowdfunding without the Crowd[J].North Carolina Law Review,2017, 95（5）:1500.

② 仇晓光，杨硕.公募股权众筹的逻辑困境与治理机制[J].广东社会科学，2016（6）：226-235.

③ Deschler, Gregory D.Wisdom of the Intermediary Crowd: What the Proposed Rules Mean for Ambitious Crowdfunding Intermediaries[J].Saint Louis University Law Journal,2014, 58（4）:1169.

④ Hanks Sara ,Romano Giovanni,Tonelli Enrico.Madness of Crowds or Regulatory Preconception: The Weak Foundation of Financial Crowdfunding Regulation in the US and Italy[J].European Company Law, 2014,11（5）:259.

欺诈借款人、损害借款人利益。又如，借鉴美国《众筹条例》中的投资者限额制度，依据借款人的收入水平、总体负债、资产状况等因素，限制借款人的贷款金额，并约定贷款的用途。《网络小贷管理办法征求意见稿》第 13 条就是限制贷款金额的规定，[①] 第 14 条是关于贷款用途限制的规定。[②] 在未来出台的网络小额贷款监管制度中，这些规定应当予以保持。依据这些规定所实施的贷款金额限制与用途限制情况，小额贷款公司应当主动予以披露。这有助于夯实互联网贷款信息披露之公私合作规制的信息基础。

---

① 该条规定："经营网络小额贷款业务的小额贷款公司应当根据借款人的收入水平、总体负债、资产状况等因素，合理确定贷款金额和期限，使借款人每期还款额不超过其还款能力。对自然人的单户网络小额贷款余额原则上不得超过人民币 30 万元，不得超过其最近 3 年平均收入的三分之一，该两项金额中的较低者为贷款金额最高限额；对法人或其他组织及其关联方的单户网络小额贷款余额原则上不得超过人民币 100 万元。"

② 该条规定："小额贷款公司应与借款人明确约定贷款用途，并且按照合同约定监控贷款用途，贷款用途应符合法律法规、国家宏观调控和产业政策。网络小额贷款不得用于以下用途：（一）从事债券、股票、金融衍生品、资产管理产品等投资；（二）购房及偿还住房抵押贷款；（三）法律法规、国务院银行业监督管理机构和监督管理部门禁止的其他用途。"

结　语

　　作为一种新兴的互联网金融业态,互联网贷款具有传统线下借贷不具有的优势,如利用互联网促进借贷便利、提高交易效率,但也面临着新的风险挑战。我国互联网贷款市场经历了从 P2P 网贷转型为商业银行互联网贷款与网络小额贷款的过程。在此过程中,信息披露始终是金融监管部门防范化解互联网贷款市场风险的重要手段,但是其制度绩效不佳并呈现出诸多困境。例如,互联网贷款二元规制模式下的信息披露差异易诱发监管套利行为;行业自律公权化使互联网贷款市场各方之间的利益失衡;互联网贷款平台异化为类金融机构和平台市场声誉资本信号传播的脆弱性使互联网贷款市场声誉机制失灵;互联网贷款市场面临着比传统借贷市场更大的羊群效应挑战,羊群行为使私人参与者难以有效地与政府分享信息,严重侵蚀着合作治理的信息基础,又是系统性金融风险的重要来源。应对这些困境,需要秉承合作治理理念,构建信息披露公私合作机制,既要发挥公共部门的信息规制作用,以弥补信息赤字,克服信息不充分引起的市场失灵;也要利用私人信息优势、激励私人参与信息规制这一公共事务治理过程,以实现信息披露规制中各方利益的平衡。

参考文献

一、著作

（一）中文著作

[1] 巴曙松,金玲玲,等.巴塞尔协议Ⅲ的实施:基于金融结构的视角[M].北京:中国人民大学出版社,2014.

[2] 程啸.个人信息保护法理解与适用[M].北京:中国法制出版社,2021.

[3] 陈国华,李姵瑄.金融消费者保护法解析[M].台北:新学林出版股份有限公司,2012.

[4] 崔建远.合同法[M].2版北京:北京大学出版社,2012.

[5] 杜景林,卢谌.德国民法典:全条文注释:上册[M].北京:中国政法大学出版社,2015.

[6] 郭锋.等.中华人民共和国证券法制度精义与条文评注[M].北京:中国法制出版社,2020.

[7] 韩世远.合同法总论[M].北京:法律出版社,2008.

[8] 编写组.经济法学[M].2版北京:高等教育出版社,2018.

[9] 李昌麒主编.经济法学[M].2版北京:法律出版社,2008.

[10] 李强.社会分层十讲[M].2版北京:社会科学文献出版社,2011.

[11] 李明德.美国知识产权法[M].2版北京:法律出版社,2014.

[12] 梁慧星.民法总论[M].2版北京:法律出版社,2005.

[13] 林继恒.金融消费者保护法之理论与实务[M].台北:台湾法学出版股份有限公司,2012.

[14] 彭冰.投资型众筹的法律逻辑[M].北京:北京大学出版社,2017.

[15] 彭冰主编.互联网金融的国际法律实践[M].北京:北京大学出版社,2017.

[16] 邱锦添,胡胜益,林克宪.金融消费者保护法与案例解析[M].台北:元照出版有限公司,2012.

[17] 王全兴.经济法基础理论专题研究[M].北京:中国检察出版社,2002.

[18] 吴汉东.知识产权法总论:第3版[M].北京:中国人民大学出版社,2005.

[19] 汪丁丁.制度分析基础讲义Ⅱ[M].上海:上海人民出版社,2005.

[20] 许多奇主编.互联网金融法律评论:第2辑[M].北京:法律出版社,2015.

[21] 杨雪冬,等.风险社会与秩序重建[M].北京:社会科学文献出版社,2006.

[22]应飞虎.信息、权利与交易安全:消费者保护研究[M].北京:北京大学出版社,2008.

[23]张文显.法哲学范畴研究[M].北京:中国政法大学出版社,2001.

[24]中国审判理论研究会民事审判理论专业委员会.民法典总则编条文理解与司法适用[M].北京:法律出版社,2020.

[25]中国审判理论研究会民事审判理论专业委员会.民法典侵权责任编条文理解与司法适用[M].北京:法律出版社,2020.

[26]中国审判理论研究会民事审判理论专业委员会.民法典人格权编条文理解与司法适用[M].北京:法律出版社,2020.

(二)译著

[1]约翰·李斯特,哈拉尔德·乌利希编.芝加哥学派百年回顾:JPEI125周年纪念特辑[M].胡书东,译.上海:格致出版社,上海人民出版社,2020.

[2]兰德尔·S.克罗茨纳,路易斯·惠特曼编.企业的经济性质[M].孙经纬,译,上海:格致出版社,上海人民出版社,2020.

[3]莱纳·克拉克曼,亨利·汉斯曼.公司法剖析:比较与功能的视角[M].罗培新,译.北京:法律出版社,2012.

[4]弗兰克·B.克罗斯,罗伯特·A.普伦蒂斯.法律与公司金融[M].伍巧芳,高汉,译.北京:北京大学出版社,2011.

[5]平狄克,鲁宾费尔德.微观经济学[M].张军,等译.北京:中国人民大学出版社,2007.

[6]弗雷德里克·S.米什金.货币金融学[M].郑艳文,译.北京:中国人民大学出版社,2006.

[7]史蒂芬·布雷耶.规制及其改革[M].李洪雷,宋华琳,等译.北京:北京大学出版社,2008.

[8]罗伯塔·罗曼诺.公司法基础:第2版[M].罗培新,译.北京:北京大学出版社,2013.

[9]斯蒂格利茨.经济学:上册[M].梁小民,黄险峰,译.北京:中国人民大学出版社,2000.

[10]弗兰克·伊斯特布鲁克,丹尼尔·费希尔.公司法的经济结构[M].罗培新,张建伟,译.北京:北京大学出版社,2014.

[11]阿兰·斯密德.制度与行为经济学[M].刘璨,吴水荣,译.北京:中国人民大学出版社,2004.

[12]安德瑞·史莱佛.并非有效的市场:行为金融学导论[M].赵英军,译.北京:中国人民大学出版社,2003.

[13]凯斯·R.桑斯坦主编.行为法律经济学[M].涂永前,成凡,等译.北京:北京

大学出版社,2006.

[14]约瑟夫·E.斯蒂格利茨.公共部门经济学:上[M].郭庆旺,杨志勇,等译.北京:中国人民大学出版社,2013.

[15]兰迪·T.西蒙斯.政府为什么会失败[M].张媛,译.北京:新华出版社,2017.

[16]R.科斯,A.阿尔钦,D.诺斯,等.财产权利与制度变迁:产权学派与新制度学派译文集[C].刘守英,等译.北京:上海人民出版社,1994.

[17]阿尔文·托夫勒.第三次浪潮[M].黄明坚,译.北京:中信出版社,2018.

[18]丹尼尔·贝尔.后工业社会的来临:对社会预测的一项探索[M].高铦,等译.南昌:江西人民出版社,2018.

[19]戴维·约翰·法默尔.公共行政的语言:官僚制、现代性和后现代性[M].吴琼,译.北京:中国人民大学出版社,2005.

[20]马克·波斯特.信息方式:后结构主义与社会语境[M].范静哗,译.北京:商务印书馆,2014.

[21]伯纳德·施瓦茨.美国法律史[M].王军,等译.北京:中国政法大学出版社,1990.

[22]曼昆.经济学原理:上册[M].梁小民,译.北京:机械工业出版社,2006.

[23]罗伯特·D.考特,托马斯·S.尤伦.法和经济学[M].施少华,姜建强,等译.上海:上海财经大学出版社,2002.

[24]A.爱伦·斯密德.财产、权力和公共选择:对法和经济学的进一步思考[M].黄祖辉,等译.上海:上海人民出版社,2006.

[25]理查德·A.波斯纳.法律的经济分析[M].蒋兆康,译.北京:中国大百科全书出版社,1997.

[26]斯蒂文·沙维尔.法律经济分析的基础理论[M].赵海怡,史册,宁静波译.北京:中国人民大学出版社,2012.

[27]丹·B.多布斯.侵权法[M].马静,等译.北京:中国政法大学出版社,2014.

[28]威廉·M.兰德斯,理查德·A.波斯纳.侵权法的经济结构[M].王强,杨媛,译.北京:北京大学出版社,2005.

[29]约翰·D.多纳休,理查德·J.泽克豪泽.合作:激变时代的合作治理[M].徐维,译.北京:中国政法大学出版社,2015.

[30]保罗·萨缪尔森,威廉·诺德豪斯.经济学[M].萧琛,等译.北京:华夏出版社,1999.

[31]罗伯特·C.克拉克.公司法则[M].胡平,等译,北京:工商出版社,1999.

[32]莱瑞·D.索德奎斯特.美国证券法[M].胡轩之,张云辉,译.北京:法律出版社,2004.

[33]托马斯·李·哈森.证券法[M].张学安,译.北京:中国政法大学出版社,2003.

[34]朱迪·弗里曼.合作治理与新行政法[M].毕洪海,陈标冲,译.北京:商务印

书馆,2010.

[35]E·博登海默.法理学.法律哲学与法律方法[M].邓正来,译.北京:中国政法大学出版社,2017.

[36]保罗·西蒙尼.金融科技创新[M].马睿,汪吕杰,译.北京:中信出版社,2017.

[37]理查德·斯考特·卡内尔,乔纳森·R.梅西,杰弗里·P.米勒.美国金融机构法:上册[M].高华军,译.北京:商务印书馆,2016.

[38]凯斯·R.孙斯坦.自由市场与社会正义[M].金朝武,等译.北京:中国政法大学出版社,2002.

[39]斯蒂文·K.沃格尔.市场治理术:政府如何让市场运作[M].毛海栋,译.北京:北京大学出版社,2020.

[40]丹尼尔·F.史普博.管制与市场[M].余晖,等译.上海:格致出版社,上海人民出版社,2017.

[41]阿兰·斯密德.冲突与合作:制度与行为经济学[M].刘璨,吴水荣,译.上海:格式出版社,上海人民出版社,2018.

[42]道格拉斯·诺斯.理解经济变迁过程[M].钟正生,邢华,等译.北京:中国人民大学出版社,2012.

[43]兰迪·T. 西蒙斯.政府干预为什么会失败[M].张媛,译.北京:新华出版社,2017.

[44]理查德·B. 斯图尔特.美国行政法的重构[M].沈岿,译.北京:商务印书馆,2002.

[45]戴维·弗里德曼,马修·纳丁.股权众筹投资指南:关于风险、收益、法规、筹资网站、尽职调查和交易条款[M].清控三联创业投资(北京)有限公司,译.北京:清华大学出版社,2019.

[46]查德·斯考特·卡内尔,乔纳森·R.梅西,杰弗里·P.米勒.美国金融机构法:下册[M].高华军,译.北京:商务印书馆,2016.

[47]罗斯科·庞德.法理学:第4卷[M].王保民,王玉,译.北京:法律出版社,2007.

[48]罗斯科·庞德.通过法律的社会控制[M].沈宗灵,译.北京:商务印书馆,1984.

[49]罗斯科·庞德.法理学:第3卷[M].廖德宇,译.北京:法律出版社,2007.

[50]罗斯科·庞德.法理学:第1卷[M].余履雪,译.北京:法律出版社,2007.

[51]罗斯科·庞德.法律史解释[M].邓正来,译.北京:中国法制出版社,2002.

[52]戴维·斯基尔.金融新政:解读《多德-弗兰克法案》及其影响[M].丁志杰,张红地,等译.北京:中国金融出版社,2012.

[53]马丁·迈耶.大银行家[M].何自云,译.海口:海南出版社,2000.

[54]约翰·C.科菲.看门人机制:市场中介与公司治理[M].黄辉,王长河,等译.北京:北京大学出版社,2011.

[55]安东尼·奥格斯.规制:法律形式与经济学理论[M].骆梅英,译.北京:中国人民大学出版社,2008.

[56]休·柯林斯.规制合同[M].郭小莉,译.北京:中国人民大学出版社,2014.

[57]道恩·奥利弗.共同价值与公私划分[M].时磊,译.北京:中国人民大学出版社,2017.

[58]迈克·费恩塔克.规制中的公共利益[M].戴昕,译.北京:中国人民大学出版社,2014.

[59]苏珊娜·奇斯蒂,亚诺什·巴伯斯.Fintech:全球金融科技权威指南[M].邹敏,李敏艳译.北京:中国人民大学出版社,2017.

[60]亚当·斯密.国民财富的性质和原因的研究:下[M].郭大力,王亚南,译.北京:商务印书馆,1974.

[61]洛克.政府论:上册[M].叶启芳,瞿菊农,译.北京:商务印书馆,2013.

[62]保罗·戴维斯,莎拉·沃辛顿.现代公司法原理:下册[M].罗培新,等译.北京:法律出版社,2016.

[63]斯蒂芬·格伦德曼.欧盟公司法上册:基础、公司治理和会计法[M].周万里,译.北京:法律出版社,2018.

[64]斯蒂芬·格伦德曼.欧盟公司法下册:公司金融、并购、欧盟公司和破产法[M].周万里,译.北京:法律出版社,2018.

[65]乌尔里希·贝克.风险社会[M].何博闻,译.南京:译林出版社,2003.

[66]卡尔·拉伦茨.德国民法通论[M].王晓晔,邵建东,等译.北京:法律出版社,2003.

[67]迪特尔·梅迪库斯.德国民法总论[M].邵建东,译.北京:法律出版社,2013.

[68]拉德布鲁赫.法学导论[M].米健,朱林,译.北京:中国大百科全书出版社,1997.

[69]马克斯·韦伯.论经济与社会中的法律[M].张乃根,译.北京:中国大百科全书出版社,1998.

[70]奥托·基尔克.私法的社会任务[M].刘志阳,张小丹,译.北京:中国法制出版社,2017.

[71]考夫曼.法律哲学[M].刘幸义,等译.北京:法律出版社,2004.

[72]弗里茨·里特纳,迈因哈德·德雷埃尔.欧洲与德国经济法[M].张学哲,译.北京:法律出版社,2016.

[73]魏德士.法理学[M].丁晓春,吴越,译.北京:法律出版社,2005.

[74]克里斯蒂安·冯·巴尔,[英]埃里克·克莱夫.欧洲私法的原则、定义与示范规则:欧洲示范民法典草案(第1/2/3卷)[M].付俊伟,等译.北京:法律出版社,2014.

[75]哈贝马斯.公共领域的结构转型[M].曹卫东,王晓钰,等译.上海:学林出版社,1999.

［76］中共中央编译局.马克思恩格斯选集:第3版［M］.北京:人民出版社,2012.

［77］乌尔里希·贝克.世界风险社会［M］.吴英姿,孙淑敏,译.南京:南京大学出版社,2004.

［78］阿斯曼.行政法总论作为秩序理念:行政法体系建构的基础与任务［M］.林明锵,等译.台北:元照出版公司,2009.

［79］施密特·阿斯曼.秩序理念下的行政法体系建构［M］.林明锵,等译.北京:北京大学出版社,2012.

［80］柯武刚,史漫飞.制度经济学:社会秩序与公共政策［M］.韩朝华,译.北京:商务印书馆,2000.

［81］青木昌彦.制度经济学入门［M］.彭金辉,雷艳红,译.北京:中信出版社,2017.

［82］田中英夫,竹内昭夫.私人在法实现中的作用［M］.李薇,译.北京:法律出版社,2006.

［83］金泽良雄.经济法概论［M］.满达人,译.北京:中国法制出版社,2005.

［84］桑德罗·斯奇巴尼选编.民法大全选译·正义和法［M］.黄风,译.北京:中国政法大学出版社,1990.

［85］韦罗妮克·马尼耶.金融危机背景下的上市公司治理:旨在更好地保护公司利益［M］.姜影,译.北京:法律出版社,2014.

［86］简·梵·迪克.网络社会:新媒体的社会层面［M］.蔡静,译.北京:清华大学出版社,2014.

［87］艾雅尔·扎米尔,巴拉克·梅迪纳.法律、经济学与伦理［M］.徐大丰,译.上海:复旦大学出版社,2014.

［88］露丝·柏拉图-希纳尔.以色列银行业监管:审慎监管与消费者保护［M］.高华军,译.北京:商务印书馆,2019.

［89］大卫·G.梅斯,丽莎·海尔姆,阿诺·柳克西拉.改进银行监管［M］.方文,周济,等译.北京:中国人民大学出版社,2006.

［90］柯武刚,［德］史漫飞,［美］贝彼得.制度经济学:财产、竞争、政策［M］.柏克,韩朝华,译.北京:商务印书馆,2018.

（三）英文著作

［1］Michael Walzer.Spheres of Justice: A Defense of Pluralism and Equality.［M］.New York: Basic Books, 1983.

［2］James Surowiecki. The Wisdom of Crowds: Why the Many Are Smarter than the Few and How Collective Wisdom Shapes Business, Economies, Societies, and Nations［M］. New York: Doubleday, 2004.

二、论文

（一）中文论文

[1] 冯果,蒋莎莎.论我国P2P网络贷款平台的异化及其监管[J].法商研究,2013（5）:29-37.

[2] 封延会,贾晓燕."人人贷"的法律监管分析:兼谈中国的影子银行问题[J].华东经济管理,2012（6）:95-99.

[3] 姚海放.网络平台借贷的金融法规制路径[J].法学家,2013（5）:94-98.

[4] 彭冰.P2P网贷与非法集资[J].金融监管研究,2014（6）:13-25.

[5] 梁清华.我国众筹的法律困境及解决思路[J].学术研究,2014（5）:51-57.

[6] 杨东.互联网金融的法律规制:基于信息工具的视角[J].中国社会科学,2015（4）:107-126.

[7] 伍坚.我国P2P网贷平台监管的制度构建[J].法学,2015（4）:92-97.

[8] 冯辉.网络借贷平台法律监管研究[J].中国法学,2017（6）:221-239.

[9] 姚海放.治标和治本:互联网金融监管法律制度新动向的审思[J].政治与法律,2018（12）:12-22.

[10] 何颖.作为金融信息中介的网贷平台信息披露规则[J].交大法学,2020（2）:114-128.

[11] 张海洋.信息披露监管与P2P借贷运营模式[J].经济学（季刊）,2016（1）:371-392.

[12] 丁杰.互联网金融与普惠金融的理论及现实悖论[J].财经科学,2015（6）:1-10.

[13] 李晓鑫,曹红辉.信息披露、投资经验与羊群行为:基于众筹投资的研究[J].财贸经济,2016（10）:72-86.

[14] 赵渊,罗培新.论互联网金融监管[J].法学评论,2014（6）:118-126.

[15] 仇晓光,杨硕.公募股权众筹的逻辑困境与治理机制[J].广东社会科学,2016（6）:226-235.

[16] 刘有贵,蒋年云.委托代理理论述评[J].学术界,2006（1）:69-78.

[17] 陈雨露,马勇,李濛.金融危机中的信息机制:一个新的视角[J].金融研究,2010（3）1-15.

[18] 李心丹.行为金融理论:研究体系及展望[J].金融研究,2005（1）:175-190.

[19] 龚光明,龙立.投资者情绪与上市公司盈余管理:理性迎合抑或情绪偏差[J].当代财经,2017（8）:112-122.

[20] 孙伟平,赵宝军.信息社会的核心价值理念与信息社会的建构[J].哲学研究,2016（9）:120-126.

[21] 孙伟平.信息社会及其基本特征[J].哲学动态,2010（9）:12-18.

[22]丁波涛.从信息社会到智慧社会:智慧社会内涵的理论解读[J].电子政务,2017(9):120-128.

[23]冯强,杨喆.数字沟在信息社会关系中的使用空间[J].学术研究,2015(6):31-34.

[24]张卫宁.试论信息鸿沟及其消除对策[J].河南社会科学,2009(2):175-177.

[25]张立彬,杨军花.信息分化问题的社会学思考[J].情报科学,2006(11):1611-1614.

[26]谢俊贵.网络社会风险规律及其因应策略[J].社会科学研究,2016(6):102-110.

[27]刘济群.数字鸿沟与社会不平等的再生产:读《渐深的鸿沟:信息社会中的不平等》[J].图书馆论坛,2016(1):127-133.

[28]袁峰.信息公平与政府责任[J].政治学研究,2005(4):75-82.

[29]陈洁.投资者到金融消费者的角色嬗变[J].法学研究,2011(5):84-95.

[30]孙江.空间分裂:工业资本主义时代空间生产的对抗性特征[J].苏州大学学报(哲学社会科学版),2010(4):15-17.

[31]刘少杰.网络社会时代的社会空间分化与冲突[J].社会学评论,2013(1):66-74.

[32]谢俊贵.空间分割叠加与社会治理创新[J].广东社会科学,2014(4):178-185.

[33]温雯,戴俊骋:场景理论的范式转型及其中国实践[J].山东大学学报(哲学社会科学版),2021(1):44-53.

[34]吴军,特里·N.克拉克.场景理论与城市公共政策:芝加哥学派城市研究最新动态[J].社会科学战线,2014(1):205-212.

[35]李文姝,刘道前.人工智能视域下的信息规制:基于隐私场景理论的激励与规范[J].人民论坛·学术前沿,2019(6):70-77.

[36]邢会强.人脸识别的法律规制[J].比较法研究,2020(5):51-63.

[37]刘水林.法学方法论研究[J].法学研究,2001(3):42-54.

[38]张新宝.从隐私到个人信息:利益再衡量的理论与制度安排[J].中国法学,2015(3):38-59.

[39]高富平.个人信息保护:从个人控制到社会控制[J].法学研究,2018(3):84-101.

[40]张平.大数据时代个人信息保护的立法选择[J].北京大学学报(哲学社会科学版),2017(3):143-151.

[41]谢琳.大数据时代个人信息使用的合法利益豁免[J].政法论坛,2019(1):74-84.

[42]赵西臣.从知情同意原则的历史渊源和发展轨迹看其所保护之权利及其性质[J].南京医科大学学报(社会科学版),2005(4):304-308.

[43]冯玲,竺伟东.美国医疗知情同意原则对我国的启示[J].湖北警官学院学报,2013(6):93-95.

[44]王进.论个人信息保护中知情同意原则之完善:以欧盟《一般数据保护条例》

为例[J].广西政法管理干部学院学报,2018(1):59-67.

[45]田野.大数据时代知情同意原则的困境与出路:以生物资料库的个人信息保护为例[J].法制与社会发展,2018(6):111-136.

[46]范为.大数据时代个人信息保护的路径重构[J].环球法律评论,2016(5):92-115.

[47]夏庆锋.《民法典》合同编中的个人主义与整体主义及应有定位[J].中国政法大学学报,2021(3):215-227.

[48]陆青.论消费者保护法上的告知义务:兼评最高人民法院第17号指导性案例[J].清华法学,2014(4):150-168.

[49]宋建武,徐艺心.论信息的公共性[J].新闻与写作,2017(7):5-9.

[50]王太平,杨峰.知识产权法中的公共领域[J].法学研究,2008(1):17-29.

[51]冯晓青,周贺微.公共领域视野下知识产权制度之正当性[J].现代法学,2019(3):127-137.

[52]张康之.合作治理是社会治理变革的归宿[J].社会科学研究,2012(3):35-42.

[53]蔡岚.合作治理:现状和前景[J].武汉大学学报(哲学社会科学版),2013(3):41-46.

[54]杨寅.公私法的汇合与行政法演进[J].中国法学,2004(2):9.

[55]石佑启,陈可翔.合作治理语境下的法治化营商环境建设[J].法学研究,2021(2):174-192.

[56]关保英.论行政合作治理中公共利益的维护[J].政治与法律,2016(8):2-13.

[57]胡敏洁.合作行政与现代行政法发展的新方向:读《合作治理与新行政法》[J].行政法学研究,2012(2):131-137.

[58]谭中明,朱文瑶.我国P2P网贷行业典型运营模式比较研究[J].武汉金融,2014(9):23-25.

[59]郑扬扬,汪炜.国内外P2P平台角色差异及对我国监管的启示[J].现代经济探讨,2016(4):83-87.

[60]方意,王晏如,荆中博.P2P借贷市场与股票市场间的溢出机制:中国股市2015年异常波动期间的证据[J].国际金融研究,2020(4):87-96.

[61]谢俊贵.网上虚拟社会:必要与设想[J].社会科学研究,2010(6):106-112.

[62]谢俊贵.网络社会的信息灾难及治理思路[J].广州大学学报(社会科学版),2014(10):16-23.

[63]徐军辉.从诱致性制度变迁到强制性制度变迁:温州民间金融改革[J].贵州社会科学,2013(1):69-74.

[64]何颖.构建面向消费者的金融机构说明义务[J].法学,2011(7):96-104.

[65]周佑勇.裁量基准的技术构造[J].中外法学,2014(5):1142-1163.

[66]周佑勇.裁量基准的制度定位:以行政自制为视角[J].法学家,2011(4):1-14.

［67］常健,郭薇.行业自律的定位、动因、模式和局限［J］.南开学报（哲学社会科学版）,2011（1）:133-140.

［68］席涛.产业政策、市场机制与法律执行［J］.政法论坛,2018（1）:45-62.

［69］鲁篱.论社会对权力的制约:以行业协会为中心展开的研究［J］.社会科学研究,2002（5）:87-93.

［70］鲁篱.行业协会社会责任与行业自治的冲突与衡平［J］.政法论坛,2008（2）:90-96.

［71］许明月,单新国.社会性市场监管权主体监管权的法律规制［J］.甘肃政法学院学报,2018（4）:1-11.

［72］郭薇,秦浩.行业协会与政府合作治理的可能性及限度［J］.东北大学学报（社会科学版）,2013（1）:56-61.

［73］王湘军,刘莉.从边缘走向中坚:互联网行业协会参与网络治理理论分析［J］.北京行政学院学报,2019（1）:61-70.

［74］王怀勇,钟颖.论互联网金融的软法之治［J］.现代法学,2017（6）:94-105.

［75］彭小玲,蔡立辉.貌离神合:市场中介组织行业自律的行政化现象研究［J］.行政论坛,2016（3）:97-102.

［76］孔陆宏,邱建国.基于金融中介理论的金融脱媒综论［J］.商业经济研究,2017（14）:163-165.

［77］宋旺,钟正生.理解金融脱媒:基于金融中介理论的诠释［J］.上海金融,2010（6）:12-17.

［78］沈朝晖.流行的误解:"注册制"与"核准制"辨析［J］.证券市场导报,2011（9）:14-23.

［79］冯果.金融法的"三足定理"及中国金融法制的变革［J］.法学,2011（9）:93-101.

［80］冯辉.普惠金融视野下企业公平融资权的法律构造研究［J］.现代法学,2015（1）:78-89.

［81］袁康.重新审思金融:金融公平理念的勃兴［J］.财经问题研究,2018（1）:50-59.

［82］张文显.部门法哲学引论:属性和方法［J］.吉林大学社会科学学报,2006（5）:5-12.

［83］阳建勋."金融消费者"概念生成的法社会学探析:消费者运动与金融危机耦合下的金融法变革及其本土资源［J］.甘肃政法学院学报,2014（1）:16-24.

［84］李沛.金融危机后英国金融消费者保护机制的演变及对我国的启示［J］.清华大学学报（哲学社会科学）,2011（3）:150-155.

［85］陶敬越.传统商业银行与互联网金融:从对手转为帮手［J］.商业经济,2019（5）:165-166.

[86]莫开伟.网络小额贷款管理暂行办法有利商业银行尽快占领网贷阵地[J].杭州金融研修学院学报,2020(6):54-56.

[87]王利明.论个人信息权的法律保护:以个人信息权与隐私权的界分为中心[J].现代法学,2013(4):62-72.

[88]齐爱民.个人信息保护法研究[J].河北法学,2008(4):15-33.

[89]刘德良.个人信息的财产权保护[J].法学研究,2007(3):80-91.

[90]吴伟光.大数据技术下个人数据信息私权保护论批判[J].政治与法律,2016(7):116-132.

[91]马一德.解构与重构:"消费者"概念再出发[J].法学评论,2015(6):30-41.

[92]汪鑫.论基本银行服务排斥及其治理[J].法学评论,2009(4):52-58.

[93]邢会强.商业银行的公共性理论:兼论商业银行收费法律问题[J].现代法学,2012(1):96-102.

[94]王春丽,李琪.宏观审慎监管体系的国际比较与启示[J].江汉论坛,2019(9):44-50.

[95]胡滨,范云朋.互联网联合贷款:理论逻辑、潜在问题与监管方向[J].武汉大学学报(哲学社会科学版),2021(3):131-142.

[96]阳建勋.央地分权博弈视野下小额贷款公司的困境与出路[J].西南金融,2015(5):8-10.

[97]张春丽.信贷资产证券化信息披露的法律进路[J].法学,2015(2):111-121.

[98]洪艳蓉.资产证券化信息披露研究[J].证券市场导报,2005(7):28-34.

[99]李健男.次贷危机与资产证券化信息披露制度的重构[J].时代法学,2011(6):90-100.

[100]张铣.从统一到分裂:英美两国先合同信息披露义务的比较法考察[J].华南理工大学学报(社会科学版),2013(5):61-68.

[101]姚佳."金融消费者"概念检讨:基于理论与实践的双重坐标[J].法学,2017(10):179-192.

[102]廖凡.金融消费者的概念和范围:一个比较法的视角[J].环球法律评论,2012(4):95-104.

[103]林越坚.金融消费者:制度本源与法律取向[J].政法论坛,2015(1):143-152.

[104]于春敏.金融消费者的法律界定[J].上海财经大学学报,2010(4):35-42.

[105]刑会强.金融消费者的法律定义[J].北方法学,2014(4):76-83.

[106]郑青.论证券投资服务消费者的法律地位[J].清华法学,2013(2):107-122.

[107]何德旭,苗文龙.财政分权、金融分权与宏观经济治理[J].中国社会科学,2021(7):163-185.

[108]阳建勋.论我国地方债务风险的金融法规制[J].法学评论,2016(6):34-42.

[109]刘志伟.地方金融监管权的理性归位[J].法律科学,2016(5):156-164.

[110]刘辉.论地方金融监管权的法治化重构[J].宁夏社会科学,2021(3):58-66.

[111]李有星,柯达.论政府竞争视角下的地方金融监管权配置[J].浙江社会科学,2018(9):47-55.

[112]冯辉.地方金融的央地协同治理及其法治路径[J].法学家,2021(5):84-99.

[113]张斯琪."一委一行两会"格局下中国金融监管协调框架探析[J].中国行政管理,2020(3):117-122.

[114]张海云,陆本立.应进一步提高资产证券化市场透明度[J].清华金融评论,2021(6):82-84.

[115]李波.2020年资产证券化发展报告[J].债券,2021(1):65-70.

[116]王毛虎.推进小额贷款公司资产证券化融资的路径选择:以山东省小额贷款公司为例[J].中共青岛市委党校 青岛行政学院学报,2020(5):30-32.

[117]赵万一,唐旭.金融安全视角下企业资产证券化预测信息披露研究:以现金流预测为例[J].内蒙古社会科学(汉文版),2019(5):85-91.

[118]陈燕,李晏墅,李勇.声誉机制与金融信用缺失的治理[J].中国工业经济,2005(8):73-80.

[119]王雄元.自愿性信息披露:信息租金与管制[J].会计研究,2005(4):25-29.

[120]张彦华.网络社群声誉激励机制对公共决策的影响及治理[J].社会科学辑刊,2020(6):88-97.

[121]李远勤.上市公司声誉与自愿性信息披露:来自深市的经验证据[J].财会通讯·学术,2008(2):14-17.

[122]戴旸,周磊.国外"群体智慧"研究述评[J].图书情报知识,2014(2):120-127.

[123]黄辉.中国股权众筹的规制逻辑和模式选择[J].现代法学,2018(4):94-109.

[124]廖理,向佳,王正位.P2P借贷投资者的群体智慧[J].中国管理科学,2018(10):30-40.

[125]程啸.论我国个人信息保护法中的个人信息处理规则[J].清华法学,2021(3):55-73.

(二)英文论文

[1] Guzik S S. SEC Crowdfunding Rulemaking Under the Jobs Act -- An Opportunity Lost?[J].Ssrn Electronic Journal, 2014.

[2] Luther, Jeffrey, Twenty-First Century Financial Regulation: P2P Lending, Fintech, and the Argument for a Special Purpose Fintech Charter Approach[J].University of

Pennsylvania Law Review, 2020, 168（4）：1013-1060.

［3］Thomas L. Hazen.Crowdfunding or Fraud funding - Social Networks and the Securities Laws - Why the Specially Tailored Exemption Must Be Conditioned on Meaningful Disclosure［J］.North Carolina Law Review, 2012,90（5）:1736-1769.

［4］Bradford,C.Steven.The New Federal Crowdfunding Exemption: Promise Unfulfilled［J］.Securities Regulation Law Journal, 2012 ,40（3）:199-206.

［5］Andrew Verstein.The Misregulation of Person-to-Person Lending［J］.University of California, Davis, 2011,45（2）:447-529.

［6］Fama, Eugene F., and Michael C. Jensen.Separation of Ownership and Control［J］.Journal of Law & Economics, 1983,26（2）：301-326.

［7］Mahoney, Paul G. Mandatory Disclosure As a Solution to Agency Problems［J］.University of Chicago Law Review, 1995,62（3）:1047-1112.

［8］George Akerlof.The Market for Lemons: Quality Uncertainty and the Market Mechanism［J］.The Quarterly Journal of Economics,, 1970, 84（3）:488-500

［9］Christopher Paul Saari.The Efficient Capital Market Hypothesis, Economic Theory and the Regulation of the Securities Industry［J］. Stanford Law Review, 1977,29（5）:1031-1076.

［10］Lawrence A. Cunningham.From Random Walks to Chaotic Crashes: The Linear Genealogy of the Efficient Capital Market Hypothesis［J］. George Washington Law Review,1994,62（4）：546-608.

［11］Pickholz, Marvin G., and Edward B. Ⅲ Horahan.The SEC's Version of the Efficient Market Theory and Its Impact on Securities Law Liabilities［J］. Washington and Lee Law Review,1982, 39（3）：943-968.

［12］Victor L. Benard, Christine Botosan & Gregory D. Phillips.Challenges to the Efficient Market Hypothesis: Limits to the Applicability of Fraud-on-the-Market Theory［J］.Nebraska Law Review,1994,73（4）:781-811.

［13］Choi, Stephen J., &A. C. Pritchard.Behavioral Economics and the SEC［J］.Stanford Law Review,2003, 56（1）:1-74.

［14］Liangzhi Yu. Understanding information inequality: Making sense of the literature of the information and digital divides［J］.Journal of Librarianship & Information Science,2006,38（4）:229-252.

［15］Paul Attewell.The First and Second Digital Divides［J］. Sociology of Education,2001, 74（3）:252-259.

［16］Nissenbaum, Helen.Privacy as Contextual Integrity［J］. Washington Law Review,2004,79（1）:119-158.

[17]Turner, Christian.Law's Public/Private Structure[J].Florida State University Law Review,2012,39(4):1003-1076.

[18]Bratton, William W.Private Standards, Public Governance: A New Look at the Financial Accounting Standards Board[J].Boston College Law Review,2007,48(1):5-54.

[19]George J. Stigler.The Theory of Economic Regulation[J]. The Bell Journal of Economics and Management Science,1971,2(1):3-21.

[20]Jorgensen, Tanja.Peer-to-Peer Lending - A New Digital Intermediary, New Legal Challenges[J]. Nordic Journal of Commercial Law,2018(1):231-260.

[21]Judge, Kathryn.The Future of Direct Finance: The Diverging Paths of Peer-to-Peer Lending and Kickstarter[J]. Wake Forest Law Review,2015,50(3):603-642.

[22]Ofir, Moran, and Ido Sadeh.A Revolution in Progress: Regulating P2P Lending Platforms[J]. New York University Journal of Law and Business,2020,16(3):683-748.

[23]Shulman, Jacob Gregory.Regulating Online Marketplace Lending: To Be a Bank or Not to Be a Bank[J]. Rutgers Computer and Technology Law Journal,2018,44(1):163-191.

[24]Lo, Benjamin.It Ain't Broke: The Case for Continued SEC Regulation of P2P Lending[J]. Harvard Business Law Review Online, 2015-2016, 6:87-110.

[25]Slattery, Paul.Square Pegs in a Round Hole: SEC Regulation of Online Peer-to-Peer Lending and the CFPB Alternative[J]. Yale Journal on Regulation, 2013,30(1):233-276.

[26]Sanchez, Ryan.The New Crowdfunding Exemption: Only Time Will Tell[J].UC Davis Business Law Journal,2013,14(1):109-126.

[27]Cohn, Stuart R. The New Crowdfunding Registration Exemption: Good Idea, Bad Execution[J].Florida Law Review,2012,64(5):1433-1446.

[28]Mashburn, David.The Anti-Crowd Pleaser: Fixing the Crowdfund Act's Hidden Risks and Inadequate Remedies.[J].Emory Law Journal,2013,63(1):127-174.

[29]Glover, J. Maria.The Structural Role of Private Enforcement Mechanism in Public Law[J]. William and Mary Law Review, 2012,53(4):1137-1218.

[30]Stark, Debra Pogrund & Choplin, Jessica M.A Cognitive and Social Psychological Analysis of Disclosure Laws and Call for Mortgage Counseling to Prevent Predatory Lending[J].Psychology, Public Policy, and Law, 2010,16(1):85-131.

[31]Richman, Barak D. Firms, Courts, and Reputation Mechanisms: Towards a Positive Theory of Private Ordering[J].Columbia Law Review,2004,104(8):2328-2368.

[32]Kadens, Emily.The Dark Side of Reputation[J]. Cardozo Law Review,2019,40(5):1995-2028.

[33]Spitko, E. Gary.Reputation Systems Bias in the Platform Workplace[J]. Brigham Young University Law Review,2019,2019(5):1271-1332.

[34] Luca, Michael.Designing Online Marketplaces: Trust and Reputation Mechanisms [J]. Innovation Policy and the Economy,2017,17:77-94.

[35] Chafetz, Josh.It's the Aggregation, Stupid (reviewing James Surowiecki, The Wisdom of Crowds: Why the Many Are Smarter than the Few and How Collective Wisdom Shapes Business, Economies, Societies, and Nations（2004）[J].Yale Law & Policy Review,2005,23（2）:577-589.

[36] Ibrahim, Darian M. Crowdfunding without the Crowd[J].North Carolina Law Review,2017,95（5）:1481-1506.

[37] Deschler, Gregory D.Wisdom of the Intermediary Crowd: What the Proposed Rules Mean for Ambitious Crowdfunding Intermediaries[J].Saint Louis University Law Journal,2014, 58（4）:1145-1188.

[38] Hanks Sara ,Romano Giovanni,Tonelli Enrico.Madness of Crowds or Regulatory Preconception: The Weak Foundation of Financial Crowdfunding Regulation in the US and Italy[J].European Company Law, 2014,11（5）:237-252.

[39] Petrasic Kevin, Saul Benjamin Lee Helen.Fintech Companies and Bank Charters: Options and Considerations for 2018[J].Banking Law Journal,2018,135（4）:227-243.

[40] Upton, Elizabeth J. Chartering Fintech: The OCC's Newest Nonbank Proposal[J]. George Washington Law Review, 2018,86（5）:1392-1437.

[41] Arbel, Yonathan A. Reputation Failure: The Limits of Market Discipline in Consumer Markets[J]. Wake Forest Law Review,2019, 54（5）:1292-1293.

[42] Ciancanelli P, José Antonio Reyes-Gonzalez.Corporate Governance in Banking: A Conceptual Framework[J].Social Science Electronic Publishing, 2000:1-17.

[43] Parigi, Paolo, and Dan Lainer-Vos.Online Reputation Systems and the Thinning of Trust[J]. Yale Journal of Law and Technology,2021,23（1）:52-53.

[44] Gestel, Rob, & Hans-Wolfgang Micklitz.Why Methods Matter in European Legal Scholarship[J]. European Law Journal,2014,20（3）:305.

[45] Amtenbrink, Fabian, & Klaus Heine. Regulating Credit Rating Agencies in the European Union: Lessons from Behavioural Finance[J]. Dovenschmidt Quarterly,2013,2013（1）:5.

三、报刊与资料文献

[1] 习近平.科技是第一生产力，创新是引领发展的第一动力[N].人民日报（海外版）,2018-09-18（1）.

[2] 单志广.智慧社会的美好愿景[N].人民日报,2018-12-02（7）.

[3] 刘慧绘.美国P2P网贷丑闻敲响监管警钟[N].人民日报,2016-05-17（22）.

［4］林芯芯.易纲：大科技公司是金融游戏规则改变者，消费者隐私保护是极大挑战［N］.21世纪经济报道,2020-11-02（4）.

［5］卢义杰.四千网贷逾期者个人信息被网上公示 专家称涉嫌违法［N］.中国青年报,2016-10-25（1）.

［6］姜樊.P2P鼻祖Lending Club曝违规丑闻 股价现断崖式下跌［N］.北京晨报,2016-05-13（3）.

［7］陈雨露,汪昌云.金融学文献通论·宏观金融卷［Z］.北京：中国人民大学出版社,2006.

［8］陈雨露,汪昌云.金融学文献通论·微观金融卷［Z］.北京：中国人民大学出版社,2006.

［9］董裕平,全先银,等译.多德-弗兰克华尔街改革与消费者保护法案［Z］.北京：中国金融出版社,2010.

［10］薛波主编.元照英美法词典［Z］.北京：北京大学出版社,2014.

［11］中国银行业监督管理委员会银行业消费者权益保护局.国际金融消费者保护法律法规选编［Z］.北京：中国金融出版社,2014.

［12］中国信息通信研究院互联网法律研究中心,京东法律研究院.欧盟数据保护法规汇编［Z］.北京：中国法制出版社,2019.

［13］美国联邦储备委员会消费者与社区事务局编.美联储金融消费者保护合规手册［Z］.中国人民银行西安分行译.北京：经济科学出版社,2013.

［14］Financial Regulation-National Bank Chartering-OCC Allows Fintech Companies to Apply for National Bank Charters［J］.Harvard Law Review,2019,132（4）：1361-1368.

四、网站资料

［1］熊润淼.银保监会刘福寿：实际在运营P2P平台数量已完全归零［EB/OL］.（2020-11-27）［2023-06-14］.http://m.mp.oeeee.com/a/BAAFRD 000020201127384703.html.

［2］陈晨,王世涛,等.2018年上海金融检察情况通报［EB/OL］.（2019-09-09）［2023-06-11］.https://www.weiyangx.com/339024.html.

［3］郭树清.金融科技发展、挑战与监管：郭树清在2020年新加坡金融科技节上的演讲［EB/OL］.http://www.cbirc.gov.cn/cn/view/pages/ItemDetail.html?docId=947694&itemId=915&generaltype=0.

［4］任泽平,方思元,梁珣.反思P2P：从遍地开花到完全归零［EB/OL］.（2020-11-30）［2023-06-11］. https://www.sohu.com/a/435196446_467568?sec=wd.

［5］2015年中国网络借贷行业年报［EB/OL］.（2016-01-08）［2023-06-12］.http://finance.ce.cn/rolling/201601/08/t20160108_8158770.shtml.

[6] 网贷行业冰火两重天：成交量增近3倍 问题平台超3成[EB/OL].（2016-01-10）[2023-06-12]. http://www.cac.gov.cn/2016-01/10/c_1117725159.htm.

[7] OECD. Understanding the Digital Divide[R/OL].（2001-01-01）[2023-06-12]. https://www.oecd-ilibrary.org/docserver/236405667766.pdf?expires=1686544538&id=id&accname=guest&checksum=88EAA79653140FBF7185A9E1137364D0.

[8] U.S. DEPARTMENT OF THE TREASURY.Opportunities and Challenges in Online Marketplace Lending[EB/OL].（2016-05-10）[2023-06-11]. http://walescapital.com/opportunities-and-challenges-in-online-marketplace-lending-u-s-treasury-report/.

[9] Peter O. Mülbert.Corporate Governance of Banks after the Financial Crisis Theory, Evidence,Reforms[EB/OL].（2012-01-01）[2021-05-21].https://papers.ssrn.com/sol3/papers.cfm?abstract_id=1448118.